LIEVEHEERSVOGEL

JAMES MCBRIDE

Lieveheersvogel

Vertaald door Reintje Ghoos en Jan Pieter van der Sterre

Uitgegeven door Xander Uitgevers BV
Hamerstraat 3, 1021 JT Amsterdam

www.xanderuitgevers.nl

Oorspronkelijke titel: *The Good Lord Bird*
Oorspronkelijke uitgever: Riverhead Books/Penguin Group (USA)
Vertaling: Reintje Ghoos en Jan Pieter van der Sterre
Omslagontwerp: Studio Marlies Visser
Omslagbeeld: *A Ride for Liberty* van Eastman Johnson (1824-1906),
Brooklyn Museum of Art, New York, The Bridgeman Art Library
Auteursfoto: Chia Messina
Zetwerk: Michiel Niesen/ZetProducties

Deze uitgave kwam tot stand in samenwerking met Riverhead Books,
onderdeel van de Penguin Group (USA) LLC, een Random House Company.

De vertalers ontvingen voor deze vertaling een werkbeurs
van het Vlaams Fonds voor de Letteren.

Copyright © 2013 James McBride
Copyright © 2014 voor de Nederlandse taal:
Xander Uitgevers BV, Amsterdam

Eerste druk 2014
Tweede druk 2014

ISBN 978 94 0160 271 6 | NUR 302

Alle rechten voorbehouden. Niets uit deze uitgave mag openbaar worden
gemaakt door middel van druk, fotokopie, internet of op welke andere wijze
ook, zonder voorafgaande schriftelijke toestemming van de uitgever.

Voor moeder en Jade,
die van dikke pillen houden

INHOUD

Proloog 11

DEEL I – DADEN IN VRIJHEID 15

1 De Here tegemoet 17

2 De lieveheersvogel 31

3 Het leger van de Ouwe 44

4 Bloedbad 51

5 Nikker Bob 63

6 Weer gevangen 74

7 Black Jack 84

8 Een slecht voorteken 103

9 Een teken van God 114

DEEL II – DADEN IN SLAVERNIJ 121

10 Een echte revolverheld 123

11 Pie 134

12 Sibonia 150

13 Opstand 159

14 Een vreselijke ontdekking 171

15 Uitgeknepen 180

16 Uitbraak 192

DEEL III – LEGENDE 203

17 De geschiedenis binnentrekken 205

18 Ontmoeting met een groot man 221

19 De geur van beer 232

20 De korf tot opstand bewegen 245

21 Het plan 257

22 De spion 276

23 De boodschap 292

24 De spoorman 300

25 Annie 310

26 Wat de hemel stuurde 325

27 Ontsnapping 333

28 Aanval 348

29 Verwarring ten top 356

30 De bijen ontkorven 372

31 Tegen de bierkaai 385

32 Ervandoor 394

Dankwoord 415

Enkele woorden over een aantal in dit boek gebruikte termen. Omdat het verhaal op historische feiten berust, was het bij de vertaling vaak niet mogelijk historische personen, groepen en plaatsen anders te noemen dan ze in het Engels heten, al dan niet vernederlandst. Hieronder een kleine opsomming.

Sterk vereenvoudigend kunnen we zeggen dat de jonge Verenigde Staten halverwege de negentiende eeuw in tweeën waren verdeeld. Het noorden was tegen de slavernij, het zuiden was voor. De zuiderlingen heetten '*pro slavers*', 'rebellen' en '*redshirts*' (naar hun rode overhemd). De noordelingen '*free staters*', 'abolitionisten', 'federalisten', 'yankees' of 'yanks'.

Verder was er sprake van '*territories*', hier vertaald als 'territoriums'. Dat waren gebieden die nog niet tot staten waren uitgeroepen. Het Missouriterritorium besloeg ongeveer een derde deel van de huidige Verenigde Staten. Het verhaal speelt grotendeels in het aangrenzende Kansasterritorium, dat werd doorsneden door de 'Kansas Trail', een lange verbindingsweg. In de buurt liep ook de 'California Trail'.

Verder bestond er een '*underground railroad*'; dat was de benaming van een geheime organisatie die slaven hielp ontsnappen naar het vrije noorden. '*Gospel train*' was een codewoord voor die acties. Het was afgeleid van het lied met die titel dat bij ontsnappingspogingen vaak werd gezongen als aankondiging van het vertrek.

De vertalers

PROLOOG

ZELDZAME PAPIEREN GEVONDEN OVER DE SLAVERNIJ
door A.J. Watson

Wilmington, Del. (AP) 14 juni 1966. Een brand waarbij de oudste negerkerk van de stad in de as is gelegd, heeft geleid tot de ontdekking van het onstuimige levensverhaal van een slaaf. Dit verhaal werpt licht op een weinig bekende periode in de Amerikaanse geschiedenis.

De Eerste Verenigde Negerbaptistenkerk van Abessinië aan 4th Street en Bainbridge Street is vannacht door brand verwoest. De oorzaak moet volgens deskundigen van de brandweer worden gezocht bij een defecte gaskachel. Niemand raakte gewond bij de brand, maar tussen de verkoolde resten werden een paar geblakerde aantekenschriften gevonden uit het bezit van de voormalige diaken van de kerk. Deze schriften hebben nationaal de aandacht getrokken van wetenschappers.

In mei jongstleden overleed Charles D. Higgins, lid van de gemeente sinds 1921. Higgins was naast kok ook amateurhistoricus. Als zodanig had hij blijkbaar het relaas vastgelegd van een ander, al wat ouder lid van de Doopsgezinde Gemeente, Henry Shackleford, bijgenaamd 'Sjalot'. Deze Sjalot beweerde dat hij als enige neger in 1859 de aanval had overleefd van de Amerikaanse vogelvrijverklaarde John Brown op Harpers Ferry, Virginia. De blanke abolitionist Brown probeerde 's lands grootste wapenarsenaal in handen te krijgen om een oorlog tegen de slavernij te kunnen beginnen. De mislukte overval zaaide in het hele land paniek en gaf de aanzet tot de Amerikaanse Burgeroorlog. Nadien werd Brown opgehangen en vonden de meeste van zijn 19 medeplichtigen, onder wie 4 negers, de dood.

Tot nu toe was er geen volledig relaas over Brown en zijn mannen gevonden of bekend. De aantekenschriften waren opgeborgen in een brandvrije metalen doos die verborgen lag onder de houten vloer achter de preekstoel, op de plek waar de stoel stond van de diaken. Daar ontving Higgins meer dan 43 jaar lang elke zondag trouw zijn mensen. De doos bevatte tevens een envelop met daarin 12 dollarbiljetten van voor de Burgeroorlog, een zeldzame veer van een grote ivoorsnavelspecht, een bijna uitgestorven vogelsoort, en een briefje van wijlen de echtgenote van Higgins met de tekst: 'Als ik je ooit weer zie, dan mep en schop ik je goddomme de deur uit waar je bij staat.'

Higgins had geen kinderen. Hij werkte 29 jaar lang als kok voor Mrs Arlene Ellis uit Chadds Ford, Pennsylvania. Hij was het oudste lid van de Eerste Verenigde Baptistenkerk, waar hij bij gemeenteleden de koosnaampjes 'Mr Knijter' en 'diaken Shuffel Knuffel' had gekregen. Zijn precieze leeftijd bij zijn dood was niet bekend, maar volgens gemeenteleden moet die rond de 100 liggen. Hij was ook een soort attractie op de plaatselijke gemeenteraadsvergaderingen, die hij vaak bijwoonde in de uitdossing van het kostuum van de Burgeroorlog, en waar hij de raad een petitie aanbood om de Dupont Highway om te dopen tot 'John Brown Road'.

Zijn keurig ingebonden aantekenschriften beweren dat hij de feiten over het leven van Shackleford verzamelde tijdens een serie gesprekken in 1942. Volgens Higgins maakte hij voor het eerst kennis met Shackleford toen ze beiden zondagsschoolleraar waren bij de Eerste Verenigde, begin jaren veertig, totdat Shackleford in 1947 uit de kerk werd gezet vanwege wat Higgins omschrijft als 'geschurk en gescharrel met een zedeloos psoontje genaamd Abrikoos'.

Volgens de papieren van Higgins meende de kerkgemeente vóór dat incident blijkbaar dat Shackleford een vrouw was.

Higgins omschrijft hem als een kleine man 'met meisjesachtige trekken, krullend haar... vanbinnen een schavuit'.

Higgins beweert dat Shackleford 103 jaar oud was toen het relaas werd vastgelegd, hoewel hij schrijft: 'Misschien ouder. Sjalot was minstens 30 jaar ouder dan ik.'

Terwijl Shackleford vermeld staat in het kerkregister van 1942, dat de brand overleefde, is er in de huidige gemeente niemand oud genoeg om herinneringen aan hem te hebben.

De baptistengemeente heeft plannen aangekondigd het relaas van Shackleford over te dragen aan een expert in de geschiedenis van de negers om de echtheid ervan vast te stellen en de schriften te verkopen voor publicatie, waarbij de opbrengst bestemd is voor de aankoop van een nieuw bestelbusje voor de kerk.

DEEL I
DADEN IN VRIJHEID
(KANSAS)

1 DE HERE TEGEMOET

Ik ben geboren als niet-blanke man, vergeet dat vooral niet. Maar ik heb zeventien jaar het leven geleid van een niet-blanke vrouw.

Mijn vader die was een volbloed neger uit Osawatomie, in het Kansasterritorium, benoorden Fort Scott, bij Lawrence. Hij was kapper van beroep, hoewel nooit helemaal voor zijn lol. Het evangelie preken, dat vond hij interessanter. Vader was niet bij een reguliere kerk, zo van het soort waar je niks anders mag dan bingo op woensdagavond en vrouwen die papieren poppetjes zitten te knippen. Zielen die redde hij een voor een, onder het knippen van haren in de herberg van Dutch Henry, die verstopt lag op een kruising van de California Trail, een pad langs de Kaw in het zuiden van het Kansasterritorium.

Vader hielp vooral de zielen van schooiers, zwendelaars, slavenhouwers en dronkenlappen die over de Kansas Trail kwamen. Hij was qua lengte geen grote man, maar hij kleedde zich groot. Meestal droeg hij een hoge hoed, een broek opgetrokken rond de enkels, een overhemd met een hoge boord en laarzen met hakken. De meeste kleding was ouwe rommel die hij vond of spullen die hij stal van dooie blankers op de prairie die om zeep waren geholpen door waterzucht of doorzeefd vanweges een of andere ruzie. Zijn overhemd had kogelgaten zo groot als kwartjes. Zijn hoed was twee maten te klein. Zijn broek was gemaakt uit twee verschillend gekleurde halve broeken, in het midden aan mekaar genaaid waar de kont bij mekaar komt. Zijn haar kroesde genoeg om een lucifer aan af te strijken. De meeste vrouwen wouwen niet bij hem in de buurt komen, mijn moeder inclus, die voor immer haar ogen sloot toen ze mij op de wereld zette. Ze was naar ze zeggen een zachte vrouw, een donkere mulattin. 'Je moeder was de enige vrouw ter wereld die mans genoeg was om mijn vrome gedachten aan te horen,' pochte mijn pa, 'want ik ben een man van vele talenten.'

Wat die talenten ook waren, ze stelden niet veel voor, want in vol ornaat en piekfijn uitgedost, compleet met laarzen en acht centimeter hoge hoed, kwam vader maar tot ongeveer een meter veertig, en vrij veel daarvan was lucht.

Maar wat hij tekort kwam aan lengte, maakte vader goed met zijn stem. Hij won het met zijn stem van elke blanker die ooit over Gods groene aarde heeft gelopen, zonder uitzondering. Hij had een hoge, dunne stem. Als hij praatte klonk het alsof er een mondharp in zijn keel zat, want hij sprak met geplof en gesputter en zo, dat wil zeggen dat spreken bij hem twee halen, een betalen was, want hij waste je gezicht en spoelde het tegelijk met spuug; of zeg maar drie halen, één betalen, als je zijn adem meetelt. Zijn adem rook naar varkensdarmen en zaagsel, want hij werkte vele jaren in een slachthuis, dus de meeste niet-blankers meden hem in het algemeen.

Maar blankers mochten hem graag. Menige avond zag ik hoe mijn vader zich volgoot met alcolol en boven op de bar sprong bij Dutch Henry, knippend met zijn schaar en door de rook en de gin roepend: 'De Here zal komen! Hij komt om je tanden uit te knarsen en je haren uit te trekken!' en dan stortte hij zich in een meute van de gemeenste laag-bij-de-grondse, ladderzatte rebellen uit Missouri die u ooit zag. En terwijl ze hem meer dan eens tegen de vloer knuppelden en zijn tanden uit zijn mond schopten, namen die blankers mijn vader net zomin kwalijk dat hij zich in naam van de Heilige Geest in hun gezelschap stortte als wanneer er een tornado was langsgekomen die hem door het zaaltje had geslingerd, want de Geest van de Heiland Die Zijn Bloed Heeft Vergoten was in die dagen een serieuze zaak op de prairie, en voor de doorsnee blanke pionier had het begrip hoop niks vreemds. Meestal zaten ze net zonder, want ze waren naar het westen vertrokken uit een gril die hoe dan ook niet had opgeleverd wat de bedoeling was geweest, dus alles wat ze hielp uit bed te komen om indianen om zeep te helpen en niet dood te vallen van de koorts en de ratelslangen, was een welkome afleiding. Het hielp ook dat vader een van de beste zelfstookbrouwsels maakte van heel het Kansasterritorium – hoewel hij predikant was, was vader niet vies van een paar slokjes – en vaste prik, dezelfde killers die zijn haar uittrokken en hem buiten westen mepten plukten hem daarna van de vloer en zeien: 'Kom op, hijsen'; dan begon de hele zooi rond te dolen en naar de maan te huilen onder het drinken van vaders waggelwater. Vader was zeer trots op zijn vriendschap met het blanke ras, hij beweerde dat hij dat had geleerd uit de Bijbel. 'Jongen,' zei hij dan, 'onthou altijd het boek van Hizzegial, hoofdstuk twaalf, vers zeventien: "Reik uw dorstige buur uw glas aan, kapitein Ahab, en laat hem naar hartenlust drinken."'

Ik was volwassen voordat ik erachter kwam dat er geen boek Hizzegial in de Bijbel bestond. En ook geen kapitein Ahab. Vader kon namelijk geen letter lezen, en hij declameerde alleen Bijbelverzen die hij blankers had horen vertellen.

Nou waren er inderdaad in de stad lui die m'n vader wouwen ophangen vanweges dat hij vervuld was van de Heilige Geest en zich opdrong aan de stortvloed van pioniers die op weg waren naar het westen en die stopten om voorraden in te slaan bij Dutch Henry: speculanten, pelsjagers, kinderen, kooplui, mormonen, zelfs blanke vrouwen. Die arme kolonisten hadden genoeg problemen aan hun kop met de ratelslangen die opdoken uit de vloer en de achterladers die onverwachts afgingen en de schoorstenen die ze niet goed bouwden waardoor ze letterlijk stikten, dus die hoefden zich niet ook nog eens dik te maken over een neger die op hun nek sprong in naam van onze grote Heiland Die de Doornenkroon droeg. Ja, in 1856, toen ik tien jaar oud was, werd er in de stad openlijk over gesproken om vader voor z'n kop te schieten.

En volgens mij zouwen ze dat ook gedaan hebben als er dat voorjaar niet een bezoeker was komen opdagen die de klus voor ze opknapte.

De zaak van Dutch Henry lag vlak bij de grens met Missouri en diende als een soort postkantoor, gerechtsgebouw, geruchtenmolen en egreneerloods voor rebellen uit Missouri die over de grens met Kansas kwamen om te drinken, te kaarten, te liegen, te hoerenlopen en te brullen naar de maan over nikkers die de wereld overnamen en over de yankees die de grondwettelijke rechten van de blankers in de buitenplee smeten en zo. Ik lette niet op die praatjes, want m'n doel in die dagen was schoenen poetsen terwijl vader haren knipte, en zo veel mogelijk maïsbrood en bier achter m'n kiezen laten glijden. Maar toen het lente werd deden bij Dutch verhalen de ronde over een of andere moordzuchtige blanke schurk genaamd Old John Brown, een yank uit het oosten die naar het Kansasterritorium was gekomen om stennis te schoppen met zijn bende zonen, die de Pottawatomie Rifles werden genoemd. Als je dat zo hoorde waren Old John Brown en zijn moordlustige zoons eropuit alle mannen, vrouwen en kinderen op de prairie om zeep te helpen. Old John Brown stal paarden. Old John Brown stak hoeven in brand. Old John Brown verkrachtte vrouwen en hakte hoofden af. Old John Brown deed dit, Old John Brown deed dat, en ja, bij god, tegen de tijd dat ze met hem klaar waren, klonk Old John Brown als de vervelendste, moorddadigste, gemeenste hufter die je ooit had gezien, en ik besloot dat als ik hem ooit tegenkwam, jezus nou dan zou ik hem eigenhandig een kopje kleiner maken, puur om wat hij had gedaan of wou doen met de goeie blankers die ik kende.

Goed, niet lang nadat ik besloot dat te verkondigen kwam er een ouwe, wankele Ier binnenwaggelen bij Dutch Henry en ging in vaders kappersstoel zitten. Niks bijzonders aan te zien. Er doolden in die dagen wel honderd naar bodemschatten zoekende prairiezwervers rond over het Kansasterritorium op zoek naar een lift naar het westen of een baantje als veedief. Deze schooier was dus niet bijzonder. Het was een gebogen kerel, broodmager, vers van de prairie, ruikend naar buffelmest, met een zenuwtrek in zijn kaak en haveloze bakkebaarden op zijn kin. Er liepen zo veel lijnen en rimpels over zijn gezicht, tussen zijn mond en zijn ogen, dat als je die samen zou nemen, dan kon je er een hele gracht van maken. Zijn dunne lippen waren achteruitgetrokken tot een permanente ontevreden streep. Zijn jas, vest, broek en smalle das zagen eruit of er aan alle kanten muizen aan hadden geknaagd, en zijn laarzen waren volledig afgetrapt. Zijn tenen staken finaal door de neuzen heen. Alles bij mekaar een treurig ogend geval, zelfs naar de normen van de prairie, maar hij was blank, dus toen hij in vaders stoel ging zitten voor een knip- en scheerbeurt, deed vader hem een kapmantel voor en ging aan het werk. Zoals gewoonlijk werkte hij aan de bovenkant en deed ik de onderkant, zijn laarzen poetsen, in dit geval meer tenen dan leer.

Na een paar minuten keek de Ier om zich heen en toen hij zag dat er niemand heel dichtbij stond, vroeg hij zachtjes aan vader: 'Ben u een man van de Bijbel?'

Nou, vader die gestoord was als Onze-Lieve-Heer ter tafel kwam, die fleurde meteen op. Hij zei: 'Klopt, baas, jazeker. Ik ken allerlei Bijbelverzen.'

De ouwe knakker glimlachte. Ik kan niet zeggen dat het een echte glimlach was, want zijn gezicht stond zo strak dat het niet kon glimlachen. Maar zijn lippen leken te verbreden. Het noemen van de Heer deed hem duidelijk goed, en dat kon niet anders, want hij moest het op datzelfde moment hebben van de genade van de Heer, want het was de moordenaar Old John Brown zelf, de plaag van het Kansasterritorium, die daar in de herberg van Dutch zat, met een beloning van vijftienhonderd dollar op zijn hoofd terwijl de helft van de bevolking van het Kansasterritorium hem wou volpompen met lood.

'Prachtig,' zei hij. 'Vertel eens. Welke Bijbelboeken zijn u het liefst?'

'O, allemaal het liefst,' zei vader. 'Maar ik hou vooral van Hezzekiel, Ahab, Draver, en Paus de Keizer.'

De ouwe man fronste. 'Die kan ik me niet herinneren,' zei hij, 'en toch heb ik de Bijbel van A tot Z gelezen.'

'Ik ken ze niet precies,' zei vader. 'Maar welke verzen u ook kent, vreemdeling, als het u een plezier doet ze te delen, nou, dan zou ik ze graag horen.'

'Het zou me inderdaad een plezier doen, broeder,' zei de vreemdeling. 'Hier komt er een: Eenieder die zijn oor afsluit voor de roepstem van de Here, zal zich overal voor afsluiten.'

'Hemeltjelief, dat is een topper!' zei vader, sprong in de lucht en klapte zijn laarzen tegen mekaar. 'Nog eentje.'

'De Heer strekt zijn hand uit, beroert alle kwaad en brengt het ter dood.'

'Hartverwarmend!' zei vader, hij sprong op en klapte in zijn handen. 'Meer van dat spul!'

De ouwe knakker kwam op dreef. 'Breng een christen nabij de zonde en hij springt de zonde naar de keel!' zei hij.

'Hup, vreemdeling!'

'Bevrijd de slaaf van de tirannie van de zonde!' De ouwe knakker schreeuwde inmiddels bijna.

'Draag het uit!'

'En verstrooi de zondaren als stoppels, zodat de slaaf *eeuwig vrij zal zijn*!'

'Nou en of!'

Zo gingen die twee daar midden in de herberg van Dutch Henry ertegenaan, en er moeten tien mensen zijn geweest die binnen twee meter van hen rondscharrelden, handelaren, mormonen, indianen, hoeren, en zelfs Old John Brown zelf, die eventjes naar vader had kunnen over buigen en hem een paar woorden influisteren waarmee zijn leven zou zijn gered, want er was een oorlog uitgebroken in het Kansasterritorium over de slavernijkwestie. Lawrence was geplunderd. De gouverneur gevlucht. Er waren hoegenaamd geen wetshandhavers. Elke yankee-kolonist tussen Palmyra en Kansas City werd van voor tot achter lens getrapt door paardentemmers uit Missouri. Maar vader wist van niks. Hij was nog nooit verder dan een mijl van de herberg van Dutch geweest. En niemand deed zijn mond open. En vader, gestoord als het om Onze-Lieve-Heer ging, huppelde rond, klikte met zijn schaar en lachte. 'O, de Heilige Geest gaat komen! Het bloed van Christus! Ja echt waar. Verstrooi die stoppels! Verstrooi ze! Ik heb het gevoel dat ik de Here Here heb ontmoet!'

Overal om hem heen was het stil geworden in de herberg.

En juist op dat moment kwam Dutch Henry het zaaltje binnenlopen.

Dutch Henry Sherman was een Duitser met een groot gezicht en zes hand lang – zonder zijn laarzen. Zijn handen waren zo groot als hakmessen, hij had lippen met de kleur van kalfsvlees en een dreunende stem. Hij was eigenaar van mij, mijn vader, mijn tante en oom, en een paar indiaanse squaws, waarvan hij het gebruik als zijn voorrecht beschouwde. De ouwe Dutch zag er geen been in om blankers daar ook voor te gebruiken als hij zo zijn goederen kon kopen. Vader was ooit de allereerste slaaf van Dutch geweest, dus vader was bevoorrecht. Hij kon gaan en staan waar hij wou. Maar elke dag om twaalf uur kwam Dutch zijn geld innen, dat vader trouw bewaarde in een sigarenkistje achter de kappersstoel. En toevallig was het twaalf uur.

Dutch liep naar vaders kappersstoel, stak zijn hand uit naar het geldkistje erachter, pakte zijn geld en wou zich net omdraaien toen hij een blik wierp op de ouwe man in vaders kappersstoel en iets zag wat hem niet beviel.

'Jij komt me bekend voor,' zei hij. 'Hoe heet je?'

'Shubel Morgan,' zei de ouwe man.

'Wat doe je in deze buurt?'

'Op zoek naar werk.'

Dutch zweeg even, turend naar de Ouwe. Hij rook lont. 'Ik heb achter wat hout liggen dat gehakt moet worden,' zei hij. 'Ik geef je vijftig cent om een halve dag hout te hakken.'

'Nee, dank je,' zei de Ouwe.

'Vijfenzeventig cent.'

'Nee.'

'Een dollar dan?' vroeg Dutch. 'Een dollar is een hoop geld.'

'Kan niet,' gromde de Ouwe. 'Ik wacht op de stoomboot over de Kaw.'

'De stoomboot komt nog twee weken niet,' zei Dutch.

De Ouwe fronste. 'Ik zit hier om het Heilige Woord te delen met een christenbroeder, als je het niet erg vindt,' zei hij. 'Dus waarom bemoei je je niet met je eigen zaken, vriend, en zaag je zelf je hout, om te voorkomen dat de Heer je ziet als een vetzak en een slome duikelaar.'

Dutch droeg een zakpistool in die dagen. Stevig vuurwapentje. Met vier lopen. Handig voor de korte afstand. Hield het in zijn borstzak voor het grijpen. Niet in een holster. Gewoon in zijn borstzak. Hij stak zijn hand in die zak, trok het tevoorschijn, hield het met de loop omlaag, met alle vier de lopen op de vloer gericht, en praatte nu met een vuurwapen in zijn hand tegen die gerimpelde ouwe man.

'Alleen een slaphartige tietenknijper van een yankee zou zo praten,' zei hij. Verschillende mannen stonden op en liepen weg. Maar de Ouwe bleef doodkalm zitten. 'Meneer,' zei hij tegen Dutch, 'dat is een belediging.'

Nou moet ik hier meteen zeggen dat mijn sympathie bij Dutch lag. Hij was geen kwaaie. Dutch zorgde namelijk goed voor mij, m'n vader, m'n tante en m'n oom, en een paar indiase squaws, die hij gebruikte voor het rommelen en frommelen. Hij had twee jongere broers, William en Drury, die hij steunde met centen, hij stuurde geld naar zijn ma in Duitsland, en hij voedde en kleedde dan ook nog eens een keer alle verschillende squaws en het assortiment hoeren dat zijn broer William vanuit Mosquite Creek en omgeving had meegetroond, een hele stoet, want William was geen knip voor de neus waard en sloot vriendschap met iedereen in het Kansasterritorium behalve zijn eigen vrouw en kinderen. Daar komt nog bij dat Dutch een veestal had, een paar koeien en kippen, twee muilezels, twee paarden, een slachthuis en een herberg. Dutch had veel hooi op zijn vork genomen. Hij sliep nog geen drie uur per nacht. Terugkijkend was Dutch Henry eigenlijk zelf een soort slaaf.

Hij deed een stap van de Ouwe vandaan, nog steeds met dat zakpistool op de vloer gericht en zei: 'Kom uit die stoel.'

De kappersstoel stond op een houten pallet. De Ouwe stapte er langzaam vanaf. Dutch vroeg aan de barman: 'Geef even een bijbel.' Dat deed de barman. Met de bijbel in de ene en zijn zakpistool in de andere hand stapte Dutch op de Ouwe toe.

'Ik ga je laten zweren op deze bijbel dat je voor de slavernij en voor de Amerikaanse Grondwet bent,' zei hij. 'Als je dat doet, oud wijf, kan je hier de deur uit lopen zonder een centje pijn. Maar als je een liegende blauwbuik van een free stater ben, dan knal ik zo hard met dit pistool op je kop dat het geel uit je oren komt. Leg je hand hier,' zei hij.

Nou zou ik de jaren nadien behoorlijk wat te zien krijgen van Old John Brown. En hij heeft een paar moorddadige, vreselijke dingen op z'n geweten. Maar één ding kon de Ouwe niet goed: jokken, vooral met zijn hand op de bijbel. Hij zat in een lastig parket. Hij mepte zijn hand op de bijbel en keek voor het eerst ronduit benauwd.

'Hoe heet je?' vroeg Dutch.

'Shubel Isaac.'

'Ik dacht dat je "Shubel Morgan" zei.'

'Isaac is mijn tweede naam,' zei hij.

'Hoeveel namen heb je?'

'Hoeveel heb ik er nodig?'

Het gesprek had een ouwe dronkenlap genaamd Dirk wakker gemaakt, die op een hoektafeltje vlakbij zat te slapen. Dirk ging rechtop zitten, tuurde door het zaaltje en flapte eruit: 'Hé Dutch, dat daar lijkt Old John Brown wel.'

Toen hij dat zei reageerden William en Drury, de broers van Dutch, en een jonge kerel genaamd James Doyle. Alle drie zouwen ze hun laatste adem op een andere dag uitblazen, maar nu stonden ze op van hun tafeltje bij de deur, trokken hun Colt en gingen om de Ouwe heen staan.

'Klopt dat?' vroeg Dutch.

'Klopt wat?' vroeg de Ouwe.

'Ben jij de Ouwe Brown?'

'Heb ik dat gezegd?'

'Dus niet,' zei Dutch. Hij leek opgelucht. 'Wie ben je dan?'

'Ik ben het kind van m'n Schepper.'

'Je ben te oud om een kind te zijn. Ben je Old John Brown of niet?'

'Ik ben wie de Heer wil dat ik ben.'

Dutch gooide de bijbel neer, zette het zakpistool recht op de nek van de Ouwe en spande de haan. 'Stop godverdomme met onzin verkopen, lulhannes! De Ouwe Brown. Ben jij dat of niet?'

Nou heb ik in alle jaren dat ik hem heb gekend Old John Brown nooit zien opvliegen, zelfs niet in kwesties van leven en dood – zijn eigen leven en dood evenmin als die van een ander – behalve als Onze-Lieve-Heer ter tafel kwam. Maar nou hij zag hoe Dutch Henry die bijbel op de vloer smeet en de naam van de Heer ijdel gebruikte, voelde hij zich aangesproken. De Ouwe kon dat simpelweg niet hebben. Zijn gezicht verstarde. Toen hij weer wat zei klonk hij niet meer als een Ier. Hij sprak met zijn echte stem. Hoog. Dun. Strak als gespannen draad.

'Bijt je tong af als je de naam van onze Schepper ijdel gebruikt,' zei hij koeltjes, 'anders gebiedt de kracht van Zijn Heilige Genade mij genoegdoening voor Hem te eisen. En verder is dat pistool in je hand een prutding. Onze-Lieve-Heer zal het uit je hand nemen.'

'Hou op met dat gesijbel en vertel godverdomme hoe je heet.'

'Gebruik Gods naam niet nogmaals ijdel, meneer.'

'Godver! Ik zal zijn godverdommese kutnaam gebruiken als ik daar godverdomme zin in heb! Ik zal hem rondschreeuwen, zo geheid als varken, en hem dan door jouw stront etende yankiekeel proppen, stuk binnenstebuiten gekeerde nikker godverdomme!'

Toen was de Ouwe ontketend, en sneller dan de wind gooide hij de kapmantel weg; plotseling flitste onder zijn jas de loop van een Sharps-geweer. Hij bewoog zo snel als een ratelslang, maar Dutch hield de loop van zijn pistool al tegen de keel van de Ouwe en hoefde alleen de hamer maar naar voren te laten slaan.

Dat deed hij.

Nou is zo'n zakpistool een lastig geval. Het is niet zo betrouwbaar als een Colt of een regulier repeteergeweer. Het is een klappertjespistool. Het moet droog zijn, en door al dat zweten en vloeken was er op de grote handen van Dutch waarschijnlijk water tevoorschijn geborreld, anders kan ik het niet noemen, want toen Dutch aan de trekker trok, riep het pistool luid 'Kaw' en ketste. Een van de lopen ontplofte en krulde naar buiten. Dutch liet het ding los en viel op de vloer, loeiend als een kalf; zijn hand was bijna van zijn arm geblazen.

De andere drie kerels hielden hun Colts op Old Brown gericht maar waren eventjes achteruit gestapt om geen hersenen van de Ouwe op hun gezicht te krijgen, want ze verwachtten dat die elk moment door het zaaltje konden spetteren, en nou stonden ze alle drie te turen in de hete loop van een Sharps-geweer, dat de ouwe knakker koeltjes helemaal tevoorschijn trok.

'Ik zei toch dat de Heer het uit je hand zou trekken,' zei hij, 'want de Koning der Koningen ruimt alle treiteraars uit de weg.' Hij stak de Sharps in de nek van Dutch en trok de hamer helemaal naar achteren, keek toen naar de andere drie kerels en zei: 'Leg die blaffers op de vloer of hij is er geweest.'

Ze deden wat hij zei, waarna hij zich tot de hele herberg richtte, nog steeds met zijn geweer in zijn handen, en bulderde: 'Ik ben John Brown. Kapitein van de Pottawatomie Rifles. Ik ben gekomen met de zegen des Heren om alle niet-blanken in dit gebied te bevrijden. Iedereen die tegen mij opstaat zal schroot en buskruit eten.'

Nou moeten er wel een stuk of zes schooiers met een revolver in het zaaltje hebben gestaan, maar geen enkele man pakte zijn proppenschieter, want de Ouwe was zo koel als rook, en een en al zakelijkheid. Hij liet zijn ogen door het zaaltje glijden en zei rustig: 'Elke neger die hierbinnen verstopt zit, kom tevoorschijn. Jullie zijn nu vrij. Ga mee. Niet bang zijn, kinderen.'

Nou was er een aantal niet-blankers in dat zaaltje, sommige voor een boodschap of als verzorger van hun baas, de meeste hadden zich verstopt onder de tafels, waar ze bevend zaten te wachten tot het geknal van start zou gaan, en toen hij die woorden zei, nou, toen doken ze op en kozen het hazenpad, stuk voor stuk. De deur uit gingen ze. Je zag alleen hun achterhoofd terwijl ze naar huis sjeesden.

De Ouwe keek hoe ze zich verspreidden. 'Zij zijn nog niet gered in de Heer,' mompelde hij. Maar het bevrijden was nog niet afgehandeld, want hij draaide zich om naar vader, die daar in zijn laarzen stond te trillen en 'Gutteguttegut...' prevelde.

De Ouwe begreep dat als een soort vrijwillige instemming, want vader had het over gut en hij had het over God, dat was volgens mij instemmend genoeg. Zo blij als een kind gaf hij vader een pets op zijn rug.

'Vrind,' zei hij, 'je heb een verstandige keus gemaakt. Jij en je tragische octoronedochter hier zijn gezegend want jullie accepteren de bedoeling die onze gezegende Heiland met jullie had om vrij en puur te leven en dus niet de rest van jullie bestaan door te brengen in dit hol van ongerechtigheid hier met deze zondigende barbaren. Jullie zijn nou vrij. Loop door de achterdeur terwijl ik mijn geweer op deze heidenen gericht hou, in naam van de Koning van Sion zal ik jullie de vrijheid bezorgen!'

Nou weet ik niet hoe het zat met vader, maar onder al dat gepruttel over koningen en heidenen en Sions en zo en al dat gezwaai met zijn Sharps-geweer bleef ik op de een of andere manier hangen aan het onderdeel 'dochter' van die toespraak. Ik droeg wel een aardappelzak, net als de meeste niet-blanke jongens in die dagen, en met mijn lichte huid en ook nog eens mijn krulhaar was ik het mikpunt van spot voor verschillende jongens in de stad, hoewel ik de zaak compenseerde met mijn vuisten – tegen degenen die ik aankon. Maar iedereen bij Dutch, zelfs de indianen, wist dat ik een jongen was. Ik had zelfs niks met meisjes op die leeftijd, want ik was opgegroeid in een herberg waar de meeste vrouwen sigaren rookten, lalcohol dronken, en net zo onbedaarlijk stonken als mannen. Maar zelfs die laag-bij-de-grondse typen, die zo stijf stonden van de lalcohol dat ze geen verschil meer zagen tussen een bolgraanklander en een katoenbolletje en tussen de ene niet-blanker en de andere, kenden het verschil tussen mij en een meisje. Ik deed mijn mond open om de Ouwe in dat opzicht te verbeteren, maar op datzelfde moment leek het zaaltje te worden overspoeld door een golf van hoog gegier, en daar kon ik niet overheen komen. Pas even later drong het tot me door dat al dat gejammer en geloei uit mijn eigen keel kwam, en ik moet hier bekennen dat ik het in mijn broek deed.

Vader was in paniek. Hij stond daar te trillen als een maïskolf. 'Meester, Henry is altijd...'

Ik weet niet wat hij zeggen wou, maar hij werd onderbroken

door de Ouwe, die nog steeds het geweer op het zaaltje gericht hield: 'We hebben geen tijd om je ideeën over geestelijke afhankelijkheid te bespreken, meneer! We moeten ervandoor. Moedige vriend, ik zal jou en je Henrietta in veiligheid brengen.' Kijk, mijn ware naam is Henry Shackleford. Maar de Ouwe hoorde vader zeggen: 'Henry is altijd...' en begreep het als 'Henrietta', zo werkte de geest van de Ouwe. Wat hij geloofde, geloofde hij. Het maakte hem niet uit of iets echt waar was of niet. Hij verdraaide gewoon de waarheid, totdat die hem beviel. Hij was een echte blanker.

'Maar mijn z...'

'Moed, vrind,' zei hij tegen vader, 'want we hebben een ram in het struikgewas. Denk maar aan Joël, eerste hoofdstuk, vers vier: "Wat de knager had overgelaten, heeft de sprinkhaan afgevreten; wat de sprinkhaan had overgelaten, heeft de verslinder afgevreten; en wat de verslinder had overgelaten, heeft de kaalvreter afgevreten."'

'Wat wil dat zeggen?' vroeg vader.

'Je zult levend worden opgevreten als je hier blijft.'

'Maar mijn kind hier is geen mei...'

'Ssst!' zei de Ouwe. 'We moeten opschieten. We kunnen erover praten dat we haar later opvoeden volgens het Heilige Woord.'

Hij greep mijn hand en liep, nog steeds met die Sharps in de aanslag, achterwaarts naar de achterdeur. Ik hoorde paarden door het straatje achter de herberg stormen. Even liet hij mijn hand los om de deur open te gooien – en op datzelfde moment stormde vader op hem af.

Tegelijkertijd stak Dutch zijn arm uit naar een van de Colts die op de vloer lagen, pakte hem beet, richtte de loop op de Ouwe en vuurde.

De kogel miste de Ouwe en raakte de rand van de deur, waardoor een spaander hout van ongeveer twee decimeter zijwaarts schoot. De spaander stak als een mes uit de zijkant van de deur, exact horizontaal, ongeveer op borsthoogte – en vader liep er recht in. Recht zijn borst in ging het hout.

Hij wankelde achteruit, viel op de grond en blies zijn laatste adem uit.

Intussen naderde door de steeg het geklipklop van hard rijdende paarden, en de Ouwe schopte de deur wagenwijd open.

Zittend op de vloer schreeuwde Dutch Henry: 'Nikkerdief! Je ben me twaalfhonderd dollar schuldig!'

'Breng maar in rekening bij Onze-Lieve-Heer, ketter,' zei de Ouwe. Toen pakte hij mij met één hand op, stapte het steegje in en weg waren we.

2 DE LIEVEHEERSVOGEL

We peesden de stad uit, verlieten de veel betreden California Trail en zetten koers naar de vlakten van Kansas. Ze waren met z'n drieen, de Ouwe en twee jonge ruiters. De twee ruiters stormden voor ons uit op gevlekte paarden, en de Ouwe en ik stuiterden achter ze aan boven op een *paint horse* met een blauw en een bruin oog. Dat paard was van Dutch. Dus de Ouwe was ook een paardendief.

We peesden een paar uur lang. Een eindje verderop stonden de populieren, de hete wind sloeg in mijn gezicht terwijl we erlangs vlogen. Het Kansasterritorium is op het oog een vlak, open, heet terrein, maar bij hoge snelheid pezend op een paard, is het zwaar. Mijn kont kreeg er behoorlijk van langs terwijl we boven op dat paard stuiterden, want ik had nog nooit paardgereden. Er ontstond een bobbel zowat zo groot als een kadetje en net toen ik dacht dat ik het niet meer volhield, kwamen we boven aan een helling en stopten bij een primitief kamp. Het was een open plek, waar een tent stond met drie muren, door stokken overeind gehouwen, langs een rotswand met de resten van een kampvuur. De Ouwe steeg af en hielp me omlaag.

'Tijd om deze paarden water te geven en te rusten, me kind,' zei hij. 'We mogen niet treuzelen. De anderen komen zo.' Hij keek me even aan, met een frons op zijn gerimpelde gezicht. Ik denk dat hij zich schuldig voelde omdat hij me had ontvoerd en mijn vader had laten vermoorden, want hij zag er een beetje raar uit rond de ogen, en keek me een hele tijd aan. Ten slotte begon hij te wroeten in zijn sjofele jaszak. Hij graaide rond en viste wat op wat leek op een balletje met veren. Hij stofte het af en zei: 'Ik denk dat je het niet rechtvaardig vindt wat er zonet is gebeurd, maar in naam van de vrijheid zijn we allemaal soldaten van het kruis en dus vijanden van de slavernij. Hoogstwaarschijnlijk denk je nou dat je geen familie heb of nooit meer zal zien wat je aan familie overheb. Maar in feite hoor je tot de familie van de mens en daar ben je buitengewoon hartelijk welkom. Ik wou jou dit graag afstaan, me kind, als teken van je nieuwe vrijheid en familie, bij ons als vrijheidsstrijders, ook al ben je een meisje en moeten we je zo gauw mogelijk kwijt.'

Hij stak me het dingetje toe. Ik wou het niet, wat het ook was, maar omdat hij blank was en zo ahumde en keelschraapte over dat verdomde dingetje, dacht ik dat ik het moest aannemen. Het was een kleine ui, een sjalot. Gedroogd, stoffig, bedekt met veertjes, spinnenwebben, pluisjes en andere rommel uit zijn zak. Het zag er erger uit dan gedroogde muilezelstront. De Ouwe was zeer verdraagzaam voor rommel, en in de loop der jaren zou ik hem genoeg prullaria uit zijn zakken zien halen om een vijflitervat te vullen, maar omdat dit een verkennende expeditie was geweest naar Dutch, had hij licht gereisd.

Ik nam het dingetje aan en hield het in mijn hand. Beducht en bezorgd, dus niet wetend wat hij wou, ging ik ervan uit dat hij wou dat ik het opat. Dat wou ik uiteraard niet. Maar ik had honger door de lange rit en uiteindelijk was ik ook zijn gevangene, dus ik zette mijn tanden erin. Het proefde verduveld smerig. Het ging als een steen door mijn slokdarm, maar ik had het in een paar seconden voor mekaar.

De ogen van de Ouwe gingen wijder open en voor het eerst zag ik pure paniek over zijn ouwe gezicht trekken, wat ik begreep als ongenoegen, al kwam ik in later jaren te weten dat een blik van hem zo ongeveer alles kon betekenen wat je erin zag.

'Het was mijn geluksamulet die je heb ingeslikt,' bromde hij. 'Ik heb het veertien maanden in mijn bezit gehad en geen mes heeft in me gesneden en geen kogel mijn vlees geraakt. Ik denk dat de Heer het bedoelt als een teken voor mij om ervanaf te raken. De Bijbel zegt: "Houd geen nutteloze voorwerpen tussen uzelve en mij." Maar zelfs een godvrezend man als ik heeft een zak vol zonden die me geselen in mijn hoofd en ook tussen mijn bovenbenen, eerlijk is eerlijk, want ik heb tweeëntwintig kinderen, van wie er twaalf nog in leven zijn, Sjalotje. Maar mijn geluk leeft nou tussen jouw oren; jij heb mijn zonde en verlossing in je darmen geslikt, mijn zonde opgegeten net als Jezus Christus op de zonden van de wereld heeft gekauwd zodat jij en ik kunnen leven. Laat dat een lesje voor mij wezen, ouwe man die ik ben, om niet toe te staan dat er zich heiligschennende voorwerpen bevinden tussen mij en de grote Koning der Koningen.'

Ik kon geen touw vastknopen aan wat hij zei, want ik zou er nog achter komen dat Old John Brown Onze-Lieve-Heer kon verwerken in zo ongeveer elk aspect van zijn activiteiten in het leven, inclusief het gebruik van het privaat. Dat is een van de redenen dat ik geen gelovige was: ik was opgevoed door mijn vader, die een gelovige was en gestoord, die dingen leken samen te gaan. Maar het was niet mijn taak om te gaan kibbelen met een blanke, vooral niet een blanke die me had ontvoerd, dus ik hield mijn lippen op mekaar.

'Aangezien jij me de weg van de Schepper heb gewezen en nou mijn amulet ben, Sjalotje, zal ik ook jou geluk brengen, en hierbij ontsla ik mezelf van alle middeltjes en geluksprullen die het werk van de duivel zijn.' Toen groef hij in zijn zakken en haalde een vingerhoed tevoorschijn, een plantenwortel, twee lege blikjes, drie indiaanse pijlpunten, een dunschillertje, een verdroogde bolgraanklander en een gebogen zakmes. Hij gooide alles in een zak en gaf die aan mij.

'Hou jij deze dingen, en mogen ze je geluk brengen totdat je zover ben dat je de ziel ontmoet die je de weg van de Schepper wijst, Sjalot. Want de profeet kan komen in de vorm van een man, van een jongen, van een kindvrouwtje, zoals in jouw geval, en elke persoon moet tot kennis van de Almachtige komen als ze hun eigen profeet annex Schepper van de wereld vinden, die het teken van de verlossing klaar houdt, en dat geldt ook voor jou, Sjalotje.' Toen zei hij terloops: 'Moge jij dus op je reizen een ander Sjalotje tegenkomen, zodat die misschien jóuw geluksbrenger wordt en jou zo bevrijdt van deze spullen en je even werkelijk vrij maakt als mij.'

Nou haalde hij het laatste uit zijn zak, een vreemde, lange, zwart-witte veer, en mikte hem in mijn hoofd, plantte hem in mijn opgeborstelde krulhaar, wachtte toen even, dacht na, keek strak naar die veer die in mijn hoofd stak. 'Veer van een lieveheersvogel. Werkelijk heel speciaal. Het voelt voor mij ook niet slecht dat ik wat speciaals van mij aan jou geef. De Bijbel zegt: "Neemt datgene wat speciaal is uit uwe hand en geeft het aan de armen, en ge beweegt u op het pad des Heren." Dat is het geheim, Sjalotje. Evengoed dien je te weten dat je niet al te veel moet geloven in heidense dingen. En gun het woord van de Grote Vorst niet te veel speling. Hier een beetje speling, daar een beetje speling, en voor je het weet heeft de duivel vrij spel. Voor ons als strijders voor de rechtvaardigheid van Zijn Heilige Woord gelden enkele speciale concessies, zoals amuletten enzovoort. Maar we moeten er niet te veel van profiteren. Begrepen?'

Ik wist niet waar hij het in vredesnaam over had, maar omdat hij gestoord was, knikte ik maar van ja.

Dat leek hem wel te bevallen, en hij duwde zijn hoofd naar de hemel en zei: 'Leer uwe kinderen de wegen van onze Koning der Koningen, en zij zullen er niet van afwijken. Ik hoor U, o grote Voorzienige, en ik dank U dat U ons elke minuut van elke dag zegent.'

Waarschijnlijk zei God tegen hem Tot uw orders en Mee eens, want daarna leek de Ouwe tevreden met de hele zaak en vergat me meteen. Hij draaide zich om en trok een enorme canvas kaart uit zijn zadeltas. Hij kloste op zijn versleten laarzen naar het canvas afdak, plofte neer op de grond eronder en stak zijn neus in de kaart zonder nog een woord te zeggen. Bij nader inzien wenkte hij me om op de grond naast hem te zitten, en dat deed ik.

Intussen waren de andere twee ruiters afgestegen en bij ons gekomen, en zo te zien waren het de zoons van de Ouwe, want ze waren bijna even lelijk als hij. De eerste was een boomlange, potige jongeman van een jaar of twintig. Hij was langer dan Dutch, een meter negentig zonder laarzen. Hij had meer wapens aan zich hangen dan ik ooit een man had zien dragen: twee zware zevenschotspistolen, met leer vastgebonden aan zijn bovenbenen – zoiets zag ik voor het eerst. Plus een slagzwaard, een kleinwildgeweer, een buks, een jachtmes en een Sharps-geweer. Als hij rondliep rammelde hij als een ijzerhandel. Hij zag er alles bij mekaar angstaanjagend uit. Zijn naam, kwam ik later te weten, was Frederick. De tweede was kleiner van stuk, meer gedrongen, had rood haar en een verlamde arm, en was een heel stuk ouwer. Dat was Owen. Geen van beiden zei wat, maar ze wachtten tot de Ouwe wat zou zeggen.

'Geef deze paarden water en draai een vuur in mekaar,' zei hij.

De woorden van de Ouwe zetten ze aan het werk terwijl ik onder het afdak naast hem zat. Ik had vreselijk veel honger hoewel ik was ontvoerd, en ik moet zeggen dat mijn eerste vrije uren onder John Brown leken op mijn laatste vrije uren onder hem: ik had meer honger dan ooit als slaaf.

De Ouwe ging met zijn rug tegen de muur onder de canvas tent zitten en hield zijn gezicht bij de kaart. Het kamp was wel leeg, maar intensief gebruikt. Her en der lagen diverse pistolen en eigendommen. Het rook er niet lekker, zeg maar ronduit smerig, en de geur lokte muggen aan, die in dikke, zwarte wolken rondzwermden. Een van die wolken kwam boven mij hangen en de muggen belaagden me meteen allemachtig erg. Ik zat naar ze te meppen toen ik een paar muizen zag rondrennen in een rotsspleet in de muur achter de Ouwe, vlak boven zijn schouder. Een van de muizen viel uit de rotsspleet zo op de kaart van de Ouwe. De Ouwe bestudeerde hem eventjes, en het beestje bestudeerde hem. De Ouwe kon omgaan met alle dieren van Gods schepping. Later zou ik zien hoe hij een jong lammetje kon oppakken en vriendelijk en liefdevol naar de plek brengen waar het zou worden geslacht, een paard kon temmen alleen maar door zachtjes te schudden en ertegen te praten, en de koppigste muilezel die tot aan zijn nek in de modder vastzat los kon krijgen alsof het niks was. Voorzichtig pakte hij de muis op en zette hem zachtjes terug in de rotsspleet bij zijn muizenbroers, en toen zaten ze daar stil als jonge hondjes te spinzen over de schouder van de Ouwe, die naar zijn kaart zat te turen. Volgens mij waren ze net als ik. Ze wouwen weten waar ze waren, dus dat vroeg ik.

'Middle Creek,' bromde hij. Hij leek momenteel niet in een praatbui. Tegen zijn zoons zei hij bits: 'Geef dit kind te eten.'

De lange, Frederick, die liep om het vuur heen en kwam naar me toe. Hij had zo veel wapens aan zijn lijf dat hij klonk als een hele drumband. Hij keek vriendelijk omlaag en vroeg: 'Hoe heet je?'

Nou, dat was een probleem, want ik had geen tijd om na te denken over een meisjesnaam.

'Henrietta,' flapte de Ouwe eruit vanaf zijn kaart. 'Slaaf maar nu vrij,' zei hij trots. 'Ik noem haar voortaan Sjalotje en heb daar mijn redenen voor.' Hij knipoogde naar mij. 'De vader van dit arme meisje werd vlak voor haar ogen doodgeschoten door die schurk van een Dutch Henry. Stuk ongeluk, ik had een kogel door zijn lijf moeten jagen, maar ik had haast.'

Het viel me op dat de Ouwe met geen woord had gerept over zijn eigen leven, dat hij op het nippertje had gered, maar de gedachte aan vader die finaal doorstoken was met die houten speerpunt maakte me huilerig, en ik veegde mijn neus en barstte in tranen uit.

'Kom, kom, Sjalot,' zei de Ouwe. 'We gaan je meteen op het rechte spoor zetten.' Hij boog vooroven en diepte zijn zadeltas weer op, rommelde erin en haalde er nog een cadeautje uit, ditmaal een verkreukelde, sjofele jurk en muts. 'Dit was bedoeld voor de verjaardag van mijn dochter Ellen,' zei hij. 'Het is in een winkel gekocht. Maar volgens mij zou ze blij zijn om het aan een mooi meisje als jij te geven, als cadeau voor je vrijheid.'

Ik stond op het punt de poppenkast op te geven, want ik deed dan wel niet moeilijk over het eten van die sjofele ui die in zijn zak had gewoond, maar er was in Gods ganse koninkrijk geen denken aan om die jurk aan te trekken en die muts op mijn kop te zetten. Ik zou dat niet doen, in geen enkele vorm, trant of stijl. Nee. Maar ik kneep hem voor mijn kont, en hoewel het maar een klein kontje is, zit het aan mijn achterkant en dus is het me dierbaar. Bovendien was hij een outlaw en ik zijn gevangene. Ik stond voor een dilemma en mijn tranen barstten weer tevoorschijn, en dat werkte perfect, want ze waren allemaal met me begaan en zo wist ik meteen dat huilen en krijsen erbij hoorden als je voor meisje speelt.

'Al goed,' zei de Ouwe, 'je hoeft alleen de Goeie god maar te bedanken voor zijn goeie gunsten. Mij ben je niks verschuldigd.'

Nou, ik pakte de jurk, verexcuseerde me, liep een eind het bos in en schoot die onzin aan. De muts wilde eerst niet, maar ik kreeg hem op de een of andere manier op mijn kop gepropt. De jurk kwam tot mijn voeten, want de kinderen van de Ouwe waren stuk voor stuk forse reuzen. Zelfs de kleinste van zijn dochters mat volgroeid bijna een meter tachtig – zonder schoenen aan, en stak met kop en schouders boven uw dienaar uit, want als het om lengte ging was ik een kind van mijn vader. Maar ik fatsoeneerde de hele zaak zo goed mogelijk, kwam toen achter de boom vandaan en slaagde erin te zeggen: 'Dank u, *massa*.'

'Ik ben je meester niet, Sjalot,' zei hij. 'Je ben net zo vrij als een vogeltje.' Hij keek naar Frederick en zei: 'Fred, neem mijn paard en leer Sjalotje hier rijden, want de vijand zal snel onze kant op komen. Er is een oorlog aan de gang. We mogen niet treuzelen.'

Dat was de eerste keer dat ik het woord 'oorlog' hoorde. De eerste keer dat ik erover hoorde, maar op dat moment dacht ik alleen aan mijn vrijheid. Ik hoopte gauw terug te kunnen naar Dutch.

Fred bracht me naar het ouwe, gevlekte paard van Dutch, waar ik en de Ouwe op hadden gereden, hielp me erbovenop, voerde mijn paard aan de teugels mee, hield het zittend op zijn eigen paard onder controle. Al rijdend praatte Fred. Hij was een kletskous. Hij was twee keer zo oud als ik, maar ik zag meteen dat hij een half eitje was, als u begrijpt wat ik bedoel; traag van geest. Hij had een zeepbel in zijn hoofd. Hij praatte over niks, want hij kon zijn gedachten niet langer dan een minuutje bij één ding houwen. We sjokten zo een tijdje voort, hij babbelend en ik stil, tot hij schuchter vroeg: 'Hou je van fazant?'

'Ja, massa,' zei ik.

'Ik ben je massa niet, Sjalot.'

'Ja, meneer,' zei ik, want dat was ik gewoon.

'Noem me geen meneer.'

'Ja, meneer.'

'Goed. Dan noem ik jou juffie.'
'Goed, meneer.'
'Als je mij meneer blijft noemen, blijf ik jou juffie noemen,' zei hij.
'Ja, meneer.'
Dat duurde een aantal minuten, dat gemeneer en gejuffie, totdat ik eindelijk zo opgefokt werd dat ik een rotsblok wou pakken en op zijn hoofd stukslaan, maar hij was blank en ik niet, dus ik brak weer in tranen uit.

Mijn tranen brachten Fred van de wijs. Hij stopte het paard en zei: 'Het spijt me, Henrietta. Ik neem elk woord terug dat ik heb gezegd.'

Ik stopte met balken en we gingen weer op pad, langzaam stappend. We reden ongeveer een halve mijl langs de beek tot waar de populierenstruiken ophielden. Waar de open plek overging in bos lagen rotsen en stonden dikke bomen. We stapten af en Fred keek om zich heen. 'We kunnen de paarden hier laten,' zei hij.

Ik zag een kans om weg te komen. Ik dacht steeds aan ontsnappen, dus ik zei: 'Ik moet naar het toilet, maar een meisje heeft een beetje privacy nodig.' Ik stikte bijna nu ik mezelf een lid van de andere soort noemde, maar liegen ging me toentertijd makkelijk af. Of eigenlijk, liegen ging alle negers goed af in de slaventijd, want geen man of vrouw had er in slavernij ooit baat bij hun ware gedachten aan de meester mee te delen. Het leven van een niet-blanke bestond grotendeels uit toneelspel, en negers die hout zaagden en hun mond hielden, leefden het langst. Dus ik zou hem niks vertellen over dat ik een jongen was. Maar iedereen onder Gods zon, man of vrouw, blank of niet-blank, moet weleens naar het toilet, en het was echt hoognodig om te voldoen aan de oproep van de natuur. En aangezien Fred in zijn hoofd zo traag was als dikke jus, zag ik er ook een kans in om weg te komen.

'Tuurlijk moet een meisje haar privacy krijgen, Sjalotje,' zei hij. Hij bond onze paarden aan een laaghangende boomtak.

'Ik hoop dat je een heer ben,' zei ik, want ik had blanke vrouwen uit New England zo zien spreken als hun sliert wagens bij Dutch stopte en ze zijn latrine moesten gebruiken – waarna ze meestal kokhalzend weer naar buiten kwamen stormen, met hun haar gekruld als versgebakken spek, want met de geur van die tent kon je kaas stremmen.

'Dat ben ik zeker,' zei hij, en liep een stukje weg terwijl ik achter een vlakbij staande boom glipte om mijn grote boodschap te doen. Omdat hij een gentleman was, liep hij ruim dertig meter of zo weg, met zijn rug naar me toe, strak kijkend naar de bomen, glimlachend, want hij was al de tijd dat ik hem kende nooit anders dan sympathiek.

Na mijn grote boodschap dook ik achter een boom en rende achter die boom weg van de bosrand. Ik vlóóg gewoonweg. Ik sprong boven op het gevlekte paard met verschillende ogen van Dutch en vuurde het aan, want dat paard zou de weg naar huis wel weten.

Het probleem was dat het beest me niet kende. Fred had het aan de teugels geleid, maar toen ik er eenmaal alleen op zat, wist het paard dat ik geen ruiter was. Het kwam omhoog en schoot zo hard mogelijk vooruit en wierp me af. Ik vloog door de lucht, kwam met mijn hoofd op een rotsblok terecht en raakte buiten westen.

Toen ik bijkwam stond Fred over me heen gebogen en ook hij glimlachte niet meer. Door de val was mijn jurk over mijn hoofd geslagen, en mijn nieuwe muts stond achterstevoren. Ik moet hier vermelden dat ik als een kind nooit ondergoed had gedragen noch gekend, omdat ik was opgegroeid in een herberg vol schooiers, zuipschuiten en vechtersbazen. Mijn edele delen waren zo te zien. Snel sloeg ik de jurk omlaag tot mijn enkels en ging rechtop zitten.

Fred leek de kluts kwijt. Hij was godzijdank niet helemaal goed bij zijn hoofd. Hij had drabbige hersens. Zijn kaas was vrijwel van zijn broodje gegleden. Hij vroeg: 'Ben jij een mietje?'

'Nou, als je het mij vraagt,' zei ik, 'ik weet het niet.'

Fred knipperde met zijn ogen en zei langzaam: 'Vader zegt dat ik niet het scherpste mes in de la ben, en van veel dingen raak ik in de war.'

'Ik ook,' zei ik.

'Als we terug zijn, kunnen we vader misschien de vraag voorleggen.'

'Waarover?'

'Over mietjes.'

'Dat zou ik niet doen,' zei ik snel, 'want hij heeft een heleboel aan zijn hoofd, oorlog voeren en zo.'

Fred dacht erover na. 'Je heb gelijk. Bovendien kan vader niet goed tegen domheid. Wat zegt de Bijbel over mietjes?'

'Weet ik niet. Ik kan niet lezen,' zei ik.

Dat deed hem deugd. 'Ik ook niet!' zei hij monter. 'Ik ben de enige van mijn broers en zussen die dat niet kan.' Hij leek blij dat ik even dom was als hij. Hij zei: 'Ga mee. Zal je wat laten zien.'

We lieten de paarden achter en ik liep achter hem aan door dicht struikgewas.

Nadat we ons duwend een weg hadden gebaand, stak hij zijn vinger op om me tot zwijgen te brengen en slopen we stil vooruit door een dikke strook kreupelhout naar een open plek. Ineens verstijfde hij en bleef stil staan luisteren. Ik hoorde een roffelend geluid. We kropen erheen totdat Fred zag wat hij zocht, en hij wees.

Boven in een dikke berk zat een specht te hameren. Het was een flink beest. Zwart en wit, met een vleugje rood.

'Ooit zo een gezien?' vroeg hij.

'Ik zie het verschil niet tussen de ene vogel en de andere.'

Fred keek strak omhoog. 'Ze noemen dat een lieveheersvogel,' zei hij. 'Hij is zo mooi dat iemand die hem ziet, zegt: "Lieve heer!"'

Hij keek ernaar, was verdorie zowat gehypnotiseerd door dat stomme geval, en ik had veel zin om op dat moment weg te glippen, maar hij was te dichtbij. 'Ik kan zowat elke vogel die er is pakken of strikken,' zei hij. 'Maar die daar... dat is een engel. Ze zeggen dat je door een veer van een lieveheersvogel inzicht krijgt dat je hele leven blijft. Inzicht is wat ik mis, Sjalot. Herinneringen en zo.'

'Waarom vang je hem dan niet?'

Hij negeerde me, keek door het dikke bos naar de hamerende

vogel. 'Kan niet. Deze zijn schuw. Bovendien moet je volgens vader niet geloven in prullen en heidens gedoe en zo.'

Wat vindt u daarvan? In mijn zak had ik juist de zak die zijn vader me had gegeven met zijn prullen en amuletten, waaronder een veer die eruitzag alsof hij afkomstig was van datzelfde schepsel waarnaar we zaten te kijken.

Mijn gedachten waren bij ontsnappen, en omdat hij met molentjes liep dacht ik erover hem nog meer in verwarring te brengen en zijn gedachten af te leiden van het feit dat ik een jongen was en ook mezelf een betere kans te geven om weg te komen. Ik rommelde in mijn kleine jutezak, haalde precies dezelfde veer tevoorschijn die de Ouwe me had gegeven en bood hem die aan. Hij stond paf.

'Waar heb je die vandaan?'

'Dat mag ik niet zeggen. Maar hij is van jou.'

Nou, daar was hij ondersteboven van. Maar eigenlijk wist ik niet of die veer van een lieveheersvogel kwam. Zijn vader zei dat dan wel, maar ik wist niet of zijn ouweheer de waarheid vertelde of niet, want hij was een kidnapper en blankers zaten vol trucs in die dagen, ik was zelf een leugenaar en de ene leugenaar vertrouwt de andere niet. Maar het leek er heel sterk op. Hij was zwart en had een beetje rood en wit. Maar wat mij betreft kon hij ook van een adelaar of een simpele kolibrie komen. Wat het ook was, Fred was er allemachtig blij mee en hij wou wat terugdoen. 'Nou, ik ga je wat speciaals laten zien,' zei hij. 'Ga mee.'

Ik liep achter hem aan terug naar de paarden, waar hij zijn zevenschotspistolen, zijn zwaard, zijn koppelriem en alle geweren op de grond legde. Uit zijn zadeltas haalde hij een deken, een handje gedroogde maïs en een eikentak. Hij zei: 'We kunnen hier niet schieten, want de vijand zou het kunnen horen. Maar ik zal je laten zien hoe je een fazant vangt zonder een schot te lossen.'

Hij bracht me naar een uitgeholde boomstronk. De maïs legde hij op de grond in een rechte lijn naar de stronk. Hij gooide er een paar korreltjes in en koos toen een plek niet te ver van de stronk om te zitten. Met zijn mes sneed hij twee kijkgaten in de deken, een voor hem en een voor mij, daarna gooide hij hem over ons heen. 'Elke jaagbare vogel in de wereld is bang van de mens,' fluisterde hij. 'Maar met een deken over je heen ben je geen mens meer.'

Ik wou zeggen dat ik me geen mens voelde, hoe je het mes ook keert, maar ik bleef rustig. Zo zaten we onder die deken te turen en even later werd ik moe, ik leunde tegen hem aan en viel in slaap.

Toen Fred zich bewoog werd ik wakker. Ik gluurde door mijn gat en jazeker, er was een fazant aan komen zetten die zin had in Freds maïs. Hij volgde de rij gedroogde maïskorrels precies naar wens recht de holle boom in. Toen hij zijn kop naar binnen stak brak Fred de eikentak die hij vasthield. De fazant verstijfde bij het geluid, en razendsnel gooide Fred de deken over hem heen, greep hem beet en brak zijn nek.

We vingen nog twee fazanten op die manier en gingen terug naar kamp. Toen we aankwamen, waren Owen en de Ouwe aan het kibbelen boven de kaart van de Ouwe en stuurden ons weg om onze vangst klaar te maken voor het avondeten. Terwijl we de vogels bereidden boven het kampvuur maakte ik me zorgen dat Fred zijn mond open zou doen over wat hij had gezien, en ik vroeg: 'Fred, vergeet je onze afspraak niet?'

'Waarover?'

'Nergens over,' zei ik. 'Maar waarschijnlijk moet je niemand vertellen wat ik je heb gegeven,' mompelde ik.

Hij knikte. 'Jouw cadeau geeft me zelfs nu al meer inzicht, Sjalot. Ik ben je dankbaar en zal het niemand vertellen.'

Ik had met hem te doen vanwege zijn schrale hersenen en omdat hij mij vertrouwde terwijl hij wist dat ik een jongen was en dat ik van plan was te ontsnappen. Zijn vader had die veer al aan mij gegeven met de mededeling dat niet door te vertellen. En ik had die veer aan zijn zoon gegeven met de mededeling dat niet door te vertellen. Ze wisten niet wat ze moesten geloven, zo dacht ik dat het zat. In die dagen zeien blankers tegen nikkers meer dan ze tegen mekaar zeien, omdat ze wisten dat negers alleen maar konden reageren met: 'Uh-huh' en 'Ehmmmm' en dan verder gingen met hun verwarde bezigheden. Dat werkte oplichterij van de blankers volgens mij in de hand. Niet-blankers waren op dat terrein blankers altijd twee stappen voor, omdat ze elke mogelijkheid hadden overdacht over hoe ze zich moesten redden zonder gezien te worden en ervoor zorgden dat hun leugens klopten met wat de blankers wouwen. De doorsneeblanke is een stommeling, zo dacht ik, en ik plaatste Fred in die groep.

Maar ik had het mis, want Fred was niet helemaal stom. Net zomin als zijn vader. De grootste stommeling bleek uw dienaar te zijn, die dacht dat zij in de eerste plaats de stommelingen waren. Zo gaat het als je een ander beoordeelt. Je kan makkelijk miskleunen en jezelf de das omdoen. Dat zou me in de toekomst duur te staan komen.

3 HET LEGER VAN DE OUWE

We hadden die fazanten nog niet geroosterd of de andere mannen van de Ouwe druppelden binnen. Het huiveringwekkende Leger van Old John Brown, waar ik zo veel over had gehoord, was enkel een hoopje schorem; vijftien van de schrielste, voddigste, zieligste individuen die u ooit zag. Ze waren jong, en stuk voor stuk broodmager als paardenhaar in een glas melk. Er was een buitenlandse jood, een indiaan en een paar andere bijeengeharkte niksnutten. Het waren ronduit lelijke, arme mannen. Ze hadden een soort strooptocht ondernomen want ze kwamen met veel herrie het kamp binnenrijen op een kar die rammelde als een marskramer, met potten, kopjes, schoteltjes, meubels, kaarttafels, spinklosjes, stroken leer en stukjes van het een en ander die aan de zijkanten hingen.

Ze hadden van alles bij zich, behalve eten, de geur van de vogels lokte ze regelrecht naar het kampvuur. Ze stonden er in een kring omheen. Een van hen, de jood, die Weiner heette, een dunne, gespannen, slanke kerel met bretels, droeg een krant, die hij aan Owen gaf. 'Wacht even tot na het eten,' zei hij, starend in het vuur. 'Anders wil de kapitein er direct vandoor.'

Maar de Ouwe kwam al aanlopen, zag hem staan en griste de krant uit zijn handen. 'Weiner, het nieuws uit Lawrence is ongetwijfeld dringend,' zei hij. 'Maar maak je geen zorgen, want ik heb er al een visioen over gehad.' Hij keek de anderen aan en zei: 'Mannen, laten we voordat jullie je strot volproppen onze Heilige Schenker danken voor dit voedsel, want uiteindelijk verbreiden we de vrijheid in Zijn naam.'

De mannen stonden met gebogen hoofd in een kring rond de Ouwe, die zijn hoed in de hand hield en zijn gerimpelde ouwe gezicht had gebogen over de geroosterde vogels en het vuur.

Dertig minuten later was het vuur uit, de maaltijd zo koud als de ijsboer op de hoek en stond hij nog steeds te zemelen. Ik zou u een volledige steekproef moeten geven van de gebeden van Old John Brown, maar dat zou vermoedelijk geen zin hebben voor de dierbare lezer die ongetwijfeld in een warme kelder van een kerk over honderd jaar deze woorden leest in een nepbontjas en met aan zijn voeten Stacy Adams-schoenen, terwijl hij niet meer hoeft te doen dan naar de muur wiegelen en op een knop drukken om een warme kont te krijgen en koffie heet te maken. De gebeden van de Ouwe waren in feite meer beeld dan geluid, meer verstand dan gevoel. U had erbij moeten wezen: in de lucht de geur van verbrande fazant, om ons heen de weidse prairie van Kansas, de geur van buffelmest, de muggen en de wind die aan je ene kant knaagden, en die man die stond te happen in de wind aan de andere. Hij was een pure verschrikking als het op bidden aankwam. Net als hij de ene gedachte leek af te ronden, kwam er een andere naar buiten rollen, die tegen de eerste aan botste, dan botste er weer een derde tegen die tweede aan, en na een poosje bleken ze allemaal tegen mekaar te knallen en te botsen en te vermengelen tot je niet meer wist wie wie was en waarom hij zoiets bad, want het hele zootje kwam samen zoals bij de tornado's die over de vlakten stoven en dan alsem en bolgraanklanders en boerenhoeven bij mekaar veegden en verstrooiden als stof. Door de inspanning ging hij zweten, het stroomde langs zijn leerachtige nek en onder zijn overhemd, terwijl hij bleef galmen over brandoffers en bloed uit de lampvoet van Jezus enzovoort; al die tijd jeukte die jurk van mij als een gek en knaagden de muggen aan mijn pens, ze aten me levend op. Ten slotte prevelde Owen: 'Vader! We moeten weg! Er is een patrouille op pad!'

Toen kwam de Ouwe bij zinnen. Hij hoestte, gaf nog een paar Ave Maria's en Gode zij Danks ten beste en rondde toen de hele zaak af. 'Ik moest ulieden een volledig gebed bieden,' bromde hij, 'en het niet laten bij een paar stuntelige woorden voor onze Grote Heiland Die met Zijn bloed voor ons heeft geboet en voor Wiens bijstand we dankbaar zijn.' Hij had de gewoonte zijn taal met ouwerwetse termen te doorspekken.

De mannen zakten op hun hurken en aten terwijl de Ouwe de krant las. Toen hij dat had gedaan stond zijn gezicht duister en even later verfrommelde hij de krant in een grote, gerimpelde vuist en schreeuwde: 'Ze hebben verdorie onze man aangevallen!'

'Wie bedoel je?' vroeg Owen.

'Onze man in het Congres.' Hij streek de krant weer glad en las het hardop voor aan iedereen. Voor zover ik het begreep hadden twee kerels mot gekregen over slavernij in de hoogste zaal van de Amerikaanse regering in Washington, D.C., en een van de twee had de ander buiten westen geslagen. Schijnbaar had een kerel genaamd Sumner uit Massachusetts het onderspit gedolven, omdat een kerel uit South Carolina zijn stok stuksloeg op Sumners hoofd. Die uit South Carolina kreeg per post een berg nieuwe wandelstokken toegestuurd van mensen die sympathie hadden voor zijn kant van het verhaal.

De Ouwe gooide de krant neer. 'Haal de paarden en breek de tent af. We slaan vanavond terug. Haast je, mannen, werk aan de winkel!'

Nou, de mannen hadden geen haast om te vertrekken, want ze waren net aangekomen en nu bezig hun waffel vol te stoppen. 'Wat maakt het voor verschil,' vroeg een van de kerels. 'Het kan wel een dag wachten.'

'De neger heeft tweehonderd jaar gewacht,' zei de Ouwe.

De kerel snoof. 'Laat ze wachten. Er is niet genoeg eten in dit kamp.' Deze kerel was net zo haveloos gekleed als de rest, maar hij was een vette man, met een revolver en een echte rijbroek. Hij had de dikke rimpelnek van een roodkopgier, en zijn mond bleef aan de gang met de fazant terwijl hij sprak.

'We zijn hier niet om te eten, dominee Martin,' zei de Ouwe.

'Dat twee stommelingen een robbertje vechten in het Congres dat betekent niks,' zei de ander. 'Wij hebben hier onze eigen vechtpartijen.'

'Dominee Martin, uw visie op de zaak klopt niet helemaal,' zei de kapitein.

De dominee kauwde en zei: 'Ik doe mijn best beter te lezen zodat ik uw interpretaties van een en ander niet hoef te horen, kapitein, want die overtuigen me niet meer zo. Elke keer als ik wegrij en terugkom in uw kamp loopt er weer een nieuw gezicht rond te scharrelen en mee te eten. We hebben al niet genoeg voedsel voor de mannen hier.' Hij knikte naar mij: 'Wie is dat daar?'

Ik was bezig mijn waffel zo snel ik kon met vogel vol te stoppen, want ik had mijn eigen ontsnappingsplan.

'Dominee Martin, dat is Sjalot,' kondigde Frederick trots aan.

'Waar komt ze vandaan?' vroeg hij.

'Gestolen uit de herberg van Dutch Henry.'

De ogen van de dominee gingen wijd open en hij draaide zich naar de Ouwe. 'Waarom hebt u van alle herrieschoppers in dit land juist hem gekozen om ruzie mee te maken?'

'Ik heb geen ruzie gemaakt,' zei de Ouwe. 'Ik ging zijn terrein verkennen.'

'Nou, dan hebt u problemen verkend. Ik zou nog geen ruzie maken met Dutch om een pak kaakjes. Ik ben niet naar dit land gekomen voor een vuurgevecht met hem.'

'Niemand vuurt hier,' zei de Ouwe. 'Wij gaan hier op pad voor de bevrijding, en de Bijbel zegt: "Laat uw gezicht niet af van de waarheid, en de Here zal verlossing geven."'

'Begin niet met mij te stokebranden over de Bijbel,' snoof de dominee. 'Ik weet er meer over dan wie ook hier.'

Hij beet aan de verkeerde kant, want in mijn 111 jaar op Gods groene aarde heb ik nooit een man gekend die de Bijbel beter kon opdreunen dan Old John Brown. De Ouwe rechtte zijn rug, steigerde en smeet de dominee een stuk of vijf Bijbelverzen in het gezicht, en toen de dominee probeerde een paar eigen verzen te lanceren, overstemde de Ouwe hem met een stuk of vijf andere, die nog beter waren dan de eerste vijf. Maaide hem simpelweg neer. De dominee was overtroefd.

'Nou ja goed,' snauwde hij. 'Maar u vraagt om problemen. Er zwermt een hele zwik redshirts uit Missouri bij Dutch in de buurt. U hebt hem een reden gegeven om die lui op pad te sturen. Hij komt het ons geheid betaald zetten.'

'Laat maar komen,' zei de Ouwe. 'Sjalot hoort tot mijn familie, en ik ben van plan haar vrij te houwen.'

'Bij mijn familie hoort ze niet,' zei de dominee. Hij zoog op een fazantenbotje, gooide het koeltjes neer en likte zijn vingers af. 'Ik vecht om Kansas te bevrijden, en niet om dit soort nikkers met vette koppen te stelen.'

De Ouwe zei ijskoud: 'Ik dacht dat u een free stater was, dominee.'

'Ik bén een free stater,' zei de dominee. 'Dat is wat anders dan doorzeefd worden voor het stelen van iemands nikker.'

'U had niet met dit stel op pad moeten gaan als u van plan was te lopen zagen en zeiken over de vrijheid van de negers,' zei Old Man Brown.

'Ik ben met u op pad gegaan voor het algemeen belang.'

'Nou, mijn belang is het bevrijden van de negers in dit gebied. Ik ben een abolitionist in hart en nieren.'

Terwijl die twee stonden te bekvechten, hadden de meeste mannen hun maaltijd beëindigd en zaten op hun hurken toe te kijken.

'Dit is een nikker van Dutch. Gekocht en betaald!'

'Hij is het zo vergeten.'

'Dit soort onrecht vergeet hij niet.'

'Dan zal ik zijn geheugen opfrissen als hij komt.'

De indiaan, Ottawa Jones, stapte naar de kapitein en zei: 'Dutch is geen slechte, kapitein. Hij deed wat werk voor mij voordat hij zijn herberg had. Toen was hij niet voor de slavernij. Hij moet de kans krijgen van gedachten te veranderen.'

'Je verdedigt hem alleen maar omdat jij zelf een stuk of wat slaven had,' suggereerde een andere man.

'Je ben een leugenaar,' zei Jones.

Dat was het begin van meer commotie, waarbij sommigen overhelden naar de ene of de andere kant, een deel voor de Ouwe, een deel voor de dominee. De Ouwe luisterde zwijgend toe en gebaarde ze uiteindelijk te zwijgen: 'Mijn doel is de slavenhandelaren een slag toebrengen. We weten wat ze hebben gedaan. Ze hebben Charles Dow vermoord. Ze hebben Joe Hamilton voor het oog van zijn vrouw naar onze Schepper gestuurd. Ze hebben Willamena

Tompkin verkracht. Het zijn verkrachters. Plunderaars. Zondaars, allemaal. Maken dit hele gebied kapot. Het Goede Boek zegt: "Houdt uw vijand bij zijn eigen vuur." Dutch Henry is een vijand. Maar ik wil hier stellen dat als hij niet in de weg staat, hij geen last van mij zal hebben.'

'Dutch overvallen doe ik niet,' zei dominee Martin. 'Ik heb geen bonje met hem.'

'Ik ook niet,' zei een andere man. 'Ik heb een paard op krediet gekregen van Dutch. Bovendien heeft dit leger te veel gezichtshoeken. Ik ben niet helemaal uit Connecticut gekomen om op pad te gaan met joden.'

De jood Weiner, die naast Jones stond, stapte met gebalde vuisten op de man toe. 'Peabody, je praat weer met een scheve bek. Ik breek je benen.'

'Genoeg,' zei de Ouwe. 'Morgenavond gaan we op pad naar Osawatomie. Daar zijn *pro slavers*. Wie met ons op pad wil gaan, die komt mee. Wie niet wil, kan naar huis. Maar ga dan naar het noorden via Lawrence. Ik wil niet dat iemand naar het zuiden rijdt en Dutch waarschuwt.'

'U wilt Dutch aanpakken, nou ga uw gang,' zei de dominee. 'Ik zal u niet in de weg staan. Maar laat niemand me vertellen waarheen ik moet rijden, vooral niet vanwege een nikker met kroeshaar die vogels loopt te vreten.' Zijn hand ging naar zijn blaffer, die aan zijn linkerzij hing. Peabody en een paar andere mannen stapten opzij zijn kant op, en opeens spleet het leger van de Ouwe zomaar in tweeën, de ene kant stond bij de Ouwe, de andere kant schoof achter de dominee.

Er klonk geritsel tussen de mannen achter de Ouwe en de ogen van de dominee werden zo groot als zilveren dollars, want Fred kwam op hem toe, hij was woedend en trok al lopend zijn wapens. Hij hanteerde zijn grote zevenschotspistolen als boomtakjes. In een wip was hij bij de dominee en drukte zijn twee pistolen op diens borst. Ik hoorde de hanen op allebei terugklikken.

'Als je hier nog één woord zegt over mijn vriendin Sjalot, vul ik je met lood,' zei hij.

Het geluid van de stem van de Ouwe hield hem tegen: 'Frederick!'

Fred verstijfde, met getrokken pistolen.

'Laat hem met rust.'

Frederick stapte weg. De dominee snoof en keek boos, maar hij trok niet zijn wapen, en dat was verstandig, want Owen was uit het gezelschap naar voren gestapt, net als twee andere zoons van Brown. Het was een ruig clubje, die Browns. Ze waren stuk voor stuk zo vroom als Jezus Christus. Ze vloekten niet, dronken niet. Scholden niet. Maar God mocht je genadig wezen als je ze dwarsboomde, want ze accepteerden van niemand tegenwind. Zodra ze ergens toe besloten, gebeurde dat ook.

De dominee pakte zijn geweer en andere spullen bij mekaar, klom op zijn paard en nokte af zonder een woord. Peabody en twee anderen volgden. Ze reden vanuit het kamp naar het noorden, zoals de kapitein ze had gezegd.

De Ouwe, de indiaan Ottawa Jones en de jood Weiner stonden samen te kijken hoe dominee Martin en zijn mannen vertrokken.

'Je moet die dominee in zijn rug schieten nou je de kans heb,' aldus Weiner. 'Hij is nog geen vijf minuten uit zicht of hij draait naar het zuiden en zet koers naar het kruispunt van Dutch Henry. Hij zal schetteren en ketteren tegen Dutch zo hard hij kan.'

'Laat hem ketteren,' zei de Ouwe. 'Ik wil dat iedereen weet wat mijn doel is.'

Maar hij maakte een vergissing door de dominee die dag te laten gaan, en dat zou hem over de hele linie duur te staan komen.

4 BLOEDBAD

Het plan van de Ouwe om Osawatomie aan te vallen werd uitgesteld, net als de meeste dingen die hij deed, en de dagen daarna zwierven we door de provincie, stelend van pro slavers om te kunnen eten. De Ouwe was altijd platzak en over tijd in alles. Alleen al doordat hij veel mannen te voeden had, twaalf in totaal. Dat is veel. Soms denk ik dat Old John Brown helemaal geen problemen had gekregen als hij niet de hele tijd zo veel monden te voeden had gehad. Zelfs thuis had hij twaalf kinderen, om nog maar te zwijgen van zijn vrouw en een paar buren die hem een handje hielpen, naar ik heb gehoord. Dat is veel om te voeden. Daardoor wordt iedereen om alles boos. Weiner gaf ons eten in zijn winkel in Kinniwick. Maar na twee dagen kreeg zijn vrouw genoeg van het slavernijconflict en gooide ons eruit. 'Straks worden we zelf nog slaven als dit voorbij is,' gromde ze.

De eerste paar dagen dat we rondzwierven over het Kansasterritorium had ik de tijd om een overzicht van alles te krijgen. In de visie van de Ouwe vonden overal in het territorium nieuwe wreedheden plaats, met het voorval in het Congres als de druppel die de emmer deed overlopen. Zoals hij het zag werden de yank-kolonisten regelmatig geplunderd door de Kickapoo Rangers, de Ranting Rockheads, de Border Ruffians, Captain Pate's Sharpshooters, en nog wat van dergelijke bloeddorstige, vuige dronkenlappen en fanatenbendes die uit waren op het vermoorden van abolitionisten en van ieder die ervan verdacht werd. Eerlijk gezegd waren veel van die typen persoonlijke favorieten van mij, want ik was opgegroeid bij Dutch en kende menige rebel. Zij zagen de yanks van de Ouwe als louter een kluit haaisaaie kolonisten, venters en opportunisten die naar het westen kwamen om anderen van hun eigendom te beroven zonder een idee te hebben hoe de zaak in mekaar stak, en de yanks vochten niet eerlijk, omdat ze gratis geweren en voorraden uit het oosten kregen, die ze gebruikten tegen de armelui op de vlakte. Niemand vroeg trouwens aan de negers wat ze vonden van de hele zaak, en ook niet aan de indianen, nou ik erover nadenk, want geen van hun gedachten telde, ook al werd er vooral over hullie gekibbeld – oppervlakkig gezien, want in wezen ging de hele kwestie over land en geld, waar geen van de kibbelaars ooit genoeg van leek te krijgen.

Uiteraard liep ik destijds daar niet over te denken. Ik wou terug naar Dutch. Ik had er een oom en een tante, met wie ik wel niet heel vertrouwd was, maar alles leek beter dan sterven van de honger. Het vervelende namelijk van het werken onder Old John Brown was – en als ik een leugen vertel dan mag ik voor lijk neervallen nadat ik het heb verteld: ik stierf van de honger toen ik bij hem rondhing. Als slaaf had ik nooit honger gehad. Pas toen ik vrij was at ik uit vuilnisvaten. Verder kreeg ik veel te veel meidenwerk te doen. Ik was de hele dag aan het vliegen en draven, om het een of ander op te halen voor die jonge krentenkakkers, hun kleren te wassen, hun haren te kammen. De meesten van hen hadden een verstand als een dooie garnaal en vonden het prettig een meisje in de buurt te hebben dat het een en ander voor ze kon doen. Het ging constant zo van: 'Haal wat water voor me, Sjalot', en 'Pak die jutezak eens en breng hem naar ginder', en 'Was dit overhemd effe voor me in de beek, Sjalot', en 'Maak eens wat water voor me warm, liefie'. Vrij zijn was geen reet waard. Van al die lui vroeg alleen de Ouwe me niet om meisjesklussen te doen, en dat kwam dan vooral omdat hij het te druk had met bidden.

Ik had tabak van die ellende en was bijna opgelucht toen hij na een paar dagen aankondigde: 'Vanavond vallen we aan.'

'Vertel je ons niet waar?' mopperde Owen.

'Ga je slagzwaard maar slijpen.'

Nou, dat soort taal werkt prima als je een neger opdrachten geeft, maar die mannen waren blank en zaten wat te mopperen omdat ze niet precies wisten wat ze geacht werden aan te vallen en zo. Het leger van de Ouwe was kersvers, ontdekte ik nou. Ze hadden geen oorlog gevoerd, geen van allen, niet eens de Ouwe zelf. De stennis die ze hadden geschopt ging meestal om het stelen van eten en spullen. Maar nou het spel serieus werd wou hij ze nog niet vertellen waar ze zouwen gaan vechten. Hij negeerde ze als ze het vroegen. In al de jaren dat ik hem heb gekend vertelde hij nooit iemand van zijn plannen. Maar aan de andere kant, als ik terugkijk, misschien kende hij zijn eigen plannen niet, want hij was geneigd midden op de middag zijn paard stil te zetten, zijn hand achter zijn oor te houwen, en te zeggen: 'Ssst. Ik krijg berichten door van onze Grote Heiland Die de tijd zelve voor ons stilzet.' Dan zat hij ettelijke minuten op zijn paard met zijn ogen dicht te mediteren voordat hij weer doorreed.

Nadat hij had aangekondigd dat de overval die avond zou plaatsvinden, besteedden de mannen die dag aan het slijpen van hun slagzwaarden op stenen en zich voorbereiden. Ik besteedde de dag aan het zoeken naar een mogelijkheid om weg te lopen, maar Fred zat op mijn lip. Hij hield me constant bezig: om het vuur aan te houwen, slagzwaarden te leren slijpen, geweren schoon te maken. Hij gunde me geen twee minuten voor mezelf en hield me vlak in zijn buurt. Fred was een goeie leraar in die dingen maar verder een ramp, want hij had me geadopteerd en vond het leuk te zien dat zijn kleine meisje het paardrijden zo snel doorhad en de muggen negeerde en zich zo goed aanpaste, zei hij, 'bijna als een jongen'. De jurk jeukte allemachtig, maar als de dagen geleidelijk overgingen in de kouwe nachten, werd hij lekker warm en comfortabel. En ik moet hier ook zeggen – al meld ik het zonder trots: het hield me ook weg uit de strijd. Iemands hoofd zou van zijn romp worden geschoten, en daar had ik nou net geen boodschap aan.

Middag ging over in schemer, en de Ouwe kondigde aan: 'Bijna tijd, mannen.' Hij had het nog niet gezegd of een voor een begonnen de mannen de groep te verlaten en met smoesjes te vertrekken. De een moest voor zijn vee zorgen. De ander moest aan het oogsten. Een derde had een ziek kind thuis, weer een ander moest naar huis om zijn geweer te halen, en ga zo maar door. Zelfs Ottawa Jones verexcuseerde zich op het laatste moment, met de belofte ons later te treffen.

De Ouwe liet ze schouderophalend gaan. 'Ik heb liever vijf toegewijde, getrainde vechtersbazen dan een leger bange sukkels,' zei hij spottend. 'Neem bijvoorbeeld Sjalotje hier. Een meisje, en een neger op de koop toe, maar ze verricht haar taken als een man. Dat,' hield hij Fred en Owen trots voor, 'is toewijding.'

Tegen de avond was het gezelschap van twaalf afgekalfd tot acht, uw dienaar niet meegeteld, en het enthousiasme bij de blijvers was verdwenen. De situatie had nu een nieuwe kleur, want het werd ernst, en tegelijk sloeg de honger weer toe. De Ouwe at bijna nooit, dus had weinig behoefte aan voedsel. Maar de anderen stierven van de honger, net als uw dienaar. Het leek of ik alsmaar hongeriger werd naarmate het uur van de aanval naderde, totdat middernacht voorbij rolde en de honger omsloeg in angst en ik die hele honger vergat.

Ver in de kleine uurtjes vergaarde de Ouwe het restant van de Pottawatomie Rifles om zich heen om te bidden – volgens mij bad hij gemiddeld pakweg twee keer per uur, de maaltijden niet inbegrepen en wél inbegrepen de keren dat hij naar de latrine ging, waarvoor hij een kortertje deed aleer hij het bos in dook om de onreinheden uit zijn lichaam te verwijderen. Ze verzamelden zich om hem heen en de Ouwe begon aan een peptalk. Ik kan me niet herinneren wat hij allemaal zei – de barbaarse wreedheid die volgde bleef veel langer bij me hangen – al herinner ik me wel dat ik op blote voeten stond toen de Ouwe een beroep deed op de geest van Jezus Christus met een extra lange tijd van wroeten in het Ouwe en het Nieuwe Testament, brullend over het boek Johannes en zo. Hij blafte en bad en jankte ruim drie kwartier te voor en te na tot God, totdat Owen riep: 'We moeten op pad, pa. Over drie uur is het licht.'

Daardoor werd de Ouwe wakker geschud. Hij kwam uit zijn roes onder het mopperen van: 'Jij wou natuurlijk een eind maken aan mijn afrekeningen met onze dierbare overleden Heiland op Wiens bloed ons leven berust,' zei hij, 'maar volgens mij heeft Hij oog voor het ongeduld van kinderen en is Hij gesteld op hun jeugd en roekeloosheid. Kom op, mannen.'

Ze verzamelden zich in een kar waaraan volgpaarden waren vastgebonden, en ik hees mezelf aan boord. We zaten daar nou met nog maar acht zielen van de oorspronkelijke Pottawatomie Rifles, en pas onderweg op die kar kwam ik erachter dat vijf van hen zoons van de Ouwe waren: Owen en Fred uiteraard, maar ook Salmon, Jason en John Jr., plus een zwager, Henry Thompson. De andere twee waren James Townsley en Theo Weiner, de jood.

We bleven weg van de California Trail, het belangrijkste pad dat heel Kansas doorkruist, volgden ongeveer een uur een oud houthakkerspad, en sloegen af bij een pad dat leidde naar een huizengroep. Niet een van de kerels hield zijn adem in of toonde onderweg enige aarzeling, maar ik ving op hoe ze delibereerden over de vraag waar Dutch woonde, omdat ze erop gokten dat hij Dutch wou aanvallen, en er was enige verwarring over de juiste plek, want het was donker, er stond niet veel maan en er doken elke dag nieuwe nederzettingen op langs de California Trail, waardoor alles er telkens anders uitzag. Natuurlijk wist ik waar Dutch woonde en kende ik alles binnen een mijl in de rondte, maar ook ik wist niet helemaal zeker waar we waren. Nog niet op zijn grondgebied, dat was duidelijk. Waar we ook waren, het was niet langs de California Trail, en duidelijk aan de andere kant van Mosquite Creek. Ik denk dat we uiteindelijk uit zouwen komen in Nebraska als de Ouwe het liet gebeuren, want ook hij wist niet waar hij was.

Ik zei geen woord terwijl ze heen en weer reden en probeerden het uit te vissen, en toen ik een poosje later naar de ouwe kapitein keek om zijn commentaar te horen, zag ik dat hij in slaap was gevallen in de kar. Volgens mij wouwen ze hem niet wakker maken. Hij lag daar te snurken terwijl de anderen ons ongeveer een uur in kringetjes lieten rijden. Ik was blij dat hij sliep en dacht dat hij door het hele geval heen zou slapen en het zou vergeten. Later zou ik erachter komen dat Old John Brown dagen achtereen op kon blijven zonder een kruimel te eten, dan stilviel en vijf minuten sliep voordat hij wakker werd en elke willekeurige taak onder Gods zon kon verrichten, waaronder het doden van mens of dier.

Hij ontwaakte tijdig, dat zeker, ging rechtop zitten, en blafte: 'Stop bij die hut ginder op die open plek. Ons werk is hier.'

Nou was hij de weg net zo bijster als wij allemaal en wist net zomin hoe hij uit dat ene stuk bos en van die hoeve weg moest komen als een vogeltje uit een latrine met een dichte deur, maar hij was de leider en had gevonden wat hij zocht.

Hij keek strak naar de hut die in het schemerige maanlicht stond. Het was absoluut niet het huis van Dutch, maar niemand, zelfs Frederick en Owen niet, maakte er een opmerking over, want niemand wou hem tegenspreken. Om de waarheid te zeggen, Browns standplaats, de boerderij waar hij en zijn zoons verbleven, lag binnen tien mijl van de woonplaats van Dutch, en enkele van zijn zoons wisten waarschijnlijk wel dat we op de verkeerde plek waren, maar niemand deed zijn mond open. Ze waren bang hun vader voor het hoofd te stoten. De meesten van hen zouwen eerder wat inbrengen tegen Jezus Christus Zelve dan dat ze tegen de Ouwe ingingen, behalve Owen, de minst religieuze van al zijn zoons en de zelfverzekerdste. Maar ook Owen zag er op dat moment onzeker uit, want die hele raadselachtige overval en dat vechten midden in de nacht was zijn vaders idee, niet het zijne, en hij volgde zijn vader net als de rest, tot aan de rand van de afgrond.

De Ouwe twijfelde niet, hij sprak met de kracht van een man die zichzelf kende. 'Voor de goeie zaak,' fluisterde hij. 'Uitstappen en de twee volgpaarden losmaken.' De mannen deden dat.

Het was donker, maar helder. De Ouwe sprong aan de achterkant van de kar en liep voor ons uit achter wat struikgewas, turend naar de hut.

'Ik geloof echt dat we hem verrassen,' zei hij.

'Weet u zeker dat Dutch hier woont?' vroeg Owen.

De Ouwe negeerde hem. 'Ik ruik hierbinnen slavernij,' verklaarde hij. 'Laten we snel toeslaan met de wrake des Heren. Alleen slagzwaarden. Geen vuurwapens.'

Hij keek naar mij en zei: 'Sjalotje, je ben een moedig kind en ik weet dat je zelf een bijdrage wil leveren aan de vrijheid, maar vanavond is niet het moment. Blijf hier. We zijn zo terug.'

Nou, dat hoefde hij niet tweemaal te zeggen. Ik ging nergens heen. Ik stond bij de kar en zag ze weglopen.

De maan gluurde vanachter de wolken en zo kon ik ze het rijtje hutten zien naderen. Sommigen schakelden ondanks de woorden van de Ouwe over op vuurwapens toen ze bij de voordeur kwamen.

Bijna waren ze bij de voordeur, op ruim dertig meter afstand van mij, toen ik me omdraaide en wegrende.

Na amper vijf stappen rende ik recht tegen twee vierpotige bastaardhonden aan die op mijn nek sprongen. De ene rende me tegen de grond en de andere blafte dat het een oordeel had en zou me hebben verscheurd als er niet wat op hem was neergedaald en hij was gevallen. De eerste straathond rende jankend het bos in.

Ik keek op en zag Fred met zijn slagzwaard boven de afgemaakte hond staan, en de Ouwe en de anderen gebogen over mij. De Ouwe keek grimmig, en toen ik zag hoe die strakke, grijze ogen zich in me boorden wou ik krimpen tot de grootte van een pinda. Ik dacht dat ik streng zou worden gestraft, maar in plaats daarvan draaide hij zich om en keek boos naar de anderen. 'Sjalotje, mijn geluksbrengertje, was zo verstandig te kijken of er waakhonden achter ons waren, geen van jullie had daaraan gedacht. Iemand die voor zijn vrijheid vecht laat zich niet tegenhouden, denk ik. Dus kom op, Sjalot. Ik weet dat je mee wil komen. Blijf achter ons, en wees heel snel en stil.'

Nou, hij bewees me een slechtere dienst, maar ik dee wat hij zei. Ze draafden naar de hut. Ik volgde op veilige afstand.

Owen en Fred liepen met getrokken geweren naar de voordeur en klopten beleefd, terwijl de Ouwe afstand hield.

Binnen vroeg een stem: 'Wie daar?'

'We zoeken de herberg van Dutch,' riep Old Man Brown. 'We zijn verdwaald.'

De deur ging open en Owen en Fred trapten de man in één keer het huis binnen en stapten achter hem door de deur. De anderen stormden naar binnen.

Ik liep naar een zijraam en keek. De hut bestond uit maar één kamer, die werd verlicht door een zwakke kaars. De Ouwe en zijn zoons hielden niemand anders in bedwang dan James Doyle, de man die in de herberg zijn Colt .45 op de Ouwe had gericht, en de vrouw en drie zoons van Doyle. Doyle en zijn jongens werden omgekeerd tegen de muur geplant, met de zwaarden en Sharpsgeweren van de zoons van de Ouwe in hun nek. De Ouwe hield ze in de gaten, schuifelde van zijn ene voet op de andere, zijn gezicht vertoonde tics, hij stond ergens naar te zoeken in zijn zakken.

Ik denk dat hij eerst niet wist wat hij moest doen, want hij had nog nooit iemand gevangengenomen. Ruim vijf minuten stond hij in zijn zakken te wroeten voordat hij eindelijk een stuk vergeeld papier tevoorschijn haalde en met een hoge, dunne stem voorlas: 'Ik ben kapitein Brown van het Noordelijke Leger. We komen hier vanuit het oosten om de onderworpen mensen in dit gebied te bevrijden volgens de wetten van onze Heer Jezus Christus de Verlosser Die Zijn bloed heeft vergoten voor u en voor mij.' Toen maakte hij een prop van het papier, stak die in zijn zak en vroeg aan Doyle: 'Wie van jullie is Dutch Henry?'

Doyle zag bleek. 'Die woont hier niet.'

'Dat weet ik,' zei de Ouwe, hoewel hij het niet wist. Hij was er net achter gekomen. 'Ben je familie van hem?'

'Niemand van ons hier.'

'Ben je voor de slavenhandel of tegen?'

'Ik bezit zelf geen slaven.'

'Dat vraag ik niet. Heb ik jou niet gezien bij Dutch Henry?'

'Ik was alleen maar op doorreis,' zei Doyle. 'Hij woont een stuk verderop langs de weg, weet u dat niet meer?'

'Ik onthou niet elke stap die ik zet bij het verrichten van de taken die de Almachtige me opdraagt,' zei de Ouwe, 'ik voel bijna elke minuut wel een persoonlijke vermenging met Zijn geest. Maar ik heb je wel onthouwen als een van de schurken die me daar wouwen neerschieten.'

'Maar ik ben Dutch niet,' zei Doyle. 'De herberg van Dutch is twee mijl naar het oosten.'

'En het is een veilige haven voor een heiden,' zei de Ouwe.

'Maar ik heb niet op u geschoten,' pleitte Doyle. 'Had ik kunnen doen, maar heb ik niet gedaan.'

'Nou, je zou het hebben gedaan. Je bent trouwens toch familie van Dutch?'

'Absoluut niet.'

'Nou, ik vraag het nog een keer. Ben je voor de slavernij of niet?'

'U zal hier in de buurt geen slaaf vinden,' zei Doyle. 'Ik heb er geen een.'

'Jammer, want dit is een grote hoeve,' zei Old Brown. 'Het is veel werk om hem in stand te houwen.'

'Vertel mij wat,' zei Doyle. 'Ik heb meer te ploegen dan ik en mijn jongens aankunnen. Ik zou hier best een paar nikkers kunnen gebruiken. Op het Kansasterritorium red je het niet zonder hulp. Ja, gisteren nog...'

En toen stopte hij, want hij besefte dat hij een fout had gemaakt. Old Browns gezicht veranderde. De jaren vielen van hem af en er kwam een jeugdigheid in hem omhoog. Hij ging rechtop staan en zijn kaak stak vooruit. 'Ik kom de gerechtigheid van de Verlosser voltrekken om Zijn volk te bevrijden. En de wraak des Heren eisen voor het ontvoeren en vermoorden van het negervolk door slavenhandelaars en lui als jij die hebben geroofd en gestolen in de naam van dat duivelse systeem. En al wat het met zich meebrengt, en ieder die erbij betrokken is, die zijn deel heeft gehad van de geroofde goederen en lichtzinnigheden die het met zich meebrengt. Zonder uitzonderingen.'

'Dus u heb wat tegen me?' vroeg Doyle.

'Naar buiten,' zei de Ouwe.

Doyle werd zo wit als een laken en bepleitte zijn zaak. 'Ik had geen kwaad in de zin bij Dutch,' zei hij. 'Ik ben gewoon een boer die probeert een dollar van zak te laten wisselen.' Toen draaide hij ineens zijn hoofd om, keek naar het raam – zag mijn gezicht doodstil erachter; het raam was vlak voor zijn neus – en zag me gluren, met die jurk aan en die muts op. Zijn panische gezicht kreeg een verbaasde uitdrukking. 'Heb ik jou niet eerder gezien?' vroeg hij.

'Bewaar je groeten maar voor een andere keer. Ik doe hier het woord,' zei Brown. 'Ik vraag het voor de laatste keer. Ben je voor de slavenstaat of voor de vrije staat?'

'Wat je maar zegt,' zei Doyle.

'Beslis.'

'Ik kan niet denken met een Sharps onder mijn kin!'

De Ouwe aarzelde, en Doyle was bijna uit de puree, totdat zijn vrouw brulde: 'Ik heb het nog zo gezegd, Doyle! Dat krijg je nou als je achter die verdomde rebellen aan holt.'

'Stil, moeder,' zei hij.

Maar het was te laat. Ze had haar mond voorbijgepraat. Brown knikte naar zijn zoons, die Doyle beetgrepen en hem met zijn twee oudste zoons de deur uit smeten. Toen ze voor de laatste kwamen, de jongste, wierp de moeder zich op Old Brown.

'Hij is net zestien,' pleitte mevrouw. 'Hij heeft niks te maken gehad met het gezag. Hij is gewoon een jongen.'

Ze smeekte de Ouwe allemachtig, maar hij luisterde niet. Hij was verdwaasd. Leek naar een andere plaats in zijn hoofd gegaan. Hij keek langs haar hoofd, voorbij haar, alsof hij naar de hemel keek of naar iets ver weg. Hij werd een regelrechte heilige als het tijd was om te doden. '"Neem uwe hand en klief daarmee een bijl,"' zei hij. 'Dat is Prediker twaalf vers zeven zo ongeveer.'

'Wat betekent dat?' vroeg ze.

'Deze gaat ook mee.'

Nou, ze viel op haar knieën en bleef huilen en smeken en krabben, zodat ze de Ouwe even uit zijn bedwelmende moordzucht kreeg en hij zei: 'Goed. We laten hem over. Maar ik zet een man met een loop gericht op deze deur. Wie zijn hoofd naar buiten steekt, u of iemand anders, krijgt een kogel voor zijn kiezen.'

Hij liet een man achter bij de deur en splitste de rest; de helft nam Doyle mee naar één deel van de bosjes, de andere helft ging luttele meters verder met Doyles twee zoons. Ik liep achter Fred, Owen en de Ouwe aan, die met Doyle een paar stappen het struikgewas in liepen, bleven staan en hem met zijn rug tegen een grote boom zetten. Doyle, op blote voeten, beefde als een kip met x-benen en begon te kermen als een baby.

De Ouwe negeerde hem. 'Nou ik vraag het voor de laatste keer. Ben je voor de slavernij of voor een vrije staat?' vroeg Brown.

'Ik zei gewoon maar wat,' zei Doyle. 'Ik bedoelde er niks mee.' Hij begon te beven en te huilen en te smeken om te blijven leven. Zijn zoons, pakweg een meter verderop, konden hem niet zien, maar ze hoorden hem loeien als een gewond kalf en begonnen ook te kermen en te huilen.

De Ouwe zei niks. Hij leek gehypnotiseerd. Leek Doyle niet te zien. Ik hield het niet meer, dus ik liep het struikgewas uit, maar niet snel genoeg, want Doyle zag mij in een straaltje maanlicht en herkende me ineens. 'Hé,' zei hij plots. 'Vertel jij ze eens dat ik geen kwaaie ben! Jij kent me! Zeg het. Ik heb je nooit onrecht gedaan.'

'Kop dicht,' zei Brown. 'Ik vraag het voor de laatste keer. Ben je pro slaver of niet?!'

'Doe me geen pijn, kapitein,' zei Doyle. 'Ik ben gewoon een man die probeert zijn brood te verdienen door tarwe te zaaien en limabonen te kweken.'

Hij had net zo goed tegen een dood varken kunnen zingen. 'Dat zei je niet tegen Lew Shavers en die twee yankeevrouwen die je heb toegetakeld buiten Lawrence,' zei de Ouwe.

'Dat was ik niet,' prevelde Doyle zachtjes. 'Dat waren lui die ik kende.'

'En jij was er niet bij?'

'Wel. Maar dat... was een vergissing. Heb ík niet aan meegedaan.'

'Dan zal ik de Heer vergeving voor je vragen,' zei Brown. Hij keek naar Fred en Owen en zei: 'Doe het snel.'

Bij god, die twee hieven hun zwaarden en plantten ze recht in het hoofd van de arme man, en hij viel. Doyle wou zo graag leven dat hij neerviel en opsprong in dezelfde beweging, met Freds slagzwaard nog steeds in zijn schedel geplant, vechtend om te blijven leven. Owen haalde nogmaals uit en sloeg zijn hoofd er bijna finaal af, en deze keer viel hij en bleef daar, lag nog steeds te stuiptrekken op zijn zij, met doormalende benen, maar zelfs met een half afgehouwen hoofd schreeuwde Doyle als een varken dat vastzit, zo lang dat zijn zonen, amper tien meter verderop in de struiken, hem konden horen. Het geluid van hun vader die werd vermoord en brulde maakte ze zo bang dat ze huilden als coyotes, totdat de slag van zwaarden die hun hoofden troffen weergalmde in het struikgewas en ze voorgoed zwegen. Toen was het klaar.

Ze stonden in het struikgewas; de hele zwik hijgde en was korte tijd uitgeput, toen klonk er een vreselijk gehuil op. Ik schrok me het apezuur, dacht dat het van de doden zelf kwam, totdat ik iemand zag wegrennen door de bossen, het was John, een van Browns eigen zoons. Hij rende naar de open plek waar de hut stond, gillend als een gek.

'John!' riep de Ouwe en ging achter hem aan, gevolgd door de anderen.

Dat was mijn kans. Ik keerde om naar de struiken waar de wagen en de twee paarden stonden vastgebonden. Een van de twee, het ouwe gevlekte paard van Dutch, was door een van de mannen van de Ouwe naar een andere plek gebracht. Ik sprong erbovenop, keerde het in de richting van Dutch en liet het zo hard lopen als het kon. Pas toen ik het struikgewas uit was keek ik achter me om te zien of ik los was, en dat was ik. Ik had ze allemaal achtergelaten. Ik was weg.

5 NIKKER BOB

Ik reed zo snel het paard het volhield naar de California Trail, maar na een poosje werd het dier moe en ging over in draf, dus ik dumpte het, want het was bijna licht en op een paard zou ik vragen uitlokken. Nikkers mochten in die dagen niet zonder papieren alleen reizen. Ik liet het paard achter waar het was, het draafde door terwijl ik te voet verder ging, en niet op de weg. Ik was een mijl van de herberg van Dutch verwijderd toen ik een kar aan hoorde komen. Ik sprong in de bosjes en wachtte.

Het pad maakte een bocht en daalde voordat het in een schaars bebost gebied kwam waar ik vlakbij was, en in de bocht, net voorbij de helling, zag ik een kar zonder overkapping en met een neger op de bok naderen. Ik besloot een gok te wagen en hem aan te roepen. Net wou ik tevoorschijn springen toen in de bocht erachter een patrouille van zestien redshirts op paarden in twee rijen verscheen. Het waren lui uit Missouri, die reisden als een leger.

De prairie lag nu in het zonlicht. Ik lag in het struikgewas, ineengedoken achter een rij braamstruiken en dikke bomen, te wachten tot ze voorbij waren. In plaats daarvan hielden ze een paar meter van me vandaan halt op de open plek.

Achter in de wagen zat een gevangene. Een wat ouwere blanke met een baard, een vuil wit overhemd en bretels. Zijn handen waren vrij maar zijn voeten vastgebonden aan een cirkelvormige metalen haak die was vastgeklonken aan de vloer van de kar. Hij zag er absoluut bezopen uit. Hij zat in de buurt van de achterklep van de kar, en de rest gaf een fles lalcohol aan mekaar door, met de blik op hem.

Een van de mannen reed naar voren, een nors uitziende kerel met een pokdalig gezicht, als beschimmeld brood. Hij leek me hun leider. Hij steeg af, stond toeterzat en wel te zwaaien, zwenkte ineens opzij en kwam wankelend recht op me af. Hij stapte het bos in tot op een halve meter van waar ik ineengedoken verstopt zat. Zo dicht bij mijn schuilplaats stond hij te zwaaien dat ik de binnenkant van zijn oor kon zien, het leek op een doorgesneden komkommer. Maar hij zag mij niet want hij was volslagen kachel. Hij leunde tegen de andere kant van de boom waarachter ik verstopt zat, leegde zijn blaas en wankelde toen weer naar de open plek. Uit zijn zak haalde hij een verkreukeld stuk papier en toen richtte hij zich tot de gevangene.

'Goed, Pardee,' zei hij. 'We gaan je hier berechten.'

'Kelly, ik heb je al verteld dat ik geen yank ben,' zei de ouwe man.

'We zullen zien,' prevelde Kelly. Hij hield het verkreukelde papier omhoog in het zonlicht. 'Ik heb hier een aantal uitspraken die zeggen dat de free staters leugenaars zijn en dieven die de wetten overtreden,' zei hij. 'Lees ze hardop voor. En onderteken ze dan allemaal.'

Pardee griste hem het papier uit handen. Hij hield het vlak bij zijn ogen, toen ver weg op armlengte, toen weer dichtbij, ingespannen turend. Toen duwde hij het terug naar Kelly. 'M'n ogen zijn niet meer wat ze waren,' zei hij. 'Vooruit, lees jij maar.'

'Het hoeft niet helemaal precies,' blafte Kelly. 'Zet gewoon je krabbel eronder en dan zijn we er klaar mee.'

'Ik krabbel mijn naam nergens onder tot ik weet wat het is,' prevelde Pardee.

'Doe niet zo moeilijk, stomme idioot. Ik maak het makkelijk voor je.'

Pardee liet zijn ogen weer op het papier dalen en begon weer te lezen.

Hij nam er zijn tijd voor. Vijf minuten gingen voorbij. Tien. De zon scheen volop en de drankfles die de mannen doorgaven raakte leeg en werd weggegooid. Een volgende drankfles verscheen. Ze gaven hem door. Twintig minuten gingen voorbij. Hij was nog steeds aan het lezen.

Verschillende kerels waren ingedommeld terwijl Kelly op de grond zat, wat speelde met zijn pistoolriem, zo dronken als een tor. Eindelijk keek hij op naar Pardee. 'Waar loop je op te wachten, op de stoomboot?' vroeg hij bits. 'Gewoon tekenen. Het zijn maar een paar uitspraken.'

'Ik kan ze niet allemaal tegelijk lezen,' zei Pardee.

Ik kreeg intussen het idee dat Pardee waarschijnlijk helemaal niet kon lezen, maar deed alsof hij het wel kon. De mannen begonnen hem uit te schelden. Ze bleven bijna tien minuten schelden. Hij las maar door. Een man liep naar Pardee en blies sigarenrook in zijn gezicht. Een andere kwam aanlopen en schreeuwde in zijn oor. Een derde liep naar hem toe, schraapte zijn keel en spuugde recht in zijn gezicht. Prompt liet hij het papier zakken.

'Hatch, ik zal jullie over de laadboom halen als ik hier eenmaal vrij ben,' bromde Pardee.

'Vooruit, doorlezen!' zei Kelly.

'Ik kan niet lezen als je makker mijn denken zit te verstieren. Nou moet ik helemaal opnieuw beginnen.'

Hij plakte het papier weer tegen zijn gezicht. De mannen werden nog woedender.

Ze bedreigden hem met pek en veren. Ze beloofden een veiling te houwen waarop de neger op de bok hem kon kopen. Toch bleef Pardee lezen. Wou niet opkijken. Eindelijk stond Kelly op.

'Je krijg nog een laatste kans,' zei hij. Hij keek nu ernstig.

'Goed,' zei Pardee. Hij stak het papier uit naar Kelly. 'Ik ben klaar. Ik kan het niet tekenen. Het is illegaal.'

'Maar het is ondertekend door een bonafide rechter!'

'Kan me niet schelen of het is ondertekend door Jezus H. Christus. Ik kan niks ondertekenen waarvan ik niet weet wat het is. Ik begrijp er niks van.'

Nou werd Kelly boos. 'Ik geef je een kans, schijterige kwijlebabbel, stuk free stater. Tekenen!'

'Is dat een manier om een kerel te behandelen die twee jaar samen met jou veedrijver is geweest?'

'Dat is de enige reden dat je nou nog lucht inademt.'

'Je liegt, kakkerlak met je o-benen. Je probeert gewoon mijn concessie in te pikken!'

Nou spitsten de mannen hun oren. Plotseling ging de zaak de

andere kant op. Concessiepikkers in Kansas, lui die zich op land van een ander stortten die al een claim op dat land had gedaan, nou, die waren bijna erger dan paarden- en nikkerdieven.

'Klopt dat, Kelly?' vroeg een van hen. 'Probeer je zijn land in te pikken?'

'Tuurlijk niet,' zei Kelly fel.

'Hij aast al op mijn land sinds we hier zijn,' zei Pardee. 'Daarom noem je mij een yank, stuk bloedzuiger!'

'Je ben een leugenaar, vuige hondehokkuieraar!' brulde Kelly. Hij griste het papier uit Pardees handen en gaf het aan de koetsier van de kar, een neger.

'Hardop lezen, nikker Bob,' zei hij. En tegen Pardee: 'En alles wat die nikker hier opleest, als je het er niet mee eens ben en niet tekent, dan plant ik lood in je nek en ben je er geweest.'

En toen, tegen de neger: 'Hup, lezen, nikker Bob.'

Nikker Bob, op de bok, was een sterke, lange, gezonde neger, niet ouwer dan vijfentwintig. Hij pakte het papier met trillende handen aan, zijn ogen zo groot als zilveren dollars. Die nikker was in paniek. 'Ik kan niet lezen, baas,' stamelde hij.

'Gewoon lezen.'

'Maar ik weet niet wat er staat.'

'Hup, lezen!'

De handen van de neger beefden en hij staarde naar het papier. Ten slotte flapte hij er zenuwachtig uit: 'Ie-ne. Mie-ne. Mut-te. Een-twee-drie-vier-vijf.'

Een paar mannen barstten in lachen uit, maar Kelly was inmiddels opgefokt, net als verschillende anderen, want de mannen werden ongeduldig.

'Kelly, laten we Pardee ophangen en dan wegwezen,' zei er een.

'Tijd voor pek en veren.'

'Wat sta je daar te lummelen? Lawe gaan.'

Kelly gebaarde dat ze stil moesten zijn, blies daarna zijn wangen op en stond eindeloos te ruggelen. Hij was de kluts volkomen kwijt. Het hielp hem ook niet dat hij vol jubelsap zat. Hij zei: 'Laten we erover stemmen. Ieder die ervoor is om Pardee op te knopen omdat hij een free stater is, een yankee die van nikkers houdt en een agent van de Vereniging voor Lafhartige Emigranten in New England, steek je hand op.'

Acht handen gingen omhoog.

'Iedereen die tegen opknopen is?'

Weer gingen er acht handen omhoog.

Ik telde zestien mannen. De stemmen staakten.

Kelly stond daar dronken te wankelen, verkeerde in dubio. Onvast liep hij naar nikker Bob toe, die op de koetsiersplek zat te trillen. 'Omdat Pardee een abolitionist is laten we nikker Bob besluiten. Wat stem jij, nikker Bob? Pardee hier ophangen of niet?'

Pardee, die achter in de kar zat, sprong plotseling geagiteerd overeind. 'Vooruit, hang me op!' krijste hij. 'Liever hangen dan dat een nikker voor me stemt!' riep hij. Toen probeerde hij uit de kar te springen, maar viel plat op zijn gezicht, want zijn voeten waren vastgebonden.

De mannen gierden nog harder. 'Jij abolitionistische intellectuele braakbal,' zei Kelly lachend, terwijl hij Pardee omhoog hielp. 'Je had die uitspraken moeten lezen zoals ik je zei.'

'Ik kan niet lezen!' zei Pardee.

Dat deed de deur dicht voor Kelly, zijn handen lieten Pardee vallen alsof hij geëlektrificeerd was. 'Wat? Je zei van wel!'

'Ik loog.'

'Hoe zit het met het eigendomsrecht op dat land bij Big Springs? Je zei dat het...'

'Ik weet niet wat dat was. Je wou het zo verdomde graag!'

'Stomkop dat je bent!'

Nu was het de beurt aan Kelly om in de penarie te zitten terwijl de andere mannen hem uitlachten! 'Je had je mond open moeten doen, verdomd uilskuiken,' gromde hij. 'Van wie is dat land dan?'

'Weet ik niet,' zei Pardee snuivend. 'Maar je weet het. Nou. Lees deze uitspraken maar aan me voor en ik zal ze ondertekenen.' Hij stak Kelly het papier toe.

Kelly stond te ruggelen. Hij kuchte. Snoot zijn neus. Stond zich op te winden. 'Ik ben niet zo goed in lezen,' mompelde hij. Hij graaide het papier uit Pardees handen en keerde zich naar de patrouille. 'Wie kan hier lezen?'

Geen van de mannen deed zijn mond open. Eindelijk zei een kerel achterin: 'Ik ga hier geen minuut langer zitten kijken hoe jij loopt te klungelen met je ezelskop, Kelly. Old Man Brown is ergens hier in de buurt ondergedoken, en ik wil hem vinden.'

Daarmee galoppeerde hij weg, en de andere mannen volgden. Kelly ging er haastig achteraan, wankelde naar zijn rijdier. Toen hij zijn paard liet zwenken zei Pardee: 'Geef me op z'n minst mijn geweer terug, stuk druiloor.'

'Heb ik in Palmyra verkocht, jij abolitionist met je muilezelkop. Ik zou je tanden uit je mond moeten schoppen omdat je het eigendomsrecht op dat land hebt verziekt,' zei Kelly. Toen reed hij weg met de rest.

Pardee en nikker Bob zagen hem vertrekken.

Toen hij uit zicht was, liep nikker Bob van de koetsiersplaats naar de achterkant en maakte zonder een woord te zeggen de enkels van Pardee los.

'Rij me naar huis,' brieste Pardee. Hij zei dat over zijn schouder terwijl hij zijn enkels wreef, zittend achter in de kar.

Nikker Bob wipte op de koetsiersplaats, maar verroerde zich niet. Zat boven op de kar recht voor zich uit te kijken. 'Ik rij u nergens heen,' zei hij.

Ik stond paf. In mijn hele leven had ik nog nooit een neger zo tegen een blanke horen praten.

Pardee knipperde verbijsterd met zijn ogen. 'Wat zeg je me nou?'

'U heb het gehoord. Deze kar hier is van Mr Settles en ik breng hem naar zijn huis.'

'Maar je moet langs Palmyra rijen! Want daar woon ik.'

'Ik ga nergens met u heen, meneer Pardee. U kan gaan waar of u wenst en hoe u wil. Maar deze kar hier is van massa Jack Settles. En ik heb geen toestemming van hem om er iemand in te vervoeren. Ik heb gedaan wat meneer Kelly zei omdat het moest. Maar nu moet het niet.'

'Stap van die bank en kom naar beneden.'

Bob negeerde hem. Hij zat op de koetsiersbank in de verte te kijken.

Pardee greep naar zijn blaffer, maar zijn holster bleek leeg. Hij stond op en keek boos naar nikker Bob alsof hij hem wou kleunen, maar die neger was groter dan hij en ik denk dat hij zich bedacht. In plaats daarvan sprong hij van de kar, liep stampend een stuk over de weg, pakte een grote steen, liep terug naar de kar, en tinkelde de houten splitpen in een van de wagenwielen los. Sloeg hem er gewoon uit. Die pin hield het wiel op zijn plaats. Bob zat daar, liet hem tinkelen. Bewoog zich niet.

Toen Pardee klaar was, gooide hij de pen in de struiken. 'Als ik naar huis moet lopen, dan jij ook, zwarte hufter,' zei hij, en liep stampend de weg op.

Bob keek hem na totdat hij uit zicht was, klom toen van de kar en keek naar het wiel. Ik wachtte een paar lange minuten voordat ik eindelijk uit het bos kwam. 'Ik kan u helpen dat te repareren als u me een eind meeneemt,' zei ik.

Geschrokken staarde hij me aan. 'Wat doe jij hier, kleine meid?' vroeg hij.

Nou, dat bracht me van de wijs, want ik was vergeten hoe ik eruitzag. Ik probeerde snel de muts los te maken. Maar hij zat stevig vastgebonden. Dus begon ik aan de jurk, die aan de achterkant vastzat.

'Lieve hemel, kind,' zei Bob. 'Dat hoef je niet te doen om mee te rijden met nikker Bob.'

'Het is niet wat het lijkt,' zei ik. 'Eigenlijk, als u zo vriendelijk zou zijn me te helpen dit ding uit te…'

'Ik moet ervandoor,' zei hij, terugdeinzend.

Maar ik had mijn kans en was niet van plan die te verspelen. 'Wacht. Help nou even. Als u het niet erg vindt, als u dit nou even los…'

Goeie god, hij sprong boven op de wagen, werkte zich naar de koetsiersbank, zette het paard in draf en was weg, pin of geen pin. Hij reed een meter of tien voordat het achterwiel hevig begon te wiebelen – het kwam zo ongeveer helemaal los – voordat hij stopte. Hij sprong omlaag, trok een stok uit de bosjes, stak hem in het gat van de pin, en begon hem op zijn plaats te slaan. Ik holde op hem af.

'Ik heb van alles te doen, kind,' zei hij, tinkelend tegen het wiel. Hij wou niet naar me opkijken.

'Ik ben geen meisje.'

'Wat je ook denk dat je ben, lieverd, ik vin het niet gepast dat je die jurk losmaakt van rond jezelf voor het oog van ouwe nikker Bob, een getrouwd man.' Hij stopte even, keek om zich heen, en voegde eraan toe: 'Behalve als je wil, natuurlijk.'

'Je heb een heleboel lef om dat te zeggen,' zei ik.

'Jij ben degene die om gunsten vraagt.'

'Ik probeer bij het kruispunt van Dutch te komen.'

'Waarvoor?'

'Daar woon ik. Ik ben de zoon van Gus Shackleford.'

'Dat lieg je. Ouwe Gus is dood. En hij heb geen dochter. Had een zoon. Ook geen cent waard, dat joch.'

'Dat is nogal wat om te zeggen over iemand die je niet kent.'

'Ik ken je niet, kind. Je ben een brutaaltje. Hoe oud ben je?'

'Doet er niet toe. Breng me terug naar Dutch. Hij zal je een kleinigheid geven voor mij.'

'Ik zou nog niet voor een aantrekkelijke twintig dollar naar Dutch willen rijen. Daarbinnen vermoorden ze nikkers.'

'Hij zal het je niet moeilijk maken. Hij zit achter Old John Brown aan.'

Bij het noemen van die naam keek Bob om zich heen en speurde aan beide kanten het pad af om zeker te weten dat er niemand aan kwam. Het pad was leeg.

'Dé John Brown?' fluisterde hij. 'Is die hier echt in de buurt?'

'Jazeker. Hij heeft me ontvoerd. Gaf me een jurk en een muts om te dragen. Maar ik ben ontsnapt aan die moordzuchtige gek.'

'Waarom?'

'Nou, je ziet hoe hij mij heeft aangekleed.'

Bob keek eens goed naar me, zuchtte toen, en floot toen. 'Je heb overal op deze vlakten moordenaars,' zei hij langzaam. 'Vraag maar aan de roodhuid. Iedereen zal alles zeggen om maar te kunnen leven. Wat zou John Brown trouwens met je willen? Heeft hij een extra meisje nodig voor zijn keuken?'

'Als ik lieg hoop ik dood neer te vallen nadat ik het heb gezegd. Ik ben geen meisje!' Het lukte nu mijn muts van mijn hoofd te trekken.

Hij was ietwat geschokt. Hij keek me strak aan, stak zijn gezicht in het mijne en toen drong het tot hem door. Zijn ogen werden groot. 'Wat heeft je voor de duivel bezield?' vroeg hij.

'Wil je dat ik je m'n edele delen laat zien?'

'Bespaar me dat, kind. Ik geloof je op je woord. Ik zou je edele delen net zomin willen zien als me neus vertonen in de herberg van Dutch Henry. Waarom keutel je zo rond? Zou John Brown je naar het noorden brengen?'

'Ik weet niet. Hij heeft net drie kerels vermoord, een mijl of vijf hiervandaan. Met mijn eigen ogen gezien.'

'Blankers?'

'Als het blank lijkt en blank ruikt, kan je ervan op aan dat het geen buizerd is.'

'Weet je het zeker?'

'James Doyle en zijn zoons,' zei ik. 'Vermoord met zwaarden.'

Hij floot zachtjes. 'Hemel,' mompelde hij.

'Dus u neemt me mee naar Dutch?'

Hij leek me niet te horen. Leek in gedachten verzonken. 'Ik heb gehoord dat John Brown hier in de buurt is. Hij is een verhaal apart. Je moet dankbaar zijn, kind. Heb je hem ontmoet en zo?'

'Hem ontmoet? Waarom denk je dat ik in mietjeskleren loop? Hij...'

'Godver! Als ik Old John Brown zover kon krijgen zijn best voor mij te doen en me in vrijheid te brengen, nou dan zou ik me tien jaar lang elke dag als een meisje verkleden. Ik zou zo compleet een meisje zijn totdat ik er zwak van werd. Ik zou de rest van mijn leven een meisje zijn. Alles liever dan slavernij. Je maakt de meeste kans als je naar hem teruggaat.'

'Hij is een moordenaar!'

'En Dutch niet? Die zit nou achter Brown aan. Dris een hele patrouille naar hem op zoek. Elke redshirt binnen honderd mijl rijdt over deze vlakte om hem te vinden. Je kan absoluut niet terug naar Dutch.'

'Waarom niet?'

'Dutch is niet dom. Hij gaat je verkopen naar het zuiden en geld voor je krijgen nou het nog kan. Elke nikker die een slokje vrijheid heeft genoten is geen cent meer waard voor de blankers hier. Voor mulattenjongens als jij krijg je een mooie prijs in New Orleans.'

'Dutch wil me niet verkocht zien.'

'Wedden?'

Nou aarzelde ik. Want zo sentimenteel was Dutch niet.

'Weet u waar ik heen kan?'

'Het beste wat je kan doen is teruggaan naar Old Brown. Als je niet liegt over bij zijn bende zijn en zo. Ze zeggen dat ze geducht zijn. Is het waar hij twee zevenschotspistolen draagt?'

'Een van ze, ja.'

'Ooo, sjee, dat lijkt me wel wat,' zei hij.

'Ik zou me liever een kogel door de kop schieten dan verkleed als meisje rondlopen. Ik kan het niet.'

'Nou, bespaar jezelf die kogel en ga maar terug naar Dutch. Die stuurt je naar New Orleans en dan is je dood een kwestie van tijd. Nog nooit gehoord dat een nikker daarvandaan is ontsnapt.'

Dat was dodelijk. Ik had daar allemaal geen rekening mee gehouwen. 'Ik weet niet waar de Ouwe nou zit,' zei ik. 'Ik zou hem in mijn eentje absoluut nergens kunnen vinden. Ik ken deze buurt niet.'

Bob zei langzaam: 'Als ik jou help hem te vinden, denk je dan dat hij ook mij in vrijheid kan brengen? Als het nodig is verkleed ik me als meisje.'

Nou, dat klonk te ingewikkeld. Maar ik had een lift nodig. 'Ik kan niet zeggen wat hij zal doen, maar hij en zijn zoons hebben een groot leger. En meer wapens dan je ooit bij mekaar heb gezien. En ik heb het hem duidelijk horen zeggen: "Ik ben een abolitionist in hart en nieren en streef ernaar elke neger in dit gebied te bevrijden." Dat heb ik hem vele malen horen zeggen. Dus ik verwacht dat hij je zou nemen.'

'Hoe zit het met mijn vrouw en kinderen?'

'Dat weet ik niet.'

Bob dacht er een hele tijd over na.

'Ik heb een neef bij Middle Creek die alles kent in dit gebied,' zei hij. 'Hij zal weten waar de schuilplaats van de Ouwe is. Maar als we hier te lang blijven staan, komt er weer een patrouille opdagen, en die zijn misschien niet dronken, zoals de vorige. Help me dat wagenwiel weer vast krijgen.'

Ik sprong op om aan het werk te gaan. We rolden een omgevallen boomstronk onder de kar. Hij vuurde het paard aan, zodat de kar hoog genoeg werd opgetrokken om de bodem los te krijgen van de grond, bond toen het touw aan een boom en vuurde het paard weer aan, zodat hij nou een lier had. We bouwden een stapel planken en stenen om de kar omhoog te houwen. Ik zocht naar de splitpen, vond hem in de struiken en hielp hem het wiel er weer aan te zetten en vast te tinkelen. De zon was in de buurt van het middaguur toen we klaar waren, en tegen die tijd waren we warm en bezweet, maar dat wagenwiel draaide weer als nieuw, ik sprong in de kar en ging naast hem op de bok zitten, en in een mum van tijd waren we weg.

6 WEER GEVANGEN

We hadden nog geen twee mijl afgelegd toen we op allerlei soorten patrouilles stuitten. De hele streek was gealarmeerd. Gewapende patrouilles reden beide kanten op over het pad. Voor op elke passerende kar zat een ruiter met een geweer. Kinderen stonden bij elke hoeve op de uitkijk, en voor de deur zaten vaders en moeders met jachtgeweren in schommelstoelen. We passeerden verschillende karren die doodsbange yankees de andere kant op vervoerden, hun bezittingen hoog opgestapeld, in een noodgang op weg terug naar het oosten, zo snel hun muildieren maar konden lopen, helemaal weg van het territorium. De moorden van de Ouwe maakten iedereen doodsbang. Maar Bob kreeg vrije doorgang want hij reed de kar van zijn meester en kon papieren laten zien.

We volgden de loop van de Pottawatomie Creek over de California Trail naar Palmyra. Toen sloegen we af en reden langs de Marais des Cygnes naar North Middle Creek. Na een kort stukje langs de rivier zette Bob de kar stil, klom omlaag en bond het paard vast. 'Vanaf hier moeten we lopen,' zei hij.

We liepen over een pas gegraven pad naar een fraai, goed gebouwd huis met de achterkant aan de rivier. Een ouwe neger was bloemen aan het verzorgen bij de poort en schepte aarde op het wandelpad toen we aankwamen. Bob groette hem en hij riep ons.

'Een goeiemiddag, neef Herbert,' zei Bob.

'Hoezo goed?'

'De kapitein is goed.'

Bij het horen van het woord 'kapitein' keek Herbert even naar mij, wierp een nerveuze blik op het huis van zijn meester en begon toen weer op handen en knieën aarde te scheppen, druk in de weer met die aarde, zijn blik omlaag. 'Ik weet niks van een kapitein, Bob.'

'Kom op, Herbert.'

De ouwe kerel hield zijn ogen op de aarde, spitte die om, was druk in de weer, verzorgde bloemen en zei zachtjes: 'Wegwezen hier. Old Brown is kwaaier dan een hond met zeven lullen. Wat heb je met hem te schaften? En van wie is dat meisje met x-benen? Ze is te jong voor je.'

'Waar is hij?'

'Wie?'

'Doe niet zo raar. Je weet best wie ik bedoel.'

Herbert keek op, en toen weer naar zijn bloemen. 'Er zijn patrouilles van hier tot Lawrence die dit hele gebied uitkammen. Ze zeggen dat hij het levenslicht heeft uitgeblazen van tien blankers bij Osawatomie. Hun hoofden finaal afgehakt met zwaarden. Elke nikker die zijn naam noemt wordt in mootjes uit dit gebied getransporteerd. Dus maak dat je wegkomt. En stuur dat meisje naar huis, en dan gauw naar huis naar je vrouw.'

'Ze is eigendom van de kapitein.'

Dat veranderde de zaak en Herberts handen stopten even terwijl hij erover nadacht, nog steeds neerkijkend op de aarde, toen begon hij weer te graven. 'Wat heeft dat met mij te maken?' vroeg Herbert.

'Eigendom van de kapitein. Hij brengt haar dit land uit, de slavernij uit.'

De ouwe man stopte even met zijn werk, wierp een blik op mij. 'Nou, dan kan ze op haar duim zuigen op zijn begrafenis. Wegwezen. Allebei.'

'Wat een manier om je achterachterachterneef te behandelen.'

'Achterachterachterneef?'

'Achterachterachterneef, Herbert.'

'Hoe bedoel je?'

'Mijn tante Stella en jouw ome Beall die hadden allebei dezelfde achterachternicht, Melly genaamd, weet je nog? Ze was de dochter van Jamie, de achterachterneef van Odgin. Dat was de neef van ome Beall via zijn eerste huwelijk met Stella, de zus van je moeder, die vorig jaar werd verkocht. Stella was de achternicht van mijn nicht Melly. Dus dat maakt Melly tot je achterachterachternicht, waardoor jouw ome Jim na mijn ooms Fergus, Cook en Doris komt, maar vóór Lucas en Kurt, die jouw volle neven waren. Daardoor worden ome Beall en tante Stella volle neef en nicht waardoor jij en ik achterachterachterneven worden. Zou je je achterachterachterneef zo behandelen?'

'Al was je Jezus Christus en mijn zoon tegelijk,' zei Herbert vinnig. 'Ik weet niks van geen kapitein. En helemaal niet waar zij bij is,' zei hij, knikkend naar mij.

'Waarom raak je zo van slag vanwege haar? Ze is nog maar een kind.'

'Dat is het hem juist,' zei Herbert. 'Ik ga geen pek met veren eten vanwege dat mulattenmeisje dat ik niet eens ken. Ze lijkt helemaal niet op de Ouwe, hoe die er ook uitziet.'

'Ik heb niet gezegd dat ze familie was.'

'Wat ze ook is, ze hoort niet bij jou, een getrouwde man.'

'Je moet het eerst maar eens zelf nagaan, neef.'

Hij keek mij aan. 'Ben u blank of niet-blank, juffrouw, als u het niet erg vin dat ik het vraag?'

'Wat maakt dat uit?' vroeg Bob vinnig. 'We moeten de kapitein zoeken. Dit meisje gaat met hem op pad.'

'Is ze blank of niet-blank?'

'Natuurlijk is ze niet-blank. Zie je dat niet?'

De ouwe man stopte met graven en keek me even aan, toen begon hij weer te graven en snoof: 'Als ik niet beter wist, zou ik zeggen dat ze verwant was aan de ouwe Gus Shackleford, wiens levenslicht naar ze zeggen werd uitgeblazen omdat hij had gepraat met John Brown in de herberg van Dutch, vier dagen geleden, God hebbe zijn ziel. Maar Gus had een zoon, die niksnut van een Henry. Hij maakte zich verduveld veel zorgen om hem, Gus. Gedroeg zich als blanker en zo. Verdient een flink pak slaag. Als ik dat driftige nikkertje ooit buiten de herberg van Dutch te pakken krijg zal ik zijn kontje met een roe behandelen zodat hij zal kraaien als een haan. Ik vermoed dat zijn vader de vergelding te danken heeft aan zijn streken, want hij was zo lui als de duvel. Kinderen gaan naar de verdoemenis, Bob. Je kan ze niks vertellen.'

'Ben je klaar?' vroeg Bob.

'Waarmee klaar?'

'Je veren schuffelen en tijd verspillen,' zei Bob vinnig. 'Waar is de kapitein? Weet je het of niet?'

'Nou, Bob. Met een pot perziken kom je ver in dit soort weer.'

'Ik heb geen perziken, Herbert.'

Herbert kwam overeind. 'Je roert je mond verschrikkelijk goed voor een kerel die zijn neef in deze wereld nooit een cent heeft gegeven. Rondrijen in je haaisaaie wagen van je chique meester. Mijn massa is een arme man, net als ik. Ga maar een grotere dwaas zoeken.'

Hij draaide zich om en groef verder in zijn bloemperk.

'Als je het niet wil vertellen, neef,' zei Bob, 'ga ik het binnen vragen aan je massa. Hij is toch een free stater?'

De ouwe man keek achterom naar de hut. 'Ik weet niet wat hij is,' zei hij droogjes. 'Hij kwam naar dit land als free stater, maar die rebellen brengen deze blankers snel tot andere gedachten.'

'Ik zal je dit vertellen, neef. Dit meisje hier hoort bij John Brown. En hij zoekt haar. En als hij haar vindt en ze vertelt hem dat jij de wateren tegen hem heb opgestuwd, zal hij zin krijgen hierheen te komen rijen en zijn slagzwaard op je rug uit te proberen. En als hij zijn zinnen eenmaal zet op zo'n soort bloederig geintje, dan is er niks wat hem kan tegenhouwen. Wie gaat er dan voor je zorgen?'

Dat werkte. De ouwe man trok een soort grimas, keek omhoog naar de bossen voorbij de hut achter zich, en begon toen weer te graven tussen de bloemen. Hij praatte met zijn gezicht naar de grond. 'Rij om de hut heen en dan recht terug de bossen in, langs de tweede berk voorbij het maïsveld ginder,' zei hij. 'Daar vin je een ouwe whiskyfles die vastzit tussen twee lage takken aan die boom. Volg de mond van die fles twee mijl pal naar het noorden, precies in de richting van de mond van die fles. Hou de zon aan je linkerschouder. Je komt bij een ouwe muur van rotsblokken die iemand heeft gebouwd en laten staan. Volg die muur naar een kamp. Maar maak wat lawaai voordat je daar binnenrijdt. De

Ouwe heeft uitkijkposten staan. Ze zullen de trekker overhalen en de hamer tot spoed aanzetten.'

'Je ben een beste, neef.'

'En nou wegwezen voordat je me dood krijgt. Old Brown laat niet met zich sollen. Ze zeggen dat hij de schedels heeft geroosterd van degenen die hij vermoordde, de Wilkersons, de Fords, de Doyles, en een aantal mensen aan de Missourikant. Heeft hun oogballen opgegeten als druiven. De hersenen gebakken als trijpen. De scalpen gebruikt als lampen met een lont. Hij is de duivel. Ik heb blankers nog nooit zo bang gezien,' zei hij.

Zo ging het nou altijd met de Ouwe in die dagen. Als hij wat had gedaan, was het vijf minuten na het ontbijt opgeklopt tot een berg leugens.

Herbert hield zijn hand voor zijn mond en likte grinnikend zijn lippen af. 'Ik wil mijn pot perziken, neef. Vergeet me niet.'

'Je zal ze krijgen.'

We namen afscheid van hem en gingen op weg naar de bossen. Toen we daar aankwamen stopte Bob. 'Broertje,' zei hij, 'ik laat je hier alleen. Ik zou graag gaan, maar begin een beetje te beven. Omdat die Old John Brown oogbollen en hoofden en zo heeft afgehakt, denk ik niet dat ik het red. Ik ben erg gesteld op mijn hoofd, omdat het boven op mijn lichaam zit. Bovendien heb ik een gezin, dat ik nog niet in de steek kan laten zolang ze geen vrije doorgang hebben. Veel geluk, want dat zal je nodig hebben. Blijf een meisje en ga daarmee door tot de Ouwe dood is. Maak je geen zorgen over de ouwe nikker Bob hier. Ik haal je later wel in.'

Nou, ik kon hem geen zekerheid geven over de vraag of de Ouwe zijn hoofd zou afslaan of hem op een andere manier zou vermoorden, maar er zat niks anders op dan afscheid van hem te nemen. Ik volgde alle aanwijzingen van de ouwe Herbert op, wandelde door de hoge dennen en het struikgewas. Korte tijd later herkende ik een stuk muur van rotsblokken; het was dezelfde muur waartegen de Ouwe had geleund om vlak na de ontvoering zijn koers te bepalen, maar het kamp was verdwenen. Ik liep verder langs die muur totdat ik rook zag van een kampvuur. Ik ging achter de muur lopen, aan de andere kant, met de bedoeling ter hoogte van de Ouwe naar hem en zijn mannen te roepen, zodat ze me herkenden. Ik maakte een grote omtrekkende beweging, kroop tussen bomen en struiken door en pas toen ik zeker wist dat ik ver van ze vandaan was, stond ik op, stapte naar een dikke eik en ging erachter zitten om mijn gedachten op een rijtje te zetten. Ik wist niet wat voor smoes ik voor ze zou verzinnen en had tijd nodig er een te bedenken. Voordat ik het wist, viel ik in slaap, want van al dat wandelen en hollen door de bossen was ik uitgeput geraakt.

Toen ik wakker werd, was het eerste wat ik zag een paar versleten laarzen waar een paar tenen uitstaken. Ik kende die tenen, want net twee dagen tevoren had ik gezien hoe Fred met naald en draad die laarzen had aangepakt toen we bij het vuur zaten om pinda's te zouten. Vanwaar ik lag, zagen die tenen er niet al te vriendelijk uit.

Ik keek omhoog in de loop van twee zevenschotspistolen, en achter Frederick stonden Owen en nog anderen uit het leger van de Ouwe, en geen van hen zag er blij uit.

'Waar is het paard van pa?' vroeg Fred.

Nou, ze brachten me naar de Ouwe en het was of ik nergens heen was geweest. De Ouwe begroette me alsof ik eventjes een boodschap was gaan doen. Hij zweeg over het paard dat zoek was, mijn vlucht, over alles. Old Brown verdiepte zich nooit in de details van zijn leger. Ik heb meegemaakt dat kerels op een dag wegliepen uit zijn leger, een jaar wegbleven en dan zijn kamp weer binnenliepen en gingen zitten bij het vuur en aten alsof ze net terug waren van de jacht van die ochtend, en de Ouwe zei geen woord. Zijn abolitionistische Pottawatomie Rifles bestond geheel uit vrijwilligers. Ze kwamen en gingen zoals ze wouwen. Eigenlijk gaf de Ouwe nooit bevelen behalve tijdens een vuurgevecht. Meestal zei hij: 'Ik ga die kant op', en dan zeien zijn zoons: 'Ik ook', en de rest: 'Ik ook', en dan gingen ze. Maar wat betreft het geven van bevelen en de controle op de aanwezigheid en zo, was het leger van de abolitionisten een kwestie van goed voorgaan doet goed volgen.

Toen ik aan kwam lopen stond hij in hemdsmouwen boven een kampvuur een varken te roosteren. Hij keek op en zag me.

'Goeienavond, Sjalot,' zei hij. 'Heb je honger?'

Dat erkende ik, en hij knikte en zei: 'Kom hier zitten en babbel wat terwijl ik dit varken rooster. Daarna kan je samen met me bidden tot onze Verlosser om te danken voor onze grote overwinning ter bevrijding van je volk.' Hij voegde eraan toe: 'De helft van je volk, want op grond van je lichte huid denk ik dat je half blank bent of daaromtrent. Dat maakt deze vreemde wereld in en op zichzelf voor jou verraderlijker, lieve Sjalot, want jij moet niet alleen in jezelf vechten maar ook buiten jezelf, omdat je half het ene brood ben en half het andere. Maak je geen zorgen. De Heer oordeelt niet over je situatie want Lucas twaalf vers vijf zegt: "Neemt niet alleen de borst van uw eigen moeder ter hand, maar van uw beide ouders."'

Ik wist uiteraard niet waar hij het over had, maar dacht dat ik beter uitleg kon geven over zijn paard. 'Kapitein,' zei ik. 'Ik ben bang geworden en gevlucht en uw paard kwijtgeraakt.'

'Je ben niet de enige die is gevlucht.' Hij haalde zijn schouders op en braadde het varken vakkundig. 'Er zijn er hier een paar die Gods filosofie liever niet in daden omzetten.' Hij keek om zich heen naar de mannen, van wie enkelen beschroomd wegkeken.

Inmiddels was het leger van de Ouwe groter geworden. Er zaten minstens een man of twintig rondom me. Bergen wapens en zwaarden leunden tegen bomen. De kleine afdaktent die ik de eerste keer zag, was verdwenen. In de plaats daarvan stond er nu een echte tent die, zoals alles ter plaatse, was gestolen, want aan de voorkant hing een bordje met deze tekst erop geschilderd: KNOX: VOOR VISVANGST EN MIJNBOUW. Aan de rand van het kamp telde ik veertien paarden, twee karren, een kanon, drie houtkachels, genoeg zwaarden om minstens vijftig man te bewapenen en een doosje waarop stond: VINGERHOEDEN. De mannen zagen er uitgeput uit, maar de Ouwe leek zo fris als een hoentje. Op zijn kin was een witte baard van een week gegroeid, waardoor die dichter bij zijn borst kwam. Zijn kleren waren vuiler en erger gescheurd dan ooit, en zijn tenen staken zo ver uit zijn laarzen dat die op slippers leken. Maar hij bewoog zich kwiek en monter als een lentebeekje.

'Het doden van onze vijanden was verordonneerd,' zei hij hardop, tegen niemand in het bijzonder. 'Als iedereen het Goede Boek zou lezen, zouwen ze niet zo gauw de moed verliezen bij het navolgen van Gods bedoelingen. Psalm tweeënzeventig vers vier luidt: "Hij zal de ellendigen des volks richten; hij zal de kinderen des nooddruftigen verlossen, en den verdrukker verbrijzelen." Dat is alles wat je moet weten, Sjalotje,' zei hij streng, terwijl hij het varken, nu door en door gebraden, van het vuur nam en om zich heen keek naar de mannen, die hun hoofd wegdraaiden: 'Kom even bij mekaar staan voor het gebed, mannen, daarna zal mijn dappere Sjalotje hier me helpen eten op te dienen voor dit haveloze leger.'

Owen stapte naar voren. 'Laat mij maar bidden, pa,' zei hij, want de mannen zagen er uitgehongerd uit en volgens mij hielden ze het niet meer uit als de kapitein een uur lang zou blijven zemelen tegen de Almachtige. De Ouwe mopperde maar stemde toe, en nadat we hadden gebeden en gegeten, kwamen ze met z'n allen rond zijn kaart zitten, terwijl Fred en ik uit hun buurt bleven en opruimden.

Fred, met zijn beperkte geestelijke vermogens, was geweldig blij me te zien. Maar hij leek bezorgd. 'We hebben wat slechts gedaan,' zei hij.

'Ik weet het,' zei ik.

'Mijn broer John, die ervandoor is gegaan, die hebben we nooit meer gevonden. Mijn broer Jason ook niet. Geen van beiden kunnen we vinden.'

'Waar denk je dat ze heen zijn?'

'Waar ze ook zijn,' zei hij somber. 'We gaan ze halen.'

'Moet dat?'

Hij wierp een steelse blik op zijn vader, zuchtte toen en keek een andere kant op. 'Ik heb je gemist, Sjalotje. Waar ben je heen geweest?'

Ik stond op het punt het hem te vertellen toen een ruiter het kamp binnenstormde. De ruiter zette de Ouwe klem, sprak tegen hem, en luttele ogenblikken later riep de kapitein ons tot de orde, midden in het kamp staand bij het vuur, terwijl de mannen zich rond hem verzamelden.

'Goed nieuws, mannen. Mijn ouwe vijand kapitein Pate plundert met een patrouille huizen aan de Santa Fe Road en beraamt een aanval op Lawrence. Hij heeft Jason en John bij zich. Waarschijnlijk leveren ze hen af bij Fort Leavenworth om ze gevangen te zetten. We gaan achter ze aan.'

'Hoe groot is zijn leger?' vroeg Owen.

'Honderdvijftig, tweehonderd man, heb ik gehoord,' zei Old Man Brown.

Ik keek rond. Ik telde bij ons drieëntwintig man, onder wie ik.

'We hebben maar munitie om één dag te vechten,' zei Owen.

'Maakt niet uit.'

'Wat gaan we gebruiken als het op is? Harde taal?'

Maar de Ouwe was al in actie gekomen, greep zijn zadeltassen. 'De Heer gaat het onrecht te lijf, mannen! Denk aan het leger van Zion! Te paard!'

'Morgen is het zondag, Vader,' zei Owen.

'Nou en?'

'Wat vind je ervan om te wachten tot maandag en dan Pate te pakken? Hij is waarschijnlijk op weg naar Lawrence. Hij zal Lawrence niet aanvallen op een zondag.'

'Hij gaat juist wel dan aanvallen,' zei de Ouwe, 'hij weet dat ik een godvrezend man ben en waarschijnlijk rust op de dag des Heren. Wij gaan optrekken via Prairie City en hem afsnijden bij Black Jack. Laten we bidden, mannen.'

Ja, hij was niet te stuiten. De mannen verzamelden zich rond hem in een kring. De Ouwe viel op zijn knieën, strekte zijn handen uit, met de handpalmen ten hemel, zoals eertijds Mozes, en met zijn baard die opkrulde als een vogelnestje. Hij begon aan zijn gebed.

Dertig minuten later lag Fred op de grond te snurken, Owens blik stond op oneindig en de anderen liepen wat rond, rookten, friemelden aan hun zadeltassen en penden brieven naar huis, terwijl de Ouwe met zijn ogen dicht de Gezalfde bleef aanroepen, totdat Owen eindelijk voorzichtig opperde: 'Pa, we moeten op pad! Jason en John zijn gevangen en op weg naar Fort Leavenworth, weet je nog?'

Daarmee was de ban doorbroken. Geïrriteerd deed de Ouwe, nog steeds op zijn knieën, zijn ogen open. 'Telkens als ik mijn woorden van dank aan mijn Verlosser aan het afwegen ben, wor ik onderbroken,' bromde hij, en stond op. 'Maar ik verwacht dat de God der Goden wel begrip heeft voor het geduld van de jeugd, die Hem niet dient zoals het hoort door Hem passend dank te zeggen voor de zegeningen die Hij zo vrijelijk toebedeelt.'

Daarop zadelden we de paarden en reden pal naar het noorden om kapitein Pate en zijn patrouille te treffen, en ik was weer helemaal terug bij zijn leger en bij de meisjesactiviteiten.

7 BLACK JACK

Zoals de meeste dingen die de Ouwe plande vond de aanval tegen de Sharpshooters van kapitein Pate niet plaats zoals hij hem had voorbereid. Ten eerste had de Ouwe altijd slechte informatie. We reden uit tegen kapitein Pate op een zaterdag in oktober. Begin december hadden we hem nog niet gevonden... Overal waar we heen gingen hoorden we een ander verhaal. We reden naar Palmyra en een kolonist langs de weg riep: 'Ginder in Lawrence is een gevecht met de rebellen aan de gang', dus hup op pad naar Lawrence, waar we constateerden dat de strijd al twee dagen voorbij was en de rebellen vertrokken. Een paar dagen later riep een vrouw vanaf haar veranda: 'Ik heb kapitein Pate gezien in de buurt van Fort Leavenworth', en de Ouwe: 'Nou hebben we hem! Vooruit mannen!' En weg vlogen we weer, vol goeie moed, we reden twee dagen, en merkten toen dat het verhaal niet klopte. Heen en terug gingen we, totdat de mannen compleet uitgeput waren. Zo bleef het gaan tot in februari, terwijl de Ouwe almaar vergeefs naar een gevecht snakte.

Maar zwervend door Zuid-Kansas bij de grens met Missouri, pikten we wel een stuk of tien free staters op, totdat we uitgegroeid waren tot een man of dertig. Iedereen was bang voor ons, maar in feite waren de Pottawatomie Rifles eind februari niet meer dan een stel hongerige jongens met grote ideeën die rondreden op zoek naar gekookte grutten en zuur brood om zich mee vol te proppen. Toen sloeg de winter volop toe en werd het te koud om te vechten. Er kwam een deken van sneeuw over de prairie te liggen. IJs vormde zich een halve meter diep. Water in kruiken bevroor in één nacht tijd. Enorme, met ijspegels volhangende bomen kraakten als reusachtige skeletten. Diegenen in het leger van de Ouwe die het uithielden bleven in het kamp, zaten in mekaar gedoken onder de tent. De anderen, waaronder ik en de Ouwe en zijn zoons, waren de hele winter bezig waar dat mogelijk was warm te blijven. Je kan je dan wel abolitionist noemen, maar als je 's winters wekenlang zonder extra proviand over de vlakten rijdt, ben je slecht aan het schoffelen om voldoening te kweken en stel je iemands principes zwaar op de proef. En tegen de tijd dat de winter voorbij was hadden enkele mannen van de Ouwe toch voor de slavernij gekozen.

Maar eerlijk is eerlijk, ik ging niet dood bij de Ouwe. De luie donder die ik was raakte gewend aan buiten leven, aan rijen over de vlakte op zoek naar bandieten, aan het bestelen van pro slavers, aan het ontbreken van nauw omschreven werk, want de Ouwe had de regels voor meisjes in zijn leger aangepast toen hij zag hoe ik links en rechts aan het schrobben werd gezet. Hij kondigde aan: 'Voortaan moet elke man in deze compjie voor zichzelf zorgen. Was je eigen overhemden. Doe je eigen verstelwerk. Zorg voor je eigen eten.' Hij maakte duidelijk dat elke man tot taak had de slavernij te bestrijden, en niet zijn was te laten doen door het enige meisje in de ploeg, dat toevallig ook nog niet blank was. De slavernij bestrijden is makkelijk zonder die last. Het was alles bijeen eigenlijk vrij makkelijk, want het meeste wat je dee was rondrijen en praten over hoe fout de hele toestand was, daarna stal je al wat los en vast zat van de pro slavers, en weg was je weer. Je werd niet op een vaste tijd wakker om dan steeds met dezelfde kar water te halen, hetzelfde hout te hakken, dezelfde laarzen te poetsen en elke dag dezelfde verhalen aan te horen. Vechten tegen de slavernij maakt in je eigen ogen een held van je, een legende, en na een tijdje verdween langzamerhand de aantrekkelijkheid van de gedachte om terug te gaan naar Dutch en te worden verkocht naar New Orleans, om barbier te zijn en schoenen te poetsen en mijn huid tegen die ruwe ouwe aardappelzak die ik droeg te voelen en niet tegen die mooie zachte, warme wollen jurk waar ik op gesteld begon te raken, om nog maar te zwijgen over de verschillende buffelhuiden waarmee ik me bedekte. Ik haakte er niet naar om een meisje te zijn, let wel. Maar er waren bepaalde voordelen, zoals dat ik niks zwaars hoefde te tillen, geen pistool of geweer hoefde te dragen, en dat die kerels je bewonderden omdat je zo taai was als een jongen en dachten dat je moe was terwijl je dat niet was, en gewoon de algemene vriendelijkheid in de manier waarop mensen je bejegenden. Tuurlijk moesten in die dagen niet-blanke meisjes harder werken dan blanke, maar zo waren de normale maatstaven van blankers. In het kamp van Old Brown werkte iedereen om hem heen, blank of niet-blank, en in de praktijk zette hij ons allemaal zo veel aan het werk dat vrij zijn soms niet anders leek dan slaaf zijn, want we volgden allemaal een bepaald schema: de Ouwe maakte iedereen wakker om vier uur in de ochtend, waarna hij een uur lang bad en prevelde en pruttelde over de Bijbel. Dan zette hij Owen op mij om me te leren lezen. Dan kreeg ik Fred op m'n dak, die me het leven in de bossen moest leren; dan moest ik terug naar Owen, die me liet zien hoe je een kogel in een achterlader stopt en afvuurt. 'Elke ziel moet Gods woord leren verdedigen,' zei de Ouwe. 'En dit zijn allemaal manieren van verdedigen: lezen, verdedigen, overleven. Man, vrouw, meisje, jongen, blank of niet-blank, indianen, iedereen moet deze dingen kennen.' Hij leerde me zelf manden en stoelzittingen maken. Heel simpel: je neemt witte eik, splijt die, en dan is het gewoon een kwestie van vouwen. Binnen een maand kon ik elke soort mand maken die je wou: muskettenmand, klerenmand, etensmand, vismand – ik ving meervallen zo groot en zo breed als je hand. Op lange middagen, als we wachtten tot de vijand het pad overstak, gingen Fred en ik sorghumdrank maken van suikeresdoorns. Niks aan. Je tapt het af, giet het in een pan, brandt het boven een vuur, haalt het schuim eraf met een stok of een vork, en klaar is Kees. Het meeste werk kost nog het scheiden van de stroop en het schuim erbovenop. Als je het goed kookt, heb je de beste suiker die er is.

Ik begon me die eerste winter in het leger van de Ouwe te vermaken, vooral met Fred. Een betere vriend kon een kerel – of een meisje dat eigenlijk een kerel was – zich niet wensen. Hij was meer een kind dan een man, wat betekende dat we goed bij mekaar pasten. We hadden nooit speelgoed tekort. Het leger van de Ouwe stal van de pro slavers alles wat een kind maar zou willen: violen, zoutvaatjes, spiegels, tinnen bekers, een houten hobbelpaard. Wat we niet konden houwen, gebruikten we voor schietoefeningen en bliezen we op. Het was geen slecht leven, ik wende eraan en vergat het hele weglopen erdoor.

Het voorjaar kwam zoals het altijd komt en op een ochtend ging de Ouwe alleen op verkenningstocht, op zoek naar de Sharpshooters van Pate, en kwam in plaats daarvan terug op de bok van een grote huifkar. Ik zat bij het kampvuur een vismand te maken toen hij binnen kwam rijen. Ik zag de kar langskomen en zag dat hij een kapot achterwiel had waarvan de hardhouten rem ontbrak. 'Ik ken die kar,' zei ik, en ik had het nog niet gezegd of aan de achterkant kwamen nikker Bob en vijf andere negers eruit tuimelen.

Hij zag me meteen en terwijl de anderen nog aan het tuimelen waren en de Ouwe volgden naar het kampvuur om wat te eten, zette hij me klem.

'Ik zie dat je nog steeds je show opvoert,' zei hij.

Ik was in de loop van de winter veranderd. Veel buiten geweest. Het een en ander gezien. En ik was niet meer het gedweeë gevalletje dat hij in de herfst ervoor had gezien. 'Ik dacht dat je zei dat je niet van plan was in dit leger te gaan,' zei ik.

'Ik kom om net zo groots te leven als jij,' zei hij monter. Hij keek rond, zag dat er niemand in de buurt was en fluisterde toen: 'Weten ze dat je…' en hij wiebelde met zijn hand.

'Ze weten niks,' zei ik.

'Ik zal het niet zeggen,' zei hij. Maar ik vond het niet prettig dat hij dat van mij wist.

'Ben je van plan met ons op pad te gaan?' vroeg ik.

'Nauwelijks. De kapitein zei dat hij maar een paar dingen hoefde te doen en dan waren we in vrijheid.'

'Hij zit achter de Sharpshooters van kapitein Pate aan.'

Bob stond perplex. 'Shit. Wanneer?'

'Als hij ze vindt.'

'Ik doe niet mee. Het leger van Pate heeft tweehonderd man. Waarschijnlijk meer. Er willen zo veel rebellen meedoen met Pate dat je zou denken dat hij Calpurnia's flensjes verkocht. Hij wijst zelfs mensen af. Ik dacht dat Old Brown hielp met ontsnappen. Naar het noorden. Zei je dat vorig najaar niet?'

'Ik weet niet wat ik toen zei. Kan het me niet meer herinneren.'

'Dat zei je. Dat hij streed voor de vrijheid. Verdomme nog an toe. Welke verrassingen staan me nog meer te wachten? Wat is hij van plan?'

'Ik weet het niet. Dat vertelt hij niet. Waarom vraag je het hem niet?'

'Jij ben in de gunst. Jij moet het vragen.'

'Ik ga hem die dingen niet vragen,' zei ik.

'Zit jij niet te vissen naar vrijheid? Wat rommel je hier anders rond?'

Ik wist het niet. Tot dan toe was een van mijn plannen ontsnappen naar Dutch. Toen dat eenmaal veranderde, ging ik leven bij de dag. Ik was nooit iemand die veel verder keek dan hengelen naar vlees en jus en broodjes voor in mijn keel. Bob aan de andere kant moest vooral aan zijn gezin denken, volgens mij, hij lonkte naar de grens van de vrijheid en dat was niet mijn probleem. Ik raakte gewend aan de Ouwe en zijn zoons. 'Oefening krijgen in het omgaan met een zwaard en een pistool, dat is volgens mij wat ik hier leer,' zei ik. 'En Bijbellezen. Dat doen ze hier ook veel.'

'Ik ben hier niet gekomen om iemands Bijbel te lezen en tegen iemands slavernij te vechten,' zei Bob. 'Ik kom om mezelf eronderuit te halen.' Hij keek me aan en fronste. 'Ik denk dat jij je geen zorgen hoeft te maken, zoals je het speelt, je meisjesrol en zo.'

'Jij ben degene die me zei dat te doen.'

'Ik heb je niet gezegd mij om zeep te laten helpen.'

'Kom je hier vanwege mij?'

'Ik kom hier omdat jij het woord "vrijheid" gebruikte. Sjeess!' Hij was boos. 'Mijn vrouw en kinderen zitten nog steeds onder het slavenjuk. Hoe kan ik plannen maken om geld te verdienen en ze vrij te kopen als hij loopt te rotzooien, te vechten tegen de inwoners van Missouri?'

'Heb je het niet gevraagd?'

'Vragen was onmogelijk,' aldus Bob. 'Mijn massa en ik reden

naar de stad. Ik hoorde een geluid. Voor ik het wist stapte hij uit het bos en hield een geweer in het gezicht van mijn massa. Hij zei: "Ik neem je kar en bevrijd je neger." Hij vroeg niet of ik wel vrij wou zijn. Tuurlijk ging ik mee want ik moest wel. Maar ik dacht dat hij me naar het vrije noorden zou brengen. Niemand zei niks over het vechten tegen niemand.'

Zo zat het. De Ouwe had met mij hetzelfde gedaan. Hij ging ervan uit dat elke neger wou vechten voor zijn vrijheid. Het kwam nooit bij hem op dat ze het anders konden zien.

Bob stond te koken van woede. Hij was geladen. 'Ik ben van de regen in de drup geraakt. De rebellen van kapitein Pate gaan ons een vreselijke hak zetten!'

'Misschien vindt de kapitein wel iemand anders om tegen te vechten. Hij is niet de enige abolitionist in deze contreien.'

'Hij is de enige die telt. Volgens neef Herbert zijn er twee compagnieën Amerikaanse dragonders die dit land uitkammen op zoek naar deze ploeg. Ik bedoel dus de US Army. Uit het oosten. Geen patrouille. Als hij gevangen wordt genomen krijgen wij dus alles wat hij doet op ons brood, daar kan je zeker van zijn.'

'Wat hewwe fout gedaan?'

'Wij zijn hier, niewaar? Als we gevangen worden genomen, dan kan je er zeker van zijn dat wat ze ook met hem doen, nikkers krijgen het dubbele drankje te slikken. Dan zitten we diep in het vet. Daar heb je nooit aan gedacht, hè?'

'Je zong een ander liedje toen je tegen me zei dat ik met hem mee moest gaan.'

'Je heb het niet gevraagd,' zei Bob. Hij stond op en keek naar het kampvuur, waar de geur van voedsel lokte. 'Vechten voor de vrijheid,' zei hij, zuigend op zijn tanden. 'Sjeess.' Hij draaide zich om en zag de schare gestolen paarden die stonden vastgebonden aan de buitenste omheining, met een paar verkenners erbij. Het leken minstens twintig paarden en bovendien een paar karren.

Hij keek ernaar en toen weer naar mij. 'Van wie zijn die paarden?'

'Hij heeft altijd een heleboel gestolen paarden om zich heen.'

'Ik wil er een van nemen en ervandoor gaan. Je kan meekomen als je wil.'

'Waarheen?'

'Over de Missouri en dan Tabor zien te vinden, in Iowa. Ze zeggen dat daar een gospel train is. De underground railroad. Die je noordwaarts naar Canada voert. Ver weg.'

'Je kan een paard niet zo ver laten lopen.'

'Dan nemen we er twee. De Ouwe zal het niet erg vinden als er een of twee ontbreken.'

'Ik zou geen paard van hem willen gappen.'

'Hij blijft niet lang leven, kind. Hij is geschift. Hij vindt dat de nikker gelijkstaat aan de blanke. Dat liet hij merken op de weg hierheen. Noemde de niet-blankers in de kar "*mister*" en "*missus*", en zo.'

'Nou en? Dat doet hij altijd.'

'Ze gaan hem vermoorden omdat hij zo dom is. Niet goed bij zijn hoofd. Heb je dat niet gezien?'

Nou, daar had hij gelijk in, want de Ouwe was niet normaal. Ten eerste at hij zelden, en slapen leek hij meestal te doen boven op zijn paard. Hij was oud vergeleken met zijn mannen, gerimpeld en pezig, maar bijna net zo sterk als alle anderen, behalve Fred. Lopen deed hij urenlang zonder stoppen, op zijn schoenen vol gaten, en in het algemeen was hij nors en hard. Maar 's avonds leek hij wat milder te worden. Als hij langs Frederick liep die lag te slapen in zijn deken, boog hij voorover en trok met de zachtmoedigheid van een vrouw de deken van de reus strak. Er was geen stom beest in Gods schepping – koe, os, geit, ezel of schaap – dat hij niet kon kalmeren of temmen zodat het zich liet aanraken. Hij had overal bijnamen voor. Tafel was 'vloerspijkeraar', wandelen was 'belazeren'. Goed was 'sjofel'. En ik was 'de Sjalot'. Hij doorspekte zijn meeste gesprekken met Bijbeltaal, 'Gij' en 'den hoge' en 'verootmoedigen' en zo. Hij verhaspelde de Bijbel meer dan wie ook die ik heb gekend, mijn vader incluis, maar met meer resultaat, want hij kende meer woorden. Alleen als hij boos werd citeerde de Ouwe de Bijbel exact naar de letter, en dan was het oppassen geblazen, want het betekende dat iemand op het punt stond naar de laatste grens te lopen. Hij was veel om mee om te gaan, Old Brown.

'Misschien moeten we hem inlichten,' zei ik.

'Waarover?' vroeg Bob. 'Over het sterven voor nikkers? Hij heeft die keuze al gemaakt. Ik ga niet in de clinch met rebellen over de slavernij. Puntje bij paaltje zijn we nog steeds niet blank, hoe je het mes ook keert. Deze kerels kunnen elk moment dat ze dat willen weer pro slavers worden.'

'Als je steelt van de Ouwe, wil ik het niet weten,' zei ik.

'Gewoon mond houwen over mij,' zei hij, 'en ik zal zwijgen over jou.' Toen stond hij op en liep naar het kampvuur om te eten.

De volgende ochtend besloot ik de Ouwe in te lichten over Bob, maar ik had er nog niet over nagedacht of hij marcheerde naar het midden van het kamp en riep: 'We hebben hem gevonden jongens! Pate gevonden! Hij is vlakbij. Te paard! Op naar Black Jack!'

De mannen tuimelden uit hun deken, grepen hun wapens en wankelden naar hun paarden, struikelend over potten en pannen en troep, maakten zich klaar om het kamp te verlaten, maar de Ouwe hield ze tegen en zei: 'Wacht even. Ik moet bidden.'

Hij deed het snel – twintig minuten, wat snel was voor hem, zaagde een eind weg tegen God vanwege Zijn welwillendheid, advies, hulp en zo, terwijl de mannen rond hem stonden te dansen op één voet om warm te blijven, waardoor Bob de kans kreeg het kamp rond te sluipen en zich meester te maken van alle kleine beetjes voedsel die waren overgebleven, wat niet veel was. Ik zag hem aan de buitenkant van de kring, niemand die hem lastigviel, want in het kamp van de Ouwe was plaats voor alle abolitionisten en niet-blankers die een pistool of een warme maaltijd nodig hadden. De kapitein vond het absoluut niet erg, want terwijl hij een kei was in het stelen van zwaarden, geweren, pieken en paarden van pro slavers, vond hij het niet erg als iemand zich in zijn kamp een van die dingen toe-eigende, zolang het allemaal maar voor de goeie zaak van de abolitionisten was. Maar toen Bob stond wortel te schieten rond een stel geweren die op een rij tegen een boom stonden terwijl alle anderen op zoek waren naar eten, was zijn belangstelling gewekt, want hij dacht dat Bob een wapen zocht. Toen de mannen na zijn gebed het kamp opbraken en pieken, Sharpsgeweren en slagzwaarden in een kar legden, liep de kapitein naar Bob en zei: 'Beste heer, ik zie dat u klaarstaat om voor uw vrijheid in de bres te springen!'

Dus Bob zat vast. Hij wees naar de geweren en zei: 'Meneer, ik weet niks van het gebruik van die dingen.'

De kapitein duwde Bob een zwaard in handen. 'Hier hoog mee in de lucht zwaaien, meer hoeft u niet te weten,' gromde hij. 'Kom mee. Voorwaarts. Vrijheid!'

Hij sprong via de open achterkant in een kar met Owen op de bok en de arme Bob moest hem wel volgen. Hij oogde ronduit verontrust en zat zo stil als een muis terwijl we onderweg waren. Na een paar minuten sprak hij: 'Heer, ik voel me zwak. Help me, Jezus. De Heer dat is wat ik nodig heb. Het bloed van Jezus dat heb ik nodig!'

De Ouwe vatte dat op als een teken van vriendschap, want hij nam Bobs handen in de zijne en begon gretig aan een luidruchtig gebed over de Almachtige in het boek Genesis, en spoelde dat weg met nog een aantal verzen uit het Ouwe Testament, haalde toen het Nieuwe Testament van stal en goochelde daar een poosje mee. Een half uur later was Bob diep in slaap terwijl de Ouwe nog steeds stond te wauwelen. 'Het bloed van Jezus bindt ons samen als broeders! Het Goede Boek zegt: "Houdt met uw hand vast aan Christus' bloed en gij zult uw eigen tussenkomst zien naken." Voorwaarts, christenstrijders! Glorie en verlossing!'

Hij putte pure vreugde uit dat bulderen van Bijbelteksten, en hoe dichter we bij het slagveld kwamen, hoe groter zijn verlossing werd, en mijn ingewanden begonnen te trillen door zijn woorden, want zo had hij ook gebeden in Osawatomie toen hij het hoofd van die kerels afsloeg. Ik was geen voorstander van vechtpartijen, en sommigen uit zijn leger evenmin. Zijn kudde, die inmiddels was aangegroeid tot bijna vijftig man, dunde uit naarmate we dichter bij Black Jack kwamen, net als in Osawatomie. De een had een ziek kind, een ander moest oogsten. Verschillende leden van de colonne lieten hun rijdier langzaam draven totdat ze naar de achterkant van de colonne waren geschoven, dan keerden ze om en smeerden 'm. Tegen de tijd dat we bij Black Jack kwamen, waren er maar een stuk of twintig over. En die twintig waren uitgeput door het gebed van de Ouwe, dat hij onderweg met veel succes te berde bracht, en van dat gemompel kon een man staand op zijn voeten in slaap vallen, wat betekende dat er nog één persoon wakker en enthousiast was tegen de tijd dat we Black Jack bereikten: de Ouwe zelf.

Black Jack was een drassig moeras, doorsneden door een kloof en met aan weerszijden de beschutting van bossen. Toen we er aankwamen, reden we naar een bergrichel buiten het dorp, waar hij wegdraaide van het pad en recht het bos inliep. De Ouwe maakte de troepen in de kar wakker en beval de anderen af te stijgen. 'Volg mijn bevelen op, mannen. En niet praten.'

Het was warm en klaarlichte dag. Vroeg in de ochtend. Geen nachtelijke overval deze keer. We gingen te voet in ongeveer tien minuten naar een open plek, toen kroop hij een bergrichel op om over de bergkam in het dal van Black Jack te kunnen kijken en te zien waar de Sharpshooters van Pate waren. Toen hij terugkwam van de bergrichel zei hij: 'We hebben een goeie positie, mannen. Ga maar kijken.'

We kropen naar de rand van de bergrichel en keken omlaag in de stad.

Bij god, aan de andere kant van de kloof liepen minstens driehonderd man rond te zwermelen. Enkele tientallen waren geposteerd als schutters, ze lagen op de bergkam die de stad verdedigde. De bergkam lag boven een beek in een ravijn met een riviertje. Erachter was de stad. Omdat ze zich lager bevonden, hadden de schutters van Pate ons nog niet gezien, we waren aan het gezicht onttrokken door het struikgewas boven hen. Maar paraat waren ze, zo veel was zeker.

Nadat we de situatie van de vijand hadden verkend gingen we

terug naar de plek van de paarden, waarna de zoons van de Ouwe begonnen te bekvechten over wat er moest gebeuren. Niks daarvan klonk aangenaam. De Ouwe was gebrand op een frontale aanval door af te dalen van een van de richels, want ze werden beschut door rotsen en de helling. Zijn zoons gaven de voorkeur aan een nachtelijke verrassingsaanval.

Ik liep een stukje van ze vandaan, want ik was zenuwachtig. Ik liep weg en een stukje het pad af, hoorde hoefgetrappel en stond ineens te kijken naar een ander free-statekarabiniersbataljon, dat langs me heen galoppeerde en onze open plek opreed. Het waren ongeveer vijftig man, in schone uniformen, alles glimmend gepoetst. Hun kapitein kwam naar voren, in een elegant militair uniform, sprong van zijn paard en liep naar de Ouwe.

De Ouwe, die zich altijd diep in het bos ophield, op een afstand van zijn paarden en zijn kar om een verrassingsaanval te voorkomen, kwam uit de bos zetten en begroette ze. Met zijn wilde haren, baard en gescheurde kleren zag hij eruit als een in lompen geklede dweil vergeleken met deze kapitein, bij wie alles glom, van zijn knopen tot zijn laarzen. Hij marcheerde naar de Ouwe en zei: 'Ik ben kapitein Shore. Aangezien ik vijftig man heb, neem ik het commando. We kunnen recht op ze afgaan vanuit het ravijn.'

De Ouwe stond niet te springen om van iemand bevelen te krijgen. 'Dat werkt niet,' zei hij. 'Op die manier ben je aan alle kanten onbeschut. Ze worden volledig omgeven door het ravijn. Laten we de zijkant opzoeken en hun aanvoer afsnijden.'

'Ik kom hier om ze dood te schieten, niet om ze uit te hongeren,' zei kapitein Shore. 'U kunt op uw manier langs de flanken optreden zo veel u wilt, maar ik heb niet de hele dag de tijd.' Met die woorden steeg hij op, keerde zich tot zijn mannen en zei: 'Kom, we gaan ze pakken,' waarna hij zijn vijftig mannen op hun paarden recht omlaag het ravijn in op de vijand afstuurde.

Ze hadden nog geen vijf stappen in het ravijn gedaan of de Sharpshooters van Pate onthaalden ze op een kogelregen. Schoten er een stuk of zes finaal uit het zadel en alle anderen die stom genoeg waren om hun kapitein vanaf die richel omlaag te volgen werden in blokjes en plakjes gehakt. De overigen die van hun rijdier konden komen, stoven als de duvel zo snel tegen die richel omhoog, met hun kapitein achter zich aan. Eenmaal boven zakte Shore in mekaar en zocht dekking, maar de rest van zijn mannen die boven waren gekomen bleven lopen, straal hun kapitein voorbij, en zochten een goed heenkomen over de weg.

De Ouwe keek ze geïrriteerd na. 'Ik wist het,' zei hij. Hij gaf mij en Bob opdracht de paarden te bewaken, stuurde een paar man naar een afgelegen heuvel om de paarden van de vijand onder vuur te nemen, en stuurde er nog een paar naar de uiterste rand van het ravijn om de vluchtweg van de vijand te blokkeren. Tegen de rest zei hij: 'Volg me.'

Nou, uw dienaar deed niet aan volgen. Ik was blij onze paarden te bewaken, maar een paar van de mannen van Pate besloten onze paarden onder vuur te nemen, waardoor het heet werd rond Bob en mij. Plotseling barstte overal op de bergkam waar we waren het geweervuur los en het leger van de Ouwe viel uit mekaar. De waarheid gebiedt te vertellen dat evenveel van de kartetskogels die langs mijn oren floten van onze kant kwamen als van de vijand, want geen van beide kanten ondernam zijn acties koelbloedig, het was een kwestie van zo snel mogelijk laden en vuren, en de duivel moest de score maar bijhouwen. Je had in die dagen evenveel kans te worden gedood door je buurman die je gezicht tot poeier schoot, als van honderd meter afstand geraakt worden door de vijand. Een kogel is een kogel, en er knalden en pingden er zo veel tegen de bomen en takken dat er geen plek was om ons te verstoppen. Bob dook onder de paarden, die zwaar onder vuur lagen en in paniek steigerden, maar het leek mij niet veilig daar te blijven, dus volgde ik de Ouwe de heuvel af. Hij leek de veiligste optie.

Halverwege de heuvel besefte ik dat ik gek werd, dus ik liet me op de grond vallen en dook achter een boom. Maar dat zou niet helpen, want de bast werd getroffen en het lood vloog langs mijn gezicht, dus liet ik me vanaf de bergrichel pardoes in het ravijn rollen, vlak achter de Ouwe, die was neergeploft naast een stuk of tien van zijn mannen, in een rij achter een lange omgevallen boomstam die ze gebruikten als dekking.

Nou, toen de Ouwe me achter zich zag neerkomen vond hij dat een opsteker, want hij zei tegen de anderen: 'Kijk! "En een klein jongske zal ze drijven!" Kijk, mannen. Sjalot is hier. Een meisje onder ons! Gode zij gedankt voor deze inspirerende gloriedaad, voor het geluk en de voorspoed die ze ons brengt.'

De mannen wierpen een blik op me, en terwijl ik niet kan zeggen of ze werden geïnspireerd of niet, want ze lagen onder vuur, zeg ik wel dit: toen ik die rij kerels langs keek was er geen enkele van de mannen van kapitein Shore bij, behalve kapitein Shore zelf. Hij had op de een of andere manier het lef gehad terug te komen. Zijn schone uniform en glimmende knopen waren nou bemodderd en zijn gezicht stond strak van nervositeit. Hij zat eronderdoor. Zijn mannen hadden zich omgedraaid en hem straal in de steek gelaten. En de show werd nou gestolen door de Ouwe en zijn kerels.

De Ouwe overzag de rij mannen die daar in het ravijn lagen te vuren en blafte: 'Halt. Zakken.' Ze deden wat hij zei. Hij gebruikte zijn verrekijker om te kijken naar de patrouilles van de lui uit Missouri die op ons schoten. Hij beval zijn mannen te laden, vertelde ze precies waar ze op moesten mikken en zei toen: 'Pas schieten als ik het zeg.' Toen stond hij op en liep heen en weer langs de boomstam en vertelde ze waar ze op moesten mikken terwijl de kogels langs zijn hoofd floten, praatte tegen zijn mannen, die herlaadden en vuurden. Hij was koel als ijs in een glas. 'Neem de tijd,' zei hij. 'Goed in je vizier. Laag richten. Geen munitie verspillen.'

De Sharpshooters van Pate waren niet georganiseerd en ze waren bang. Ze verschoten een hoop munitie door lukraak te vuren en waren na een paar minuten uitgeput. Ze begonnen zich in grote aantallen terug te trekken op hun bergrichel. De Ouwe riep: 'Ze gaan ervandoor, de lui uit Missouri. We moeten ze dwingen zich over te geven.' Hij gelastte Weiner en een andere kerel, die Biondi heette, opzij in het ravijn af te dalen en ze in de flank aan te vallen en hun paarden onder vuur te nemen, wat ze deden. Dat veroorzaakte veel gevloek en meer schoten van Missouri-kant, maar de mannen van de Ouwe hadden zelfvertrouwen, schoten akelig nauwkeurig en verwondden ze. De mannen van Pate schoten veel mis, en een aantal rende weg zonder paard om te vermijden dat ze gevangengenomen werden.

Een uur later was de vechtlust volledig uit ze verdwenen. De mannen van de Ouwe waren goed georganiseerd en de strijdkrachten van Pate niet. Toen het schieten stopte waren er maar een stuk of dertig van diens manschappen over, maar het was nog steeds een patstelling. Niemand kon niemand raken. Beide kanten lagen verscholen achter een bergrug, en als iemand in een van beide legers dom genoeg was om te gaan staan werden zijn ballen eraf geschoten, dus niemand deed dat. Na een minuut of tien zei de Ouwe ongeduldig: 'Ik zal in m'n eentje twintig meter oprukken.' Hij zat gehurkt in het ravijn en spande zijn revolver, 'en als ik met mijn hoed zwaai, volgen jullie allemaal.'

Hij stapte het ravijn in en wou vooruit rennen, maar werd gestuit door een onverwachte, uitzinnige kreet in de lucht.

Frederick galoppeerde vlak langs ons het ravijn in, toen over de bodem van het ravijn en de heuvel op naar de ploeg uit Missouri, zwaaiend met een zwaard en schreeuwend: 'Hoera, vader! We hebben ze omsingeld! Kom op, jongens! Ze zitten in de val!'

Nou kon hij zo licht als een veertje zijn in zijn geest, en zo getikt als een deur, maar het beeld van Fred die met zijn reusachtige gestalte en uit alle macht schreeuwend op ze af kwam rijden, met genoeg pistolen aan zijn lijf om heel Fort Leavenworth te wapenen, dat was te veel voor ze, ze gingen ervandoor. Er kwam een witte vlag uit het ravijn zetten en ze gaven zich over. Met hun handen omhoog kwamen ze tevoorschijn.

Pas toen ze ontwapend waren kwamen ze erachter in wiens handen ze waren gevallen, want ze wisten niet dat ze hadden geschoten op de Ouwe. Toen de Ouwe naar ze toe liep en gromde: 'Ik ben John Brown van Osawatomie', raakten er een paar in paniek en leken in tranen uit te barsten want de Ouwe in vol ornaat zien was vrij angstaanjagend. Na maanden in de kouwe bossen waren zijn kleren aan flarden en versleten, zodat je de huid eronder kon zien. Zijn laarzen waren meer tenen dan wat anders. Zijn haar en baard waren lang, onverzorgd, wit en reikten bijna tot zijn borst. Hij leek zo gek als een houten hamer. Maar de Ouwe was niet het monster dat ze dachten dat hij was. Hij veegde verschillende mannen de mantel uit vanwege hun gevloek en trakteerde ze op een opmerking of drie uit de Bijbel, waar ze gaar van werden, en ze kalmeerden. Een paar maakten grapjes met zijn eigen mannen.

Terwijl de Ouwe en zijn jongens de troepen van Pate ontwapenden verzorgden ik en Bob de gewonden. Er lagen er een heleboel op de grond te krimpen van de pijn. Een kerel had een kogel door zijn mond gekregen waardoor zijn bovenlip was afgescheurd en zijn voortanden verbrijzeld. Een andere, een jongen van amper zeventien of zo, lag in het gras te kreunen. Bob zag dat hij sporen droeg. 'Denkt u dat ik ze mag hebben die sporen, u heb ze toch niet meer nodig?' vroeg Bob.

De jongen knikte, dus Bob bukte om ze af te doen, en zei toen: 'Er is hier maar één spoor, meneer. Waar is de andere?'

'Nou, als de ene kant van het paard vooruitgaat, moet de andere wel mee,' zei de jongen. 'Dan heb je er maar één nodig.'

Bob dankte hem voor zijn vriendelijkheid, nam zijn ene spoor en de kerel blies zijn laatste adem uit.

De gevangenen, zeventien in totaal, waren door de overige mannen van de Ouwe boven aan het ravijn verzameld. Onder hen was kapitein Pate zelf, en ook Pardee, met wie Bob een aanvaring had gehad nadat hij was berecht door Kelly en zijn bende in de buurt van Dutch. Hij zag Bob onder de mannen van de kapitein en kreeg het op z'n heupen. 'Ik had je de kleren van je reet moeten rukken de vorige keer, zwarte smeerlap,' mopperde hij.

'Stilte,' zei de Ouwe. 'Gevloek om me heen, dat pik ik niet.' En tegen Pate: 'Waar zijn mijn zoons John en Jason?'

'Die heb ik niet,' zei Pate. 'Ze zitten in Fort Leavenworth, onder federalistische dragonders.'

'Dan gaan we daar direct heen en wisselen u en hen uit.'

We vertrokken naar Fort Leavenworth met de gevangenen, hun

paarden en de overige paarden die de mannen van Pate hadden achtergelaten. We hadden nou genoeg paarden in voorraad voor een hele fokkerij, misschien wel dertig bij mekaar, met daarbij muilezels en zo veel buit van Pate als we konden dragen. Ikzelf ging ervandoor met twee broeken, een overhemd, een blik verf, een set sporen en veertien maïskolfpijpen, die ik van plan was te verpatsen. De Ouwe en zijn jongens namen niks voor zichzelf, al drukte Fred een paar Colts en een Springfield-geweer achterover.

Het was twintig mijl naar Fort Leavenworth, en onderweg babbelden Pate en de Ouwe ontspannen met mekaar. 'Ik zou u meteen doorzeefd hebben,' zei Pate, 'als ik had geweten dat u daar in dat ravijn stond.'

De Ouwe haalde zijn schouders op. 'Gemiste kans,' zei hij.

'We halen het fort niet,' zei Pate. 'Op dit pad zijn talloze rebellen naar u op zoek, met de bedoeling de beloning op uw hoofd te incasseren.'

'Als ze komen, zal ik ervoor zorgen dat mijn eerste kogel in uw gezicht belandt,' zei de Ouwe rustig.

Dat kalmeerde Pate.

Pate had gelijk, want we waren een mijl of tien onderweg, in de buurt van Prairie City, toen een gewapende schildwacht in uniform ons naderde. Hij reed recht op ons af en riep: 'Wie daar?'

Fred reed voorop en riep: 'Free state!'

De schildwacht liet zijn paard zwenken, reed haastig terug over het pad en verscheen weer met een officier en verschillende zwaarbewapende Amerikaanse dragonders. Het waren federalisten, mannen van het leger, gekleed in felgekleurde uniformen.

De officier reed naar de Ouwe. 'Wie bent u?' vroeg hij.

'John Brown uit Osawatomie.'

'Dan staat u onder arrest.'

'Waarvoor?'

'Voor het overtreden van de wetten van het Kansasterritorium.'

'Ik erken de zogenaamde wetten van dit territorium niet,' zei de Ouwe.

'Nou, dit zult u wel erkennen,' zei de officier. Hij trok zijn revolver en richtte hem op de Ouwe, die vol minachting naar het wapen keek.

'Ik vat het niet persoonlijk op dat u mijn leven bedreigt,' zei de Ouwe kalm. 'Want u heb bevelen die u dient op te volgen. Ik begrijp dat u een klus moet opknappen. Dus ga uw gang en laat de hamer van dat ding maar losschieten als u wil. Als u dat doet zal u voor sommigen in dit gebied een held worden. Maar als u een slaghoedje in me zou planten, dan is daarna uw leven geen valse stuiver waard. U zal nog deze avond voedsel voor de wolven worden, want ik heb een opdracht van mijn Schepper te volbrengen, Wiens huis ik ooit tot het mijne hoop te maken. Ik heb u geen schade berokkend en zal dat ook niet doen. Ik laat de Heer u pakken, en dat is een veel slechter resultaat dan wat u tot stand kan brengen met wat u daar in uw hand houdt; vergeleken met de wil van onze Schepper is het geen vingernagel waard. Mijn doel is de slaven in dit territorium bevrijden, ongeacht wat u doet.'

'Op wiens gezag?'

'Het gezag van onze Schepper, voortaan en voor immer bekend als de Koning der Koningen en Heer der Heerscharen.'

Ik weet niet wat het is, maar telkens als de Ouwe met zijn vrome praat begon, was het noemen van de naam van zijn Schepper genoeg om hem ronduit gevaarlijk te maken. Hij leek wel elektrisch geladen. Zijn stem werd een soort grind dat over een onverharde weg schraapte. Er kwam wat in hem omhoog. Zijn ouwe, vermoeide lijf viel weg, en in de plaats daarvan stond er een man die was opgezweept als een doodsfabriek. Het was erg verontrustend om te zien en de officier werd er zenuwachtig van. 'Ik ben hier niet om met u te debatteren over uitgangspunten,' zei hij. 'Zeg uw mannen hun wapens neer te leggen en er zullen geen problemen zijn.'

'Wil ik ook niet. Omvat uw werk ook het inrekenen en uitwisselen van gevangenen?' vroeg de Ouwe.

'Ja, inderdaad.'

'Ik heb hier zeventien gevangenen uit Black Jack. Ik had ze direct om zeep kunnen helpen, want ze waren op mijn leven uit. In plaats daarvan breng ik ze naar Fort Leavenworth en laat ze aan uw gerechtigheid over. Daar zou wat tegenover moeten staan. Ik wil mijn zoons, die daar worden vastgehouwen, en verder niks. Als u deze gevangenen wil nemen in ruil voor hen, noem ik dat een faire deal en geef ik me aan u over zonder gevecht of harde woorden. Maar als u dat niet doet, zal u voer voor de wormen wezen, meneer. Want ik ben in dienst van een Hogere Macht. En mijn mannen hier zullen mikken op uw hart en op dat van niemand anders. Ook al zijn wij hier met de helft minder dan u, uw dood zal vaststaan, want ze zullen alleen u willen pakken, en daarna zal u de dood van duizend eeuwen ondergaan, omdat u uw Schepper moet uitleggen waarom u een zaak steunt die van uw medemensen slaven heeft gemaakt en uw ziel in een val heeft laten lopen op een manier die u ontgaat. Ik ben uitverkoren om Zijn bijzondere werk te verrichten en ik hoop die opdracht te houden. U daarentegen ben niet uitverkoren. Dus ik ga vandaag niet met u mee naar Fort Leavenworth en ook verlaat ik dit territorium niet totdat mijn zoons vrij zijn gelaten.'

'Wie zijn dat?'

'Browns. Ze hebben niks te maken gehad met moorden in dit gebied. Ze kwamen hier om land te koloniseren en hebben alles verloren, met inbegrip van hun gederfde oogsten, die in brand werden gestoken door de rebellen die u hier voor u ziet.'

De officier keek naar Pate. 'Is dat waar?' vroeg hij.

Pate haalde zijn schouders op. 'We hebben inderdaad de gewassen van deze nikkerdieven in brand gestoken. Tweemaal. En we zullen hun huizen in brand blijven steken als we de kans krijgen, want het zijn wetsovertreders en dieven.'

Dat veranderde de zaak voor de officier, die zei: 'Dat klinkt als een hondsberoerde aanpak.'

'Bent u pro slave of free state?' vroeg Pate.

'Ik ben us State,' zei de officier vinnig. 'Met de taak de territoriale wetten van de regering van de Verenigde Staten na te leven, en niet die van Missouri of Kansas.' Hij nam Pate nou onder schot en vroeg aan Brown: 'Kan ik erop vertrouwen dat u hier blijft als ik uw gevangenen naar Leavenworth breng?'

'Mits u mijn zoons terugbrengt in ruil voor hen.'

'Dat kan ik niet beloven, maar ik zal er met mijn superieur over spreken.'

'En wie mag dat wel wezen?'

'Kapitein Jeb Stuart.'

'Vertel kapitein Stuart maar dat Old John Brown uit Osawatomie hier bij Prairie City staat te wachten op zijn zoons. En als ze hier niet over drie dagen terug zijn in ruil voor deze gevangenen zal ik dit territorium platbranden.'

'En als ze wel terugkomen? Geeft u zich dan over?'

De Ouwe vouwde zijn handen achter zijn rug.

'Dat zou ik doen,' zei hij.

'Hoe weet ik dat u niet liegt?'

De Ouwe hield zijn rechterhand omhoog: 'Ik zeg voor het oog van God dat ik, John Brown, hier drie dagen niet weg zal gaan, maar blijf wachten totdat u mijn zoons terugbrengt. En ik zal me bij hun terugkeer overgeven aan de wil van de Almachtige God.'

Nou, de officier ging akkoord en vertrok.

De Ouwe loog natuurlijk. Want hij had niks gezegd over zich overgeven aan de regering van de US. Telkens als hij wat zei over de wil van God betekende het dat hij niet van plan was om samen te werken maar alleen te doen wat volgens hem hoorde te gebeuren. Hij was niet van plan het Kansasterritorium te verlaten, zich over te geven of aandacht te besteden aan wat hem werd verteld door welke blanke soldaat ook. Hij zou in een handomdraai een leugentje ophangen om zijn zaak te behartigen. Hij was net als iedereen in oorlogstijd. Geloofde dat hij God aan zijn kant had. Iedereen heeft God aan zijn kant in een oorlog. Het probleem is alleen dat God niemand vertelt achter wie Hij staat.

8 EEN SLECHT VOORTEKEN

De Ouwe zei dat hij drie dagen zou wachten totdat de federalisten zijn jongens terug zouwen brengen. Zo lang hoefde hij niet te wachten. De volgende ochtend al kwam een ons gunstig gezinde kerel daar uit de buurt buiten adem op zijn paard aanstormen en vertelde: 'De lui uit Missouri hebben een colonne naar uw hoeve gestuurd om hem in brand te steken.' De hoeve was Browns standplaats, waar de Ouwe en zijn jongens concessies voor hadden aangevraagd en huizen gebouwd, in de buurt van Osawatomie.

De Ouwe dacht erover na. 'Ik kan niet weg tot de federalisten terugkomen met John en Jason,' zei hij. 'Ik heb mijn woord gegeven. Ik kan niet teruggaan naar huis en hun vrouwen met lege handen tegemoet treden.' Enkele van zijn schoondochters waren niet erg dol op de Ouwe omdat hij hun echtgenoot de oorlog in sleepte en verdomd dicht bij de dood bracht vanwege het slavernijvraagstuk – voordat de hele zaak voorbij was zouwen er ook een paar de dood vinden.

Hij draaide zich om naar Owen en zei: 'Neem Fred, Weiner, Bob, Sjalot en de rest van de mannen naar Osawatomie. Zie wat je ziet en kom verslag uitbrengen met de mannen. Maar laat Sjalot in Osawatomie bij je schoonzus Martha of bij de Adairs, want ze heeft genoeg moorden gezien. En geen getreuzel.'

'Ja, vader.'

Toen keek hij naar mij en zei: 'Sjalot, het spijt me dat ik je weghaal uit de strijd. Nou ik je in actie heb gezien bij Black Jack weet ik hoe graag je vecht voor je vrijheid,' – ik herinnerde me niet dat ik wat anders had gedaan dan wegkruipen en schreeuwen in dat ravijn toen we onder vuur werden genomen, maar de Ouwe zag me nou bij de beste van zijn mannen staan, en volgens mij vatte hij dat op als moed. Zo ging dat bij de Ouwe. Hij zag wat hij wou zien, want ik wist dat ik doodsbang was geweest, en behalve als u het roepen van hellepie, het oprollen tot een bal en het likken van uw tenen aanziet voor tekenen van moed en bemoediging, was er niks heel stoutmoedigs aan wat ik ginder had gedaan. Hoe dan ook, hij ging door: 'Hoe dapper je ook ben, alle betrokkenen hier zijn mannen, zelfs Bob, en het is maar het beste dat je in Osawatomie blijft bij mijn vrienden de Adairs totdat alles weer rustig is, en er dan over denkt naar het noorden te gaan in de richting van je vrijheid, waar het veiliger is voor meisjes.'

Mozesmina nog an toe, ik was zowat uitgebarsten in gejuich en gejoel. Ik had genoeg van de geur van buskruit en bloed. Hij en zijn mannen konden wat mij betreft de rest van hun dagen bonje zoeken en hun paarden de sporen geven in de richting van vuurgevechten. Ik had het wel gezien. Maar ik probeerde niet al te blij te lijken over het hele geval. Ik zei: 'Ja, kapitein, ik zal doen wat u wenst.'

Osawatomie was een hele dag rijen vanaf Prairie City en Owen besloot zijn mannen over de California Trail te voeren, wat iets meer risico inhield op toevallige ontmoetingen met pro-slavepatrouilles, maar hij wou snel terug naar zijn vader. Het huis van de Adairs, bij wie ik zou wonen, lag ook opzij van de Trail, globaal in dezelfde richting als Osawatomie, des te meer reden om dat pad te nemen. Eerst pakte het goed uit. Onder het rijden dacht ik erover na waarheen ik weg zou piepen na het vertrek van Owen en de mannen van de Ouwe. Ik had tijdens mijn reizen wat jongensspullen vergaard, en een paar kleinigheden. Maar waar moest ik heen? Naar het noorden? Wat hield dat in? Ik wist van het noorden niks in welke aard, trant of vorm ook. Ik dacht daarover na terwijl ik naast Fred reed, waar ik me altijd beter voelde, want om te praten met Fred had je aan je helft genoeg, omdat hij maar een half glas vol was, wat hem tot een goeie gesprekspartner maakte, want ik kon dan bij mezelf het ene denken en tegelijk met hem over wat anders babbelen, en in het algemeen reageerde hij inschikkelijk op alles wat ik zei.

Ik en hij bleven in de achterhoede van de colonne hangen, terwijl Weiner en Owen voorop reden en Bob in het midden. Fred leek somber.

'Ik heb Owen horen zeggen dat je nu alle letters kent,' zei hij.

'Klopt,' zei ik. Ik was er trots op.

'Ik vraag me af waarom ik geen letter in mijn hoofd kan houwen,' zei hij treurig. 'Ik leer ze met eentje tegelijk en vergeet ze meteen weer. Verder kan iedereen de letters in zijn hoofd houwen, behalve ik. Zelfs jij.'

'Letters kennen is niet wat ze denken dat het is,' zei ik. 'Ik heb maar één boek gelezen. Een bijbel met plaatjes, gekregen van de Ouwe.'

'Denk je dat je mij dat kan voorlezen?'

'Nou, heel graag,' zei ik.

Toen we stopten om de paarden water te geven en te eten haalde ik mijn boek voor de dag en trakteerde Fred op een paar woorden. Dat wil zeggen, ik gaf hem mijn versie ervan, want ik kende mijn letters dan wel, maar ik kende maar een paar woorden, dus ik zoog uit m'n duim wat ik niet wis. Ik presenteerde hem het boek Johannes, Johannes die de mensen vertelt dat Jezus komt en dat Jezus zo groot is dat Johannes niet eens waardig was om Zijn sandalen vast te maken. Het verhaal groeide tot olifantformaat zoals ik het navertelde, want wanneer heb u voor het laatst in de Bijbel gelezen over een paard met de naam Cliff dat een kar naar de stad Jeruzalem trok met sandalen aan? Maar Fred zei geen enkele keer iets lelijks of afkeurends tijdens het luisteren. Hij vond het prima. 'De puikste Bijbellezing die ik ooit heb gehoord,' verklaarde hij.

We stegen weer op en volgden de Trail in noordelijke richting en namen de brug over de Marais des Cygnes, die door Osawatomie loopt. We reden vlak bij de nederzetting van Brown, maar hadden die nog niet helemaal bereikt toen de wind plots de geur van rook en geschreeuw aanvoerde.

Owen reed vooruit om te kijken, en kwam terug in volle galop. 'De lui uit Missouri leveren zo te zien slag met een groep free state-indianen. Misschien moeten we teruggaan en vader halen.'

'Nee. Laten we ons aansluiten bij de indianen en de rebellen aanvallen,' aldus Weiner.

'We hebben orders van onze vader,' zei Owen.

Ze kibbelden erover, waarbij Weiner de indianen te hulp wou schieten en de redshirts aanvallen, terwijl Owen ervoor pleitte de bevelen van de Ouwe op te volgen en door te rijden naar Osawatomie om te zien hoe de situatie was, of op z'n minst terug te rijden en de Ouwe te halen. 'Tegen de tijd dat we ergens komen, hebben de redshirts alles van de indianen platgebrand en zijn doorgereden naar Osawatomie,' zei Weiner.

'We hebben bevel om door te rijen,' aldus Owen.

Weiner zat vreselijk te popelen, maar hield zijn mond. Hij was een forse, koppige man die van een goeie vechtpartij hield en zich niks op de mouw liet spelden. We reden er dichter naartoe en zagen dat de free state-indianen en de lui uit Missouri met mekaar in gevecht waren tussen de dunne dennen van het beboste deel van de open plek. Het was geen groot gevecht, maar de indianen, die hun vrije nederzetting verdedigden, waren in de minderheid, en toen Weiner dat zag, kon hij zich niet inhouwen. Hij reed weg en stormde diep over zijn paard gebogen door het bos. De andere mannen volgden.

Owen zag ze fronsend wegrijen. Hij draaide zich om op zijn paard en zei: 'Fred, jij en Sjalot rijen vooruit naar Osawatomie en wachten buiten de nederzetting terwijl wij deze lui uit Missouri wegjagen. Ik ben gauw terug.' Toen vertrok ook hij.

Zittend in het zadel zag Bob ze wegrijen. En niemand zei wat tegen hem. En híj reed weg een andere kant op. Zei: 'Ben ervandoor', en vertrok. Die nikker is volgens mij in totaal zeven keer weggelopen van John Brown. Kwam nooit in één keer vrij van de Ouwe. Hij moest uiteindelijk helemaal terug naar de slavernij, naar het Missouriterritorium, om een vrij man te worden. Maar daar kom ik nog op terug.

En dus zaten Fred en ik daar op onze gestolen pony's. Ook Fred leek te popelen, want hij was een Brown, en Browns hielden van een goed vuurgevecht. Maar er was in Gods ganse koninkrijk geen denken aan dat ik daarheen ging en het uitvocht met de lui uit Missouri. Ik had er genoeg van. Dus ik zei, alleen maar om hem af te leiden: 'Gossie, dit meisje heeft honger.'

Hij ging meteen voor me aan de gang. 'Oooo, ik zal voor wat eetbaars zorgen, Sjalot,' zei hij. 'Niemand laat mijn Sjalotje honger krijgen, want je ben momenteel half opgegroeid, en je heb je rust en je voedsel nodig om uit te groeien tot een heel groot mietje.' Hij bedoelde er niks mee en ik trok het me ook niet aan, want geen van beiden wisten we wat het woord precies betekende, al neigde het voor zover ik wist naar weinig vleiende zaken. Maar het was de eerste keer dat hij het woord 'mietje' in de mond nam sinds hij enige tijd geleden mijn geheim leerde kennen. En ik nam er notitie van en was blij dat ik hem kwijt zou raken voordat hij me verlinkte.

We reden verder naar een dicht stuk bos ongeveer een mijl verderop langs de Trail en sloegen een oud houthakkerspad in. Toen we eenmaal weg waren van de schietpartij was alles vredig en rustig. We staken een beek over, kwamen bij de plek waar het ouwe houthakkerspad aan de overkant verder liep en bonden onze paarden daar in de buurt vast. Fred legde zijn wapens af en haalde zijn deken en jagersspullen tevoorschijn – kralen, gedroogde maïs, gedroogde yams. Had een paar minuten nodig om alle geweren los te gespen, want hij was zwaarbeladen. Toen dat was gebeurd, gaf hij me een kleinwildgeweer en nam er zelf ook een. 'Normaal zou ik dit niet gebruiken,' zei hij, 'maar er wordt hier in de buurt genoeg geschoten, dus als we voortmaken zal het geen aandacht trekken.'

Het was nog niet donker maar de avond kwam er wel aan. We liepen ongeveer een halve mijl langs het beekje, en Fred liet me de tekens en dergelijke zien van waar een beverfamilie bezig was een dam te maken. Hij zei: 'Ik zal de beek oversteken en hem van de andere kant opjagen. Jij loopt langs deze kant, en als hij je hoort komen, glipt hij het water uit, en we komen verderop weer bij mekaar vlak bij waar het beekje een bocht maakt, dan krijgen we hem wel te pakken.'

Hij sloop naar de overkant en verdween in de struiken, terwijl ik aan deze andere kant liep. Ik was ongeveer halverwege de plek waar we mekaar zouwen treffen toen ik me omdraaide en op een meter of vijf afstand een blanke man zag staan met een geweer in zijn hand.

'Wat doe je met dat geweer, juffie?' vroeg hij.

'Niks, meneer,' zei ik.

'Leg het dan neer.'

Ik deed wat hij zei en hij kwam naar me toe, pakte mijn geweer van de grond en vroeg, nog steeds met zijn geweer op me gericht: 'Waar is je meester?'

'O, aan de andere kant van de beek.'

'Heb je geen meneer in je mond, nikker?'

Ik was het verleerd, ziet u. Had maandenlang geen normale blankers in de buurt gehad, die eisten dat je ze 'meneer' noemt en wat niet al. Dat mocht allemaal niet van de Ouwe. Maar ik corrigeerde het. Ik zei: 'Ja, meneer.'

'Wat is de naam van je massa?'

Ik kon niks bedenken, dus zei ik: 'Fred.'

'Wat?'

'Gewoon Fred.'

'Je noemt je massa Fred of gewoon Fred of Massa Fred of meneer Fred?'

Ja, nou zat ik in de knoop. Ik had Dutch moeten noemen, maar Dutch leek ver weg, en ik was in de war.

'Kom mee,' zei hij.

We liepen door de bossen weg van de beek, ik achter hem aan. We hadden nog geen vijf stappen gedaan toen ik Fred hoorde roepen: 'Waar gaat dat heen?'

De man bleef stilstaan en draaide zich om. Fred stond precies midden in de beek met zijn kleinwildgeweer gespannen naast zijn gezicht. Imposant, die grote gestalte, beangstigend om naar te kijken, de moord in die ogen, en hij stond amper tien meter van ons af.

'Is zij uw eigendom?' vroeg de man.

'Dat zijn uw zaken niet, meneer.'

'Bent u pro slave of free state?'

'Nog één ding, en ik schiet u dood waar u staat. Laat haar los en ga op die weg staan.'

Fred had hem kunnen neerschieten, ja, maar hij deed het niet. De kerel liet me los en draafde weg, nog steeds met mijn kleinwildgeweer.

Fred klom uit het water en zei: 'Laten we weggaan van deze beek en teruglopen naar waar de anderen zijn. Het is hier te gevaarlijk. Er is een andere beek tegenover de plek waar ze vertrokken.'

We gingen terug naar waar de paarden waren vastgebonden, stegen op en reden pakweg een half uur naar het noorden, dit keer naar een open plek in de buurt van de plek waar een andere, grotere beek breder werd. Fred zei: 'We kunnen hier een eend, een fazant of zelfs een havik vangen. Het wordt snel donker en ze zijn het laatste voedsel van de dag aan het verzamelen. Blijf hier, Sjalotje, en maak geen geluid.' Hij steeg af en liep weg, nog steeds met zijn kleinwildgeweer.

Ik bleef dicht bij de plek waar hij me had achtergelaten en zag hem door het bos lopen. Hij was een en al soepelheid, stil als een hert, er kwam geen geluid uit hem. Hij ging niet ver. Misschien dertig meter, ik zag zijn silhouet tussen de bomen, toen ontdekte hij wat in een lange berk die hoog naar de hemel reikte. Hij hief zijn geweer en loste een schot, en een enorme vogel viel op de grond.

We holden erheen en Fred werd bleek. Het was een dikke, prachtige vangst, zwart, met een lange rood-witte streep op de rug en een vreemde, lange snavel. Het was een mooie vogel, met veel vlees, ongeveer vijftig centimeter lang. De vleugelwijdte zal bijna een meter zijn geweest. Zo'n grote vogel zou je graag willen eten. 'Een joekel van een havik,' zei ik. 'Laten we hier weggaan voor het geval iemand het schot heeft gehoord.' Ik stapte naar voren om hem op te pakken.

'Niet aanraken!' zei Fred. Hij was zo bleek als een spook. 'Dat is geen havik. Het is een lieveheersvogel. Heremetijd!'

Hij ging op de grond zitten, innerlijk simpelweg verscheurd. 'Ik zag hem niet duidelijk. En ik had maar één schot. Kijk?' Hij hield het kleinwildgeweer omhoog. 'Verdomd rotding. Maar één schot. Niet veel nodig. De mens zondigt zonder het te weten, en zonder komen zonder waarschuwing, Sjalot. De Bijbel zegt het. "Hij die zondigt kent de Here niet. Hij kent Hem niet." Denk je dat Jezus mijn hart kent?'

Ik werd zijn verwarde gemompel over de Here moe. Mijn maag knorde. Ik had in m'n hoofd dat ik zou ontsnappen aan al dat vechten en nou werd ik weer opgehouwen door meer van hetzelfde. Ik was geïrriteerd. Ik zei: 'Maak je geen zorgen. De Heer kent je hart.'

'Ik moet bidden,' zei hij. 'Dat zou vader doen.'

Dat kon niet. Het was inmiddels bijna donker, de anderen hadden ons nog niet ingehaald en ik maakte me zorgen dat het schot iemands aandacht had getrokken. Maar je doet er weinig aan als een blanke, of welk mens ook, zijn zinnen heeft gezet op een gebed of iets dergelijks. Fred zat daar op zijn knieën en bad net als de Ouwe haspelend en snotterend tot de Heer om hem te hulpe te komen en dittemedat. Hij was lang zo goed niet als zijn vader als het op bidden aankwam, omdat hij geen ene gedachte aan een volgende kon vastknopen. De gebeden van de Ouwe zag je groeien voor je ogen; ze waren allemaal met mekaar verbonden, als trappen die van de ene verdieping naar de andere lopen in een huis, terwijl Freds gebeden meer leken op biertonnen en kleerkasten die door een chique zitkamer werden gegooid. Zijn gebeden schoten de ene en de andere kant op, sloegen af naar zus, naar zo, en op die manier ging er een uur voorbij. Maar het was een kostbaar uur daar zal ik u zo wel over vertellen. Nadat hij een eind had gemaakt aan al die soorten gemompel en gemurmel pakte hij de vogel voorzichtig vast, gaf hem aan mij en zei: 'Hou hem voor vader. Hij zal ervoor bidden en God gunstig stemmen om alles rechtvaardig op te lossen.'

Ik pakte de vogel en net had ik dat gedaan toen we aan de andere kant van de beek snelle paardenhoeven hoorden. Fred beet me over zijn schouder toe: 'Verstop je gauw!'

Ik had net genoeg tijd om met vogel en al in het struikgewas te springen toen een paar paarden door de beek plonsden, recht tegen de oever opklommen en door het struikgewas naar de plek stormden waar Fred stond. Ze kwamen recht op hem af.

Hij kon nergens heen, want we hadden onze paarden een kwart mijl verderop vastgebonden, en ze kwamen juist uit die richting, wat betekent dat ze onze rijdieren toch al hadden gevonden. Ik had net genoeg tijd om diep in de struiken te duiken voordat ze tegen de oever opklotsten en naar Fred reden. Hij stond daar te glimlachen, met al zijn wapens maar zonder getrokken zevenschotspistolen. Het enige pistool dat hij in zijn hand had was dat kleinwildgeweer, en dat was leeggeschoten.

Razendsnel klotsten ze tegen de oever op en naar hem toe. Ze waren misschien met z'n achten, redshirts, en vooraan reed dominee Martin, de kerel tegen wie Fred destijds in het kamp van de Ouwe zijn wapens had getrokken.

Nou was Fred wel traag van begrip maar niet helemaal gek. Hij kon overleven in de bossen en een heleboel dingen in het buitenleven. Maar hij was geen snelle denker, want anders had hij zijn blaffer getrokken. Maar een paar gedachten tegelijk was meer dan hij aankon. Bovendien herkende hij de dominee eerst niet. Dat kwam hem duur te staan.

De dominee reed met aan weerszijden twee mannen die revolvers droegen en de anderen, achter hem, waren zwaarbewapend. De dominee zelf droeg twee exemplaren met een parelmoeren kolf aan zijn riem, die hij waarschijnlijk had gestolen van een dode free stater, want die dingen had hij voordien niet gehad.

Hij reed tot vlak voor Fred terwijl zijn mannen om Fred heen gingen staan en zijn ontsnappingsweg afsneden.

Nog steeds vatte Fred het niet. Fred zei: 'Goeiemorgen.' Hij glimlachte. Dat was zijn aard.

'Goeiemorgen,' zei de dominee.

Toen riep Freds geest zichzelf tot de orde. Je kon zijn hoofd opzij zien hellen, daarbinnen zoemde wat. Hij keek strak naar de dominee. Probeerde erachter te komen of hij hem kende.

Hij zei: 'Ik ken u...' En razendsnel, zonder een woord te zeggen, trok de dominee, zittend boven op zijn paard, zijn blaffer en trof hem. Schoot Fred recht in de borst, besmeerde hem met lood en buskruit, en de gezegende God, de grond, ving hem op. Fred bewoog een paar keer krampachtig en blies zijn laatste adem uit.

'Dat zal je leren je wapens te trekken tegen mij, jij driedubbel-overgehaalde stommeling, jij nikkerminnende paardendief,' zei de dominee. Hij kwam van zijn paard en pakte alle vuurwapens die Fred droeg, tot het laatste toe. Hij draaide zich om naar de anderen. 'Ik heb me daar een van de jongens van Brown te grazen genomen,' zei hij trots. 'De grootste nog wel.'

Toen wierp hij een blik op de bossen om zich heen, waar ik verstopt zat. Ik verroerde me niet. Geen centimeter. Hij wist dat ik vlakbij was.

'Zoek de tweede ruiter,' blafte hij. 'Er waren twee paarden.'

Toen verhief een andere kerel zijn stem, een kerel op een paard achter de dominee. 'U had hem niet zo koelbloedig neer hoeven schieten,' zei hij.

Dominee Martin draaide zich om naar de man. Het was de kerel die mij even eerder had gevangen in de bossen. Hij hield nog steeds mijn kleinwildgeweer in zijn hand en was niet met de situatie ingenomen.

'Hij zou me met gelijke munt hebben terugbetaald,' zei de dominee.

'We hadden hem kunnen uitwisselen voor een van de onzen,' zei de kerel.

'Wil je gevangenen uitwisselen of oorlog voeren?' vroeg de dominee.

'Hij had me een uur geleden kunnen doorzeven bij de beek daar en hij heeft het niet gedaan,' zei de man.

'Hij was een free stater!'

'Kan me geen reet schelen, al was hij George Washington. De man nam je niet onder schot en hij is dooier dan een knolraap. Je zei dat je op zoek was naar een veedief en nikkerdieven. Hij is geen veedief. En de nikker die hij had was niemands nikker voor zover ik weet. Onder wat voor oorlogregels vechten we hier?'

Dat was het begin van onderlinge bonje, waarbij een aantal de kant kozen van deze kerel en anderen die van de dominee. Er gingen een paar minuten voorbij met dat gebekvecht, en tegen de tijd dat ze klaar waren had de schemer ingezet. Ten slotte zei dominee Martin: 'Brown blijft niet stilzitten als hij erachter komt dat zijn zoon hier dood ligt. Willen jullie wachten tot hij komt?' Dat werkte. Dat bracht ze allen tot zwijgen, want ze wisten dat het hele geval gevolgen zou hebben. Ze vertrokken op hun paarden zonder nog één woord te spreken.

Ik liep in de schemer naar de open plek en bleef in de groeiende duisternis een hele poos staan kijken naar mijn ouwe vriend. Zijn gezicht was duidelijk te zien. Hij had nog steeds een glimlachje op zijn gezicht. Ik kan niet zeggen of zijn bijgeloof over die lieveheersvogel hem de das had omgedaan of niet, maar ik voelde me diep ongelukkig, terwijl ik daar stond met die stomme vogel in mijn hand. Ik vroeg me af of ik moest gaan ronddwalen om ergens een schop te halen en dan Fred en de vogel samen moest begraven, omdat hij hem een engel noemde en zo, maar ik liet dat idee los en besloot in plaats daarvan weg te lopen. Niks van dat leven van vrij zijn en strijd tegen de slavernij was hoe ik ooit had gedacht dat het was. Ik zat onvoorstelbaar in mijn maag met de situatie. Wist niet wat ik moest doen. De gedachte om snel weer naar huis te gaan, naar Dutch, en te proberen het op te lossen, dat had er ook mee te maken, moet ik eerlijk zeggen, en ik was van plan dat te doen, want Dutch was de enige die ik kende behalve de Ouwe. Maar eerlijk gezegd was ik kapot door de hele situatie, dat ik rondrende als een meisje en niet wist wat ik moest doen. Ik kon niks bedenken om te doen op dat moment, en zoals meestal maakte de hele zaak me alleen maar doodmoe. Dus ik ging naast Fred op de grond zitten en rolde me op tot een bal en viel naast hem in slaap, met die lieveheersvogel in mijn handen. En zo vond de Ouwe me de volgende dag.

9 EEN TEKEN VAN GOD

Ik werd wakker met het geluid van geschutvuur, de Ouwe stond voor me. 'Wat is er gebeurd, Sjalotje?'

Ik legde de lieveheersvogel voorzichtig op Freds borst en vertelde hem wie het had gedaan. Hij luisterde, met een grimmig gezicht. Achter hem was het gedreun van geweervuur en artilleriekanonnen te horen en vlak over zijn hoofd vlogen kartetskogels door het bos. Ik en Fred hadden rondgelopen vlak bij Osawatomie, en het gevecht waar Weiner en de anderen zich in hadden gestort had zich zo ontwikkeld als Weiner had voorspeld, dat wil zeggen, het was uit de hand gelopen. De mannen lagen voorover op hun paard terwijl de kartetskogels hun om de oren vlogen, maar geen van hen kwam van zijn paard terwijl de Ouwe over me heen gebogen stond. Ik zag dat Jason en John er ook bij waren, maar niemand legde uit hoe ze daar kwamen en waarom de Ouwe niet in de federalistische gevangenis zat. Ze waren allemaal verhit, staarden naar Fred, vooral zijn broers. Hij droeg nog steeds zijn hoedje en de lieveheersvogel was nu neergestreken op zijn borst, waar ik hem had neergelegd.

'Gaat u de dominee opzoeken?' vroeg ik.

'Hoeft niet,' zei de Ouwe. 'Hij heeft ons gevonden. Blijf bij Fred tot we terug zijn.' Hij klom op zijn paard en knikte naar het strijdrumoer. 'Laten we gaan!'

Ze stormden naar Osawatomie. De stad lag niet ver weg en ik liep een stukje door de bossen naar een hoge heuvel, waar ik kon zien hoe de Ouwe en zijn mannen de kronkelende Trail volgden die naar de rivier en de stad aan de overkant leidde. Ik wou niet aldoor bij Fred en die dooie vogel zitten, die de dodenslaap sliepen, en er was trouwens toch niks dat ik tegen hem kon zeggen.

Vanwaar ik stond, kon ik de stad zien. Op de brug over de Marais des Cygnes naar Osawatomie wemelde het van de rebellen, die twee kanonnen naar de overkant hadden gesleept. Het eerste kanon stond een paar honderd meter verderop, stroomafwaarts, naast een met gras begroeide richel, op een plek waar je door het water kon waden. Verschillende free staters vuurden aan onze kant in een poging daar te komen, maar rebellen aan de andere kant hielden ze op afstand, en telkens als een groep free staters dichtbij kwam, zorgde dat kanon voor opruiming.

De Ouwe en zijn zoons vlogen dwars door ze heen en stormden als wildemannen de heuvel af en het ondiepe water in. Schietend kwamen ze aan de overkant en joegen alsof het niks was de rebellen op de andere oever uit mekaar.

Dit gevecht was heviger dan bij Black Jack. Er heerste paniek in de stad, vrouwen en kinderen liepen alle kanten op. De ruiters van de dominee hadden verschillende huizen in brand gestoken en verschillende hoevebewoners probeerden wanhopig de branden te blussen. Ze werden beschoten door de mannen van de dominee, wat de bewoners soms veel moeite bespaarde omdat ze doodgeschoten waren. Alles bij mekaar waren de free staters in de stad slecht georganiseerd. Het tweede kanon van de lui uit Missouri stond aan de andere kant van de stad te dreunen, en tussen het ene dat stond te knallen aan de ene kant van de stad, en het andere dat stond te knallen op de rivieroever, ruimden ze de free staters uit de weg.

De Ouwe en zijn mannen kwamen in het wilde weg schietend het water uit stormen en sloegen rechts af naar het eerste kanon, dat stroomafwaarts stond. De free staters die door dat kanon niet konden oversteken, vatten moed toen het leger van de Ouwe verscheen en renden langs ze heen om de oever in bezit te nemen, maar de rebellen achter het kanon hielden stand. De mannen van de Ouwe hakten en schoten zich een weg tot halverwege het kanon dat naast de beek stond op een plek waar die een wal vormde. Ze drongen de vijand achteruit, maar er kwamen meer bereden vijanden aan, die afstegen, zich hergroepeerden en het kanon in hun richting draaiden. Het ding vuurde een dodelijk schot af en maakte een definitief einde aan de charge van de Ouwe. De kartetskogels vlogen fluitend de bomen in en maaiden verschillende free staters neer, die van de oever in de beek vielen en niet meer opstonden. De Ouwe toog opnieuw ten aanval, maar het volgende salvo van het kanon drong de Ouwe en zijn mannen weer achteruit, waarbij ditmaal verschillende mannen halverwege op de rivieroever vielen. En ditmaal sprongen de rebellen weg vanachter het kanon en voerden zelf een aanval uit.

De mannen van de Ouwe hadden minder schotkracht en zijn jongens vielen verder terug naar de wal, hadden de beek nou pal in hun rug, en geen plaats meer om zich verder terug te trekken. Er stond een rij bomen daar op de oever, en hij schreeuwde snel naar zijn kerels om een rij te vormen, wat ze deden, net toen de rebellen nogmaals losstormden op de rivieroever.

Ik weet niet hoe ze het hielden. De Ouwe was verbeten. De free staters waren sterk in de minderheid, maar ze hielden vol totdat ze aan dezelfde kant van het water in de rug werden aangevallen door een tweede groep rebellen. Een paar van de groep van de Ouwe draaiden zich om en probeerden zich te verdedigen terwijl de Ouwe zijn jongens op die rij hield en zijn mannen aanspoorde. 'Houwen, mannen. Rustig blijven. Laag richten. Geen munitie verspillen.' Hij liep heen en weer langs de rij en riep aanwijzingen terwijl kogels en kanonschoten de bladeren en takken van de bomen om hem heen rukten.

De free staters achter hem, die probeerden de rebellen aan die kant tegen te houwen, gingen er ten slotte vandoor, waadden constant beschoten door de rivier, waar een paar hun laatste adem uitbliezen. De vijand was simpelweg te talrijk. De mogelijkheid om compleet terug te trekken was nu afgesneden, de Ouwe werd van twee kanten belaagd, het kanon spuwde kartetskogels op hem af en aan de andere kant sloten rebellen hen in, terwijl achter hem de beek lag. Hij ging het niet redden. Hij werd verslagen, maar zou niet opgeven. Hij hield zijn mannen daar.

Scheldend en tierend stopten de lui uit Missouri even om hun kanon dichterbij te zetten, enkelen werden geraakt door de mannen van de Ouwe. Maar ze stelden het weer op binnen pakweg vijftig meter van de rij mannen van de Ouwe en schoten een groot gat in de rij, waarbij een aantal mannen in het water terechtkwam. Pas toen gaf hij op. Hij kon niet meer. Hij schreeuwde: 'Terug over de rivier!' Dat hoefde hij de mannen niet twee keer te zeggen, ze klauterden er snel vandoor, maar hij niet. Hij stond, reuzegroot, te vuren en te herladen totdat de laatste man weg was van de rij bomen, liep toen zelf naar de oever en waadde naar de overkant. Owen was de laatste voor hem, en toen hij op de oever stond en zijn vader miste, kwam hij terug en riep: 'Kom, vader!'

De Ouwe wist dat hij was verslagen, maar kon het niet uitstaan. Hij perste nog een schot uit zijn zevenschotspistool, draaide zich om en toen hij weg wou hollen kwam er een kanonsalvo door de rij bomen en werd hij geraakt. Met een kogel in zijn rug ging hij neer als een lappenpop, viel finaal van de wal af en lag weer op de oever. Rolde van de wal naar de rivieroever en bewoog niet meer. Afgelopen.

Dood.

Maar hij was niet dood, alleen maar verbijsterd, want die kogel was uitgeraasd voordat hij bij hem was, doorboorde zijn jas en drong in de huid van zijn rug maar was toen zijn kracht verloren. De huid van de Ouwe was dikker dan een muilezelkont, en die kogel zorgde wel voor bloed, maar kwam niet ver. Razendsnel sprong hij op, maar toen ze hem van die wal in het water zagen vallen begonnen de lui uit Missouri boven op de oever te juichen, ze roken bloed, maar konden hem niet zien aan de waterrand, en toen er een paar achter hem aan omlaag op de oever sprongen, stond de Ouwe ze op te wachten met dat zevenschotspistool, dat nog steeds droog en geladen was. Hij schoot een slaghoedje in het gezicht van de eerste man, sloeg de tweede met de kolf van datzelfde ding de schedel in – dat pistool is zwaar als de duvel – en stuurde een derde zonder enige moeite met zijn slagzwaard naar zijn Schepper. Een vierde kerel liep naar hem toe, en toen de arme stakker over de wal kwam en zag dat de Ouwe nog in leven was, probeerde hij te stoppen en terug in veiligheid te klauteren. Maar Owen was teruggekrabbeld naar de oever om zijn vader te helpen, nam hem onder vuur en blies zijn levenslicht uit.

Toen de free staters die aan de overkant van de rivier een goed heenkomen hadden gezocht, zagen dat zij er met z'n tweeën zo stevig tegenaan gingen en de van alle kanten aanvallende rebellen afsloegen, ontlokte ze dat een hele lading gevloek en getier; ze losten een aantal salvo's op de andere aanvallers uit Missouri, die boven op de wal in de buurt van de bomenrij stonden. De rebellen verspreidden zich en vielen terug. Zo kregen de Ouwe en Owen tijd om over de rivier te komen.

Ik had nog nooit gezien dat de Ouwe zich terugtrok. Hij zag er vreemd uit zoals hij naar de overkant van de rivier waadde, met die brede strohoed op en katoenen stofjas aan, en die jaspanden die achter hem opzwiepten; zijn armen hield hij breeduit boven het water, met in beide handen een revolver. Hij klom tegen de andere oever op, was nou buiten bereik van de rebellen, klom op zijn paard en liet het tegen de oever opklauteren naar waar ik was, gevolgd door de andere mannen, die allemaal bij me kwamen op de heuvel.

Vanaf die heuvel kon je Osawatomie duidelijk zien, de stad lag fel brandend in de middagzon, alle huizen brandden tot op de grond af, en elke free stater die dom genoeg was om daar rond te hangen en te proberen het vuur dat zijn huis verteerde te blussen werd neergeschoten door dominee Martin en zijn mannen, die dronken waren, luid lachten en uitbundig feest vierden. Ze hadden de Ouwe verslagen en schreeuwden het uit door heel Osawatomie, sommigen riepen dat hij dood was en beweerden daar verantwoordelijk voor te zijn, joelend dat ze zijn huis tot de grond toe hadden afgebrand, wat ze ook hadden gedaan.

De meeste van de andere overlevende free staters hadden de kuierlatten genomen toen ze eenmaal aan onze kant van de beek waren gekomen. Alleen de Ouwe en zijn zoons bleven bij ons staan kijken naar de rebellen die hun overwinning vierden: Jason, John, Salmon, de twee jongsten, Watson en Oliver, die bij ons waren gekomen, Owen natuurlijk, allemaal keken ze zittend op hun rijdier boos naar de stad, want ook hun huizen brandden af.

Maar de Ouwe keek niet eenmaal om. Toen hij bij de heuvel

kwam, liet hij zijn paard langzaam teruglopen naar Frederick en stapte af. De anderen volgden zijn voorbeeld.

Fred lag waar we hem hadden achterlaten, zijn hoedje boven op zijn hoofd, de lieveheersvogel op zijn borst. De Ouwe stond over hem heen gebogen.

'Ik had uit mijn schuilplaats moeten komen om hem te helpen,' zei ik, 'maar ik weet niet hoe je moet schieten.'

'En je zou niet moeten schieten,' zei de Ouwe. 'Want je ben een meisje dat binnenkort een vrouw zal zijn. Je was een goeie vriendin van Fred. Hij was dol op je. En daarvoor ben ik je dankbaar, Sjalotje.'

Maar hij had net zo goed tegen een gat in de grond kunnen spreken, want zelfs terwijl hij praatte was hij met zijn gedachten elders. Hij knielde neer boven Fred. Hij keek een poos naar hem, en even werden die ouwe grijze ogen zachter en leek het of er duizend jaren over het gezicht van de Ouwe stroomden. Hij zuchtte, nam voorzichtig Freds hoedje van zijn hoofd, trok een veer uit de lieveheersvogel en stond op. Hij draaide zich om en keek grimmig naar de stad, die brandde in de middagzon. Hij kon alles duidelijk zien, de rook die omhoog kringelde, de vluchtende free staters, de rebellen die hen joelend en schreeuwend onder vuur namen.

'God ziet het,' zei hij.

Jason kwam naar hem toe. 'Vader, laten we Frederick begraven en de strijd overlaten aan de federalisten. Ze zullen hier gauw genoeg zijn. Ik wil niet meer vechten. Mijn broers en ik hebben er genoeg van. Ons besluit staat vast.'

De Ouwe zweeg. Hij betastte Freds hoedje en keek naar zijn zoons.

'Is dat zoals jij het wilt, Owen?'

Owen, boven op zijn paard zittend, keek een andere kant op.

'En Salmon. En John?'

Zes van zijn zoons waren er: Salmon, John, Jason, Owen en de jongsten, Watson en Oliver, plus hun familieleden, de broers Thompson, twee van hen. Ze hielden allemaal de ogen neergeslagen. Ze waren uitgeteld. Niet een van hen sprak. Zei wat.

'Neem Sjalotje mee,' zei hij. Hij gooide Freds hoedje in zijn zadeltas en maakte aanstalten op zijn paard te klimmen.

'We hebben genoeg gedaan voor de goeie zaak, vader,' zei Jason. 'Blijf bij ons en help ons de huizen weer opbouwen. De federalisten zullen dominee Martin vinden. Ze vangen hem en gooien hem in de gevangenis, berechten hem voor het vermoorden van Fred.'

De Ouwe negeerde hem, klom op zijn paard en keek toen uit over het land voor hem. Hij leek met zijn gedachten ergens anders. 'Dit is prachtig land,' zei hij. Hij hield de veer van de lieveheersvogel omhoog. 'En dit is het prachtige voorteken dat Frederick heeft achtergelaten. Een teken van God.' Hij stak de veer in zijn verweerde, versleten strohoed. De veer stak recht de lucht in. De Ouwe zag er belachelijk uit.

'Vader, je luistert niet naar me,' zei Jason. 'We zijn het beu! Blijf bij ons. Help ons heropbouwen.'

De Ouwe rekte zijn lippen op een krankjorume manier uit. Het was geen echte glimlach, maar een zo goed mogelijke benadering. Had hem nog nooit zo door en door zien glimlachen. Het paste niet bij zijn gezicht. Het horizontale uitrekken van die rimpels gaf de indruk dat hij knettergek was. Alsof zijn pinda helemaal uit de dop was komen piepen. Hij was drijfnat. Zijn jas en broek, altijd al bezaaid met gaten, waren een en al flarden en scheuren. Op zijn rug zat een beetje bloed waar die kartetskogel hem had getroffen. Hij besteedde er geen aandacht aan. 'Ik heb maar een korte tijd van leven,' zei hij, 'en ik zal vechtend voor deze zaak sterven. Er zal geen vrede meer in dit land zijn totdat de slavernij voorbij is. Ik zal die slavenhouders wat geven om over na te denken. Ik zal deze oorlog overbrengen naar Afrika. Blijf hier als je wil. Als je geluk heb, vind je een zaak die de moeite waard is om voor te sterven. Zelfs de rebellen hebben dat.'

Hij keerde zijn paard. 'Ik moet bidden en me persoonlijk vermengelen met de Grote Vader der Rechtvaardigheid Wiens bloed ons bloed is. Begraaf Fred goed. En zorg voor Sjalotje.'

Daarna draaide hij zich om in het zadel en reed weg naar het oosten. Ik zou hem twee jaar lang niet meer zien.

DEEL II
DADEN IN SLAVERNIJ
(MISSOURI)

10 EEN ECHTE REVOLVERHELD

Nog geen twee minuten na het vertrek van de Ouwe begonnen de broers te kibbelen. Ze stopten lang genoeg met ruziemaken om Frederick te begraven boven op een heuvel vanwaar je neerkeek op de stad aan de overkant van de rivier, plukten een paar veren van zijn lieveheersvogel en deelden ze uit aan ieder van ons. Toen ruzieden ze onderling nog wat door over wie het een of ander had gezegd, en wie wie had neergeschoten en wat er nou diende te gebeuren. Er werd besloten dat ze zouwen opsplitsen en dat ik aan Owen zou worden gekoppeld, al stond Owen niet te juichen bij dat idee. 'Ik ga naar Iowa om een jongedame het hof te maken en kan me niet snel verplaatsen met Sjalot bij me.'

'Dat zei je niet toen je haar ontvoerde,' zei Jason.

'Het was een idee van vader om een meisje op sleeptouw te nemen!'

Zo ging het nog wat door, puur gedoe. Ze hadden geen duidelijke leider als de Ouwe eenmaal weg was. Nikker Bob stond erbij terwijl ze ruzie maakten. Hij was weggelopen en straal verdwenen bij al die vechtpartijen, die nikker had daar een handje van, maar nou het schieten stopte, kwam hij weer opdagen. Waar hij heen ging was het niet goed of veilig genoeg, denk ik. Hij stond achter de broers, die hun robbertje knokten. Toen hij hoorde dat ze zich druk maakten over mij, suggereerde hij: 'Ik zal Sjalot naar Tabor rijen.'

Ik stond niet te popelen om met Bob nergens heen te rijen want het kwam door zijn doordrammen dat ik nou nog aldoor voor meisje moest spelen bij de blankers. Bovendien was Bob geen schutter en Owen wel. Ik was lang genoeg op de prairie om te weten dat het een slok op een borrel scheelt om een schutter in de buurt te hebben. Maar ik zei niks.

'Wat weet jij over meisjes?' vroeg Owen.

'Genoeg,' zei Bob, 'want ik heb er zelf een paar gehad, en ik kan makkelijk zorgen voor Sjalot als je dat wil. Ik kan toch niet terug naar Palmyra.'

Daar had hij gelijk in, want hij was gestolen bezit en besmette koopwaar, hoe je het mes ook keert. Niemand zou hem niet geloven als hij vertelde over zijn tijd bij John Brown, los van of hij nou echt had gevochten voor de Ouwe of niet. Hij zou waarschijnlijk worden verkocht naar New Orleans als alles onder de pro slavers ging zoals hij had verteld, dat blankers die vonden dat een slaaf die van de vrijheid had geproefd geen dubbeltje waard was.

Owen sputterde een paar minuten tegen maar zei uiteindelijk: 'Goed. Ik neem jullie allebei mee. Maar ik ga eerst de rivier over om eerst te kijken wat er te redden valt van mijn concessie. Wacht hier. We vertrekken zodra ik terug ben.' Hij vuurde zijn paard aan en reed recht het kreupelhout in.

Tuurlijk vonden ook zijn broers stuk voor stuk dat ze moesten gaan kijken wat ze konden redden van hun concessie, en ze reden achter hem aan. John jr. was de oudste van de zoons van de Ouwe, maar Owen leek meer op de Ouwe, en als de rest vertrok was dat aan de hand van zijn ideeën. Dus Jason, John, Watson en Oliver, en ook Salmon, die allemaal verschillend dachten over het bestrijden van de slavernij, hoewel ze er allemaal tegen waren, reden achter hem aan. Ze reden weg, zeien tegen mij en Bob dat we moesten wachten en uitkijken over de rivier en een waarschuwing brullen als ik rebellen zag.

Ik wou dat niet doen, maar het leek of het gevaar voorbij was. Bovendien gaf het me enige troost in de buurt te zijn van waar Fred sliep. Dus ik zei dat ik geheid hard en duidelijk zou roepen.

Het was inmiddels middag en vanaf de heuvel waar we zaten konden Bob en ik duidelijk over de Marais des Cygnes tot in Osawatomie kijken. De rebellen hadden voor het merendeel de benen genomen en de laatste plunderaars hadden haastig de stad verlaten, gierend en roepend en met in hun oren het gefluit van een paar kogels van een paar vroege free staters die waren begonnen hun weg terug te zoeken over de rivier. De strijdlust was bij iedereen grotendeels verdwenen.

De broers namen het houthakkerspad dat in een lus eventjes uit het zicht verdween, op weg naar het ondiepe deel van de rivier om naar de overkant te waden. Vanaf waar ik stond kon ik de oever zien, maar toen ik een aantal lange minuten op de heuvel voorovergebogen had staan turen of ze de rivier overstaken, zag ik ze nog steeds niet aan de overkant aankomen.

'Wat zijn ze van plan?' vroeg ik. Ik draaide me om maar Bob was verdwenen. De Ouwe had altijd wel ergens een paar gestolen paarden-wagens vastgebonden staan en na elk vuurgevecht slingerden er wel allerlei voorwerpen rond als mensen haastig wegdoken voor lood. Toevallig stonden er een ouwe vette muilezel en een huifkar bij de gestolen buit in het struikgewas vlak achter de open plek waar we waren. Bob was inmiddels terug, hij groef haastig naar touwen en leidsels achter in de kar. Hij smakte de touwen op de muilezel, spande hem voor de kar, wipte op de bok en vuurde het beest aan.

'Kom, op pad,' zei hij.

'Wat?'

'Kom, weg.'

'En Owen dan? Hij zei dat we moesten wachten.'

'Vergeet hem. Dit gaat alleen blankers aan.'

'En Frederick dan?'

'Wat is er met hem?'

'Dominee Martin heeft hem doodgeschoten. In koelen bloede. Dat moeten we rechttrekken.'

'Dat kan je proberen als je wil, maar dat zal je niet goed lukken. Ik ben weg.'

Nauwelijks had hij die woorden gezegd of uit de richting waarin de broers waren verdwenen klonken schoten en kreten, waarna er door het struikgewas twee rebellen te paard en in rode shirts de open plek opkwamen, die rond de lange bomenrij reden en recht op ons afkwamen.

Bob sprong van de bok en begon aan de muilezel te trekken. 'Haal die muts strak over je hoofdje,' zei hij. Net had ik dat gedaan toen de redshirts over de open plek reden, ons tussen de lage bomen zagen, en op ons los stormden.

Het waren allebei jonge kerels, in de twintig, met schietklare Colts, en een van de twee trok een muilezel achter zijn paard aan, beladen met jutezakken. De andere kerel leek de baas. Hij was klein en mager, had een smal gezicht en een paar sigaren in zijn borstzak. De kerel die de muilezel voorttrok was ouwer en had een hard, vaalgeel gezicht. Beider paarden waren beladen met goederen als dikke vetrollen, met zakken barstensvol buit uit de stad.

Bob tikte bevend tegen zijn hoed naar de baas. 'Goeiemorgen, meneer.'

'Waar ga jij heen?' vroeg de aanvoerder.

'Nou ik breng de juffrouw hier naar het Lawrence Hotel,' aldus Bob.

'Heb je papieren?'

'Jazeker wel, de juffrouw hier die heeft papieren,' zei Bob. Hij keek naar mij.

Ik kon niks uitleggen en had helemaal geen papier. Ik zat klem. Die verdomde idioot bracht me in de penarie. O, ik stotterde en loeide als een gewond kalf. Ik speelde het zo goed ik kon, maar heel goed was het niet. 'Nou, ik heb geen papieren nodig want hij brengt me naar Lawrence,' stamelde ik.

'Brengt die nikker je?' vroeg de aanvoerder, 'of breng jij die nikker mee?'

'Nou ik breng hem mee,' zei ik. 'We komen uit Palmyra en reden door dit gebied. Maar het was me nogal een toestand met al dat schieten, dus ik liet hem deze weg nemen.'

De baas kwam op zijn paard vlak bij me staan en keek aandachtig. Hij was een volwassen, goed uitziende snuiter en had donkere ogen met een woeste blik. Hij stak een sigaar in zijn mond en kauwde erop. Toen hij zijn paard om me heen liet klipkloppen, rond me draaide, rammelde het als een drumband. Het gevlekte dier was zo zwaarbeladen dat ik medelijden kreeg. Het leek op het punt te staan voorgoed de ogen te sluiten. Het beest droeg de inboedel van een heel huis: potten en pannen, ketels, fluitjes, kruiken, een minipiano, appelschillertjes, tonnen, stoffen, conservenblikken en blikken trommels. De ouwere kerel achter hem met de muilezel had nog twee keer zo veel rommel. Hij had het nerveuze, onbehouwen uiterlijk van een revolverheld en had zijn mond niet opengedaan.

'Wat ben jij?' vroeg de aanvoerder. 'Ben je voor een deel nikker of gewoon een blank meisje met een vies gezicht?'

Ja, ik was pure nep, met die muts en in die jurk. Maar tegen die tijd had ik wel wat ervaring in het meisje-zijn, omdat ik dat al een paar maanden deed. Ik kneep hem trouwens voor mijn kont, en daardoor krijg je al snel meer lef als je in een lastig parket zit. Hij wierp me een bot toe en ik pakte het op. Ik graaide al m'n moed bijeen en zei zo trots ik kon: 'Ik ben Henrietta Shackleford en u moet niet over mij praten alsof ik een volbloed nikker ben, want ik ben maar half een nikker en helemaal alleen op deze wereld. Het beste deel van mij is zowat net zo blank als u, meneer. Ik weet gewoon niet waar ik hoor, zo'n treurige mulat als ik en zo.' Toen barstte ik in tranen uit.

Dat geboehoe roerde hem. Hij hing! Hij viel steil achterover! Zijn gezicht kreeg zachtere trekken, hij mepte zijn Colt op zijn slaapplek, knikte naar de andere kerel en zei hem hetzelfde te doen.

'Des te meer reden om die free staters dit land uit te jagen' zei hij. 'Ik ben Chase.' Hij gebaarde naar zijn partner. 'En dat is Randy.'

Ik groette ze.

'Waar is je moeder?'

'Dood.'

'Waar is je vader?'

'Dood. Dood, dood, dood. Allemaal dood.' Ik boehoede weer.

Hij stond toe te kijken. Dat bracht hem nog wat meer van de wijs. 'Stop in godsnaam met huilen en je krijgt een pepermuntje van me,' zei hij.

Ik stond daar te snotteren terwijl hij zijn hand in een van die zakken op zijn paard stak en een snoepje naar me gooide. Dat liet ik zonder aarzeling achter me kiezen glijden. Het was de eerste keer dat ik zoiets proefde, en bij god, de explosie in mijn mond was heerlijker dan u zich kan voorstellen. Snoep was ongewoon in die dagen.

Hij zag hoe sterk het werkte en zei: 'Ik heb daar nog veel meer van, juffrouwtje. Wat heb u te doen in Lawrence?'

Hij had me tuk. Ik had niks te doen in Lawrence, en ik kende Lawrence voor geen centimeter. Dus ik begon me te verslikken en te trillen vanwege dat snoepje om mezelf een minuutje bedenktijd te geven, reden voor Chase om van zijn paard te springen en me op mijn rug te kloppen, maar ook dat werkte niet, want hij sloeg me zo hard dat het snoepje uit mijn mond vloog en in het stof viel, en dat gaf me een reden om te doen alsof ik dat jammer vond, wat in het echt ook zo was, dus ik balkte nog een beetje door, maar ditmaal was hij niet geroerd, want we keken allebei naar het snoepje op de grond. Volgens mij probeerden we allebei een goeie manier te bedenken om het op te rapen, schoon te maken en op te eten zoals het hoort te worden gegeten. Na pakweg een minuut had ik nog steeds niks bedacht.

'Nou?' vroeg hij.

Ik wierp een blik op het struikgewas, in de hoop dat Owen terugkwam. Nooit verlangde ik zo naar zijn zure gezicht. Maar ik hoorde schoten komen uit de bossen waar hij en zijn broers heen waren gegaan, dus ik kreeg het idee dat ze met hun eigen problemen zaten. Ik was alleen.

Ik zei: 'Mijn vader heeft me deze armzalige nikker Bob nagelaten, en ik heb hem gezegd me naar Lawrence te brengen. Maar hij begon me zo veel problemen te geven...'

Mijn god, waarom deed ik dat? Chase trok zijn blaffer weer en stak hem in Bobs gezicht. 'Ik sla deze nikker scheel als hij je problemen geeft.'

Bobs ogen werden zo groot als zilveren dollars.

'Nee, meneer, dat is het niet,' zei ik haastig. 'Deze nikker is eigenlijk een hulp voor mij geweest. Het zou me erg spijten als u hem pijn deed, want hij is het enige wat ik heb in deze wereld.'

'Goed dan,' zei Chase, en stak zijn revolver in het holster. 'Maar wak vragen wou, schatje. Hoe kan een halve nikker een hele nikker bezitten?'

'Er is eerlijk en echt voor betaald,' zei ik. 'Doen ze in Illinois altijd.'

'Ik dacht dat je zei dat je uit Palmyra kwam,' zei Chase.
'Via Illinois.'
'Is dat geen free state?' vroeg Chase.
'Niet voor ons rebellen,' zei ik.
'Welke stad in Illinois?'
Nou sting ik met me mond vol tanden. Ik wis amper het verschil tussen Illinois en een ezelkont. Ik kon geen stad daar bedenken om mijn leven te redden, dus ik bedacht iets dat ik de Ouwe vaak had horen zeggen.
'Louteringsberg,' zei ik.
'Louteringsberg?' lachte Chase. Hij keek naar Randy. 'Goeie naam voor een yankeestad, vin je niet, Randy?'
Randy keek hem strak aan en zei geen normaal woord. Die man was gevaarlijk.
Chase keek rond en zag het graf van Frederick waar we hem hadden begraven.
'Wie is dat?'
'Weet ik niet. We zaten verstopt in dit struikgewas toen de free staters hier rondsnuffelden. Ik hoorde ze zeggen dat het een van hen was.'
Chase dacht diep na over het graf. 'Het is een vers graf. We zouwen moeten zien of degene die daar ligt laarzen aanheeft,' zei hij.
Nou was ik van streek, want het laatste wat ik wou was dat ze Frederick opgroeven en gingen zitten snuffelen in zijn dingen. Ik kon die gedachte niet verdragen, dus zei ik: 'Ik hoorde ze zeggen dat zijn gezicht finaal kapot was geschoten, één grote brij.'
'Jezus,' mompelde Chase. Hij liep weg van het graf. 'Die verdomde yanks. Nou, je hoeft nou niet bang meer te wezen, engeltje. Chase Armstrong heeft ze afgeslagen! Wil je met ons mee?'
'We gaan naar het Lawrence Hotel om een baan te krijgen, en Bob is mijn hulpje. We werden belaagd, ziet u, toen jullie tekeergingen tegen die vervloekte free staters. Maar dankzij u is het gevaar geweken. Dus ik denk dat we nu maar gaan.'
Ik gebaarde naar Bob om de muilezel aan te vuren maar Chase zei: 'Wacht nou even. Wij gaan naar Pikesville, Missouri. Dat is

ongeveer jullie richting. Waarom gaan jullie niet met ons mee?'
'We redden het wel.'
'Deze paden zijn gevaarlijk.'
'Valt best mee.'
'Volgens mij zijn ze erg genoeg om niet alleen te rijen,' zei hij. Het klonk niet uitnodigend zoals hij het zei.
'Bob hier is ziek,' zei ik. 'Hij heeft koorts. Dat is besmettelijk.'
'Des te meer reden om met ons mee te rijden. Ik ken een paar nikkerhandelaren in Pikesville. Een grote nikker als deze brengt mooi wat geld in het laatje, ziek of niet. Paar duizend dollar misschien. Mooi beginnetje voor jou.'
Bob wierp me een woeste blik toe.
'Ik kan dat niet doen,' zei ik, 'want ik heb mijn vader beloofd hem nooit te verkopen.'
Ik gebaarde hem weer om de muilezel aan te sporen, maar ditmaal pakte Chase de leidsels en hield ze stevig vast. 'Wat wacht je in Lawrence? Er zijn alleen free staters daar.'
'Echt waar?'
'Jazeker.'
'Dan gaan we naar de volgende stad.'
Chase grinnikte. 'Rij met ons mee.'
'Ik ga niet die kant op. Bovendien is Old John Brown actief in deze bossen. Ze zijn nog steeds gevaarlijk.'
Ik gebaarde nog een keer naar Bob om de muilezel aan te vuren, maar Chase hield hem strak, en keek vanuit een ooghoek naar mij. Hij was nou ernstig.
'Brown is verleden tijd. De redshirts schieten kapot wat er over is van zijn zoons in de bossen daar. En hij is dood. Met eigen ogen gezien.'
'Dat kan niet!'
'Jwel. Dooier dan het bier van gisteren.'
Ik was geschokt. 'Dat is gemene, rottige... pech!' zei ik.
'Hoe bedoel je?'
'Ik bedoel wat een pech dat... ik hem niet dood heb gezien, hij als bekende outlaw en zo. Zeker dat u hem heb gezien?'

'Hij ligt op ditzelfde moment uren in de wind te stinken, die nikkerdief. Ik heb zelf gezien hoe hij bij de oever kwam en in de Marais des Cygnes viel. Ik wou erheen lopen en hem een kopje kleiner maken, maar...' (hij schraapte zijn keel) '... ik en Randy moesten de flank dekken. Verder was er een ijzerwinkel aan de rand van de stad die dringend een schoonmaakbeurt nodig had, als u begrijpt wat ik bedoel, want die free staters hebben dit spul toch niet nodig...'

Ik wist dat hij het mis had over de plek waar de Ouwe uithing en ik was opgelucht. Maar ik moest ook aan mezelf denken, dus ik zei: 'Ik ben erg blij dat hij er geweest is, want dit gebied is nu veilig voor goeie blankers om vrij en veilig te leven.'

'Maar je ben niet blank.'

'Halfblank. Verder moeten we zorgen voor de niet-blankers hier, want die hebben ons nodig. Nietwaar, Bob?'

Bob keek een andere kant op. Ik wist dat hij boos was.

Volgens mij besloot Chase dat ik blank genoeg was voor hem, want Bobs manier van doen vond hij niet netjes. 'Je ben een roetmop met een zuur gezicht,' bromde hij, 'en ik zou je over de laadboom moeten halen vanwege je houding.' En tegen mij: 'Wat voor werk zoek je in Lawrence dat je zo'n zure nikker meezeult?'

'Mannen een beurt geven is mijn werk,' zei ik trots, want dat kon ik.

Hij schrok op. 'Een beurt geven?'

Nou zou u verwachten dat ik, die was opgegroeid tussen de hoeren en de squaws bij Dutch, wel wist wat 'een beurt geven' kon betekenen. Maar de waarheid is: dat was niet zo.

'Een beurt geven dat kan ik als geen ander. Kan een paar mannen in een uur doen.'

'Is dat veel?'

'Zeker.'

'Ben je niet een beetje jong om een beurt te geven?'

'Nou, ik ben ongeveer twaalf voor zover ik weet, en ik kan even goed een beurt geven als om het even wie,' zei ik.

Zijn houding veranderde totaal. Hij werd beleefd, veegde zijn gezicht af met zijn halsdoek, schudde zijn kleren op en trok zijn haveloze overhemd recht. 'Zou je niet liever wat verdienen met bedienen of wassen?'

'Waarom afwassen als je tien mannen in een uur kan doen?'

Het gezicht van Chase werd bietenrood. Hij stak zijn hand in zijn bagagetas en haalde een whiskyfles tevoorschijn. Hij nam een slok en gaf hem door aan Randy. 'Dat moet zo ongeveer een record zijn,' zei hij. Hij keek vanuit zijn ooghoek naar me. 'Wil je mij niet een keer behandelen?'

'Hier buiten? Op het pad? Het is beter in een warme herberg, waar een fornuis staat te pruttelen om je eten warm te maken, terwijl je wat te brassen en te hijsen heb. Bovendien kan ik tegelijk uw teennagels knippen en uw likdoorns weken. Voeten zijn mijn specialiteit.'

'Ooo, ik voel het in mijn broek,' zei hij. 'Luister, ik ken een gelegenheid daar die geknipt voor jou is. Ik ken een dame die je een baantje zal geven. In Pikesville, niet in Lawrence.'

'Dat is niet onze kant op.'

Voor het eerst deed Randy zijn praatgat open. 'Zeker wel,' zei hij. 'Tenzij je ons voor de gek houdt. Misschien lieg je wel. Want je heb ons geen papieren laten zien... voor jou of voor hem.'

Hij zag er ruw genoeg uit om een lucifer aan zijn gezicht te kunnen afstrijken. Ik had in feite geen keus, hij had me uitgedaagd, dus ik zei: 'U ben geen gentleman, meneer, om een jongedame van mijn achtergrond van leugens te beschuldigen. Maar omdat het gevaarlijk is op dit pad voor een meisje zoals ik, lijk me dat we net zo goed naar Pikesville kunnen gaan als ergens anders. En als ik daar geld kan verdienen met beurten geven zoals u beweert, waarom dan niet?'

Ze droegen Bob op om te helpen bij het afladen van hun paarden en muilezels, en ontdekten toen wat prullaria onder de gestolen goederen die de zoons van de Ouwe hadden achtergelaten. Ze sprongen van hun paard om dat spul te verzamelen.

Toen ze buiten gehoorsafstand waren leunde Bob naar me over vanaf de bok en siste: 'Stuur je leugens een andere kant op.'

'Wat heb ik gedaan?'

'Een beurt geven betekent je pruim verhuren, Henry. Bloemetjes en bijtjes. En zo.'

Toen ze terugkwamen zag ik de glinstering in hun ogen en was ik volkomen van de kaart. Ik had er alles voor over gehad om het zure gezicht te zien van Owen die een aanval ondernam, maar hij kwam niet. Ze bonden hun beesten aan de onze, gooiden wat ze hadden verzameld in de kar, en we reden weg.

11 PIE

We reden een halve dag naar het noordoosten, recht het slavernijdeel van Missouri in. Ik zat achter Bob in de kar en Chase en Randy reden op hun paard achter ons aan. Onderweg was Chase aan één stuk door aan het woord. Hij had het over zijn ma. Had het over zijn pa. Had het over zijn kinderen. Zijn vrouw was een achternicht van zijn pa en daar *had hij het over*. D'r was niks waar hij het niet over leek te willen hebben, voor mij het zoveelste lesje wat het was om meisje te wezen. Mannen kletsen een vrouw de oren van het hoofd over paarden en hun nieuwe laarzen en hun dromen. Maar zet ze in een kamer en laat ze op mekaar los, dan is het een en al geweren, fluimen en tabak wat de klok slaat. En laat ze vooral niet over hun ma beginnen. Chase wou maar niet stoppen, bleef zijn kaken ontwrichten over haar en alle geweldige dingen die ze had gedaan.

Ik liet hem zijn gang gaan, want ik zat meer te piekeren over het onderwerp 'een beurt geven' en wat ik te doen zou krijgen op dat gebied. Na een tijdje klommen ze samen achter op de kar en maakten een fles roggewhisky open, waarna ik automatisch meteen aan het zingen sloeg, alleen maar om die twee van het onderwerp af te houwen. Dris niks waar een rebel zo veel van houdt als van goeie ouwe liedjes, en ik kende er een stel uit mijn tijd bij Dutch. Ze zaten dik tevreden achterin en namen slokjes vloeibare moed terwijl ik zong: 'Maryland, mijn Maryland', 'O moeder ik kom niet meer naar huis' en 'Je paard dat staat in me schuurtje, opa'. Dat hield ze een poosje kalm, maar het werd donker. Gelukkig maakten de glooiende vlaktes en de muggen plaats voor blokhutten en kolonistenhuizen vlak voordat de echte nacht de grote prairiehemel opslokte, en toen kwamen we aan in Pikesville.

Pikesville was in die tijd een primitieve bedoening, een zootje vervallen hutten, keten en kippenhokken, meer niet. De straten waren modder en de hoofdstraat was een en al rotsblokken, stronken en geulen. In de steegjes scharrelden varkens. Os, muilezels en paarden trokken zich een ongeluk om karren vol rommel vooruit te krijgen. Bergen vrachtgoed lagen kriskras in het rond. De meeste hutten waren niet af, sommige hadden geen dak. Andere zagen eruit of ze elk moment in mekaar konden zakken, er hingen ratelslangvellen, buffelhuiden en pelzen te drogen. Er waren drie dranklokalen in de stad, het ene praktisch boven op het andere gebouwd, en op elk verandahek lag een dikke laag tabaksfluimen. De stad was alles bij mekaar één grote puinhoop. Toch was het de indrukwekkendste stad die ik tot dan toe ooit had gezien.

Onze aankomst wekte een heleboel opschudding, want ze hadden geruchten gehoord over het grote vuurgevecht bij Osawatomie. Nauwelijks stonden we stil langs de weg of de kar werd omstuwd. Een ouwe kerel vroeg Chase: 'Klopt het? Is Old John Brown dood?'

'Yes sir,' snoefde Chase.

'Heb jij hem vermoord?'

'Nou, ik schoot gewoon me hele geweer op hem leeg, reken maar…'

'Hoera!' schreeuwden ze. Hij werd van de kar getrokken en kreeg meppen en dreunen op zijn rug. Randy kreeg de pest in en zei geen woord. Ik denk dat hij gezocht werd en dat er ergens een beloning op zijn hoofd stond, want zodra ze Chase schreeuwend van de kar hadden getrokken, glipte Randy op zijn paard, greep zijn pakezel en glipte ervandoor. Ik heb hem nooit meer teruggezien. Maar Chase had veel succes. Ze sleepten hem naar het dichtstbijzijnde dranklokaal, pootten hem neer, pompten hem vol whisky en stonden om hem heen, dronkenlappen, oplichters, gokkers en zakkenrollers, en schreeuwden: 'Hoe hejje dat gefikst?'

'Alles vertellen.'

'Wie schoot eerst?'

Chase schraapte zijn keel. 'Nou, zoals ik al zei, d'r werd een heleboel geschoten…'

'Tuurlijk! Hij was een geschifte moordenaar!'

'Een oplichter!'

'En een paardendief ook! Een laffe yank!'

Meer gelach. Ze zetten hem aan tot liegen. Dat was helemaal zijn bedoeling niet. Maar ze pompten hem zo veel mogelijk vol met drank. Ze kochten de gestolen buit tot de kleinste dingetjes aan toe, hij werd zat, en even later begon hij de zaak vanzelf op te blazen en toen hield het niet meer op. Zijn verhaal veranderde van het ene glas naar het volgende. Het groeide tijdens het vertellen. Eerst stelde hij dat hij die ouwe vent zelf had neergeschoten. Toen vermoordde hij hem met zijn blote handen. Toen schoot hij hem twee keer neer. Toen stak hij hem dood en sneed hem in stukken. Toen gooide hij zijn lichaam in de rivier, waar de alligators een lekker maaltje hadden aan wat er van hem over was. Hij ging op en neer, heen en weer, de ene kant op en de andere, tot hoog de hemel in. Je zou denken dat het bij een van die lui vroeg of laat wel zou dagen dat hij alles uit zijn duim zoog, de manier waarop zijn verhaal pootjes kreeg. Maar ze waren net zo toeter als hij, als mensen wat willen geloven, is er voor de waarheid geen plaats. Het begon tot me door te dringen dat ze allemachtig bang waren voor Old John Brown; even bang voor de gedachte als voor de Ouwe zelf, vandaar dat ze blij waren te geloven dat hij dood was, ook al zou die kennis maar vijf minuten oud zijn voordat de waarheid hem om zeep hielp.

Bob en ik zaten stil te zwijgen terwijl dat allemaal gebeurde, want ze letten niet op ons, maar telkens als ik opstond om naar de deur te lopen en weg te glippen, werd ik terug naar mijn stoel gejoeld en gefloten. Alle soorten vrouwen en meisjes waren schaars op de prairie, en ook al was ik toegetakeld – mijn jurk helemaal plat, mijn muts gescheurd en mijn haar eronder één grote berg wol – de mannen wouwen het me op alle manieren naar de zin maken. Ze waren erger dan een temeier als het om het vervelende verschijnsel kletsen ging. Ik was verrast door hun opmerkingen want de manschappen van de Ouwe vloekten niet en dronken niet en respecteerden in het algemeen het vrouwelijke ras. Naarmate de avond vorderde, werd er heviger naar mij gejouwd en gejoeld, en Chase werd er wakker van uit zijn verdoving, want het eind van het liedje was dat hij met zijn hoofd op de bar lag, ladderzat en onbekwaam.

Hij stond op van de bar en zei: 'Neem me niet kwalijk, heren. Ik ben moe na het doden van de grootste flapdrol onder de misdadigers van de laatste honderd jaar. Het is mijn bedoeling deze kleine dame naar het Pikesville Hotel aan de overkant te brengen, waar Miss Abby ongetwijfeld mijn kamer voor me reserveert op de hete etage, vanwege dat ze heeft gehoord over mijn recente worsteling met die woesteling wiens adem ik uit zijn lijf heb geworsteld en die ik aan de wolven heb gevoerd in naam van de vrij levende staat Missoura! God zegene Amerika.' Hij duwde mij en Bob de deur uit en wankelde de straat over naar het Pikesville Hotel.

Pikesville was een eersteklashotel en saloon in vergelijking met de vorige twee krotten waar ik over heb verteld, maar als ik nou terugkijk moet ik zeggen dat het amper beter was. Pas nadat ik logementen in het oosten had gezien, kwam ik erachter dat het beste hotel van Pikesville een varkensstal was vergeleken met de eenvoudigste lijmkit in Boston. De begane grond van het Pikesville Hotel was een donker, met kaarsen verlicht dranklokaal, inclusief tafels en bar. Erachter was een kleine tussenkamer met een lange eettafel. Opzij in die kamer was een deur die leidde naar een gang die leidde naar een steeg. En achter die kamer was een trap die leidde naar de eerste verdieping.

Er was een hele hoop opschudding toen Chase binnenkwam, want het verhaal was hem voorgegaan. Hij werd op zijn rug gemept en verwelkomd van de ene hoek van de kamer tot de andere, drankjes belandden vanzelf in zijn handen. Hij groette iedereen met een overluid 'Goeiedag allemaal', liep toen door naar de achterkamer, waar verschillende mannen aan de eettafel hem goeiedag zeien en hem hun stoel aanboden en meer drankjes. Hij wuifde ze weg. 'Niet nou, jongens,' zei hij. 'Ik heb zaken te doen op de hete etage.'

Langs de onderste traptreden achter in de kamer zat een stel vrouwen van het soort dat vaak bij Dutch kwam. Een paar rookten pijp, duwden met gerimpelde vingers de zwarte tabak omlaag in de koppen, schoven de pijp dan in hun mond, en klemden hem vast met tanden zo geel dat ze klompjes boter leken. Chase liep wankelend langs hen, ging onder op de trap staan, en riep omhoog: 'Pie! Pie, schatje! Kom naar beneden. Raad eens wie of er terug is?'

Boven aan de trap klonk commotie, en uit het duister kwam een vrouw omlaag tot halverwege de trap in het schemerige kaarslicht van de kamer.

Ik had ooit eens een kogel uit de bil gehaald van een rebel die in de penarie zat in de buurt van Council Bluffs nadat hij ruzie had gekregen en iemand zijn pistool op hem richtte en hem bloedend en in de penarie had achtergelaten. Ik haalde de kogel eruit en hij was zo dankbaar dat hij me achteraf naar de stad reed en me op een ijscoupe trakteerde. Zoiets had ik nooit eerder gehad. Het beste wat ik ooit in mijn leven had geproefd.

Maar het gevoel van dat ijs dat ik in de zomer achter m'n kiezen liet glijden was niks vergeleken met het zien, die eerste keer, van die bonk schoonheid die de trap af kwam lopen. Je hoed zou zo van je hoofd waaien.

Ze was een mulattin. Haar huid was zo bruin als die van een hert, ze had hoge jukbeenderen en grote, bruine, sentimentele ogen zo groot als zilveren dollars. Ze was een kop langer dan ik, maar leek nog langer. Ze droeg een blauwe bloemetjesjurk van het soort waar hoeren van nature gek op zijn, en dat ding zat zo strak dat als ze bewoog, de madeliefjes verstrikt raakten in de azalea's. Ze liep als een warme kamer vol rook. De weg van de natuur had toentertijd geen geheim meer voor me, omdat ik bijna twaalf was, wat ik geloof dat toen min of meer mijn leeftijd was, en omdat ik per ongeluk expres weleens in een paar kamers had gekoekeloerd bij Dutch, maar wat kennen is wat anders dan wat doen, en die hoeren bij Dutch waren over het algemeen zo foeilelijk dat de trein ervan uit de rails zou lopen. Deze vrouw had het soort ritme dat je duizend kilometer verderop op de Missouri kon horen. Haar zou ik niet het bed uit gooien voor het eten van crackers. Pure klasse.

Ze keek langzaam het zaaltje door, als een priesteres, en toen ze

Chase zag, veranderde haar gezicht. Resoluut liep ze de trap af en ze gaf hem een schop. Hij viel van de tree als een lappenpop, onder het gelach van de mannen. Ze kwam naar de onderste overloop en stond over hem heen gebogen, met haar handen op haar heupen. 'Waar is mijn geld?'

Chase kwam schaapachtig in de benen, sloeg het stof van zich af. 'Wat een manier om een man te behandelen die net met zijn blote handen Old John Brown om zeep heeft geholpen.'

'Goed. En ik ben vorig jaar gestopt met het kopen van goudconcessies. Kan me niet schelen wie je heb vermoord. Je ben me negen dollar schuldig.'

'Zo veel?' vroeg hij.

'Waar is het?'

'Pie, ik heb wat beters dan negen dollar. Kijk maar.' Hij wees naar mij en Bob.

Pie keek straal langs Bob. Negeerde hem. Toen keek ze boos naar mij.

Blankers op de prairie, zelfs blanke vrouwen besteedden geen zier aandacht aan een simpele niet-blanke. Maar Pie was de eerste niet-blanke die ik zag in de twee jaar sinds ik was begonnen met het dragen van die uitmonstering, en ze voelde meteen nattigheid.

Ze blies door haar lippen. 'Shit. Wat het ook voor lelijk ding is, het moet nodig gestreken worden.' Ze draaide zich om naar Chase. 'Heb je me geld?'

'En het meisje?' vroeg Chase. 'Miss Abby zou haar kunnen gebruiken. Staan we dan niet quitte?'

'Daar moet je met Miss Abby over praten.'

'Maar ik heb haar helemaal uit Kansas meegenomen!'

'Vraag me af wat je in je hoofd had, jij koeienkop. Kansas is maar een halve dag rijen vanhier. Heb je me geld of niet?'

Chase stond op, sloeg het stof van zijn kleren. 'Tuurlijk wel,' prevelde hij. 'Maar Abby zal het warm krijgen als ze erachter komt dat je dit strakke gevalletje naar de overkant hebt laten dansen en laten werken voor de concurrentie.'

Pie fronste. Hij had haar tuk.

'En ik verdien wel wat speciaals,' voegde hij er achteloos aan toe, 'vanwege dat ik John Brown moest doodschieten en het hele grondgebied en zo redden, alleen maar om terug bij jou te komen. Dus we kunnen naar boven?'

Pie grijnsde. 'Ik geef je vijf minuten,' zei ze.

'Ik neem tien minuten om een plasje te plegen,' protesteerde hij.

'Plasje plegen is extra,' zei ze. 'Vooruit. Neem haar ook maar mee.' Ze liep naar boven, bleef ineens staan, met een boze blik op Bob, die achter me de trap opliep. Ze keek naar Chase.

'Je kan die nikker niet hierboven brengen. Zet hem in het nikkerhok buiten, waar iedereen zijn nikkers stalt.' Ze wees naar de zijdeur van de eetzaal. 'Miss Abby geeft hem morgen wel wat te doen.'

Bob keek me verwilderd aan.

'Neem me niet kwalijk,' zei ik, 'maar hij is van mij.'

Het was het eerste wat ik tegen haar zei, en toen die schitterende bruine ogen op mij vielen leek ik haast te smelten als ijs in de zon. Enorm, die Pie.

'Dan kun jij ook buiten met hem slapen, jij lelijke maïsgele halfbloed.'

'Wacht nou even,' zei Chase. 'Ik heb haar dat hele eind meegezeuld.'

'Waarvoor?'

'Voor de mannen.'

'Ze is zo lelijk dat de melk in een koe zou stremmen. Kijk, moet ik je een beurt geven of niet?'

'Je kan haar niet in het hok stoppen,' zei Chase. 'Ze zei dat ze geen nikker was.'

Pie lachte. 'Het ligt er dicht genoeg bij!'

'Miss Abby zou dat niet leuk vinden. Als ze nou eens gewond raakt buiten? Laat haar boven komen en stuur de nikker naar het hok. Heb ik ook belang bij,' zei hij.

Pie dacht erover na. Ze keek naar Bob en zei: 'Vooruit, naar de achterdeur daar. Je krijgt wel wat eten van ze op het erf. Jij.' Ze wees naar mij. 'Mee naar boven.'

Niks aan te doen. Het was laat en ik was uitgeput. Ik keek naar

Bob, die ronduit onaangenaam keek. 'Hier slapen is beter dan in de prairie, Bob,' zei ik. 'Ik kom je later halen.'

Ik heb mijn woord ook gehouwen. Ik ben hem later gaan halen, maar hij heeft me nooit vergeven dat hij die dag buiten de deur was gezet. Dat was het einde van de vriendschap of wat er ook tussen ons was. Zo gaan die dingen.

We liepen achter Pie aan naar boven. Ze stopte bij een kamer, gooide de deur open en duwde Chase naar binnen. Toen draaide ze zich naar mij en wees naar een kamer twee deuren verderop. 'Ga daar naar binnen. Vertel Miss Abby dat ik je heb gestuurd en dat je komt om te werken. Ze zal wel zorgen dat je eerst een warm bad krijgt. Je ruikt naar buffelmest.'

'Ik hoef niet in bad!'

Ze pakte mijn hand, liep stampend door de gang, klopte op een deur, gooide hem open, duwde me de kamer binnen en deed de deur achter me dicht.

En daar stond ik te staren naar de rug van een struise, goed geklede blanke vrouw die aan een kaptafel zat. Ze keek op, ging staan en monsterde me. Ze droeg een lange witte chique sjaal om haar hals. Boven die nek zag ik een gezicht met genoeg poeder erop om de loop van een kanon mee te vullen. Haar lippen waren dik, rood geverfd en omklemden een sigaar. Ze had een hoog voorhoofd, een blozend gezicht, dat van woede gestremd was als ouwe kaas. Wat was die vrouw lelijk zeg, ze zag eruit als een doodsbedreiging. Achter haar was de kamer schemerig verlicht door kaarsen. Er hing een stank van hier tot gunder. Nou ik erover nadenk, in elke hotelkamer in Kansas waar ik ben geweest, stonk het erger dan in het slechtste logement dat je kon vinden in heel New England. De stank was zo akelig dat het behang ervan nog in de ergste zitkamer in Boston zou losweken. Het enige raam in de kamer was al jaren niet lastiggevallen met water. Het zat vol zwarte stippen: de vlekken van dooie vliegen die eraan vastplakten. Langs de achtermuur, die werd verlicht door twee brandende kaarsen, lagen lui twee figuren op twee bedden naast mekaar. Tussen de bedden stond een blikken bad dat, voor zover ik kon zien in het schemerlicht, gevuld leek met water en iets wat eruitzag als een naakte vrouw.

Ik begon van mijn stokje te gaan, want toen mijn ogen die twee figuren zagen, twee jonge, op het bed zittende figuren waarvan de ene de haren kamde van de ander, en de ouwere figuur die pijprokend in de badkuip zat, met liefdeszakken die omlaag in het water hingen, stroomde al het vocht zo uit mijn hoofd en bezweken mijn knieën. Ik kreeg een appelflauwte en gleed op de vloer.

Even later werd ik wakker doordat een hand een klap gaf op mijn borst. Miss Abby stond over me gebogen.

'Zo plat als een pannenkoek, jij,' zei ze droogjes. 'Ze draaide me vlot op mijn buik en greep naar mijn kont met een paar handen die voelden als een ijstang. 'En ook daar klein geschapen,' gromde ze, voelend aan mijn kont. 'Jij ben jong én lelijk. Waar heeft Pie je vandaan?'

Ik wachtte niet. Ik sprong overeind en die mooie witte sjaal van haar bleef haken aan mijn arm, ik hoorde hem stukgaan terwijl ik wegrende. Hij scheurde kapot als papier, ik bereikte de deur en draafde de kamer uit. In de gang kwam ik op volle snelheid en ik stoof naar de trap, maar er kwamen twee cowboys omhoog, dus ik stierde binnen in de dichtstbijzijnde kamer, toevallig die van Pie – net op tijd om Chase te zien met afgezakte broek en Pie zittend op bed met haar jurk tot haar middel omlaag.

Toen ik die twee chocoladebruine liefdesbollen zag, een soort verse broodjes, ging ik trager lopen, lang genoeg, denk ik, om Miss Abby, die me op de hielen zat, de gelegenheid te geven mijn muts te grijpen, die in tweeën scheurde net toen ik onder Pie's bed dook.

'Kom eronder vandaan!' schreeuwde ze. Het was heel nauw – de bedspiralen hingen laag, maar als het krap was voor mij was het nog krapper voor Miss Abby, die te fors was om helemaal voorover te leunen en me te pakken. De geur onder dat veren bed was behoorlijk gekruid, zeg maar gerust ranzig, de geur van duizend verwezenlijkte dromen, denk ik, want het bed diende voor de daad van de natuur; en als ik niet bang was geweest doormidden te worden gebroken, zou ik eronder vandaan zijn gekomen.

Miss Abby probeerde het bed opzij te trekken om me te kunnen pakken, maar ik klampte me vast aan de veren en schoof met het bed mee terwijl ze het heen en weer trok.

Pie zakte aan de andere kant van het bed op handen en voeten en legde haar hoofd op de grond. Het was erg krap daarbeneden, maar ik kon net haar gezicht zien. 'Kom maar hierheen,' zei ze.

'Nee.'

Ik hoorde de haan van een Colt klikken. 'Ik krijg haar d'r wel onderuit,' zei Chase.

Pie stond op en ik hoorde het geluid van een oorvijg, en toen Chase 'Au!' roepen.

'Berg die proppenschieter weg of je krijgt een ongenadig pak op je lazer,' zei Pie.

Miss Abby begon allemachtig tekeer te gaan tegen Pie omdat ik haar sjaal had gescheurd en trammelant had geschopt in haar nering. Ze vvloekte de moeder van Pie. Ze vvloekte de vader van Pie. Ze vvloekte al haar familie van alle kanten.

'Ik zal het regelen,' protesteerde Pie. 'Ik zal die sjaal betalen.'

'Nou en of. Zorg dat dat meisje eronderuit komt, of ik haal Darg hier boven.'

Het werd stil. Waar ik lag, voelde het alsof alle lucht uit de kamer was verdwenen. Pie's stem klonk zacht, er klonk angst in door: 'Dat hoeft u niet te doen, *missus*. Ik zal het regelen. Dat beloof ik. En ik zal betalen voor de sjaal, missus.'

'Begin dan maar vast je centen te tellen.'

De voeten van miss Abby stampten naar de deur en ze vertrok.

Chase stond er nog. Vanwaar ik lag kon ik zijn blote voeten en zijn laarzen zien. Ineens griste Pie's hand zijn laarzen van de vloer, en ik denk dat ze hem die toestak, want ze zei: 'Hier!'

'Ik zal het goedmaken, Pie.'

'Krent! Stommeling. Wie heeft je gezegd dat stuk koppijn met paardentanden hierheen te brengen? Ingerukt!'

Hij trok zijn laarzen aan, mopperend en mompelend, en vertrok. Pie sloeg de deur achter hem dicht, leunde ertegen en zuchtte in de stilte. Ik keek naar haar voeten. Die kwamen langzaam naar het bed. Ze zei zachtjes: ''t Is goed, schatje. Ik zal je geen pijn doen.'

'Zeker?' vroeg ik.

'Tuurlijk, kindje. Je ben jong. Je weet nog niks van het leven. Zo'n lieverdje, alleen op de wereld, en dat komt hier. Heer ontferm u. Een schande, dat Miss Abby loopt te schreeuwen over een stomme ouwe sjaal. Missouri! Heer, wat gaat de duivel tekeer in dit gebied! Niet bang zijn, liefie. Je stikt daar nog beneden. Kom eronderuit, kindjelief.'

De zachte, tere stem van de vrouw roerde mijn hart, ik gleed eronder vandaan – hoewel ik aan de andere kant van het bed tevoorschijn kwam, voor het geval ze haar woord niet hield, maar dat deed ze wel. Ik zag het aan haar gezicht toen ik opstond, ze keek me over het bed heen aan, glimlachend, warm, teergevoelig. Ze gebaarde naar me. 'Kom hier, schatje. Kom naar deze kant van het bed.'

Ik smolt acuut. Van meet af aan was ik verliefd op haar. Ze was de moeder die ik nooit had gekend, de zus die ik nooit heb gehad, mijn eerste liefde. Pie was een en al vrouw, honderd procent, eersterangs, klasse, vrouw-vanaf-het-begin. Ik hield van haar, simpel.

Ik zei: 'O, mammie', rende om het bed heen en nestelde mijn hoofd tussen die grote bruine liefdesbollen, pootte mijn hoofd ertegen en snikte van verdriet, want ik was maar een eenzame jongen op zoek naar een huis. Ik voelde het in mijn hart. En ik wou haar mijn hele verhaal vertellen om het allemaal nog goed te maken. Ik stortte me op haar en legde mijn hart in het hare. Ik liep naar haar toe en legde mijn hoofd op haar borst, en ik had dat nog niet gedaan of ik voelde hoe ik werd opgetild als een pak veren en zo door de kamer gesmeten.

'Godverdomme, loense idioot!'

Ze zat op mijn nek voordat ik kon opstaan, hees me op aan mijn kraag en gaf me twee stompen, smeet me toen op mijn buik op de vloer en plantte een knie op mijn rug. 'Ik stuur je ketterend en schetterend de straat op, jij sloerie met je halfsnikke kop! Huichelige hagedis.' Ze gaf me nog twee stompen tegen mijn hoofd. 'Blijf waar je ben,' zei ze.

Ik bewoog niet toen ze opstond, verbeten het bed opzij duwde, toen naar de planken eronder greep, ze uit de vloer trok totdat ze vond wat ze zocht. Ze stak haar hand naar binnen en haalde er een ouwe pot uit. Ze maakte hem open, controleerde de inhoud, leek tevreden, smeet de pot weer naar binnen en legde de hele serie planken terug op hun plaats. Ze schoof het bed terug en zei: 'Maak dat je wegkomt, kalfskop. En als er wat aan mijn geld ontbreekt terwijl jij in deze stad bent, snij ik je keel zo breed af dat je twee stellen lippen hebt boven je nek.'

'Wat heb ik gedaan?'

'Wegwezen.'

'Maar ik kan nergens heen.'

'Wat kan mij dat schelen? Maak dat je wegkomt.'

Nou, ik was gekwetst, dus ik zei: 'Ik ga nergens heen.'

Ze liep naar me toe en pakte me op. Ze was een sterke vrouw, en ik verzette me, maar was geen partij voor haar. Ze smeet me over haar knie. 'Dacht je zo haaisaai te zijn, zeg, mulattenkalf? Mij laten betalen voor een verdomde sjaal die ik nooit heb gehad! Ik ga die twee kadetjes van je opwarmen zoals je moeder had moeten doen,' zei ze.

'Wacht even!' riep ik, maar het was al te laat. Ze rukte mijn jurk omhoog, en zag mijn ware aard daar ergens beneden tussen haar knieën zwiepen – in oprechte groethouding, want al dat geworstel en getrek zorgden voor wonderlijke tintelingen en prikkelingen daarbeneden bij een twaalfjarige die de wegen van de natuur nooit uit de eerste hand heeft leren kennen. Ik kon d'r niks aan doen.

Ze gaf een gil en smeet me op de grond, ze greep naar haar gezicht en haar ogen staarden me aan. 'Je hebt me een oor aangenaaid, jij verdomd stuk stront met je grindmond en je wrattenkop. Jij heiden! Het waren vróúwen bij wie je in die kamer was... Waren ze aan het werk? Lieve hemel, ja natuurlijk!' Ze was woedend. 'Ik kom nog aan de galg door jou!'

Ze sprong op me toe, smeet me over haar knie en ging er weer stevig tegenaan.

'Ik ben ontvoerd!' riep ik.

'Jij huichelaar, jij hagedis!' Ze mepte nog wat meer.

'Ik ben geen huichelaar. Ik werd ontvoerd door Old John Brown zelf!'

Ze stopte eventjes met aframmelen en ranselen. 'Old John Brown is dood. Chase heeft hem doodgeschoten,' zei ze.

'Welnee,' riep ik.

'Wat kan mij dat schelen!' Ze smeet me van haar schoot en ging op bed zitten.

Hoewel ze nu tot bedaren kwam, was ze nog steeds pissig. Lieve heer, ze zag er opgebrand nog mooier uit dan normaal, en door die bruine ogen die zich in me boorden voelde ik me verachtelijker dan een hoopje vuilnis, want ik was straalverliefd. Pie had wat met me gedaan.

Ze zat een poosje te denken. 'Ik wist dat Chase een leugenaar was,' zei ze, 'anders zou hij dat geld zijn gaan incasseren dat op het hoofd van Old John Brown staat. Jij liegt waarschijnlijk ook. Misschien speel je wel onder één hoedje met Chase.'

'Welnee.'

'Hoe ben je bij hem gekomen?'

Ik legde uit hoe Frederick was vermoord en hoe Chase en Randy op mij en Bob waren gestuit toen de zoons van de Ouwe naar de stad gingen om hun bezittingen te verzamelen.

'Is Randy hier nog?'

'Weet ik niet.'

'Ik hoop van niet. Als je met hem omgaat eindig je begraven in een urn in iemands achtertuin. Er staat een beloning op zijn hoofd.'

'Maar de Ouwe leeft ongetwijfeld,' zei ik trots. 'Ik zag hem uit de rivier komen.'

'Wat kan mij dat schelen? Hij is toch binnen de kortste keren dood.'

'Waarom zegt elke niet-blanke die ik tegenkom dat?'

'Je moet je eigen vege lijf redden, kleine niksnut. Ik had al zo'n gevoel bij jou,' zei ze. 'Die godverdommese Chase! Verdomde koeienvlaai!'

Ze vervloekte hem nog een beetje en zat toen even na te denken.

'Als die rebellen erachter komen dat je op de hete etage was en naar blanke hoeren heb gegluurd, dan snijen ze die druifjes los die tussen je benen bungelen en steken ze in je strot. Misschien pakken ze mij er ook wel op. Ik kan geen risico's met je nemen. Bovendien hejje gezien waar mijn geld ligt.'

'Ik heb u geld niet nodig.'

'Heel roerend, maar deze prairie bestaat van begin tot end uit leugens, jochie. Niks is wat het lijkt. Kijk naar jezelf. Je ben een leugen. Je moet weg. Je zal het van geen kant redden op de prairie als meisje. Een vent die ik ken die rijdt in een postkoets voor Wells Fargo. Hij is dus echt een meisje. Dat voor man speelt. Maar hoe ze zich ook voelt, meisje of jongen, ze is blank. En zit op de bok van een postkoets die van plaats tot plaats gaat. Ze vestigt zich niet in een plaats om haar pruim te verhuren. En dat zou jij hier doen, jochie. Miss Abby heeft een bedrijf hier. En ze kan je niet gebruiken. Behalve als knechie… kan je nog jongenswerk doen? Is dat wat voor je?'

'Het enige wat ik kan is afwassen en haren knippen en zo. Ben ik goed in. Ik en Bob kunnen ook tafels doen.'

'Vergeet hem. Hij wordt verkocht,' zei ze.

Het leek geen goed idee haar eraan te herinneren dat ze zelf een neger was, want ze was in een pesthumeur, dus ik zei: 'Hij is een vriend.'

'Hij is een wegloper, net als jij. En hij wordt verkocht. En jij ook, tenzij je werk aanneemt van Miss Abby. Ze zou je je dood kunnen laten werken, en je dan verkopen.'

'Dat kan ze niet doen!'

Ze lachte. 'Quatsch. Ze kan doen wat ze wil.'

'Ik kan ook andere dingen,' smeekte ik. 'Werken in herbergen kan ik ook. Ik kan kamers en kwispedoren schoonmaken, broodjes bakken, allerlei klusjes doen, tot de kapitein misschien komt.'

'Welke kapitein?'

'De ouwe, John Brown. We noemen hem de kapitein. Ik ben in zijn leger. Hij komt naar deze stad rijden zodra ze hebben uitgevlooid dat ik hier ben.'

Dat was een leugen, want ik wist niet of die ouwe leefde of niet, en wat hij van plan was, maar haar veren stonden nu omhoog.

'Weet je zeker dat hij leeft?'

'Zo zeker als ik hier sta. En het wordt hommeles als hij hier komt en merkt dat Bob is verkocht, want Bob is ook van hem. Waarschijnlijk is Bob op ditzelfde moment het verhaal aan het verspreiden onder de nikkers beneden, kan toch best? Hij vertelt dat hij een van John Browns mannen is. Sommige nikkers gaan dan opspelen, weet u, na verhalen over John Brown.'

Angst trok voren over dat mooie toetje van haar. Elke levende ziel op de prairie scheet in zijn broek voor die ouwe Brown. 'Dat ook nog,' zei ze. 'Old John Brown die hier binnenrijdt, de boel verziekt en de nikkers in het hok opstookt tot ze razend zijn. De blankers hier zullen gek worden. Bij elke nikker die ze zien gaan ze erop slaan. Als het aan mij lag, zou elke nikker in dat hok in het zuiden worden verkocht.'

Ze zuchtte en ging op het bed zitten, streek haar haar glad en trok haar jurk omhoog zodat hij strakker rond die liefdesbollen van haar zat. Lieve heer, wat was ze prachtig. 'Ik heb geen behoefte aan wat Old John Brown aanprijst,' zei ze. 'Laat hem maar komen. Ik heb zo mijn eigen plannen. Maar wat ik ga met jou doen?'

'Als u me terugbracht naar de herberg van Dutch, zou dat misschien helpen.'

'Waar is dat?'

'Santa Fe Road op de grens met Missouri, daar ergens. Naar het westen. Zo'n vijfendertig mijl. Misschien neemt de ouwe Dutch me terug.'

'Vijfendertig mijl? Ik kan nog geen vijfendertig voet buiten dit hotel zetten zonder papieren.'

'Ik kan papieren voor u regelen. Ik kan ze schrijven. Ik kan lezen en schrijven.'

Ze zette grote ogen op en de hardheid trok weg uit haar gezicht. Even leek ze zo fris als een meisje op een lentemorgen, en de teergevoeligheid klom terug in haar gezicht. Maar net zo snel ging die er weer vandoor en werd haar gezicht weer hard.

'Ik kan nergens heen rijden, jochie. Zelfs niet met een vrijgeleide, er zijn te veel mensen in de buurt die me kennen. Maar het zou leuk zijn om net als de andere meisjes de tijd door te brengen met het lezen van spannende boeken. Heb ik ze zien doen,' zei ze. Toen vroeg ze meesmuilend: 'Kan jij echt lezen? Lezen en schrijven, daar kan je niet over liegen, weet je.'

'Ik lieg niet.'

'Ik neem aan dat je het kan bewijzen. Weet je wat? Jij leert mij lezen en ik maak een meisje van jou en regel alles met Miss Abby, dus dan begin je met bedden verschonen en pispotten legen en zo, om haar sjaal en je kost af te betalen. Dan heb je een beetje tijd. Maar blijf uit de buurt van de meisjes. Als die rebellen erachter komen dat er zo'n knobbeltje tussen je benen hangt te zwaaien, gieten ze teer door je keel. Ik denk dat het een poosje kan werken, totdat Miss Abby besluit dat je oud genoeg ben om in het vak te gaan. Dan sta je op je eigen. Hoe lang duurt het om te leren lezen?'

'Niet zo lang.'

'Nou, zo lang dat duurt, zo veel tijd heb je. Daarna ben ik met je klaar. Wacht hier terwijl ik een andere muts voor je haal om die nikkerkroeskop te bedekken en iets schoons om aan te trekken.'

Ze stond op, en tegen de tijd dat ze was verdwenen en de deur achter zich had dichtgedaan, miste ik haar al, en toen was ze pas een paar seconden weg.

12 SIBONIA

Me vestigen in Pikesville ging me vrij makkelijk af. Het was geen probleem. Pie dirkte me mooi op. Ze veranderde me in een echt meisje: waste me, bracht mijn haar in orde, naaide een jurk voor me, leerde me een revérence maken voor bezoekers en ried me aan geen sigaren te roken en net zo te doen als al die andere wandelende voorhistorische gevallen die bij Miss Abby werkten. Ze moest Miss Abby dwingen me te houwen, want eerst wou de ouwe dame me niet. Ze stond niet te springen om een mond meer te voeden. Maar ik wist wel het een en ander over werk in een herberg en nadat ze had gezien hoe ik kwispedoren leegde, tafels schoonmaakte, vloeren schrobde, kamerpotten leegde, de hele nacht water bracht naar de meisjes boven en het haar van de gokkers en de oplichters in haar herberg een beurt gaf, werd ze tevreden over me. 'Maar hou de mannen in de gaten,' zei ze. 'Hou ze dronken. De meisjes boven doen de rest,' zei ze.

Ik weet dat het een bordeel was, maar het was heel niet slecht. Eigenlijk heb ik tussen die dag en vandaag nooit negers gekend die niet konden liegen over hun eigen kwalijke gedrag zonder ook het kwalijke gedrag van de blankers aan de kaak te stellen, en ik was geen uitzondering. Miss Abby was een echte slavenhoudster, maar ze was een goeie slavenhoudster. Ze leek erg op Dutch. Ze hield een heleboel zaken draaiende, wat betekende dat de zaken meestal haar draaiende hielden. Hoererij was bijna een nevenactiviteit voor haar. Ze dreef ook een zagerij, een varkenskot, een slavenhok, beheerde een gokhuis, had een blikjesmachine, en daar kwam bij dat ze concurreerde met de herberg aan de overkant, die geen donkerhuidige slavin als Pie had om geld in het laatje te brengen, want Pie was haar grote trekpleister. Ik voelde me er meteen thuis, in dat leven rond gokkers en zakkenrollers die bocht dronken en mekaar de harses insloegen tijdens het kaarten.

Ik was weer een slaaf, dat klopt, maar slaaf zijn is niet zo heel erg als je slavendingen doet en eraan gewend ben. Je maaltijden, dat is gratis. Je dak, dat is betaald. Iemand anders die moet zich om je bekommeren. Het was makkelijker dan op pad zijn, wegrennen voor achtervolgers en een geroosterde eekhoorn delen met vijf anderen terwijl die Ouwe een uur lang de Heer liep aan te roepen over dat hele geroosterde gevalletje voordat je ook maar aan eten toekwam, en zelfs dan zat er niet genoeg vlees aan om een randje van je honger af te krijgen. Ik leefde goed en was Bob straal vergeten. Vergat hem gewoon helemaal.

Maar vanuit Pie's raam kon je het slavenhok zien. Ze hadden er een paar hutten en een stuk dekzeil dat was gespannen over een volledig omheind deel, en eens in de zo veel tijd, tijdens het ronddraven voor mijn werk, stopte ik, krabde een stukje ruit schoon en wierp een blik. Als het niet regende kon je de negers op een kluitje bijeen zien buiten op het erf in de buurt van een tuintje dat ze in mekaar hadden gedraaid. Anders, als het regende of koud was, bleven ze onder het dekzeil. Van tijd tot tijd keek ik uit het raam om te zien of ik die goeie ouwe Bob kon ontdekken. Dat lukte nooit, en na een paar weken werd ik benieuwd naar hem. Op een middag sprak ik Pie erover aan terwijl ze op haar bed haar haar zat te kammen.

'O, hij is wel ergens,' zei ze. 'Miss Abby heeft hem niet verkocht. Laat hem toch, schatje.'

'Ik dacht dat ik hem wat eten kon brengen.'

'Laat de nikkers op het erf met rust,' zei ze. 'Nikkers zijn problemen.'

Dat vond ik verwarrend, want ze hadden haar geen kwaad gedaan, en niks van wat ze konden doen zou Pie's bedrijf schaden. Ze was erg populair. Miss Abby gaf haar de beschikking over het huis, liet haar min of meer haar eigen klanten kiezen, en ze mocht leven zoals ze wou. Pie deed zelfs de saloon soms dicht. De negers konden haar bedrijf niet deren. Maar ik hield mijn mond en op een avond kon ik het toch niet laten. Ik glipte omlaag naar het slavenhok om te zien hoe het met Bob stond.

Het slavenhok lag aan een steeg achter het hotel, vlak achter de achterdeur van de eetzaal. Zodra je die deur opendeed stapte je in een steeg, en twee stappen verder was je er. Het was een omheind terrein en ernaast was een klein open terrein met achterin een moestuintje en kisten waarop de negers zaten te kaarten. Ernaast was een varkenshok, met een opening naar het negerhok om Miss Abby's varkens makkelijker te kunnen verzorgen.

In beide hokken bij mekaar, het hok waar ze de varkens voerden en het hok waar de slaven leefden en een tuintje hielden, had je volgens mij een man of twintig; mannen, vrouwen en kinderen. Van dichtbij zag het er niet hetzelfde uit als vanboven, en ik wist meteen waarom Pie er wegbleef en wou dat ik er niet kwam. Het was avond, want de meesten gingen overdag uit werken, en de schemer die aanbrak, en het voer dat de negers kregen – voor het merendeel donkere, pure negers zoals Bob – was ronduit verontrustend. Het stonk er afschuwelijk. De meesten droegen vooral lompen en sommigen hadden geen schoenen aan. Ze wandelden rond in het hok, sommigen zaten te niksen, anderen rommelden een beetje in de tuin en ontweken half en half een bepaalde figuur middenin, een wilde vrouw die kakelde en brabbelde als een kip. Ze klonk alsof het een beetje zacht in haar hoofd was, zoals ze liep te babbelen, maar ik kon geen woorden onderscheiden.

Ik liep naar het hek. Een aantal mannen en vrouwen waren achterin aan het werk, voerden de varkens en verzorgden de tuin daar, en toen ze me zagen keken ze op maar zonder te stoppen met werken. Het was inmiddels halfdonker. Bijna donker. Ik hield mijn hoofd bij het hek en vroeg: 'Iemand Bob gezien?'

De negers die samen achter in het hok aan het werk waren met schoppen en harken bleven werken en zeiden geen woord. Maar die domme gekkin midden op het erf, een zwaargebouwde negerin van een zekere leeftijd die op een houten kist zat te kakelen en te babbelen, begon luider te kakelen. Ze had een groot, rond gezicht. Ze was echt niet fris in haar hoofd hoe dichter bij je kwam; want van dichtbij was de kist waarop ze zat diep de modder in gezakt, bijna tot de bovenkant aan toe, hij zat heel diep vastgeklemd, en zij, erbovenop, maakte opmerkingen, kakelde en babbelde over niks. Ze zag me en zei hees: 'Mooi, mooi, bruin, bruin!'

Ik negeerde haar en vroeg aan niemand in het bijzonder: 'Iemand een jongen gezien die Bob heet?'

Geen mens die niks zei, en dat zwakzinnige geval kakelde en zwiepte haar hoofd rond als een vogel, klokkend als een kalkoen. 'Mooi, mooi, bruin, bruin.'

'Een neger, zó groot ongeveer,' zei ik tegen de anderen.

Maar dat gestoorde geval bleef met haar mond in de weer. 'Tot de knie, tot de knie, almaar rond, almaar rond!' kakelde ze.

Ze was zwakzinnig. Ik keek naar de andere negers in het hok. 'Iemand Bob gezien?' vroeg ik. Ik zei het zo luid dat ze het allemaal konden horen, en geen enkele ziel keek me twee keer aan. Ze bleven met hun varkens en hun tuintje bezig alsof ik er niet was.

Ik klom op de onderste dwarslat van het hek en stak mijn gezicht een eind eroverheen en vroeg luider: 'Iemand B... en voordat ik de zin kon afmaken, kreeg ik een kluit modder in mijn gezicht. Tegen de tijd dat ik weer keek schepte dat gekke, geschifte mens op die kist nog een handvol modder en gooide die in mijn gezicht.

'Hé!'

'Almaar rond. Almaar rond!' krijste ze. Ze was opgestaan van haar kist, kwam naar de rand van het hek waar ik stond, pakte weer een kluit modder en gooide die. Hij raakte mijn kaak. 'Tot de knie!' kraaide ze.

Ik werd des duivels. 'Godverdommese idiote!' zei ik. 'Weg! Ga hier weg!' Ik zou naar binnen geklommen zijn en haar hoofd in de modder hebben gedompeld, maar een andere negerin, een slank sliertje water, liet de anderen aan de achterkant van het hok in de steek, groef de kist van de gekkin uit de modder en kwam naar me toe. 'Let maar niet op haar. Ze is niet goed bij haar hoofd,' zei ze.

'Zeg dat wel.'

Ze zette de kist van de gekkin bij de rand van het hek, ging zelf zitten en zei: 'Kom bij me zitten, Sibonia.' Het malle mens kalmeerde en deed wat ze zei. De vrouw keek me aan en vroeg: 'Wat zoek je?'

'Ze verdient een pak slaag,' zei ik. 'Ik neem aan dat Miss Abby haar terecht een pak slaag zou geven als ik het haar vertelde. Ik werk binnen, weet u.' Dat was een voorrecht, ziet u, binnen werken. Dan stond je hoger genoteerd bij de blanke.

Een paar mannelijke negers, die met harken en schoppen het varkensvoer rondduwden, wierpen een blik op me, maar de vrouw die met mij praatte keek even hun kant op en toen draaiden ze hun hoofd om. Ik was niet goed wijs, ziet u, want ik wist niet wat voor gevaarlijke wateren ik betrad.

'Ik ben Libby,' zei ze. 'Dit hier is mijn zus, Sibonia. Je bent verschrikkelijk jong om te praten over pakken slaag. Wat wou je?'

'Ik zoek Bob.'

'Ik ken geen Bob,' zei Libby.

Achter haar joelde Sibonia: 'Geen Bob. Geen Bob', en mikte een verse kluit modder naar mij, die ik ontweek.

'Hij moet hier zijn.'

'Niet ene Bob hier,' zei Libby. 'We hebben een Dirk, een Lang, een Bum-Bum, een Broadnax, een Pete, een Lucious. Dris geen Bob. Waar heb je hem eigenlijk voor nodig?'

'Hij is een vriend.'

Ze keek een hele poos naar me in mijn jurk. Pie had me mooi in orde gemaakt. Ik was warm gekleed, schoon, met een muts, een warme jurk en sokken, ik had een goed leven. Ik zag eruit als een echt mulattenmeisje, zowat als een blanke gekleed, en Libby zat daar in lompen. 'Waar heeft een halfbloed zoals jij een vriend op dit erf voor nodig?' vroeg ze. Een paar negers die achter haar bezig waren leunden op hun spaden en grinnikten.

'Ik ben niet hier naar buiten gekomen om een grote mond van u te krijgen,' zei ik.

'Je geeft zelf een grote mond,' zei ze zachtjes, 'door hoe je eruitziet. Ben jij eigenaar van Bob?'

'Als ik zo veel geld had als u zou ik nog zijn eigenaar niet kunnen wezen. Maar ik sta wel bij hem in het krijt.'

'Nou, maak je maar geen zorgen, je hoeft hem niet te betalen wat je hem schuldig bent, dus wees maar blij. Want hij is niet hier.'

'Dat is vreemd, want Miss Abby zei dat ze hem niet had verkocht.'
'Is dat de eerste leugen die je van blankers hoort?'
'U kan goed babbelen voor een buitennikker.'
'En jij babbelt nog beter voor zo'n goedgebekt, uitgekookt, ezelig mietje. Zo verkleed rondwandelen als jij doet.'
Dat bracht me van mijn stuk. Ze wist dat ik een jongen was. Maar ik was een binnennikker. Bevoorrecht. De mannen in huis bij Miss Abby vonden me leuk. Pie was praktisch mijn moeder. Ze had alles in de hand. Waarom zou ik me zorgen maken over een onoprechte, platvloerse, nutteloze, uitgehongerde nikker in het hok aan wie niemand een boodschap had? Ik beet van me af, en zou van niemand anders dan Pie of een blanke accepteren een grote mond te krijgen. Die negerin kleineerde me zonder met de ogen te knipperen. Dat ging me te ver.
'Hoe ik mijn huid bedek is mijn zaak.'
'Het is een last. Die je draagt. Niemand hier oordeelt over je. Maar om het kwaad van de blankers te ontwijken is meer nodig dan een muts en wat mooi ondergoed, kind. Dat zul je wel leren.'
Ik deed of ik niks hoorde. 'Ik geef u een kwartje als u vertelt waar hij is.'
'Dat is een hoop geld,' zei Libby. 'Maar ik kan het niet gebruiken in de huidige situatie.'
'Ik kan lezen en schrijven. Kan ik u laten zien.'
'Kom maar terug als je niet vol leugens zit,' zei ze. Ze pakte Sibonia's kist op en zei: 'Kom, zus.'
Sibonia, die daar stond met een druipende modderkluit in haar hand, deed toen wat vreemds. Ze keek naar de hoteldeur, zag dat die nog dicht was en zei tegen Libby met effen stem: 'Dit kind is in de war.'
'Laat de duivel hem dan halen,' zei Libby.
Sibonia zei zachtjes tegen haar: 'Ga daarheen, naar de anderen, zus.'
Het was bijna dodelijk, de manier waarop ze sprak. Zij en Libby keken mekaar een lang ogenblik aan. Er leek een soort stil teken

tussen hen te worden doorgegeven. Libby gaf haar houten kist aan Sibonia en Libby glipte zonder een woord te zeggen weg. Ze stapte resoluut weg naar de andere kant van het hek, waar de overige negers voorovergebogen bezig waren met de tuin en de varkens. Ze zei nooit meer een woord tegen me, de rest van haar leven – dat niet heel lang meer zou duren.

Sibonia ging weer op haar kist zitten en stak haar gezicht door het hek, keek me strak aan. Het gezicht met modder op haar wangen en wimpers dat door de latten gluurde, vertoonde nu geen grammetje gekte meer. Haar manier van doen was binnenstebuiten geklapt. Ze had de gekte van haar gezicht geveegd zoals je een vlieg wegveegt. Haar gezicht stond ernstig. Dodelijk ernstig. Haar boze ogen boorden zich in mijn gezicht, sterk en kalm als de ongebruikte loop van een dubbelloopsjachtgeweer. Er was kracht in dat gezicht.

Ze stak haar vingers in de grond, schepte wat modder op, vormde er een kluit van en legde die op de grond. Toen maakte ze nog een kluit, veegde haar gezicht af aan haar mouw, met haar ogen naar de grond, en legde de nieuwe modderkluit naast de eerste. Van een afstand zag ze eruit als een gek die op een kist zat en modderkluiten op mekaar stapelde. Ze sprak met die jachtgeweerogen strak naar de grond gericht, haar stem was zwaar en sterk.

'Je vraagt om problemen,' zei ze, 'als je mensen voor de gek houdt.'

Ik dacht dat ze doelde op de kleren die ik droeg, dus ik zei: 'Ik doe wat ik moet doen door deze kleren te dragen.'

'Daar heb ik het niet over. Ik heb het over dat andere. Dat is gevaarlijker.'

'Bedoel je het lezen?'

'Ik bedoel het liegen erover. Je heb van die mensen die eerst in een boom klimmen om een leugen te vertellen en dan op de grond gaan staan en de waarheid vertellen. Dat kan je duur te staan komen in dit land.'

Ik was een beetje geschrokken nu bleek hoe streng ze in haar hoofd was, want ik kon dan wel goed voor meisje spelen, maar zij speelde nog beter voor geestelijk gestoorde. Zo iemand als zij was niet te misleiden, dat had ik duidelijk gezien, dus ik zei: 'Ik lieg niet. Ik zal een stuk papier halen en het laten zien.'

'Geen papier hier buiten brengen,' zei ze snel. 'Je praat te veel. Als Darg erachter komt, zal het je berouwen.'

'Wie is Darg?'

'Dat kom je gauw genoeg achter. Kan je woorden schrijven?'

'Ik kan ook tekeningen maken.'

'Ik bekijk geen plaatjes. Wat ik wil is woorden. Als ik jou zou vertellen over die Bob van je, zou jij dan wat voor mij schrijven? Een vrijgeleide bijvoorbeeld? Of een koopakte?'

'Jawel.'

Ze hield haar hoofd bij de grond, druk bezig, met haar handen diep in de modder. De handen aarzelden en ze sprak tegen de grond. 'Misschien moet je er eerst over nadenken. Niet de stommeling uithangen. Niks ondertekenen wat je niet waar kan maken. Niet hierbuiten. Niet bij ons. Want als je ons wat toezegt, zal je eraan worden gehouwen.'

'Ik zei dat ik het zou doen.'

Ze keek op en zei zachtjes: 'Die Bob van jou is buitenshuis werkzaam.'

'Buitenshuis werkzaam?'

'Uitgeleend. Miss Abby heeft hem uitgeleend aan de zagerij aan de andere kant van het dorp. Niet voor niks, natuurlijk. Hij is daar praktisch al vanaf de dag dat hij hier kwam. Hij zal er zo dadelijk wel wezen. Hoe komt het dat hij nooit een woord over jou heeft gezegd?'

'Weet ik niet. Maar ik ben bang dat Miss Abby van plan is hem te verkopen.'

'Nou en? Ze gaat ons allemaal verkopen. Jou ook.'

'Wanneer?'

'Als ze eraan toe is.'

'Pie heeft daar nooit wat over gezegd.'

'Pie,' zei ze. Ze trok een wrede glimlach en zweeg. Maar de manier waarop ze het zei beviel me niet. Dat stak me een beetje. Ze bewoog haar handen in de modder en raapte weer een kluit op.

'Kunt u me wat laten weten over Bob?'

'Misschien. Als je doet wat je zei dat je zou doen.'

'Ik zei dat ik dat zou doen.'

'Als je hoort praten over een Bijbelbijeenkomst voor negers hier op het erf, kom dan. Dan breng ik je naar die Bob van jou. En dat lezen en schrijven daar hou ik je aan.'

'Goed dan.'

'Niet je mondje opendoen hierover, vooral niet tegenover Pie. Als je het toch doet, kom ik het te weten en dan wor je wakker met een berg messen tegen dat mooie halsje van je. Mijn mes als eerste. Losse lippen zorgen ervoor dat we allemaal op de koeltafel zullen slapen.'

Daarna draaide ze zich om, pakte haar kist en liep kakelend het erf over en zette de kist in het midden weer diep in de modder. Ze ging erop zitten, en de negers verzamelden zich weer rondom haar, met pikhouwelen en spaden in hun hand, bewerkten de grond om haar heen, keken boos naar mij en prikten in de modder om haar heen terwijl zij in hun midden op haar kist zat te kakelen als een kip.

13 OPSTAND

Ongeveer een week later kwam een donker meisje genaamd Nose van het erf de saloon binnen gehold met een stapel aanmaakhout, legde dat bij de kachel en fluisterde in het voorbijgaan op weg naar de deur: 'Bijbelbijeenkomst vanavond in het slavenhok.' Die avond glipte ik weg door de achterdeur en vond Bob. Hij stond bij de voorste poort van het erf, leunde op het hek, en was alleen. Hij zag er afgepeigerd uit. Zijn kleren waren een en al haveloosheid, maar hij was het en hij leefde nog.

'Waar ben je geweest?' vroeg ik.

'Bij de zagerij. Ze vermoorden me daar.' Hij keek naar mij. 'Ik zie dat jij een mooi leven hebt.'

'Waarom kijk je zo boos? Ik ben hier de baas niet.'

Hij keek angstig het hok rond. 'Ik wou dat ze me bij de zagerij hadden gehouwen. Deze nikkers hierbinnen gaan me vermoorden.'

'Stop met die gekkenpraat,' zei ik.

'Niemand praat tegen me. Ze zeggen geen stom woord tegen me. Niks.' Hij knikte naar Sibonia, die in de verste hoek zat te kakelen en te kraaien op haar houten kist. De negers sloten haar in, bewerkten de tuingrond met harken en spaden, en vormden een stille muur rondom haar, verspreidden aarde, smeten stenen door de lucht en wiedden onkruid. Bob knikte naar Sibonia. 'Die daar, dat is een heks. Ze is betoverd.'

'Nee hoor. Ik sta nu in het krijt bij haar vanwege jou.'

'Je staat dus in het krijt bij de duivel.'

'Ik heb het voor jou gedaan, broeder.'

'Noem me geen broeder. Jouw goeie daden zijn geen sodemieter waard. Kijk eens waar ik beland ben vanwege jou. Ik kan bijna niet naar je kijken. Kijk jezelf toch eens,' hij snoof. 'Haaisaai tot en met, voor mietje spelen, goed eten, binnen wonen. Ik zit hierbuiten in de kou en de regen. En jij loopt te pronken met die mooie nieuwe, chique jurk.'

'Je von het een goed idee om zo rond te zwerven!' siste ik.

'Ik heb niet gezegd dat je me moet laten vermoorden!'

Achter Bob viel plotseling een stilte over het erf. De harken en schoffels bewogen sneller en alle hoofd knikten omlaag alsof ze hard werkten. Iemand fluisterde haastig: 'Darg!' en Bob glipte snel naar de andere kant van het erf. Hij ging druk in de weer met de rest rondom Sibonia, wiedde onkruid in de tuin.

De achterdeur van een hutje aan de andere kant van het slavenhok ging open en er verscheen een reusachtige neger. Bijna net zo groot als Frederick, maar zeker zo breed. Hij had een dikke borst, brede schouders, en grote, dikke armen. Hij droeg een strohoed, een overall en een sjaal om z'n schouders. Z'n lippen hadden de kleur van henneptouw en z'n ogen waren zo klein en stonden zo dicht bij mekaar dat ze net zo goed in één oogkas konden zijn gestopt. Die gek was lelijk genoeg om je te laten denken dat de Heer hem met zijn ogen dicht in mekaar had gezet, op de gok. Maar er was ook kracht in die man, hij was puur krachtig, en leek groot genoeg om een huis op te tillen. Hij bewoog snel, glipte naar de rand van het nikkerhok en bleef daar even staan, gluurde naar binnen, liet lucht wegsuizen uit enorme neusgaten en liep toen langs de zijkant naar de poort waar ik stond.

Ik stapte achteruit toen hij dichterbij kwam, maar eenmaal voor me staand nam hij zijn hoed af.

'Avond, mooie halfbloed,' zei hij, 'wat zoek je in me hok?'

'Pie heeft me gestuurd,' loog ik. Het leek me geen goed idee Miss Abby erbij te halen, voor het geval hij er wat over zou zeggen tegen haar, want ik had hem wel nooit gezien in de saloon, maar dat hij de baas was van het erf betekende dat hij haar op de een of andere manier kon spreken. Ik werd niet geacht daar te zijn en dat wist hij volgens mij.

Hij likte zijn lippen af. 'Zwijg me over dat haaisaaie wijf. Wat zoek je?'

'Ik en me vriend hier,' – ik wees naar Bob – 'praatten even met mekaar, meer niet.'

'Een oogje op Bob, meisje?'

'Ik heb in geen enkele vorm, stijl of trant een oogje op hem. Ik kom hem alleen maar opzoeken.'

Hij grijnsde. 'Dit is mijn erf,' zei hij. 'Mijn terrein. Maar als mevrouw het zegt, is het goed, is het goed. Als ze dat niet doet, moet je doorlopen. Je vraagt het haar en dan kom je terug. Behalve...' hij glimlachte, waarbij een rij enorme witte tanden bloot kwam, 'dat je Dargs vriendje kan wezen. Wees lief voor die ouwe Darg, geef hem een kusje. Je ben oud genoeg.'

Ik zou eerder naar de hel gaan dan dat ik hem met een stok zou aanraken, die monsterachtige nikker. Ik stapte snel achteruit. 'Het is niet zo belangrijk,' zei ik, en ik was weg. Ik keek nog een laatste keer naar Bob voordat ik naar binnen holde. Hij had zich omgedraaid, trok zo snel hij kon onkruid uit de grond, de duivel hield de stand bij. Ik verried hem, zo voelde hij zich. Hij wou niks met mij te maken hebben. En ik kon hem niet helpen. Hij was alleen.

Ik werd bang van dat hele gedoe en vertelde het aan Pie. Toen ze hoorde dat ik op het erf was geweest, werd ze woedend. 'Wie heeft je gezegd met de buitennikkers om te gaan?'

'Ik zoch Bob.'

'Vlieg op met je Bob. Je werkt ons allemaal in de nesten! Zei Darg wat over mij?'

'Heb geen woord over u gezegd.'

'Je ben slecht in liegen,' snauwde ze. Ze bleef Darg een paar minuten vvloeken, en toen kwam ik aan de beurt. 'Blijf weg van die waardeloze, laag-bij-de-grondse nikkers. Als je dat niet doet moet je uit me buurt blijven.'

Nou, dat gaf de doorslag. Want ik hield van Pie. Zij was de moeder die ik nooit had gehad. De zus van wie ik hield. Natuurlijk had ik ook wat anders in mijn hoofd, over wat ze voor mij betekende, en die ideeën zaten vol stinkende, laag-bij-de-grondse gedachten die helemaal niet slecht waren als ik ze in me hoofd had, dus daardoor stopte het denken over Bob en Sibonia en het hok totaal. Allemaal afgedaan. Verblind door liefde. Ik had het trouwens druk. Pie was de drukst bezette hoer op de hele hete etage. Ze had een heleboel klanten: pro slavers, free staters, boeren, gokkers, dieven, predikanten, zelfs Mexicanen en indianen stonden in de rij voor haar deur. Omdat ik bij haar hoorde, had ik het voorrecht ze op te stellen in volgorde van belangrijkheid. Op die manier kwam ik behoorlijk wat belangrijke lui tegen, er was een rechter bij die Fuggett heette, daar kom ik zo meteen op terug.

Mijn dagen leken over het algemeen op mekaar. Elke middag als Pie opstond, bracht ik haar koffie en broodjes en dan gingen we zitten praten over de gebeurtenissen van de vorige avond en zo, en dan lachte ze om een vent die zichzelf op de een of andere manier belachelijk had gemaakt op de hete etage. Omdat ik overal in de herberg ronddarde en zij 's nachts moest werken, miste ze alles wat er in de saloon gebeurde, waardoor ik het voorrecht had haar de roddels op te dissen over wie wat had gedaan en wie John had neergeschoten en dergelijke beneden. Ik begon niet meer over het slavenhok, maar kon het niet uit me gedachten zetten, want ik stond in het krijt bij Sibonia en ze leek me iemand bij wie je beter niet in het krijt kon staan. Eens in de zo veel tijd liet Sibonia me via een of andere neger wat weten, ik moes haar buiten opzoeken en mijn belofte vervullen om haar te leren lezen. Het probleem was: erheen gaan dat viel heel niet mee. Het hok was te zien vanuit elk raam van het hotel, en de slavernijkwestie leek voor spanning te zorgen in Pikesville. Zelfs in normale tijden waren vechtpartijen aan de orde van de dag op de prairie in het westen in die dagen. Kansas en Missouri lokten allerlei avonturiers, Ieren, Duitsers, Russen, grondspeculanten, goudzoekers. Tussen goedkope whisky, geschillen over grondconcessies, roodhuiden die voor hun land vochten en verdorven vrouwen was de doorsnee westerse kolonist elk ogenblik wel te porren voor een mooie kloppartij. Maar niks was beter voor een fikse ruzie dan de slavernijdiscussie, die zich destijds leek op te dringen aan Pikesville. Dat gaf zo veel aanleiding tot stomp-, steek-, jat- en schreeuwpartijen dat Miss

Abby zich vaak hardop afvroeg of ze de slavenhandel er eigenlijk niet helemaal aan moest geven.

Vaak ging ze in de saloon sigaren zitten roken en pokeren met de mannen en op een nacht toen ze met een paar kerels uit de betere standen van de stad een potje zat te kaarten, flapte ze eruit: 'De combinatie van free staters en mijn weglopende nikkers maakt een probleem van de slavernij. Het echte gevaar voor dit gebied is dat er te veel geweren rondzwerven. Stel dat de nikkers wapens kregen?'

De mannen aan tafel, die van hun whisky nipten en hun kaarten vasthielden, deden het met een lach af. 'De doorsnee neger is te vertrouwen,' zei de een.

'Nou, ik zou mijn slaven wapenen,' zei een ander.

'Ik zou mijn slaaf mijn leven toevertrouwen,' zei weer een ander – maar niet lang daarna bedreigde een van zijn slaven hem met een mes en verkocht hij zijn hele slavenbestand.

Dat maalde uiteraard allemaal door mijn hoofd want ik rook overal nattigheid. Er gebeurde wat buiten de stad, maar er drong weinig nieuws door. Zoals meestal in het leven weet je niks totdat je het weten wil en zie je niet wat je niet zien wil, maar al dat gepraat over slavernij zette de deur wijd open voor bepaalde dingen, zoals ik niet lang nadien merkte.

Ik liep langs de keuken en hoorde een vreselijke stampij uit de saloon komen. Ik zette de deur op een kier open, gluurde naar binnen en zag een meute redshirts, drie rijen diep vanaf de bar en tot de tanden gewapend. Door het voorraam zag ik dat de weg voor het hotel vol stond met gewapende mannen te paard. De achterdeur die naar de slavensteeg leidde, was potdicht. Ervoor stonden een paar redshirts, nou díé waren nog eens gewapend. De hotelbar draaide op volle toeren, stond vol rebellen die alle soorten wapens droegen; Miss Abby en rechter Fuggett, de vaste klant van Pie, die twee waren aan het knokken.

Geen vuistgevecht, maar een echte ruzie. Als ik werkte moest ik blijven vliegen en draven zodat niemand me kon verwijten dat ik treuzelde, maar ze waren zo verhit dat niemand op me lette. Miss

Abby was woedend. Ik denk dat als de ruimte niet vol gewapende mannen was geweest die rond rechter Fuggett stonden, ze op hem zou hebben geschoten met het pistool aan haar ceintuur, maar dat deed ze niet. Uit wat ik ervan begreep hadden die twee ruzie over geld, veel geld. Miss Abby was laaiend van woede. 'Ik verklaar dat ik niet akkoord ga,' zei ze. 'Dat gaat me een paar duizend dollar kosten!'

'Ik zal u arresteren als het moet,' zei rechter Fuggett, 'want het dient te gebeuren.' Een paar mannen knikten instemmend. Miss Abby's rol was nu uitgespeeld. Kokend van woede droop ze af, terwijl de rechter midden in het zaaltje ging staan en de anderen toesprak. Ik bleef met mijn gezicht achter een paal naar hem staan luisteren: er waren plannen gemaakt voor een opstand. Het ging om de negers uit het hok, minstens enkele tientallen. Ze waren van plan honderden blanke gezinnen te vermoorden, inclusief de geestelijke van de stad, die van negers hield en tegen de slavernij preekte. Een aantal negers uit het hok, die eigendom waren van Miss Abby en van een paar anderen – want slavenhouders die naar de stad kwamen om zaken te doen stalden hun negers vaak op het erf – waren gearresteerd. Negen waren er door de mand gevallen. De rechter was van plan alle negen de volgende ochtend te berechten. Vier van hen waren van Miss Abby.

Ik holde terug naar boven, naar Pie's kamer, en vloog de deur binnen. 'Stront aan de knikker,' flapte ik eruit, en ik vertelde haar wat ik had gehoord.

Mijn hele verdere leven zou ik haar reactie onthouden. Ze zat op bed toen ik het vertelde en toen ik klaar was zei ze geen woord. Ze stond op van haar bed, liep naar het raam en keek omlaag naar het slavenhok, dat leeg was. Toen zei ze over haar schouder: 'Meer niet? Negen maar?'

'Dat is veel.'

'Ze zouwen ze allemaal moeten ophangen. Stuk voor stuk, al die laag-bij-de-grondse, waardeloze nikkers.'

Ik neem aan dat ze mijn gezicht zag, want ze zei: 'Rustig maar. Dit is geen kwestie voor jou en mij. Het gaat voorbij. Maar ik kan nou niet tegen je praten. Wij met z'n tweeën hier is te veel. Ga naar buiten en zet je oren open. Kom boven als de kust veilig is en vertel wat je hoort.'

'Maar ik heb niks gedaan,' zei ik, want ik was bang voor mijn eigen hachje.

'Jou gebeurt niks. Voor jou en mij heb ik het al geregeld met Miss Abby. Zwijg nou maar en luister naar wat er wordt gezegd. Vertel me wat je hoort. En nou wegwezen. En laat niemand zien dat je tegen nikkers praat. Geen mens. Hou je gedeisd en luister. Zoek uit wie die negen zijn, en als de kust veilig is, glip dan terug hierbinnen en vertel het me.'

Ze duwde me de deur uit. Ik waagde het de trap af te lopen naar de saloon, glipte de keuken binnen, en luisterde mee terwijl de rechter tegen Miss Abby en de anderen vertelde wat er zou gebeuren. Wat ik allemaal hoorde, maakte me bang.

De rechter maakte bekend dat hij en zijn mannen alle slaven op het erf hadden ondervraagd. De negers ontkenden de plannen voor een opstand, maar eentje hadden ze met een smoes een bekentenis ontlokt of het hoe dan ook laten vertellen, denk ik. Ergens hadden ze de informatie over die negen negers vandaan, en die negen van het erf waren gegrepen en in de nor gegooid. De rechter legde verder uit dat hij en zijn mannen wisten wie de leider van de hele zaak was, maar de leider deed geen mond open. Ze wouwen dat probleem meteen oplossen, dat was de reden waarom al die mannen en verschillende stedelingen, gewapend tot hun strot, in de saloon waren neergestreken en Miss Abby uitkafferden. Want de leider van de opstand was een van Miss Abby's slaven, zei de rechter, ronduit gevaarlijk, en toen ze Sibonia twintig minuten later binnenbrachten, met kettingen aan haar enkels en voeten, keek ik niet verbaasd op.

Sibonia zag er afgetobd, moe en mager uit. Haar haar vormde één puinhoop. Haar gezicht was opgezet en gezwollen, en haar huid glom. Maar haar ogen straalden kalm. Dat was hetzelfde gezicht als ik in het hok had gezien. Ze was zo kalm als een ei. Ze pootten haar op een stoel voor rechter Fuggett en de mannen gingen om haar heen staan. Een paar stonden er voor haar te vloeken terwijl de rechter een stoel bijtrok en voor haar ging zitten. Er werd een tafel voor hem neergezet en hij kreeg een drankje voor zijn neus. Iemand gaf hem een sigaar. Hij installeerde zich achter de tafel en stak hem aan, puffend en traag nippend van zijn drankje. Hij had geen haast en Sibonia evenmin, ze zat daar zo stil als de maan, zelfs toen een aantal mannen om haar heen haar de huid vol scholden.

Eindelijk verhief rechter Fuggett zijn stem en bracht iedereen tot zwijgen. Hij keek naar Sibonia en zei: 'Sibby, we willen alles weten over dit moorddadige complot. We weten dat jij de leider bent. Verschillende mensen hebben het gezegd. Dus ontken het maar niet.'

Sibonia was zo kalm als een grassprietje. Ze keek de man recht in de ogen, niet opzij en niet over zijn hoofd heen. 'Ik ben die vrouw,' zei ze, 'en ik schaam me niet en ben niet bang het toe te geven.'

De manier waarop ze sprak, hem recht aansprak, in een kamer boordevol dronken rebellen, daarvan was ik ondersteboven.

Rechter Fuggett vroeg haar: 'Wie is er nog meer bij betrokken?'

'Ik en mijn zus, Libby, en anderen biecht ik niet op.'

'We hebben manieren om het je te laten vertellen als je wilt.'

'Doe maar wat u niet laten kan, rechter.'

Nou, dat was hem te veel. Zijn niveau zakte aanmerkelijk, hij werd zo boos dat het zielig was. Hij dreigde haar te slaan, te geselen, met pek en veren te bedekken, maar ze zei: 'Ga u gang. U kan zelfs Darg erbij halen als u wil. Maar het kan niet uit mij worden gegeseld, en niet op een andere manier geforceerd. Ik ben die vrouw. Ik heb het gedaan. En als ik de kans had zou ik het weer doen.'

Nou, de rechter en de mensen om hem heen stampten en schreeuwden verschrikkelijk; ze gingen tekeer over hoe ze haar fijn zouwen malen tot een stompje en haar geslachtsdelen zouwen afscheuren en haar opvoeren aan de varkens als ze de namen van de anderen niet gaf. Rechter Fuggett beloofde dat ze midden op het stadsplein een vreugdevuur zouwen beginnen en haar daarin gooien, maar Sibonia zei: 'Ga u gang. U heb mij, en anderen zal u niet door mij te pakken krijgen.'

Ik denk dat de enige reden waarom ze haar niet onmiddellijk opknoopten was dat ze niet zeker wisten wie de andere verraders wel konden wezen en dat ze bezorgd waren dat er misschien een hele hoop meer waren. Dat bracht ze van hun stuk, dus ze zeien nog wat meer vreselijke dingen en dreigden haar onmiddellijk op te hangen, zeien dat ze haar tanden uit zouwen trekken en zo, maar uiteindelijk kregen ze niks uit haar en gooiden haar weer in de nor. De volgende paar uur waren ze bezig te proberen de zaken uit te zoeken. Ze wisten dat haar zus en zeven anderen erbij betrokken waren. Maar er leefden op verschillende momenten tussen de twintig en dertig slaven in het hok, nog afgezien van de enkelen die er steeds de dag doorbrachten omdat hun eigenaren naar de stad kwamen om zaken te doen en hen in het hok stalden. Dat betekende dat er tientallen negers van bijna honderd mijl in de omtrek bij het complot betrokken zouwen kunnen zijn.

Nou, ze delibereerden tot 's avonds laat. Het ging ook niet alleen om het principe van de zaak. Slaven waren veel geld waard. Slaven werden in die dagen geleend, uitbesteed, gebruikt als onderpand voor van alles en nog wat. Verschillende slaveneigenaren wier slaven waren gearresteerd stonden op en verklaarden dat hun slaven onschuldig waren en eisten dat Sibonia weer werd gehaald en dat haar nagels stuk voor stuk werden uitgetrokken totdat ze bekendmaakte wie er met haar in het complot zat. Een van hen daagde zelfs de rechter uit: 'Hoe weet u eigenlijk dat er een complot is?'

'Dat werd mij in vertrouwen meegedeeld door een neger,' zei hij.

'Welke?'

'Dat vertel ik niet,' zei de rechter. 'Maar het is een neger die het me vertelde, een vertrouwde neger. Bekend bij velen van jullie.'

Daar kreeg ik de rillingen van want er was maar één neger in het stadje die velen van hen kenden. Maar die gedachte zette ik op dat moment uit mijn hoofd, want de rechter verklaarde meteen daarna dat ze al drie dagen geleden hadden gehoord over de opstand, en ze konden maar beter een manier vinden om Sibonia meer namen te laten ophoesten, want hij was bang dat de opstand al verder was dan Pikesville. Daar waren ze het allemaal mee eens.

Die loer had ze hun gedraaid en dat konden ze niet uitstaan. Ze waren vastbesloten haar klein te krijgen, dus ze dachten en bleven denken. Ze stopten die nacht met denken en kwamen de volgende dag weer samen, praatten en dachten nog een beetje meer, en ten slotte, laat op de avond van de tweede dag, kwam de rechter zelf met een plan.

Hij deed een beroep op de geestelijke van de stad. Die kerel hield elke zondagavond een dienst voor de negers op het erf. Omdat het complot inhield dat ook hij en zijn vrouw zouwen worden vermoord, besloot de rechter de geestelijke te vragen naar de gevangenis te gaan en te praten met Sibonia, want de negers kenden hem als een eerlijk man en van Sibonia was bekend dat ze hem respecteerde.

Het was een voortreffelijk idee, en de anderen stemden ermee in.

De rechter ontbood de geestelijke naar de saloon. Het was een stevige, standvastig uitziende man met bakkebaarden, gekleed in een conventioneel jasje en vest. Naar prairienormen was hij schoon en toen hij voor rechter Fuggett werd gebracht en hem van het plan vertelde, knikte de geestelijke en stemde in. 'Sibonia zal tegen mij niet kunnen liegen,' kondigde hij aan, marcheerde de salon uit en ging op weg naar de gevangenis.

Vier uur later kwam hij uitgeput de saloon binnenstrompelen. Hij moest in een stoel worden geholpen. Hij vroeg wat te drinken. Er werd een drankje voor hem ingeschonken. Hij sloeg het achterover en vroeg er nog een. Ook dat dronk hij op. Toen vroeg hij er nog een, en toen ze hem dat hadden gebracht kon hij rechter Fuggett en de anderen eindelijk vertellen wat er was gebeurd.

'Ik ben volgens de instructies naar de gevangenis gegaan,' zei hij. 'Ik heb de cipier gedag gezegd, hij bracht me naar de cel waar Sibonia zat. Ze zat in de achterste cel, de laatste. Ik ging de cel binnen en ging zitten. Ze begroette me hartelijk. Ik zei: "Sibonia, ik kom om alles te horen wat je weet over de schandalige opstand…" en ze onderbrak me. Ze zei: "Dominee, daarvoor komt u niet. Misschien werd u overgehaald te komen of gedwongen te komen. Maar zou u, die me het woord van Jezus heb geleerd; u, de man die me heb geleerd dat Jezus heb geleden en is gestorven in waarheid; zou u me zeggen dat ik vertrouwen moet beschamen dat me in het geheim werd geschonken? Wou u, die me heb geleerd dat het offer van Jezus voor mij was en voor mij alleen, wou u mij nou vragen de levens op het spel te zetten van anderen die me wouwen helpen? U kent me, dominee!"'

De ouwe geestelijke liet zijn hoofd hangen. Ik wou dat ik het verhaal kon herhalen zoals ik het die ouwe man hoorde vertellen, want zelfs bij het navertellen vertel ik het niet op zijn manier. Hij was geestelijk kapot. Iets in hem was ingestort. Hij boog zich over het tafeltje, met zijn hoofd in zijn handen, en vroeg nog wat te drinken. Ze brachten het hem rap. Pas nadat hij dat achterover had geslagen kon hij verder.

'Voor het eerst in mijn leven als geestelijke voelde ik dat ik een enorme zonde op mijn geweten had,' zei hij. 'Ik kon niet doorgaan. Ik accepteerde dat ik door haar de mantel werd uitgeveegd. Langzaam maar zeker herstelde ik van de schok, en ik zei: "Maar Sibonia, het was een schandalig complot. Als het was geslaagd, hadden de straten rood gezien van het bloed. Hoe kon je samenspannen om zo veel onschuldige mensen te doden? Om mij te doden? En mijn vrouw? Wat hebben mijn vrouw en ik jou misdaan?" Toen keek ze me ernstig aan en zei: "Dominee, u en uw vrouw hebben me toch geleerd dat God geen onderscheid maakt tussen mensen? U en uw vrouw hebben me toch geleerd dat wij in Zijn ogen allemaal gelijk zijn? Ik was een slaaf. Mijn man was een slaaf. Mijn kinderen waren slaven. Maar ze werden verkocht. Allemaal. En nadat het laatste kind was verkocht, zei ik: 'Ik zal de zaak van de vrijheid dienen.' Ik had een plan, dominee. Maar dat is mislukt. Ik werd verraden. Maar ik zeg u nou, als ik succes had gehad, zou ik u en uw vrouw als eersten hebben gedood, om mijn volgelingen te laten zien dat ik mijn liefde kon offeren zoals ik hun opdroeg hun haat te offeren, om rechtvaardigheid voor hen te bereiken. Ik zou me de rest van mijn leven ellendig hebben gevoeld. Ik kon geen ander menselijk wezen doden waarbij ik me nog slechter zou voelen. Maar in mijn hart zegt God dat ik gelijk had."'

De dominee zakte achterover in de stoel. 'Ik was overweldigd,' zei hij. 'Ik kon niet makkelijk een antwoord vinden. Haar eerlijkheid was zo oprecht, in mijn sympathie voor haar vergat ik alles. Ik wist niet wat ik deed. Ik was de kluts kwijt. Ik greep haar bij de hand en zei: "Sibby, laat ons bidden." En we hebben lang en vurig gebeden. Ik bad tot God als onze gemeenschappelijke Vader. Ik erkende dat hij recht zou laten wedervaren. Dat degenen die wij aanzien voor de slechtsten voor Hem wellicht de besten zijn. Ik bad tot God om Sibby te vergeven en als wij fout waren, de blankers te vergeven. Ik drukte Sibby de hand toen ik klaar was en kreeg een warme handdruk van haar terug. En met een nooit eerder ervaren vreugde hoorde ik haar ernstige, plechtige "Amen" toen ik afsloot.'

Hij stond op. 'Ik ben niet meer geschikt voor dit duivelse systeem,' zei hij. 'Hang haar maar op als jullie willen. Maar zoek iemand anders om geestelijke te zijn in deze stad, want ik heb het gehad.'

En daarmee stond hij op en liep de deur uit.

14 EEN VRESELIJKE ONTDEKKING

Ze verknoeiden geen tijd met maïs roosteren toen het aankwam op het verhangen van Sibonia's negers. De volgende dag begonnen ze aan het schavot. Verhangingen waren spektakels in die dagen, compleet met drumbands, militie, toespraken en de hele rataplan. Omdat Miss Abby zo veel geld verloor nu vier van haar mensen naar het schavot gingen, rekten ze de zaak langer terwijl zij zich erover opwond. Maar de beslissing was genomen. En leverde de stad veel geld op. Zakelijk waren de twee dagen daarna geweldige dagen. Ik rende de hele dag rond met eten en drinken voor de mensen die van mijlenver in de omtrek kwamen kijken. Er hing een gevoel van opwinding in de lucht. Intussen glipten alle slavenhouders met hun negers de stad uit, ze verdwenen met hun negers en bleven weg. Die lui wouwen hun geld houwen.

Het nieuws over de verhanging zoog ook nog andere problemen aan, want er ging een gerucht dat abolitionisten er lucht van hadden gekregen en naar het zuiden zwierven. Er werd gezegd dat er verschillende overvallen waren gepleegd. Er werden patrouilles gestuurd. Alle kolonisten liepen rond met een geweer. De stad zat potdicht, de in- en uitgaande wegen waren afgesloten voor iedereen behalve wie bekend was bij de stadsbevolking. Het zakenleven floreerde, er gingen geruchten en er hing een gevoel van opwinding waaraan niet te ontkomen viel, en daardoor duurde het feitelijk bijna een volle week voordat ze aan de voorstelling zelf toekwamen.

Maar ten slotte was het zover, op een zonnige middag, en de mensen hadden zich nog niet verzameld op het dorpsplein en de laatste militie was nog niet gearriveerd of ze sleepten Sibonia en de anderen al naar buiten. Ze kwamen op een rij uit de gevangenis, alle negen, aan weerszijden begeleid door rebellen en militie. Er was een machtige menigte die er getuige van wou zijn, en als de negers enige hoop hadden gehad dat ze op het laatste moment zouwen worden gered door free staters, hoefden ze alleen maar om zich heen te kijken om te zien dat het niet ging gebeuren. Er stonden driehonderd tot de tanden gewapende rebellen in formatie rond het schavot, van wie zo'n honderd man in uniform met glanzende bajonetten, rode overhemden en modieuze broek, en zelfs een echte trommelaar. De negers uit alle omliggende gebieden waren ook meegetroond, mannen, vrouwen en kinderen. Ze werden op een rij vlak voor het schavot gezet, om ze getuige te laten zijn van de verhanging. Om ze te laten zien wat er zou gebeuren als ze probeerden in opstand te komen.

De afstand die Sibonia en de anderen moesten overbruggen tussen de gevangenis en het schavot was niet groot, maar enkelen moeten het gevoel hebben gehad dat het mijlen waren. Sibonia, die ze allemaal wouwen zien hangen, was de laatste in de rij. Op weg naar het schavot verloor de nog jeugdige jongen die voor Sibonia liep de moed en zakte in mekaar vlak voordat hij op de trap naar het podium stapte. Snikkend viel hij op zijn gezicht. Sibonia greep hem bij zijn kraag en trok hem overeind. 'Wees een man,' zei ze. Hij vermande zich en klom de trap op.

Toen ze bovenop allemaal bij mekaar stonden, vroeg de beul wie als eerste wou. Sibonia keek naar haar zus en zei: 'Kom, Libby.' Ze keek naar de anderen en zei: 'Wij geven het voorbeeld, jullie gehoorzamen.' Ze stapte op de strop toe en liet het touw als eerste om haar nek slaan, Libby volgde.

Ik wou dat ik de spanning voor u kon beschrijven. Het leek of een touw zich rond het zonlicht aan de hemel had geknoopt en elke vijg en vijgenblad op zijn plaats hield, want er was geen levende ziel die bewoog en geen briesje dat zich roerde. In de menigte werd geen woord gesproken. De beul was niet brutaal of ruw, maar eerder beleefd. Hij liet Sibonia en haar zus nog een paar woorden wisselen en vroeg toen of ze klaar waren. Ze knikten. Hij draaide zich om en pakte de kap om die over hun hoofd te trekken. Hij liep naar Sibonia om haar hoofd het eerst te bedekken, en toen hij dat had gedaan, sprong ze plotseling opzij, zette zich af zo hoog ze kon en viel zwaar door het gat in de vloer.

Maar ze viel maar half. De knoop was niet goed vastgemaakt zodat ze helemaal kon vallen, wat haar remde in haar val. Onmiddellijk gingen er stuiptrekkingen door haar lijf, dat half in de opening was verdwenen. Bij dat kronkelen schopten haar voeten, die instinctief probeerden terug te komen op het plankier waarop ze had gestaan. Met haar gezicht naar de overige negers legde haar zus, Libby, haar hand in Sibonia's zij, boog zich voorover en duwde met haar arm Sibonia's wriemelende lichaam vrij van het plankier. Tegen de anderen zei ze: 'Laten wij sterven zoals zij.' En na een paar momenten van schokken en sidderen was het met haar gebeurd.

Bij god, ik zou flauw zijn gevallen als de zaak niet volstrekt de verkeerde kant op was gegaan, waardoor de hele situatie meteen een heel stuk interessanter werd. Verschillende rebellen in de menigte begonnen te mompelen dat het ze absoluut niet beviel, anderen zeien dat het verdomd zonde was ze op te hangen, negen mensen, dat alleen al, want de ene neger liegt net zo makkelijk over een andere als dat je je broek dichtgespt, en niemand weet wie wat heb gedaan, hang ze dan maar liever allemaal op. Weer anderen zeien dat de negers niks hadden gedaan, het was allemaal gewoon een berg narriskat, want de rechter wou de zaken van Miss Abby's overnemen, en anderen zeien dat het afgelopen moest zijn met de slavernij want het gaf alleen maar problemen. Wat erger was, de negers die stonden te kijken kregen het zo op hun heupen na het zien van Sibonia's moed dat de soldaten op hen afstormden om ze rustig te houwen, wat nog meer opschudding veroorzaakte. Het ging simpelweg niet op de manier die iemand had verwacht.

Toen de rechter zag dat de zaak uit de hand liep, hingen ze de overige veroordeelde negers zo snel mogelijk op, en een paar minuten later lagen Libby en alle anderen samen op de grond te slapen.

Daarna glipte ik weg op zoek naar een beetje troost. Aangezien Pie het niet had gezien, ging ik ervan uit dat ze erover zou willen weten. Ze was de afgelopen dagen in haar kamer gebleven, want haar pruimverhuurbedrijfje ging dag en nacht door en draaide zelfs intensiever in tijden van onrust. Maar nu alles voorbij was, kreeg ik de kans weer in de gratie te komen, en het nieuws aan haar door te geven, want ze vond het altijd leuk roddels te horen, en dit was een opwindende roddel.

Maar ze deed vreemd tegen me. Ik kwam bij de kamer en klopte aan. Ze deed open, veegde me een beetje de mantel uit, zei dat ik moest inrukken en sloeg toen de deur voor mijn neus dicht.

Eerst zocht ik er niet te veel achter, maar ik moet hier zeggen dat ik weliswaar niet voor het ophangen was, maar ook niet absoluut ertegen. Feit is dat het me geen van beide erg veel kon schelen. Ik verdiende er genoeg mee in de vorm van voedsel en fooien, want het was een spektakel. Dat was prima. Maar het eind van het liedje was dat Miss Abby veel geld had verloren. Al vóór de opstand had ze weleens gesuggereerd dat ik op mijn rug meer geld kon verdienen dan op mijn voeten. Ze was uiteraard met haar gedachten bij de verhanging, maar nu die voorbij was, zou ik me zorgen moeten maken over haar verdere bedoelingen met mij. Maar daar zat ik absoluut niet over in. Ik piekerde niet over de verhanging, niet over Sibonia, niet over het hoerenleven en ook niet over Bob, die niet was opgehangen. Mijn hart deed alleen pijn vanwege Pie. Ze wou niks met me te maken hebben. Ze verstootte me.

Eerst maakte ik me niet zo veel zorgen. Er was een heleboel onrust, want het was hoe dan ook een moeilijke tijd, voor blankers en niet-blankers. Er waren negen negers opgehangen en dat is een hele hoop, zelfs voor negers is dat een hele hoop. Een neger was een nederige hond in de slaventijd, maar wel een waardevolle hond. Verschillende eigenaars van wie slaven waren opgehangen hadden tot het einde gevochten tegen de verhanging, want het werd nooit duidelijk wie wat had gedaan en wat Sibonia's echte plan was en wie het wie vertelde. Er was alleen pure angst en verwarring. Sommige van de negers die waren opgehangen biechtten zus voordat ze stierven en biechtten zo nadat ze zich hadden omgedraaid, maar hun verhalen gingen dwars tegen mekaar in, dus niemand wist ooit wie hij moest geloven, want de aanstichtster heeft dat nooit verteld. Sibonia en haar zus Libby hebben nooit iemand verlinkt en lieten een grotere chaos achter dan het was bij hun leven, en dat was volgens mij ook hun bedoeling. Het gevolg was dat er een aantal slavenhandelaren kwam opdagen en een paar dagen na het verhangen wat zaken deed, maar niet veel, want op slavenhandelaren werd over het algemeen neergekeken. Zelfs bij pro slavers waren ze niet populair, want mannen die geld ruilden voor bloed werden niet beschouwd als werkende mensen, maar meer als dieven en handelaren in zielen, de doorsnee bijgelovige pionier hield niet van die typen. Trouwens, een drukbezette slavenhandelaar had absoluut geen zin om naar het Missouriterritorium te reizen om een lastige slaaf in handen te krijgen, en die dan helemaal naar het Diepe Zuiden te brengen en te verkopen, want die lastige neger kon net zo makkelijk een opstand beginnen in het zuidelijke New Orleans als hier, en dat zou weer worden doorverteld, terwijl die slavenhandelaar een reputatie op te houwen had. Negers uit Pikesville stonden bekend als slechte handel. Hun prijs was gekelderd, want niemand wist wie van hen wel bij de opstand hoorde en wie niet. Dat was volgens mij Sibonia's geschenk aan hen. Anders zouwen ze allemaal naar het zuiden zijn gegaan. In plaats daarvan bleven ze waar ze waren omdat niemand ze wou, en de slavenhandelaren vertrokken.

Maar het zaakje bleef stinken. Vooral met Pie. Ze was vóór het ophangen geweest, maar leek er nu door uit het lood geslagen. Ik wist wat ze had gedaan, of vermoedde het: de rechter vertellen over de opstand, maar eerlijk gezegd nam ik haar dat niet kwalijk. Negers draaiden elkaar een loer in die dagen, net als blankers. Wat maakte het uit? Het ene verraad is niet groter dan het andere. De blankers pleegden verraad op papier. Nikkers namen hun verraad in de mond. Het is en blijft hetzelfde kwaad. Iemand uit het hok moet Pie hebben verteld dat Sibonia een ontsnapping aan het bekokstoven was en Pie vertelde het de rechter in ruil voor een of andere gunst, en toen het bekokstoven klaar was en de stoofpot opgeschept, hé, bleek het helemaal geen ontsnapping, maar eigenlijk moord. Dat zijn twee verschillende dingen. Pie had een beerput opengemaakt, denk ik, en wist dat pas toen het te laat was. Zoals ik het zie, terugkijkend, had rechter Fuggett zo zijn eigen belangen. Hij bezat geen slaven, maar wou ze. Hij had alles te winnen bij het failliet van Miss Abby, want ik heb hem later horen zeggen dat hij zijn eigen saloon wou openen, en net als de meeste blankers in de stad werd hij bang en jaloers als het om Miss Abby ging. Het verlies van de slaven kostte haar sloten geld.

Ik denk niet dat Pie daar allemaal aan had gedacht. Ze wou vrijkomen. Volgens mij had de rechter haar een bepaalde belofte gedaan om te ontsnappen, zoiets denk ik, en heeft hij die nooit ingelost. Ze heeft het nooit gezegd, maar zo doe je dat als je slaaf ben en vrij wil komen. Je sjachert. Je doet wat je kan. Je gebruikt wie je kan. En als de vis de emmer uit springt, boven op jou en dan terug in het meer stuitert, nou, dan heb je je kans gemist. Pie had die pot geld onder haar bed en leerde van mij lezen, ze ging in de aanval tegen Sibonia en de lui die de pest aan haar hadden omdat ze mulattin was en knap. Ik nam het haar niet kwalijk. Ik leefde zelf vrolijk het leven van een meisje. Elke neger deed wat hij kon om het te redden. Maar het web van de slavernij was een penibele zaak. En als puntje bij paaltje kwam was niemand er vrij van. Het werkte allemachtig in op mijn arme Pie.

Ze was erdoor verdoofd. Ze liet me in haar kamer om schoon te maken en op te ruimen en haar water te brengen en de ondersteken te legen en zo. Maar zodra ik klaar was ging ik de deur weer uit. Ze zei maar een paar woorden tegen me. Ze leek compleet leeg, als een glas waaruit je het water op de grond heb laten lopen. Haar raam keek uit over het slavenerf – je kon net de rand ervan zien; geleidelijk raakte het weer gevuld – en menige middag liep ik bij haar binnen en dan zat ze daar te staren, te vloeken. 'Ze hebben alles verstierd,' zei ze. 'Die verdomde rotnikkers.' Ze klaagde dat haar nering door het verhangen was teruggelopen, hoewel ik nog steeds lange rijen klanten buiten haar kamer zag. Dan stond ze bij het raam, vvloekte de hele zaak en gooide me er met een of andere smoes uit, waardoor ik op de gang moest slapen. Ze hield haar deur altijd dicht. Als ik langskwam en aanbood haar te leren lezen, was ze niet geïnteresseerd. Ze bleef gewoon in die kamer en naaide die kerels droog, en enkelen van hen begonnen zelfs te klagen dat ze midden onder de daad in slaap viel, dat hoorde niet.

Ik was de weg kwijt. En ook, moet ik hier zeggen, had ik haar langzamerhand zo nodig, dat ik erover dacht de meisjesrol eraan te geven. Ik wou het niet meer. Sibonia zien had me veranderd. De herinnering aan die jongen die ze op het schavot van de grond plukte met de woorden: 'Wees een man', nou, dat had erin gehakt. Ik vond het niet spijtig dat ze dood was. Dat was het leven waaraan ze had besloten een eind te maken, in haar eigen vorm en stijl. Maar ik bedacht dat als Sibonia zich manmoedig kon gedragen en kon accepteren wat er gebeurde, ook al was ze een vrouw, nou, bij god, dan kon ook ik, al leidde ik niet het leven van een man, me manmoedig gedragen en de vrouw van wie ik hield mijn liefde verklaren. Die hele verdomde zaak gonsde door mijn hoofd, maar er was ook een praktische kant. Miss Abby had vier slaven verloren bij de verhanging, Libby, Sibonia, en twee mannen, die Nate en Jefferson heetten. En terwijl ze had gesuggereerd dat mijn tijd op mijn rug eraan kwam, dacht ik dat ze nog wel een paar mannen kon gebruiken om de gehangenen te vervangen. Volgens mij paste ik in dat plaatje. Op mijn twaalfde was ik niet echt een man, en ik ben nooit een grote man geweest, maar ik was hoe dan ook een man, en nu ze een heleboel geld kwijt was, zag Miss Abby de zaak misschien op mijn manier en beschouwde me misschien als een man, want ik was een noeste werker, hoe je het mes ook keerde. Volgens mij besloot ik dat ik niet meer voor meisje wou spelen.

Als een jongen een man wordt gebeurt er dit: je wordt stommer. Ik zat mezelf dwars. Ik liep gevaar naar het zuiden te worden verkocht en alles te verliezen omdat ik een man wou wezen. Niet voor mezelf. Maar voor Pie. Ik hield van haar. Ik hoopte dat ze me zou begrijpen. Me accepteren. Accepteren dat ik de moed had mijn vermomming af te gooien en mezelf te zijn. Ik wou dat ze wist dat ik niet meer voor meisje zou spelen en verwachtte dat ze om die reden van me zou houwen. Ook al was ze niet aardig tegen me, ze wees me nooit helemaal af. Ze zei nooit: 'Kom niet meer terug'. Ze liet me altijd in haar kamer om schoon te maken en een beetje op te ruimen, en dat vatte ik op als aanmoediging.

Op een middag had ik die gedachten in mijn hoofd en besloot ik dat de hele poppenkast voor mij was afgelopen. Ik ging naar boven, naar haar kamer en de woorden lagen klaar in mijn mond om ze te zeggen. Ik deed de deur open, deed hem weer goed dicht, want ik wist dat haar stoel achter het kamerscherm stond, bij het raam, zodat ze naar buiten kon kijken en zicht had op het slavenhok en de steeg buiten, ze zat het liefst in die stoel, te kijken naar die steeg.

Toen ik de kamer binnenkwam zag ik haar niet vanaf de deur, maar ik wist dat ze er was. Ik kon haar niet helemaal onder ogen komen, maar ik was vastbesloten, dus ik sprak tegen het kamerscherm en verklaarde wat ik op mijn hart had. 'Pie,' zei ik, 'hoe je het mes ook keert, ik ga eerlijk zijn. Ik ben een man! En ik ga Miss Abby en verder iedereen in deze herberg vertellen wie ik ben. Ik ga ze alles uitleggen.'

Het was stil. Ik keek achter het scherm. Ze was er niet. Dat was ongewoon. Pie verliet haar kamer bijna nooit, vooral omdat ze dat geld onder haar bed verborgen hield.

Ik keek in de kast. De achtertrap. Onder het bed. Ze was weg.

Ik sloop naar de keuken om haar te zoeken, maar ook daar was ze niet. Ik ging naar de saloon. Het privaathuisje. Foetsjie. Ik liep terug naar het slavenhok en vond haar ook daar niet. Het was leeg, want de weinige slaven die er werden gehouwen waren de meeste dagen uitgeleend of werkten elders. Ik keek naar beide kanten de steeg af bij het hok. Niemand. Ik draaide me om en stond op het punt terug te gaan naar het hotel toen ik gerucht hoorde in de hut van Darg, aan het andere eind van de steeg, recht tegenover het slavenerf. Het klonk als een worstelpartij, een vechtpartij, en ik dacht dat ik Pie gepijnigd hoorde piepen. Ik stoof erheen.

Al hollend hoorde ik Darg vloeken en het geluid van huid op huid, en een gil. Ik rende naar de deuropening.

De deur zat aan de binnenkant vast met een spijker, maar je kon hem op een kier openduwen en naar binnen gluren. Ik tuurde naar binnen en zag iets wat ik niet snel zou vergeten.

In de sliert lichtjes van het kapotte luik zag ik mijn Pie daarbinnen op een strobed op de vloer, spiernaakt, op handen en voeten, en achter haar zat Darg, met een takkenbos van een centimeter of dertig. En terwijl hij haar sloeg met die takkenbos ging hij allemachtig in haar tekeer. Ze hield haar hoofd achterover en jammerde terwijl hij haar bereed en haar uitmaakte voor mestiezenhoer en voor overloper omdat ze al die nikkers erbij had gelapt en hun complot verraden. Hij geselde haar met die takkenbos en schold haar uit voor alles wat er in hem opkwam. En zij schreeuwde dat het haar speet en dat ze het iemand móést opbiechten.

Ik bewaarde een tweeschotszakpistool onder mijn jurk, volledig geladen, en zou naar binnen zijn gestormd en meteen beide kogels in zijn hoofd hebben geschoten als ik haar intens genietende blik niet had gezien.

15 UITGEKNEPEN

Ik heb nooit iemand verteld wat ik had gezien. Ik deed mijn plichten in het Pikesville Hotel zoals altijd. Een paar dagen later kwam Pie naar me toe en zei: 'O, liever, ik heb je zo verschrikkelijk behandeld. Kom terug naar mijn kamer om me te helpen, want ik wil werken aan het lezen.'

Mijn hoofd stond er eerlijk gezegd niet naar, maar ik heb het geprobeerd. Ze zag dat ik niet zoals gewoonlijk mooi weer speelde, werd boos en gefrustreerd en gooide me er zoals gewoonlijk uit, en dat was dan het eind. Ik had op een bepaalde manier een stap vooruit gedaan, ik veranderde en kreeg voor het eerst eigen opvattingen over de wereld. Neem een jongen en hij is gewoon een jongen. Zelfs als je hem opdirkt als een meisje, is hij diep vanbinnen nog steeds een jongen. Ik was een jongen, hoewel ik niet zo gekleed ging, maar mijn mannenhart was gebroken en daarom verlangde ik voor het eerst naar vrijheid. Niet de slavernij maakte dat ik vrij wou zijn. Maar mijn hart.

Ik begon in die tijd een drupje te drinken. Dat ging niet moeilijk. Ik was ermee opgegroeid, had mijn pa zijn gang zien gaan, en ging mijn gang. Het kostte geen moeite. De mannen in de herberg mochten me, want ik hielp ze goed. Ze lieten me het restje bier uit hun mokken en glazen opdrinken en toen ze merkten dat ik een goeie zangstem had, gaven ze me een glas of drie whisky voor een lied. Ik zong 'Maryland, mijn Maryland', 'Rebellen zijn zo erg nog niet', 'Ik ben al op weg naar je huis, Mary Lee', en religieuze liederen die ik mijn pa en Old John Brown had horen zingen. De doorsnee rebel was zo religieus als de pip, en die liederen roerden ze telkens weer tot tranen, wat ze aanmoedigde meer sterke drank mijn kant op te sturen, waar ik goed gebruik van maakte door mezelf dronken te voeren.

Het duurde niet lang voordat ik merkte dat ik de ziel van het gezelschap was, straalbezopen door de saloon wankelde, elke avond zong ik en tapte moppen en dee wat de klanten wouwen zoals mijn vader had gedaan. Ik was een succes. Maar een meisje, gekleurd of blank, zelfs een klein meisje, een meisje dat drinkt en brast met mannen en voor gek speelt, betekende in die tijden een belofte die vroeg of laat moest worden ingelost, en dat geknijp in mijn toges werd moeilijk te verdragen, net als die ouwetjes die tegen sluitingstijd in cirkels achter me aan joegen. Gelukkig verscheen Chase op het toneel. Hij had wat geprobeerd met veediefstallen in het Nebraskaterritorium en ging eraan failliet, en toen hij terugkwam naar Pikesville was hij even diep in de put vanwege Pie als ik. Urenlang zaten we op het dak van Miss Abby's huis pretsap te drinken en te piekeren over de betekenis van Pie en alles wat met haar te maken had, en dan staarden we uit over de prairie, want ze wou met geen van ons beiden nog wat te maken hebben. Haar kamer op de hete etage was nu alleen voor lui die betaalden, geen vrienden, en wij beiden hadden geen rooie rotcent. Chase probeerde zelfs bij mij wat voor mekaar te krijgen omdat hij zich ongelukkig en eenzaam voelde. 'Sjalot, jij ben een soortement van zus voor mij,' zei hij op een avond, 'zelfs meer dan een zus', en hij betastte me net als al die andere ouwe knakkers in de herberg, maar ik ontweek hem makkelijk en hij viel plat op zijn bek. Ik vergaf hem uiteraard en vanaf dat moment gingen we verder door als zus en broer, mijn ontvoerder en ik, en we brachten menige nacht samen dronken door, jankend naar de maan, wat ik over het algemeen prettig vond, want als je naar de bodem ben gezakt is er niks beters dan daar een vriend hebben.

Het zou bergafwaarts met me zijn gegaan en ik zou een echte, volbloed zwerver zijn geworden, maar de verhanging van Sibonia zorgde voor meer problemen. Ten eerste was een aantal van de dode negers eigendom geweest van slavenhouders die het niet eens waren met de beslissingen van rechter Fuggett. Naar aanleiding daarvan ontstonden er een paar vechtpartijen. Miss Abby, die zich er ook tegen had uitgesproken, werd een abolitionist genoemd, want ze roerde haar mond danig, en dat zorgde voor meer ruzie.

Rechter Fuggett verliet de stad, ging ervandoor met een meisje dat Winky heette, en er kwamen steeds vaker berichten dat free staters problemen veroorzaakten in Atchinson, en dat was zorgelijk, want Atchinson was volledig rebellengebied. Het betekende dat de free staters vooruitgang boekten ten opzichte van de redshirts, waar iedereen zenuwachtig van werd. Het hotel draaide minder goed en in het algemeen ging alles in de stad zakelijk achteruit. Werk was voor iedereen moeilijk te vinden. Chase verklaarde: 'Je kan hier in de buurt geen concessies meer krijgen', en hij trok weg uit de stad naar het westen, zodat ik weer alleen was.

Ik dacht over weglopen, maar ik was een softie geworden door het binnenleven. De gedachte om alleen over de prairie te rijden, met de kou, de muggen en de huilende wolven, deed niet veel goed. Dus op een avond ging ik naar de keuken, drukte wat broodjes en een beker limonade achterover en glipte naar buiten om Bob op te zoeken in het slavenhok, want hij was de enige vriend die ik nog overhad.

Hij zat in z'n eentje op een kist aan de rand van het hok toen ik kwam en hij stond op en liep weg toen hij zag me komen. 'Ingerukt,' zei hij. 'Mijn leven is geen rooie cent waard, en daar heb jij voor gezorgd.'

'Deze zijn voor jou,' zei ik. Ik stak de broodjes, verpakt in een zakdoek, door het hek in zijn richting, maar hij keek naar de anderen en raakte ze niet aan.

'Wegwezen. Je heb veel lef om hier te komen.'

'Wat heb ik nou weer gedaan?'

'Ze zeggen dat jij Sibonia heb verraden,' zei hij.

'Wat?'

Voordat ik kon bewegen slopen verschillende negerkerels die achter in het hok naar ons stonden te kijken op ons toe. Ze waren met z'n vijven, en een van hen, een jonge, sterk uitziende kerel, maakte zich los van het groepje en kwam naar het hek waar ik stond. Het was een forse, knappe, chocoladebruine neger, Broadnax genaamd, die buitenshuis werk had gedaan voor Miss Abby. Hij had brede schouders, was stevig gebouwd en kwam meestal over als een relaxte kerel, maar nu zag hij er niet zo uit. Ik stapte weg van het hek en liep langs de omheining snel terug naar het hotel, maar hij liep sneller, haalde me bij de hoek van het hek in, stak een dikke hand door de omheining en greep me bij mijn arm.

'Niet zo snel,' zei hij.

'Wat heb je van me nodig?'

'Even zitten en praten.'

'Ik moet aan het werk.'

'Elke nikker in deze wereld moet aan het werk,' zei Broadnax. 'Wat is jouw taak?'

'Wat bedoel je?'

Hij hield mijn arm stevig vast, hij kneep hard genoeg om mijn arm te breken. Hij leunde tegen het hek, sprak rustig en gelijkmatig. 'Nou, je zou een leugen kunnen verzinnen over wat je wist van Sibonia en wat je niet wist. En over wat je zei en niet zei. Je zou het tegen je vriend hier kunnen zeggen, en je kan het tegen mij zeggen. Maar wie weet zonder verhaal wat je taak is? Elke nikker heb dezelfde taak.'

'Wat dan?'

'Hun taak is een verhaal ophangen dat de blankers mooi vinden. Wat is jouw verhaal?'

'Ik weet niet waar je het over heb.'

Broadnax kneep harder in mijn arm. Hij hield me zo stevig vast dat hij mijn arm van mijn lijf leek te kunnen trekken. Me vasthoudend keek hij rond om zeker te weten dat de kust veilig was. Vanwaar we waren kon je het hotel zien, de steeg en het huis van Darg achter het hok. Er was niemand in de buurt. In normale tijden zouwen er overdag een stuk of vier mensen door de steeg slenteren. Maar de bevolking van Pikesville was uitgedund sinds de dood van Sibonia. Die vrouw was absoluut een heks.

'Ik heb het over lezen en schrijven,' zei hij. 'Het was jouw taak terug te komen, een paar brieven en vrijgeleiden te schrijven voor Sibonia en daar je mond over te houwen. Je had ja gezegd. Ik was hier. En je heb het niet gedaan.'

Ik was mijn belofte aan Sibonia straal vergeten. Intussen waren de vrienden van Broadnax naar het hek achter hem geslopen en stonden daar met hun spaden, verplaatsten aarde, ze leken druk bezig, maar luisterden aandachtig.

'D'r was geen tijd om hier naar buiten te komen. De blankers hielden me goed in de gaten.'

'Je was vreselijk dik met Pie.'

'Ik weet niks over Pie's zaken,' zei ik.

'Misschien heb zij het verteld.'

'Wat verteld?'

'Over Sibonia.'

'Ik weet niet wat ze heb gedaan. Ze heb me niks verteld.'

'Waarom zou ze ook, als je zo verkleed als jij loop rond te darren.'

'Je hoef daarover niet in me te gaan zitten spitten,' zei ik. 'Ik probeer alleen me hachie maar te redden, net als jullie. Maar ik heb nooit wat tegen Sibonia gehad. Ik zou niet in de weg staan als ze wou ontsnappen.'

'Die leugen is hier geen sikkepit waard.'

De kerels achter Broadnax kwamen langzaam naar de hoek van het hek, waren intussen dichtbij. Een paar van hen waren helemaal gestopt met werken. Ze hielden nou de schijn niet meer op dat ze werkten. Dat tweeschotszakpistooltje sluimerde onder mijn jurk, en ik had een hand vrij, maar dat zou niet genoeg zijn tegen het hele stel. Ze waren in totaal met z'n vijven en ze keken allemaal allejezus kwaad.

'God is getuige,' zei ik. 'Ik wist niks over wat ze wou doen.'

Broadnax keek me strak aan. Knipperde geen ene maal met zijn ogen. Was niet onder de indruk van die woorden.

'Miss Abby doet de zielen op dit erf van de hand,' zei Broadnax. 'Wis je dat? Ze doet het traag, denkt dat niemand het merkt. Maar zelfs een domme nikker als ik kan tellen. Er zijn nog tien zielen over op dit erf. Twee weken geleden waren er zeventien. Drie zijn er afgelopen week al verkocht. Lucious hier,' – hier wees hij naar een van de mannen achter hem – 'Lucious is zijn beide kinderen kwijtgeraakt. En die kinderen die waren nog nooit in het hotel van

Miss Abby geweest, dus zij konden het niet verteld hebben. Nose, het meisje dat je de boodschap bracht over de Bijbelbijeenkomst, werd twee dagen geleden verkocht, en Nose heb het niet verteld. Dus we blijven met ons tienen hier over. We zullen waarschijnlijk allemaal binnenkort worden verkocht, want Miss Abby ziet ons als problemen. Maar voordat ik vertrek wil ik erachter komen wie Sibonia heb verlinkt. En als ik het weet, dan gaan ze boeten. Of hun verwanten. Of,' – hij keek naar Bob – 'hun vrienden.'

Bob stond te trillen. Zei geen woord.

'Bob is niet in het hotel geweest sinds Miss Abby hem eruit heb gegooid,' zei ik.

'Hij kan zijn mond open hebben gedaan bij de zagerij, waar hij elke dag werkt. Kan het een van die blankers daar hebben verteld. Zo'n soort bericht verplaatst zich snel.'

'Bob kon het niet weten – want ik wist het ook niet. Verder is hij niet iemand om zijn mond te roeren bij blankers. Hij was bang voor Sibonia.'

'En terecht. Ze vertrouwde hem niet.'

'Hij heb niks fouts gedaan. Net zomin als ik.'

'Je probeert alleen je huid maar te redden.'

'Waarom niet? Die zit over me lijf.'

'Waarom zou ik een mietje geloven dat rondhuppelt in een jurk en met een muts op?'

'Ik zeg het nog een keer, ik heb niemand niks verteld. En Bob ook niet.'

'Bewijs het maar!'

'Bob is bij Old John Brown geweest. Net als ik. Waarom heb je dat niet verteld, Bob?'

Bob zweeg. Ten slotte klonk het timide: 'Geen mens zou me hebben geloofd.'

Daar had Broadnax niet van terug. Hij keek om zich heen naar de anderen. Ze waren nu allemaal dichtbij komen staan, het kon ze niet schelen wie er in het hotel zat te kijken. Ik hoopte vurig dat er iemand uit de achterdeur naar buiten zou stormen, maar er verscheen geen levende ziel. Blikkend naar de achterdeur van het hotel zag ik dat ze ook een uitkijk hadden neergezet. Een neger stond daar met zijn rug tegen de deur aarde te vegen, dus als er iemand naar buiten zou stormen, zou hij de deur eventjes dicht kunnen houwen om ze allemaal een kans te geven terug naar hun plek te vliegen. Ja, die negers in het hok waren goed georganiseerd.

Maar ik had nou hun aandacht, want Broadnax keek geïnteresseerd. 'Old John Brown?' vroeg hij.

'Klopt.'

'Old John Brown is dood,' zei Broadnax langzaam. 'Hij werd doodgeschoten bij Osawatomie. Jouw vriend heb hem vermoord. Die kerel met wie je dronken werd, een reden te meer om je levend te villen.'

'Chase?' Ik zou hebben gelachen als ik me niet zo bescheten had gevoeld. 'Chase heb niemand vermoord. Tweehonderd van die dronkenlappen als hij konden de Ouwe kapitein nog niet dood krijgen. Bij Black Jack, nou daar hadden twintig rebellen het op zijn leven begrepen en ze konden de Ouwe geen haar krenken. Laat me los en ik zal het vertellen.'

Hij wou me niet helemaal loslaten, maar gebaarde de andere kerels weg te gaan, en dat deden ze. En daar, bij de omheining, met zijn hand strak als een wasbeerval om m'n arm, vertelde ik hem alles. Het hele verhaal in sneltreinvaart: over hoe de Ouwe naar Dutch kwam en me meenam. Hoe ik wegliep en Bob ontmoette in de buurt van het kruispunt bij Dutch. Over hoe Bob weigerde Pardee naar huis te rijen zodra de rebellen wegreden. Hoe Bob me hielp terug te komen bij de Ouwe en door de Ouwe zelf werd gestolen, tegelijk met de kar van zijn baas, en naar het kamp gebracht. Hoe Chase en Randy ons daarheen brachten nadat Old Man Brown ervandoor was gegaan na Osawatomie, waar Frederick werd gedood. Ik liet weg dat ik niet zeker wist of de Ouwe nog leefde.

Hij was genoeg onder de indruk om me niet meteen om zeep te helpen, maar hij was niet genoeg onder de indruk om me los te laten. Wel dacht hij na over wat ik had verteld en zei toen langzaam: 'Je kon in het hotel maandenlang doen en laten wat je wou. Hoe komt het dat je nooit ben weggegaan?'

Ik kon hem niet vertellen over Pie. Ik hield nog steeds van haar. Hij zou het allemaal in mekaar kunnen passen en vermoeden wat ik wist. Dan zouwen ze acuut Pie om zeep helpen, hoewel ik vermoed dat ze dat toch al van plan waren, en dat wou ik niet. Ik haatte haar, maar hield nog steeds van haar. Alles bij mekaar zat ik in een lastig parket.

'Ik moest wachten op Bob,' zei ik. 'Hij werd boos op mij. Wou niet weglopen. Nou is de val dichtgeklapt. Ze houwen iedereen nou goed in de gaten. Niemand gaat nergens meer heen.'

Broadnax dacht er uitgebreid over na, hij was nu wat milder gestemd en liet mijn arm los. 'Dat is goed voor jou, want deze kerels hier staan klaar om hun messen over je mooie toetje te halen en je zonder commando in het varkenshok te smijten. Ik geef je een kans je huid te redden, want we hebben een grotere prooi. Overlopers als jij, die worden op de een of andere manier altijd wel beloond voor hun moeite, door ons of iemand anders in de toekomst.'

Hij stapte weg van het hek, zodat ik rechtop kon gaan staan. Ik draaide me niet om en holde niet weg. Dat had geen zin. Ik moest alles van hem horen.

'Dit is wat ik wil dat je doet,' zei hij. 'We hebben gehoord dat de free staters hierheen op weg zijn. Volgende keer dat je er lucht van krijgt waar ze zijn, kom dan hierheen en geef het aan mij door. Dan staan we quitte.'

'Hoe moet ik dat doen? Ik kan hier niet makkelijk de deur uit. Miss Abby houdt me scherp in de gaten. En hierbuiten is Darg.'

'Niet piekeren over die Darg,' zei Broadnax. 'Die nemen wij wel voor onze rekening. Geef gewoon door wat je hoort over de free staters. Doe dat, en we laten die Bob van jou met rust. Maar als je treuzelt of we horen over de free staters uit een andere hoek dan jij? Nou, dan ben je te laat. En je hoeft niet meer hier naar buiten te sluipen met limonade en broodjes voor Bob, want we rammen hem zo hard op zijn kop dat hij genoeg koppijn krijgt om ter plekke dood te blijven. Feitelijk komt het alleen door mij dat hij nou nog ademhaalt.'

Tegelijk griste hij de voor Bob meegebrachte zakdoek met broodjes en de beker limonade uit mijn handen, stopte de broodjes in zijn mond, sloeg de limonade achterover, en gaf mij de beker. Toen draaide hij zich om en liep terug naar de andere kant van het hok, met de anderen achter zich aan.

O, toen zat ik muurvast. Liefde zet je aan allerlei kanten vast. Ik dacht er die dag een flinke poos over na, dacht over Broadnax die Bobs hersenen uit zijn schedel sloeg en mij in het hotel kwam opzoeken, en dat was een angstwekkend idee. Die neger wist wat hij wou. Zo'n kerel was alleen te stoppen door een lading ijzer in hem te pompen. Hij had een doel, en dat wurgde de hoop uit me. Ik piekerde die nacht en de volgende ochtend danig, besloot toen weg te vluchten uit de stad, gaf dat idee direct weer op, dacht er de hele middag weer over na, besloot weer weg te lopen, wachtte de hele nacht, gaf het idee weer op en liet de volgende dag het hele zwikje op dezelfde manier door mijn hoofd gaan. Op de derde dag werd ik moe van al dat gedraai en getob, en ging terug naar wat ik normaal in die dagen deed, sinds ik Pie echt kwijt was: ik werd doelbewuster dronken.

De vierde nacht nadat Broadnax me had bedreigd, ging ik doorzakken met een redshirt die onder het reisstof de saloon was binnengewankeld; we gingen er stevig tegenaan – ik meer dan hij, als ik eerlijk ben. Het was een jonge kerel, met een brede borst en schijnbaar meer dorst naar water dan naar drank. Hij zat aan een tafeltje met een grote hoed ver over zijn gezicht getrokken, een lange baard, en zijn arm in een mitella. Hij keek me zwijgend aan terwijl ik lachte, grapjes naar hem maakte, zijn drank in mijn strot goot, onzin uitkraamde en de glazen verwisselde zodat ik hem meer water dan whisky inschonk. Mezelf schonk ik extra in en daar leek hij absoluut geen moeite mee te hebben. Eigenlijk leek hij het leuk te vinden te zien hoe ik beneveld raakte, als je op de prairie bij iemand niet op de ene manier in de smaak kan vallen, nou dan kan het altijd nog op een andere manier. Ik had Pie dat een miljoen keer zien doen. Ik hield deze grote jonge vent voor zo iemand, en na een aantal teugen, tranen en graaien naar zijn glas terwijl hij toekeek en niks zei, vroeg ik hem recht op de man af of ik de hele fles whisky die hij had gekocht achterover mocht slaan, want het ding stond op tafel en werd amper op de juiste manier door hem gebruikt, het was verspilling van ontbijt, lunch, avondeten en moedermelk tegelijk om zoiets kostbaars verloren te laten gaan.

Hij merkte op: 'Je drinkt nogal veel voor een meisje. Hoe lang werk je hier al?'

'O, lang genoeg,' zei ik, 'en als je me dat flesje troebel spul op de tafel laat opmaken, meneer, nou, dan zal dit eenzame negertje je oren vullen met een lied over vis.'

'Ik zal dat doen als je me vertelt waar je vandaan komt, lieve mejuffrouw,' zei hij.

'Van veel plaatsen, vreemdeling,' zei ik, want ik was gewend over mezelf te liegen, en dat hij 'lieve mejuffrouw' zei betekende dat hij geneigd was misschien een tweede fles van die plaatselijke whisky te kopen zodra we de eerste ophadden. Het leek, als ik erover nadacht, of hij helemaal niet veel had gedronken en het leuk vond dat ik al het nippen en zuipen voor hem deed, het zatlapgedrag, dat op dat moment meer dan een klein genoegen was, want ik had al behoorlijk de hoogte en wou nog meer. Ik zei: 'Als je een tweede fles vloeibare moed voor ons koopt, krijg je het hele trieste verhaal opgedist, plus een knipbeurt, vreemdeling. En dan zal ik "Dixie, daar woon ik dus" voor je zingen, dat is goed voor het moreel en voor de nachtrust.'

'Dat zal ik doen,' zei de kerel, 'maar eerst wil ik een gunst van je vragen. Ik heb een zadeltas op mijn paard, dat buiten staat vastgebonden in het steegje vlak bij het hotel. Die zadeltas moet worden schoongemaakt. Vanwege mijn arm,' – en hier wees hij naar zijn mitella – 'kan ik hem niet optillen. Dus als ik het aan jou kan overlaten die zadeltas buiten te gaan halen, hem binnen te brengen en met zadelzeep in te smeren, nou, dan krijg je een kwartdollar of zelfs nog wat meer en kan je je eigen whisky kopen. Ik rij op een bruin-wit gevlekt paard.'

'Dat doe ik graag, vriend,' zei ik.

Ik liep naar buiten en maakte in een mum van tijd zijn zadeltas los van zijn paard, maar dat ding was zwaar, zat vol. Daar kwam bij dat ik dronken was. Toen ik hem losmaakte gleed hij uit mijn handen en van het paard, hij viel op de grond en de leren flap sloeg open. Toen ik bukte om de flap dicht te doen, zag ik in het maanlicht wat vreemds uit die flap steken.

Het was een veer. Een lange, zwart-witte veer met een vleugje rood erin. Zo dronken als ik was wist ik toch wat het was. Ik had al twee jaar zo'n veer niet meer gezien. Ik had eenzelfde soort veer op de borst van Frederick Brown gezien toen hij werd begraven. Een lieveheersvogel.

Ik stopte hem snel terug in de zadeltas, draaide me om en wou naar binnen gaan, maar liep recht de kerel tegen het lijf die me naar buiten had gestuurd. 'Sjalot?' vroeg hij.

Ik was behoorlijk straalbezopen en zag dubbel, en hij was zo groot, daar in dat donkere steegje, dat ik zijn gezicht niet goed kon onderscheiden, en ik zag trouwens driedubbel. Toen trok hij zijn hoed af, wierp zijn haar naar achteren, boog zich voorover om me strak aan te kijken, en ik keek voorbij zijn baard naar zijn gezicht en bleek oog in oog te staan met Owen Brown.

'Ik heb je twee jaar lang gezocht,' zei hij. 'Wat doe je hier, een potje zuipen als een dronkelor?'

Van schrik verloor ik zowat mijn petticoat en ik wist zo gauw niet wat ik moest verzinnen om hem een-twee-drie aan zijn neus te hangen, want voor liegen heb je verstand nodig, en dat lag op een hoge plank in mijn hersens vanwege het distillaat, waardoor ik met mijn mond vol tanden stond, dus ik flapte de waarheid uit: 'Ik ben verliefd geworden op iemand die niks met me te maken wil hebben,' zei ik.

Tot mijn verbazing zei Owen: 'Begrijp ik. Ook ik ben verliefd geworden op iemand die niks met me te maken wil hebben. Ik ging naar Iowa om een jongedame te halen, maar ze vond me te chagrijnig. Ze wil welvaart en een man met een farm, niet een arme abolitionist. Maar daardoor ben ik nog geen dronkelor geworden zoals jij. Ben ik te chagrijnig trouwens?'

In feite was er geen chagrijniger ziel in het hele Kansasterritorium dan Owen Brown, die zelfs zou mopperen tegen Jezus vanwege zowat alles wat hem niet beviel. Maar het was niet mijn taak dat te zeggen. In plaats daarvan vroeg ik: 'Waar was je in Osawatomie? We hebben op je gewacht.'

'We stuitten op een stel rebellen.'

'Waarom ben je niet teruggekomen om mij en Bob te halen?'

'Ik ben er toch?'

Hij fronste, keek naar beide kanten het steegje af, pakte zijn zadeltas en gooide hem met één hand over zijn paard en bond hem vast, waarbij hij zijn tanden gebruikte om een van de riemen vast te houwen. 'Hou je koest,' zei hij. 'We komen hier binnenkort. En stop met het nippen van dat pretsap.'

Hij klom op zijn paard. 'Waar is de Ouwe?' siste ik. 'Is hij dood?'

Maar hij had zijn paard al het steegje in gedraaid en was verdwenen.

16 UITBRAAK

Pas de volgende dag zag ik kans weg te sluipen naar het hok. Iemand had de stad getipt dat de free staters eraan kwamen, zodat de blankers het druk hadden en ook de nikkers goed in de gaten hielden. De stad stroomde weer helemaal vol. Er was eigenlijk nooit echt minder volk geweest na Sibonia's verhanging, maar door de zekerheid dat de free staters kwamen raakte alles in een stroomversnelling. In de bar van de saloon stonden tot de tanden gewapende rebellen en leden van de militie drie rijen diep. Ze maakten plannen om de wegen naar de stad te blokkeren, ditmaal met kanonnen aan beide kanten, met de lopen naar buiten gericht. Ze zetten wachtposten aan weerszijden en op de heuvels rond de stad. Ze wisten dat er bonje zou komen.

De volgende middag werd ik na de lunch naar het erf gestuurd om water te putten. Ik zag dat Bob zoals gewoonlijk langs de rand van het hok liep te mokken. Hij zag er zo somber uit als een mens maar kan worden; als een vent die op zijn executie wacht, wat volgens mij ook zo was. Terwijl ik naar de poort draafde zagen Broadnax en zijn mannen mij; ze waren aan het werk met de varkens; hij liep van hen weg en kwam naar me toe. Broadnax stak zijn gezicht door de omheining.

'Ik heb nieuws,' zei ik.

De woorden waren mijn mond nog niet uit toen de achterdeur van de hut aan de andere kant van de steeg opening en Darg met grote stappen naar buiten kwam. Die grote neger bewoog zich altijd snel. De slaven verspreidden zich toen hij kwam, behalve Broadnax, die alleen bij de poort stond.

Darg liep stampend naar de poort en keek boos naar het hok. 'Naar het hek daar achterin, Broadnax, dan kan ik tellen.'

Broadnax trok zijn gezicht tussen de omheining uit en ging rechtop staan, oog in oog met Darg.

'Vooruit, daarheen,' zei Darg.

'Ik hoef niet elke keer dat je dat gat in je gezicht opendoet als een kip te gaan hippen,' zei Broadnax.

'Wat?'

'Je heb me gehoord.'

Zonder een woord te zeggen deed Darg zijn sjaal af, trok zijn zweep tevoorschijn en stapte naar de poort om de draad los te maken, het hek van het slot te doen en naar binnen te gaan.

Ik hád het niet meer. Binnen, in de saloon, stonden de rebellen drie rijen dik. Bij een kloppartij tussen deze twee zouwen Miss Abby en vijfentwintig gewapende redshirts door de achterdeur naar buiten komen, ze stonden klaar om elke neger met lood te vullen, met inbegrip van die twee. Dat kon ik niet hebben, niet met de vrijheid zo dichtbij. Owen had gezegd dat hij kwam, en hij hield woord.

Ik ging voor Darg staan en zei: 'Nou, meneer Darg, blij dat u hier ben. Ik ben hier naar buiten gekomen om even te zien hoe het met mijn vriend Bob gaat, en hemeltje deze nikkers zijn stijfkoppen. Ik weet niet hoe ik u moet danken voor uw vriendelijkheid en onverschrokkenheid om deze buitennikkers onder controle te houwen. Ik weet niet hoe ik u moet bedanken.'

Dat werkte op zijn lachspieren. Hij grinnikte en zei: 'O, ik kan een hele hoop manieren bedenken om me te bedanken, mestiezenmeisje, maar daar kom ik zo op terug.' Hij gooide de poort open.

Toen hij dat gedaan had, zakte ik ineen. Viel voor lijk in de modder, zoals ik blanke dames had zien doen.

Gosje allepieten, dat werkte. Hij draafde naar me toe, boog zich voorover en plukte me zo met één hand bij mijn kraag van de vloer. Hij bracht zijn gezicht vlak bij het mijne. Dat wou ik niet, dus ik kwam bij uit mijn bezwijming en zei: 'Hemeltje, niet doen. Pie kijkt misschien uit het raam!'

Nou, toen liet hij me als een hete aardappel op de grond ploffen, en ik stuiterde in de modder en hield me opnieuw dood. Hij schudde me een paar keer heen en weer, maar ditmaal kwam ik niet meteen bij. Ik hield me een paar seconden zo goed ik kon bewusteloos. Ten slotte kwam ik weer bij kennis en zei: 'O hemeltje, ik voel me niet goed. Zou het voor een galante gentleman als u mogelijk zijn een glas water te halen voor een meisje? Ik val om van dankbaarheid omdat u me zo prachtig heb gehoppeld en gepoppeld met uw vriendelijke beschermende hand.'

Nou was hij verkocht. Hij hing meteen hoteldebotel over me heen. 'Wacht hier, zoet lieverdje,' bromde hij. 'Darg die zal wel voor je zorgen.'

Hij veerde op en holde door de steeg naar het hotel, want daar opzij stond een groot watervat, dat werd gebruikt door de keuken. Op het moment dat hij weggaloppeerde hees ik mijn hoofd lang genoeg uit de modder om wat te blaffen naar Broadnax, die daar stond en mijn woorden opving.

'Hou je klaar,' zei ik.

Voor meer kreeg ik niet de kans, want Darg kwam terughollen met een soeplepel. Ik deed alsof ik misselijk was terwijl hij mijn hoofd pakte en een slok akelig, bedorven water door mijn strot liet glijden. Het smaakte zo verschrikkelijk dat ik dacht dat hij me had vergiftigd. Ineens hoorde ik een knal, en de pollepel klopte op de paal van het hek, die vlak naast mijn hoofd stond. Het ding raakte de hekpaal zo hard, dat ik dacht dat de nikker mijn list doorhad en ermee naar me uithaalde en me miste. Toen ik een tweede knal hoorde, was de hekpaal haast afgeknapt en wist ik dat het geen soeplepel was die dat hout in tweeën sloeg, maar staal en kruit. Ik hoorde meer knallen. Het waren kogels. Ineens werd de achterdeur van het hotel opengegooid en binnen riep iemand: 'Darg, kom snel!'

Aan de voorkant klonken knallen, een heleboel.

Hij liet me vallen en holde het hotel in. Ik hees mezelf uit de modder en liep erachteraan.

Binnen was het een chaos. Zodra ik bij de keukendeur kwam, werd ik opzij gedrongen door twee Indiase koks die in vliegende haast op weg waren naar de achterdeur. Ik stond op, draafde door de eetzaal en bereikte de saloon net op tijd om te zien hoe de ruit aan de voorkant naar binnen kapot sprong en enkele rebellen besproeide met glasscherven. Achter het glas aan kwamen een paar free staters naar binnen, sprongen schietend en wel het zaaltje in. Achter hen, buiten het gebroken raam, zag ik er minstens nog een stuk of zes, die te paard en schietend een charge uitvoerden in Main Street. Bij de voordeur schopte ongeveer hetzelfde aantal zich een weg naar binnen.

Ze waren een en al haast en actie, schopten tafels omver en schoten met hun pistolen op elke rebel die dom genoeg was zijn hand uit te steken naar zijn wapen, en zelfs degenen die hun geweer op de grond gooiden werden doorzeefd, want het was prijsschieten. Een paar rebellen achter in de eetzaal waren erin geslaagd een tafel om te gooien als een barrière voor de deuropening en terug te schieten op de vijand, terwijl ze achteruit naar de deur schoven waar ik gehurkt zat. Zodra ze daar aankwamen bleef ik waar ik was, en probeerde genoeg lef bij mekaar te harken om in een sprint de trap in de eetzaal op te rennen om te zien hoe het Pie verging, want ik hoorde de meisjes op de hete etage gillen en zag door het raam een paar free staters buiten op de rug van hun paard klimmen en naar het dak van de eerste verdieping springen. Ik wou die trap op, maar kon mezelf er niet toe brengen een sprint daarheen te ondernemen. Het was te gevaarlijk. We werden onder de voet gelopen.

Ik bleef lang genoeg gehurkt zitten waar ik zat om te zien hoe de rebellen in de saloon enigszins konden opkrabbelen, want Darg was elders bezig geweest en kwam vechtend als een hond de saloon binnen. Hij mepte een free stater met een bierfles in zijn gezicht, gooide een andere uit het raam en sprintte de eetzaal in zonder te worden geraakt, ondanks zwaar geweervuur. Razendsnel klom hij de achtertrap naar de hete etage op. Dat was overigens het laatste wat ik ooit van hem zag. Niet dat het ertoe deed, want zijn rug was nog niet verdwenen in het trapgat of een nieuwe golf free staters kwam door de voordeur binnen draven als aanvulling op degenen die bezig waren de resterende rebellen in de saloon in de pan te hakken, terwijl uw dienaar nog steeds ineengedoken in de hoek bij de eetzaal zat, waar ik beide kamers kon overzien.

De rebellen in de eetzaal boden verzet, maar in de saloon waren ze in de minderheid, daar was de zaak al afgedaan. De meeste rebellen waren uitgeschakeld of dood. In feite hadden een paar free staters de strijd om de eetkamer al opgegeven en plunderden de bar, grepen flessen en dronken ze leeg. Terwijl dat gaande was, liep een lange, slanke kerel met een breedgerande hoed langs de kapotte deur van de saloon en kondigde aan: 'Ik ben kapitein James Lane van de militie van de free state, jullie zijn allemaal mijn gevangenen!'

Nou, er waren hoegenaamd geen gevangenen in de saloon, want elke pro slaver daar was de laatste grens overgestoken – of bijna – met uitzondering van een paar zielen die lagen te kronkelen over de vloer en hun laatste trappen gaven. Maar de rebellen die zich hadden teruggetrokken in de eetzaal kwamen op adem en boden verzet. De grootte van het zaaltje was in hun voordeel, want het was er krap en de yanks konden niet profiteren van hun meerderheid, waardoor schieten op de resterende pro slavers een slordige zaak werd. Ook heerste er enige paniek, want een paar van die schooiers schoten op minder dan tien meter van mekaar en misten. Toch werd er een flink aantal free staters getroffen door een kogel in die kermis en als hun vrienden dat zagen, kregen ze er niet bepaald zin in. De vaart was uit hun aanval. Het verrassingseffect was verdwenen, en nu werd het gewoon een hevig vuurgevecht. Er werd wat kolder uitgekraamd en ook gelachen toen een pro slaver riep: 'Die klootzak heb goddomme me laars geraakt', en er werd meer gelachen. Maar de rebellen hadden er heel goed aan gedaan de yanks vooralsnog uit de eetzaal te houwen, en toen ik een open pad zag naar de achterdeur en de steeg waar het slavenhok was, rende ik zo snel ik kon daarheen. Ik rende niet naar de trap om Pie te helpen. Of Darg, haar nieuwe liefde, daar was en haar kon redden, wist ik niet. Maar ze was alleen. Ik heb geen van beiden ooit nog gezien.

Ik rende door de achterdeur naar buiten. Toen hollend naar het slavenhok, waar de negers zich verdrongen rond het slot, dat aan de buitenkant was vastgemaakt, en probeerden het open te breken. Ik maakte het snel los en gooide de poort open. Broadnax en de anderen renden haastig weg. Ze hadden geen twee blikken voor me over. Zo snel als de wind verdwenen ze uit de poort en vlogen weg door het steegje.

Maar in de hoek op dezelfde plek waar hij altijd stond, stond Bob te staren als een malloot, met openhangende mond.

'Bob, kom, rennen.'

'Ik heb genoeg met jou gerend,' zei hij. 'Doe maar wat je niet laten kan en laat mij met rust. Dit is weer een van je trucs.'

'Het is geen truc. Kom op!'

Achter me, aan het eind van de steeg, kwam een groep bereden rebellen uit de stad roepend en rumoerend de hoek om en de steeg in. Ze vuurden over onze hoofden op de vluchtende negers die het andere eind van de steeg bereikten. De steeg liep dood in een T-splitsing. Je moest naar rechts of naar links om aan een van beide kanten bij de weg te komen. De negers renden allemachtig hard naar die splitsing.

Ik wachtte niet. Ik liep ze achterna. Ik neem aan dat Bob over mijn schouder keek en nu oog kreeg voor de kogels van de rebellen die over zijn hoofd floten, want hij sprong op als een konijn en kwam als een haas achter me aan.

De van het erf ontsnapte negers hadden maar pakweg vijfentwintig meter voorsprong op ons. Rennend als gekken kwamen ze aan op de driesprong en splitsten daar, sommigen vlogen rechtsaf en anderen linksaf, uit het zicht. Ik en Bob waren ook daarheen op weg, maar kwamen niet verder dan halverwege, want op het kruispunt met de hoofdstraat waarover een paar van de negers waren verdwenen, verscheen een rebel te paard. Hij stormde door de steeg op ons af. Hij had een Connor-geweer in zijn hand en toen hij zag dat ik en Bob in zijn richting kwamen, wou hij ons onmiddellijk aanvallen en hief zijn geweer om te schieten.

We stopten onmiddellijk, want we zaten in de val. De naderende redshirt liet zijn paard trager draven, en terwijl hij zijn leidsels aantrok zei hij: 'Blijven staan!' Net toen hij dat zei – hij was amper twee meter van ons vandaan – stapte er een kerel uit een van de deuren de steeg in en mepte de rebel met een slagzwaard compleet van zijn paard. In één keer op de grond. De rebel was koud toen hij neerkwam.

Ik en Bob wouwen halsoverkop om hem heen rennen. Maar toen ik langskwam stak de kerel die hem had neergeslagen zijn voet uit, zodat ik finaal op mijn bek ging en in de modder lag.

Toen ik me omdraaide en wou opstaan, staarde ik in de loop van een oud zevenschotspistool dat me bekend voorkwam, en aan het andere uiteinde zag ik de Ouwe, die beslist niet vrolijk keek.

'Sjalot,' zei hij. 'Owen zegt dat je een dronkenlap ben, tabak gebruikt en vloekt. Klopt dat?'

Achter hem stapten langzaam zijn jongens uit de deur de steeg in: Owen, Watson, Salmon, Oliver, de nieuweling Kagi, en verschillende mannen die ik niet herkende. Ze stapten traag maar gestaag uit die deuropening, nooit haastig. Het leger van de Ouwe was getraind om in een gevecht net zo kalm en koel te zijn als normaal. Ze wierpen een blik op rebellen die aan de andere kant van de steeg op ons schoten, vormden een stevige vuurlinie, stelden zich op en openden het vuur.

Verschillende rebellen vielen. De anderen, die oog kregen voor dat getrainde legertje dat lood in hen plantte, sprongen van hun paard, zochten dekking achter het slavenhok en waren even vriendelijk voor ons als wij voor hen.

Kogels zoefden heen en weer door de steeg, maar de Ouwe, die over mij heen gebogen stond, trok zich er niks van aan. Hij keek me strak in het gezicht, duidelijk slecht geluimd, en wachtte op een antwoord. Omdat hij stond te wachten, tja, kon ik geen leugen vertellen.

'Kapitein,' zei ik. 'Het is waar. Ik werd verliefd en mijn hart is gebroken.'

'Heb jij je op de vleselijke weg van de natuur met iemand vermengeld zonder gehuwd te wezen?'

'Nee, kapitein. Ik ben nog steeds even puur en schuldeloos als op de dag dat ik op die manier werd geboren.'

Hij knikte gemelijk, keek vervolgens door de steeg terwijl de kogels langs hem heen zoefden, de dakspanen van het huis naast hem raakten en houtsplinters in de steeg lieten neerdalen. Hij was een stommeling als hij ergens rondhing waar de kogels rond zijn oren floten. De mannen achter hem doken neer en trokken grimassen als de rebellen op hen schoten, maar de Ouwe had net zo goed bij een kerkkoorrepetitie kunnen staan. Hij stond te zwijgen, zoals gebruikelijk, en dacht blijkbaar ergens diep over na. Zijn gezicht, altijd al oud, zag er zelfs nog ouwer uit. Het oogde volstrekt sponzig door de rimpels. Zijn baard was intussen egaal wit en haveloos geworden, en zo lang dat hij tot op zijn borst groeide en een haviksnest had kunnen herbergen. Hij had ergens een nieuw stel kleren vandaan, maar dat waren alleen maar ergere nieuwe versies van hetgeen hij vroeger droeg: zwarte broek, zwart vest, overjas, stijve boord, versleten, verfrommeld en met aangevreten randen. Zijn laarzen waren erger dan ooit, verfomfaaid als papieren en met opgekrulde tenen. Met andere woorden, hij zag eruit als altijd, alsof zijn kleren stierven van de dorst en hij op het punt stond ineen te zakken van pure lelijkheid.

'Mooi zo, Sjalotje,' zei hij. 'De Heilige Schrift zegt in Ezechiël zestien vers acht: "Toen ik nu bij u voorbijging, zag ik u, en ziet, uw tijd was de tijd der minne; zo breidde ik Mijn vleugel over u uit, en dekte uw naaktheid." Heb jij je naaktheid bedekt gehouwen?'

'Zo veel mogelijk, kapitein.'

'In de Bijbel gelezen?'

'Niet zo veel, kapitein. Maar wel op een godvruchtige manier gedacht.'

'Nou, dat is in elk geval wat,' zei hij. 'Want als je openstaat voor de bereidwilligheid van de Heer, zal Hij voor jou klaarstaan. Heb ik je ooit het verhaal verteld van koning Salomo en de twee moeders met één baby'tje? Dat zal ik je vertellen, want je moet het kennen.'

Ik kon niet wachten hem te zien vertrekken, want het schieten was nog heviger geworden. Kogels zoefden hoog over ons heen en zwierven rond zijn laarzen en in de buurt van mijn gezicht, maar hij stond ruim vijf minuten waar hij stond en hield een preek over koning Salomo en over het feit dat ik de Heilige Schrift niet las. Intussen was vlak achter hem, aan het dichtstbijzijnde eind van de steeg, dat hij niet kon zien, Broadnax met zijn groep van het slavenerf teruggekeerd. Ze hadden op de een of andere manier de hand weten te leggen op het kanon van de rebellen dat aan de rand van de stad was neergepoot en ze rolden het ding recht naar het andere eind van de steeg terug en draaiden de hete opening in de richting van de rebellen. De loop van het ding verscheen vlak boven de schouder van de Ouwe. Hij merkte uiteraard niks, want hij was aan het preken. Zijn preek over het Heilige Woord en koning Salomo en de twee moeders met één baby'tje was duidelijk belangrijk voor hem. Hij vervolgde met tremulerende stem zijn preek terwijl een van Broadnax' negers een vonk maakte en de ontsteker van het kanon aanstak.

De Ouwe trok zich er geen sikkepit van aan. Hij blèrde nog steeds door over koning Salomo en de twee moeders toen Owen timide zei: 'Pa! We moeten gaan. Kapitein Lane rijdt de stad uit en laat ons in de steek.'

De Ouwe keek door de steeg terwijl kogels langs zijn hoofd floten, keek naar het aangestoken kanon boven zijn schouder, toen naar de rebellen, die aan de andere kant van de steeg achter het slavenhok op een kluitje stonden te schieten en schelden en probeerden de moed bij mekaar te schrapen om een charge uit te voeren. Achter hem was de lont van Broadnax' kanon aangestoken en die braakte onderweg dikke rook uit. De negers keken naar de brandende lont en stapten eerbiedig achteruit. De Ouwe keek naar hen en leek regelrecht geïrriteerd omdat ze het gevecht van hem overnamen, want hij wou de eer.

Hij stapte de vrije ruimte in, ging precies midden in de steeg staan en schreeuwde naar de rebellen die vanaf het slavenhok op ons schoten: 'Ik ben kapitein John Brown! In naam van de Heiland, de Koning der Koningen, de Mens van de Drievuldigheid, gelast ik jelui bij dezen om in te rukken. Ingerukt, in Zijn heilige naam! Ingerukt! Want Hij staat immer aan de zijde der gerechtigheid!'

Nou, ik weet niet of het kwam door dat aangestoken kanon, dat boven zijn schouder rook uitbraakte, of doordat de rebellen de moed verloren toen ze de Ouwe zagen staan, buiten gevaar, onberoerd door hun kogels die langs zijn gezicht floten, maar ze draaiden zich om en namen de kuierlatten. Ze gingen ervandoor. En terwijl die aangestoken lont van het kanon bezig was op te branden, stond de Ouwe er vlak naast en keek naar die lont... die aan zijn eind kwam en sissend uitging. Het vuur had de haan niet geraakt. Het ding was dood.

Terugkijkend denk ik dat lonten van kanonnen altijd uitgingen. Maar dat niet schietende kanon gaf de Ouwe alleen maar meer reden om te geloven in goddelijke inmenging, overtuigingen waaraan hij nooit tekort had. Hij keek hoe de lont sissend de geest gaf en zei: 'Lieve hemel. Gods zegen is eeuwig en eeuwigdurend, en dit is alweer een teken dat Zijn gedachten die de laatste tijd tot mij zijn gekomen stipt op tijd kwamen en dat Hij rechtstreeks tot mij spreekt.'

Hij draaide zich om naar Owen en zei: 'Ik wil niet meer achter Jim Lane aan. Ik heb dit hele end alleen gereden om Sjalotje te halen, die me geluk brengt, een amulet is voor mij en voor dit leger en tevens een herinnering aan onze lieve Frederick, die in deze streek ligt te slapen. Nu ik heb waarvoor ik kwam, heeft onze Heiland weer een regenton vol gedachten opgehoest om mij de weg te wijzen naar de vrijheid voor zijn kinderscharen, zoals Sjalotje hier. Ik heb met Gods hulp al allerlei verschillende plannen uitgebroed en nadat we onszelf hebben geholpen aan enkele van Gods gaven uit de ijzerwinkels en kledingzaken van die heidense slavenhouders, zullen we onze bijen verzamelen om ze in een korf te brengen tot een hoger doel. Het Kansasterritorium heeft me niet meer nodig. We hebben een groots werk te verrichten. Oostwaarts, mannen! Vooruit!'

En daarmee plofte de Ouwe me op zijn paard en we stoven door de steeg, vlak langs dat kanon, Pikesville uit en de legende in.

DEEL III
LEGENDE
(VIRGINIA)

17 DE GESCHIEDENIS BINNENTREKKEN

We kregen een sneeuwstorm over ons heen toen we met drie mannen te paard en de rest op wagens uit Pikesville vertrokken. Een hele dag achtereen viel er sneeuw, die het pad bedekte. Er bleef zo'n kwart meter sneeuw liggen in alle richtingen. Toen werd het één dag warm, waardoor een deel van de sneeuw smolt, en daarna ging het hard vriezen. Vijf centimeter dik ijs op de bomen. Tegen de ochtend bevroor het water in de veldflessen. We lagen buiten onder tentdoeken en in dekens gewikkeld, terwijl de sneeuw over onze gezichten woei en vlak bij ons de wolven huilden. De Ouwe had een nieuw leger, een groter leger, en alle mannen hielden om beurten de vuren brandend, hoewel ze niet veel hielpen. De Ouwe zelf had uiteraard geen problemen met het verblijf in de openlucht. Hij voelde een weersverandering aankomen als een ouwe boer, kon in het holst van de nacht bijna zonder licht door een donker bos wandelen en in een onweersbui lopen alsof die niet bezig was. Maar ik was weer op pad na twee jaar een soepel, droog, makkelijk leventje te hebben geleid, waarin ik slecht bier door mijn keelgat had gegoten. De tweede dag kreeg ik hevige kouwe rillingen. Gelukkig voor mij werd ook de Ouwe ziek, kreeg ook kouwe rillingen, dus midden op de derde dag kondigde hij in de zoveelste sneeuwstorm aan: 'Mannen, ik heb uit den hoge bericht gekregen dat hier in Missouri een paar slaven moeten worden bevrijd. We gaan op weg naar Vernon County.'

Er was geen discussie met hem mogelijk in dat weer. In de twee jaar dat ik hem niet had gezien was hij behoorlijk veranderd. Hij zag er angstaanjagend uit. Zijn gezicht was zo gerimpeld als een rozijn. Zijn knoestige ouwe handen waren een soort leren klauwen. Zijn gezicht was zo hard als een rots. Zijn ogen leken grijs graniet. Ook zijn manier van spreken was enigszins veranderd.

Hij verklaarde dat hij alleen in het bos was gaan leven om de werken van een kerel genaamd Cromwell te bestuderen, en volgens mij werd hij er enorm door gegrepen, want hij strooide meer met 'gij's', 'edochen' en 'goedertierens' dan ooit. Zoals hij op zijn paard zat en de sneeuw van zijn gevlekte wollen jas viel en vastplakte aan zijn baard, zag hij er nog meer uit als Mozes eertijds. 'Ik had generaal moeten zijn,' merkte hij op toen we op een ochtend door de ijzig kouwe bossen van Vernon County ploegden, 'maar onze Heiland van de Drievuldigheid Die het weer controleert en baas is van alle rangen en standen acht het beter om mij aan Zijn voeten te houwen. Ik ben haast een jaar lang vereend geweest met de natuur, Sjalot, leefde allenig in het bos, studeerde op mijn strijdplannen en ging me persoonlijk vermengelen met onze grote Koning der Koningen, en toen ik vertrok besefte ik dat ik Zijn wil doe als kapitein, Sjalot, dat is de titel die hij me heeft opgelegd. Niks hogers.'

'Waarom bezorgt Gods kapitein ons niet een warm onderdak,' mopperde Owen.

De Ouwe snoof. 'God beschermt ons in de winter, Owen. Er zullen geen pro slavers in dit land worden gezien totdat het gras weer groen is. Dat maakt dat wij ons werk kunnen doen.'

Daar had hij gelijk in, want geen schepsel met denkhersens zou zich buiten in die sneeuw wagen. We zwoegden vier dagen op die manier door het zuidwesten van het Missouriterritorium, bevroren, zonder slaven te vinden om te bevrijden, totdat de Ouwe eindelijk verklaarde: 'De slavernij in Vernon County is overwonnen. We trekken over land oostwaarts naar Iowa.'

'Waarom nemen we de veerboot niet?' vroeg Owen. 'Dat is de snelste weg naar het oosten.'

De kapitein grijnsde. 'De veerboten worden uitgebaat door pro slavers, jongen. Ze nemen geen yanks mee.'

Owen zwaaide met zijn zwaard en zijn pistolen, knikkend naar de mannen achter ons, drie te paard en de rest op wagens, allemaal gewapend. 'Ons zullen ze wel meenemen.'

De Ouwe grijnsde. 'Heeft Jezus een strijdwagen genomen voor

de weg vanuit Jericho om achtduizend voet te klimmen tot zeeniveau? Reed Mozes op een paard om de berg heen met de tiengebodenrollen? Of beklom hij op zijn eigen voeten de baren? Wij zullen als cavalerie naar Iowa optrekken, net als ooit David.' Maar de waarheid is dat hij de veerboot niet kon nemen omdat hij op de vlucht was. De prijs op het hoofd van de Ouwe was behoorlijk gestegen in de twee jaar die ik in Pikesville had doorgebracht. Owen vertelde me dat het Missouri- en het Kansasterritorium beide een prijs op zijn hoofd hadden gezet, en de mensen daar in het oosten waren behoorlijk opgefokt door het nieuws van wat de Ouwe had ondernomen, waaronder het verwijderen van het hoofd van Doyle en de anderen, en niet te vergeten het bevrijden van slaven waar hij ook ging. Elke week stuurde de Ouwe een van zijn mannen naar het nabijgelegen Cuddyville om kranten uit het oosten te halen, en de verslagen stonden vol met allerlei discussies over de slavenstrijd, om nog maar te zwijgen over de verbazing hier en daar over de prijzen die op zijn hoofd waren gezet door diverse patrouilles, door beide territoria en door Washington, D.C. Tot overmaat van ramp werd ons spoor buiten Nebraska City opgepikt door een federalistische compagnie, die ons naar het noorden joeg, weg van de veerboot. Ze hielden vol ondanks de sneeuwstorm. Wij probeerden ze los te rijden, maar ze bleven een paar mijl achter, net uit het zicht. Elke keer als we dachten dat we ze kwijt waren, stond de Ouwe stil en keek achterom door zijn verrekijker en zag ze op een paar mijl afstand worstelen om ons bij te houwen in de sneeuw. Dat duurde dagen.

'Waarom komen ze niet gewoon opzetten en maken er een gevecht van,' mompelde Owen.

'Dat doen ze niet,' zei de kapitein. 'Want Gideon zeide het volk: "Ik zal over u niet heersen. Mijn zoon zal over u niet heersen. De Heere zal over u heersen." Onze Heiland zal ze niet tegen ons laten vechten.'

Na nog eens drie dagen van sneeuw en vriesweer waren de federalisten het spelletje moe. Ze stuurden een ruiter naar ons kamp met een witte vlag om te spreken met de Ouwe. Het was een slanke kerel, met de broekspijpen van zijn uniform netjes in zijn laarzen gestoken en zijn gezicht zo rood als een biet van de kou. 'Ik ben luitenant Beers,' kondigde hij aan. 'Ik kom met bericht van mijn commandant, kapitein Haywood. Hij zegt dat als u rustig en zonder verzet meegaat, we u naar Lawrence brengen voor een eerlijk proces en uw mannen met rust laten.'

De Ouwe snoof. 'Zeg kapitein Haywood dat hij me moet komen halen.'

'Hij zal u moeten arresteren.'

'Waarvoor?'

'Ik weet niet precies wat de beschuldigingen zijn, kapitein,' zei de luitenant, 'maar de gouverneur van het Kansasterritorium heeft een prijs van drieduizend dollar uitgeloofd voor degene die u gevangenneemt. President Buchanan heeft daar nog eens tweehonderdvijftig bovenop gedaan. U zou bij ons veiliger zijn dan als u door dit gebied rijdt met al dat geld dat boven uw hoofd hangt.'

De Ouwe, op zijn paard in de vallende sneeuw, lachte. Iemand met een raardere lach had ik nog nooit gezien. Hij maakte geen geluid, maar rimpelde zijn gezicht en zoog zijn adem in. Zijn schouders gingen omhoog, hij zoog lucht in, zijn gezicht spande zich en dan tuimelden de rimpels in zijn voorhoofd omlaag tot rond zijn ogen, die verdwenen, waarna je alleen zijn gele tanden nog zag en er elk moment suizende lucht over je heen dreigde te komen uit zo ongeveer alle gaten in zijn hoofd, zijn ogen, zijn oren en zijn mond. Het globale effect was angstaanjagend voor wie hem niet kende. Begrijpelijk dat de toekijkende luitenant zich ongemakkelijk voelde, en juist op dat moment niesde de Ouwe, waardoor zijn lichaam eventjes uit het zadel werd gelicht en de panden van zijn geklede jas even omhoog flapten, zodat de kolf van een van die enorm grote zevenschotspistolen te zien kwam, die hij aan weerszijden in een holster droeg.

'Dat is een belediging,' snoof de Ouwe eindelijk toen hij klaar was. 'Ik vecht voor de goeie zaak in naam van onze Heiland, Die de wet van iedere natie teniet kan doen met een kuchje. Ik word niet door hem geregeerd. En Deuteronomium tweeëndertig vers vijfendertig spreekt over de tijd dat "hunlieder voet zal wankelen".'

Hij draaide zich om en zei tegen zijn mannen: 'Hierbij bied ik eenieder in dit leger twee dollar en vijftig cent voor het hoofd van president Buchanan. Hij heeft de leiding over een barbaarse instelling die niet gehoorzaamt aan de troon van onze Heiligste Martelaar.'

De soldaat draaide zich om en reed haastig terug naar zijn compagnie. Na een dag reden de federalisten weg, ze tuimelden door de diepe sneeuwbanken en lange aardruggen op de prairie. 'Verstandige beslissing,' mompelde de Ouwe, terwijl hij ze door zijn verrekijker nakeek. 'Ze weten dat ik vrienden heb op hoge posten.'

'Waar dan?' snoof Owen.

'Onze hoogste God, jongen, en je zou er goed aan doen gehoor te geven aan Diens roepstem.'

Owen haalde zijn schouders op en besteedde geen aandacht aan de Ouwe. Hij en zijn broers waren gewend aan diens verkondigingen. De meeste waren lang niet zo religieus als hun vader. Zodra de Ouwe buiten gehoorsafstand was, bewezen zijn zonen zelfs lippendienst aan het volledig loslaten van de strijd voor de slaven en aan de terugkeer naar hun hoeven. Een paar van hen, Jason en John, hadden dat al gedaan; zij hadden in de twee jaar dat ik weg was genoeg gekregen van het leven op de prairie en waren naar huis gegaan, terug naar de staat New York, en het merendeel van zijn oorspronkelijke ploeg uit Kansas was inmiddels naar huis of dood gebleven. Maar hij had nog vier zoons bij zich, Watson, Oliver, Salmon en Owen, en tijdens zijn reizen had hij een paar nieuwe mensen op sleeptouw genomen, en dat was een ander soort kerels dan zijn vroegere ploeg. Vroeger waren het meestal boeren uit Kansas, kolonisten en indianen, dit waren schietgrage jonge vechtjassen, ruige avonturiers, leraren en geleerden, de serieuze hap, die je zo het haar van je hoofd zouwen schieten. De meest serieuze van het stel was Kagi, een schooier met een glad gezicht uit Nebraska City die met Owen naar Pikesville was gekomen. Kagi had met de Ouwe bij Black Jack gevochten, maar ik had hem daar niet gezien, want in die tijd stak ik mijn kop in het zand. Hij was onderwijzer van beroep en droeg een opgerolde papierbundel met lessen en lezingen in zijn zak, waar hij nu en dan naar verwees. Hij leek een heel beheerste kerel, maar werd gezocht in Tecumseh omdat hij zijn Colt had getrokken en een rechter die voorstander van de slavernij was op genoeg lood had getrakteerd om een soep van zijn gezicht te maken en de kerel de eeuwige slaap te bezorgen. De rechter schoot Kagi in zijn hart voordat Kagi hem dodelijk verwondde. Kagi beweerde dat de kogel van de rechter niet door zijn hart was gegaan doordat hij een aantekenboekje in zijn borstzak droeg. Hij bleef dat haveloze notitieboekje de hele rest van zijn leven, dat niet erg lang zou blijven, op zijn lijf dragen. Behalve hij waren er John Cook, Richard Hinton, Richard Realf, een neger genaamd Richard Richardson, en Aaron Stevens. Die laatste was een lange, lompe mopperkont, een slechtgeluimde kerel, meer dan zes hand groot, een gevaarlijk geval, altijd happig op een gevecht. Hij was voor geen cent religieus. Dit waren andere kerels dan de eerdere ploeg van de Ouwe, bestaande uit boeren die vochten voor hun land. Deze rookten niet, dronken niet en pruimden niet. Ze lazen meestal boeken en discussieerden over politiek en geestelijke zaken. De Ouwe noemde ze 'Meneer Dit' en 'Meneer Dat', en had zich ten doel gesteld ze te bekeren tot het Heilige Woord. Hij greep elke kans aan om hen te bekogelen met God en zei: 'Meneer Zus en zo, je speelt de duivel in de kaart door zo lichtvaardig te doen over Gods Heil', maar ze waren eraan gewend geraakt hem te negeren op dat terrein. Slavernij, daar ging het om. Die bond hen. Daarin waren ze serieus.

Maar ze volgden hem als schapen. Hij werd amper door een van hen aangesproken op zijn bevelen, zo intelligent als ze waren, en ze wisten niet eens waarheen we elke dag op weg waren. De Ouwe was ontzettend zwijgzaam over zijn plannen, en zij vertrouwden hem op zijn woord. 't Enige wat hij stelde was: 'We gaan naar het oosten, mannen. We gaan naar het oosten om oorlog te voeren tegen de slavernij.'

Nou, het oosten, daar heb je veel van. En er was veel slavernij. En het was één ding om te zeggen dat je de slavernij gaat bestrijden en naar het oosten rijen om dat te doen, en tot in Afrika oorlog te voeren en zo. Wat anders is dag aan dag door de kou blijven rijen om dat te doen.

We kropen en kronkelden honderdvijftig mijl naar Tabor, in Iowa – dat kostte twee maanden – en bevrijdden onderweg negers. Tabor was in die dagen slavernijvrij gebied, maar reizen daar was in de winter een zware dobber, in ruim tien graden vorst, over een pad met een laag ijs van anderhalve decimeter, en met de Ouwe die constant aan het bidden sloeg voor aangebrande eekhoorn en oudbakken maïsbrood. Gelukkig hadden we een heleboel buit bij ons uit Pikesville en van een paar slavenhouders onderweg: munitie, jachtgeweren, twee huifkarren, vier paarden, twee muilezels, een os, beddengoed, braadpannen, blikken, wat broeken en hoeden, jassen, zelfs een naaitafel en een appelton, maar wild is 's winters schaars op de prairie en we zaten in een mum van tijd compleet zonder voedsel, dus al rondsjouwend sjacherden we met ieder die we tegenkwamen; zo overleefden we. Zo kon ik ook een broek, een hoed en ondergoed achteroverdrukken zonder dat er ook maar een haan naar kraaide, want het was te koud om je te bekommeren om wat een ander daar droeg. Tegen de tijd dat we Tabor in Iowa bereikten waren we uitgeput en hongerig – behalve de kapitein, die elke ochtend zo fris als een hoentje klaarstond om te vertrekken. Het leek of hij geen slaap nodig had. En eten interesseerde hem absoluut niet, nog het minst alles wat met boter te maken had. Hij hoefde geen levend wild als het betekende dat er boter genuttigd moest worden. Iets aan die lekkernij bracht hem van zijn stuk. Behalve als er schildpadsoep of gebraden beer was, nou, dan stiefelde hij midden in de winter in zijn onderbroek rond in een varkensstal alleen maar om een vleugje op te vangen van dat soort wild. Hij zat wat dat betreft raar in mekaar. Een extreem buitenmens.

Hij vond het allesbehalve jofel toen we een stad bereikten, waar het vreemd stil was toen we het dorpsplein op sjokten. Hij keek om zich heen en haalde diep adem. 'Blij dat we op grondgebied van abolitionisten zitten,' kraaide hij, rondturend op zijn paard. 'Zelfs de lucht lijkt helderder. Hier woont de vrijheid, mensen. We zijn thuis. We blijven hier de rest van de winter om uit te rusten.'

We stonden daar een uur en de stad bleef muisstil. Geen deur ging open. Geen luik bewoog. De stadsbevolking was panisch. Ze wouwen niks met ons te maken hebben. Na een poosje hadden we het zo koud dat we op zoek naar onderdak overal gingen aankloppen, maar geen hoeve en geen herberg die ons wou. 'Moordenaar,' piepte een vrouw en sloeg de deur dicht. 'Maak dat je wegkomt,' zei een ander. 'Geschifte ouwe sok.' Een man vertelde hem: 'Ik ben tegen de slavernij, kapitein, maar ik ben tegen moorden. U en uw mannen kunnen hier niet blijven.' Zo ging het in de hele stad. Tabor was in die tijd vrij van slavernij, en de Ouwe was bekend bij elke abolitionist ten oosten van Missouri, maar ze zweetten nu simpelweg peentjes voor ons. Tuurlijk werd de Ouwe ook gezocht, er stond een prijs op zijn hoofd. Elke krant in het land bralde over hoe hij een paar hoofden had afgehakt in het Kansasterritorium, dus volgens mij kropen ze ook daarom onder tafel.

We gingen zowat alle deuren van de stad langs, een stoet bevroren, haveloze mannen, uitgeputte muildieren en uitgehongerde paarden, en toen de laatste deur voor zijn neus was dichtgeslagen, was de Ouwe geïrriteerd maar niet bedrukt.

'Praten, praten, praten,' mompelde hij. 'Al wat christenen doen is praten. Dat, mannen,' zei hij, terwijl hij midden in de verlaten stad de sneeuw van zijn snor stond te vegen, 'is onze ware strijd. De doorsnee slaaf heeft vrijheid nodig, geen gepraat. De neger heeft tweehonderd jaar geluisterd naar gepraat over vloeibare moed. We kunnen niet wachten. Wachtte Toussaint-Louverture op de Fransen in Haïti? Heeft Spartacus op de Romeinse regering gewacht? Bleef Garibaldi wachten op de inwoners van Genua?'

Owen zei: 'Ik weet zeker dat het goeie mensen zijn over wie je het heb, vader. Maar het is hier gewoon koud.'

'We zouwen moeten zijn als ooit David,' mopperde de Ouwe, 'leven van de gunst en het voedsel van onze Koning der Koningen, die in alle onze behoeften en wensen voorziet. Ikzelf heb het niet koud. Maar omwille van jullie heb ik wel een paar vrienden over in deze wereld.' Hij zei de mannen weer op te zadelen en bracht ons naar een paar boeren in het nabijgelegen Pee Dee, die bereid waren ons op te nemen – nadat de Ouwe hun het grootste deel van zijn paarden en wagens had verkocht en afspraken voor ons had gemaakt om hen te helpen bij het maïs pellen en de rest van de wintermaanden te werken op hun hoeven. Er werd wat gemopperd, maar de mannen waren dankbaar dat ze voedsel en onderdak hadden.

Zodra dat was geregeld kondigde de Ouwe aan: 'Ik heb de wagens en onze voorraden met een bepaald doel verkocht. Ik moet een treinkaartje hebben om terug te gaan naar het oosten. Ik laat jullie hier in betrekkelijke warmte en veiligheid achter, mannen, terwijl ik in m'n eentje naar Boston reis op zoek naar fondsen in de naam van onze Heiland. Want we moeten eten en onze strijd heeft geld nodig, en in het oosten is zat geld, ik ga dat halen bij onze vele medestanders daar.' Ze stemden in, want een warme plek om te slapen was goud waard en wij waren uitgeput, terwijl de Ouwe liep rond te dollen als een Texaanse muilezel.

Tijdens zijn voorbereidingen om naar het oosten te gaan kreeg de Ouwe van zijn mannen nog het een en ander om mee te nemen, brieven voor thuis, cadeaus voor vrienden, dekens om warm te blijven. Terwijl hij die dingen verzamelde, kondigde hij aan: 'Kagi, jij ben mijn luitenant, het is jouw taak de mannen te trainen in militaire zaken en dergelijke, die ze nodig zullen hebben in onze strijd tegen de slavernij.'

Kagi knikte. Toen wierp de kapitein een oogje op uw dienaar. 'En Sjalot, jou neem ik mee.'

Owen keek verbaasd. 'Waarom zij?' vroeg hij.

'Sjalot brengt geluk. Ze doet denken aan je lieve broer Frederick, die ligt te slapen in dit territorium en wiens goedheid zowel dier als mens aantrok. We hebben nu elk instrument nodig voor ons doel, dus het is tijd om de neger naar voren te schuiven voor zijn eigen bevrijding. Ik zal haar nodig hebben om te helpen de negers in een korf te brengen. Zowel de neger als onze blanke medestanders zullen de onschuld van haar gelaat zien en zeggen: "Ja, kind des Heiligen Vaders, wij zullen het koninkrijk beërven dat Hij ons heeft toebereid, en wij zullen de handen ineenslaan om te vechten voor de goeie zaak van onze kinderen!" Ze zullen met z'n duizenden komen!' En hij klapte in zijn handen en knikte. Als het ging om enthousiasme voor de kwestie van de vrijheid was hij niet te stuiten.

Ik was uiteraard niet tegen. Ik wou zo snel mogelijk weg uit die vlakten. Ik had het plan er als een haas vandoor te gaan zodra hij de andere kant op keek. Maar Bob was er ook nog. Hij had tijdens de koude tocht over de prairie volgehouden, nadat Owen hem bij zijn lurven had gepakt in Pikesville en hem zoals altijd had meegetroond. Net als steeds in het verleden wachtte Bob stiekem zijn kans af om ervandoor te gaan, en toen hij begreep dat de Ouwe van plan was naar het oosten te gaan, naar het land van de vrijheid, deed hij zijn mond open.

'Ik kan u helpen negersoldaten te vinden,' kondigde hij aan, 'want een neger is meer geneigd te luisteren naar wat een neger zegt, dan naar een meisje.'

Voordat ik mijn mening kon geven snoof de Ouwe: 'God stelt de man niet boven de vrouw, beste Bob. Als een man niet in de behoeften van zijn eigen vrouwen of kinderen kan voorzien, nou, dan hij is maar een halve man. Jij blijft hier bij de rest, want de duizenden negers die massaal naar ons verblijf toe zullen stromen, zullen jou nodig hebben om ze te kalmeren en ze ervan te weerhouwen zich al te veel uit te sloven totdat onze oorlog begint, want ze zullen popelen om ertegenaan te gaan. Ik en Sjalot zullen de basis leggen, en dan word jij, mister Bob, onze ambassadeur die ze verwelkomt in ons leger van mannen.'

Bob mokte en hield zich koest, maar dat zou niet lang duren, naar bleek, want twee weken nadat we naar het oosten waren vertrokken, kreeg de kapitein een brief dat Bob was weggelopen.

***

We namen een trein die ons van Chicago naar Boston bracht, dat was zijn plan, zei de Ouwe. Achter die stoommachine aan rijen was een rumoerderige toestand vol geratel en gerammel, maar het was echt warmer en comfortabeler dan de prairie. Hij reisde afwisselend als 'Nelson Hawkins', 'Shubel Morgan' of 'Mr Smith', afhankelijk van wat hem te binnen schoot, want in het algemeen vergat hij vaak zijn valse namen en vaak vroeg hij me hem te helpen onthouden welke hij gebruikte. Hij deed verschillende vruchteloze pogingen zijn baard te kammen, maar door incognikker te reizen met mij, die me voordeed als een partner, hield hij niemand voor de mal. Ik zag er zo haveloos uit als een ouwe knoop in een touw door al die weken op de prairie, en de kapitein was zo beroemd als slechte whisky. De pro-slaverypassagiers maakten dat ze wegkwamen uit de coupé als ze hem zagen, en telkens als hij in de trein aangaf behoefte te hebben aan eten of drinken, nou, dan schoven de andere yankeepassagiers voor zijn genoegen al het voedsel af dat ze hadden. Hij nam die geschenken aan zonder met zijn ogen te knipperen. 'Dit is allemaal niet voor onszelf, Sjalot, maar omwille van onze Grote Voorzienigheid en de zaak van de vrijheid van onze broeders en zusters slaven.' Hij at alleen wat hij kon eten en geen druppel meer. Dat was het ironische aan de Ouwe. Hij stal meer wagens, paarden, muilezels, spaden, messen, geweren en ploegen dan elke man die ik ooit heb gekend, maar hij nam nooit wat anders voor zichzelf dan wat hij persoonlijk gebruikte. Alles wat hij stal was voor de goeie zaak van het bestrijden van de slavernij. Als hij wat stal en het niet gebruikte, nou, dan bracht hij het naar de arme sloeber van wie hij het had gestolen en gaf het terug, of het moest natuurlijk een vervelende kerel zijn, dan had je een dikke kans dat de man ineens dood zou blijken of vastgebonden aan een paal het slachtoffer werd van een vermanende preek van de Ouwe over het kwaad van de slavernij. De kapitein hield graag vermanende preken voor gevangen pro slavers over het kwaad van de slavernij; er waren er zelfs een paar die zeien: 'Kapitein, ik heb liever dat u me nou meteen neerknalt en er een eind aan maakt dan dat u nog één seconde mijn oren vermanend toespreekt, want ik verzuip in uw woorden. U vermoordt me hier.' Verschillende gevangenen gaven het spel helemaal op en zakten in slaap tijdens zijn preek, want velen van hen waren dronken en als ze nuchter wakker werden constateerden ze dat de Ouwe voor hen aan het bidden was, een nog ergere marteling, omdat ze dan nuchter waren en de Ouwe zijn gebeden langer maakte als hij een publiek had.

In de trein kwam ik erachter dat John Brown een arme man was. Hij had een groot gezin, zelfs naar de normen van de prairie, hij verwekte alles bij mekaar tweeëntwintig kinderen bij twee vrouwen. De eerste vrouw overleefde hij en de tweede woonde nog steeds in Elba, New York, met de twaalf kindertjes die zo gelukkig waren niet te worden weggerukt door ziekten en kwalen. De meeste van zijn kleintjes thuis waren kinderen van drie turven hoog of meisjes, en in de trein naar Boston raapte hij voortdurend voorwerpjes en souvenirs voor hen op, bijvoorbeeld gekleurd papier en klosjes garen die hij her en der op de vloer van de coupé vond en dan zei hij: 'Deze geef ik aan Abby', en 'Dit zou mijn kleine Ellen prachtig vinden'. Daar begon ik te begrijpen hoe schuldig hij zich voelde over de dood van mijn vader, toen hij me twee jaar eerder ontvoerde. Hij had me een jurk gegeven die hij in een winkel had gekocht voor zijn dochter Ellen. De Ouwe kocht zijn spullen nooit in een winkel. Die jurk uit de winkel was intussen al lang en breed versleten. Ik liep trots rond in een fijn geborduurd gevalletje dat ik had gekregen van Pie toen hij me in Pikesville vond. Maar dat werd op de open vlaktes natuurlijk vervangen door broeken, ondergoed, overhemd en hoed, alles uiteraard gestolen, die ik mocht dragen vanwege het extreme weer. De Ouwe merkte dat ik me lekker voelde in die kleding en daar was hij blij om, want hij zag een soort wildebras in mij, en dat vond hij over het algemeen leuk. Hij was normaal ruw en rauw, maar werd een goeie ziel tegenover elk kind dat hij tegenkwam. Menigmaal heb ik hem de hele nacht zien opzitten met een negerkindje dat aan darmkrampen leed en deel uitmaakte van een of andere ontsnapte groep weggelopen negers die hij aan de slavernij had ontrukt. Dan voerde hij dat kind terwijl haar vermoeide ouders sliepen, goot warme melk of soep in haar keeltje, en zong haar in slaap. Hij smachtte naar zijn kindertjes en zijn vrouw, maar vond zijn strijd tegen de slavernij belangrijker.

Het grootste deel van de reis las hij in de Bijbel, bestudeerde kaarten en schreef brieven. U heb nog nooit iemand meer brieven zien schrijven dan Old John Brown. Hij schreef brieven naar kranten, politici, vijanden, zijn vrouw, zijn kinderen, zijn ouwe vader, zijn broer en een paar neven en nichten. Hij kreeg brieven vooral van zijn vrouw en zijn schuldeisers – niet weinig schuldeisers, want vroeger had hij het bonter gemaakt dan een temeier als het om het lenen van geld ging en schulden overgehouwen aan elk bedrijf dat hij bezat en dat op de fles was gegaan, dat waren er niet weinig. Hij kreeg ook brieven van negers op de vlucht en zelfs van indianen die om hulp vroegen, want ook roodhuiden mocht hij graag. In bijna elke stad waar de trein stopte had hij wel een of andere vriend die brieven voor hem kon posten, en vaste prik, als de trein stopte om passagiers te laten instappen, sprong er een kind aan boord of gaf hem door het coupéraam een stapeltje aan hem gerichte brieven, en dan gaf de Ouwe hem een shilling voordat hij hem een pak brieven toewierp om te posten. In een paar brieven zat een beetje geld, van zijn medestanders in het oosten. Dat was een van de redenen waarom brieven zo belangrijk voor hem waren. Als hij geen brieven schreef, zat hij voortdurend op landkaarten te krabbelen, een paar kleine en één grote. Hij droeg dat ding opgerold als een grote rol, en rolde hem af en zat er constant met potlood op te krassen, krabbelde cijfers en lijnen, mompelde over troepen en aanvallen in de flank en dergelijke. Soms legde hij hem neer en liep peinzend door de coupé heen en weer. De andere passagiers waren vooral fraai uitgedoste zakenlui uit Missouri, pro slavers, en zij keken hun ogen uit als de kapitein door het gangpad liep, met twee zevenschotspistolen amper verborgen onder zijn haveloze geklede jas en het uit zijn jutezak stekende slagzwaard, samen met een jonge negerin gekleed in boerenbroek en hoed. Behalve voor een paar yanks die hem en zijn 'partner' wat te knabbelen aanboden, had hij voor niemand veel interesse.

De reis naar Boston zou vier dagen duren, maar toen we op de derde dag door Pittsburgh, Pennsylvania slingerden, stopte de trein om water in te nemen en kondigde hij aan: 'We stappen hier uit, Sjalot.'

'Ik dacht dat we naar Boston gingen, kapitein.'

'Niet direct,' zei hij. 'Ik vermoed dat er onder mijn mannen in Iowa weleens een spion zou kunnen zitten. Ik wil niet dat we worden gevangen door de federalistische honden.'

In Pittsburgh stapten we op een andere trein naar Philadelphia, waar we uitstapten en een dag wachtten op de volgende trein naar Boston, die pas in de ochtend zou vertrekken, waarop de Ouwe besloot door de stad te gaan lopen want hij was een buitenmens en kon niet tegen de gedachte om bij een warme houtkachel in het station te zitten en zijn voeten te laten rusten. De stad was echt mooi om te zien. De doorkijkjes en de kleuren ontplooiden zich voor mijn ogen als pauwenveren. De kleinste straatjes in Philadelphia maakten van de grootste weg in het Kansasterritorium een achterstraatje met sleuven, pony's en kippen. Er stapten fraai geklede mensen rond en er waren huizen van baksteen met kaarsrechte schoorstenen. Langs elke straat zag ik telegraafdraden, houten trottoirs en binnentoiletten. De winkels waren gevuld met vers gevogelte, klaargemaakte vis, koperen kandelaars, soeplepels, wiegen, beddenpannen, heetwaterkruiken, commodes, koperwerk, zelfs bugels. Terwijl ik het allemaal bekeek, besloot ik dat de Ouwe wel gek was dat hij het oosten had verlaten om op de prairie te gaan vechten voor de negers. Zelfs de negers in Philadelphia leken geen boodschap te hebben aan hun slavenbroers. Ik heb er een paar rond zien wandelen die pronkten met zakhorloges, wandelstokken, dasspelden en ringen, net als de blankers, puur fatterig. In feite waren ze beter gekleed dan de Ouwe.

De volgende ochtend kreeg de Ouwe op het station bonje met de kaartjesverkoper, want hij had bijna geen geld meer en was van gedachte veranderd, wou niet meer rechtstreeks naar Boston. In plaats daarvan wou hij eerst stoppen in Rochester, New York. Dat dwong hem tot het uiterste, hij besteedde zijn laatste centen aan het omruilen van de kaartjes. 'Misschien vraag je je af waarom ik alles uitgeef voordat we in Boston zijn,' zei hij. 'Wees niet bang, Sjalot. Waar we heen gaan zullen we meer geldmiddelen vinden. Het is de prijs van tien kaartjes naar Boston waard, want we gaan de koning van het negervolk ontmoeten. Hij is een groot man en een dierbare vriend. Twijfel er niet aan, Sjalot, de komende jaren en generaties lang zullen zijn heldendaden worden verkondigd in heel dit land, en jij zal je kinderen kunnen vertellen dat je hem heb ontmoet. Hijf beloofd met ons te vechten tot het einde en dat is belangrijk, want we hebben zijn hulp nodig voor onze zaak, om de bijen in te korven. We zullen duizenden negers nodig hebben, en met hem zullen we die krijgen. Dus wees aardig voor hem. En beleefd. Hij heeft beloofd met ons te vechten. We moeten hem overhalen zijn belofte te houwen en ons te helpen de bijen in te korven.'

Vroeg in de ochtend kwamen we aan op het station van Rochester, en toen de trein daar binnenreed, stond op het perron een neger die anders was dan alle negers die ik ooit had gezien: een forse, knappe mulat met lang donker haar en een middenscheiding. Zijn hemd was gesteven en schoon. Zijn pak was geperst en kreukloos. Zijn laarzen brandschoon. Zijn gezicht glad geschoren. Hij stond stil als een standbeeld te wachten, trots, rechtop. Statig als een koning.

De Ouwe stapte uit de trein en de twee schudden mekaar de hand en omarmden mekaar hartelijk. 'Sjalot,' zei hij, 'dit is Mr Frederick Douglass, de man die zal helpen onze zaak de goeie kant op te sturen. Frederick, dit is Henrietta Shackleford, mijn partner, bekend onder de naam Sjalot.'

'Môge, Fred,' zei ik.

Mr Douglass keek me koeltjes aan. Het leek of de onderkant van zijn neus een halve decimeter opening toen hij omlaag keek.

'Hoe oud ben je?'

'Twaalf.'

'Waar zijn dan je manieren, jongedame? Wat voor een naam is Sjalot voor een jongedame? En waarom ga je zo gekleed? En waarom spreek je me aan als Fred? Je weet toch zeker dat je niet met een karbonaadje spreekt, maar met een vrij aanzienlijke, verstokte deelnemer aan de diaspora van de Amerikaanse negers?'

'Mister?'

'Ik ben Mr Douglass.'

'Nou, hallo mister. Ik ben hier om te helpen de bijen te korven.'

'En korven zal ze,' zei de Ouwe monter. Ik had hem nog nooit zo aanhankelijk gezien als hij nu tegenover Mr Douglass was.

Mr Douglass bekeek me aandachtig. 'Ik vermoed dat er een mooi karbonaadje onder al die vodden zit, mister Brown,' zei hij. 'En we zullen haar ogenblikkelijk wat manieren leren die passen bij dat knappe uiterlijk. Welkom in Rochester, jongedame.'

'Dank u, mister Fred,' zei ik.

'Mr Douglass.'

'Mr Douglass.'

'Een kleine spring-in-'t-veld, Douglass,' zei de Ouwe trots, 'die tijdens menig gevecht lef en moed aan de dag heb gelegd. Ik neem aan dat dit het hoogtepunt is van haar leven nu ze de man ontmoet die haar volk gaat bevrijden van de ketenen van de wereld der ondergeschiktheid. Sjalot,' zei hij, en gaf Mr Douglass een klap op zijn rug, 'ik heb veel teleurstellingen meegemaakt in mijn leven. Maar dit is iemand op wie de ouwe kapitein altijd kan rekenen.'

Mr Douglass glimlachte. Hij had perfecte tanden. Getwee stonden ze daar te stralen van trots, op het perron, blanke en nietblanke samen. Het leverde een mooi plaatje op, en als ik een van die apparaten had gehad om plaatjes te maken die juist in die dagen waren ontdekt, zou ik de hele zaak hebben vastgelegd. Maar net als bij de meeste dingen die de Ouwe deed zou zijn plan niet worden verwezenlijkt zoals de bedoeling was. Hij vergiste zich zwaar in Mr Douglass. Had ik geweten wat er zou gebeuren, dan had ik vermoedelijk dat pistooltje uit mijn Pikesville-tijd uit mijn broekzak gevist en Mr Douglass in zijn voet geknald, of althans hem uit de weg geruimd met de kolf van het ding, want hij zou de Ouwe in de toekomst allemachtig laten stikken op een moment dat de kapitein hem het meest nodig had. En het zou de Ouwe veel meer kosten dan een treinkaartje naar Rochester.

18 ONTMOETING MET EEN GROOT MAN

De Ouwe bleef drie weken binnen bij Mr Frederick Douglass. Het grootste deel van die tijd zat hij op zijn kamer te schrijven en te studeren. Dat was niet ongewoon voor hem, over papier gebogen zitten schrijven of rondlopen met een zak vol kompassen, aantekeningen neerpennen en kaarten raadplegen enzovoort. Er was altijd wel iets te beleven, maar drie weken was lang voor mij om bij iemand thuis te zitten en ik verwachtte dat het voor de Ouwe nog erger was. De kapitein was een buitenmens. Hij kon niet lang bij een haard zitten of slapen op een veren bed of zelfs voedsel eten dat voor beschaafde mensen werd gekookt. Hij at graag wild: wasbeer, opossum, eekhoorn, wilde kalkoen, bever. Maar voedsel dat was bereid in een goeie keuken – broodjes, taart, jam, boter – hij kon niet tegen de smaak van die dingen. Dus het was verdacht dat hij daar zo lang zat, want dat is alles wat ze in dat huis aten. Maar hij bleef maar hangen in een slaapkamer en kwam daar alleen uit om naar het toilet te gaan. Van tijd tot tijd ging Mr Douglass er naar binnen en hoorde ik die twee op hoge toon met mekaar praten. Ik hoorde Mr Douglass op een gegeven moment zeggen: 'Tot de dood!' maar zonder dat ik het kon plaatsen.

Drie weken was voor mij genoeg tijd om kennis te maken met het huishouwen van Mr Douglass, dat in handen was van de twee echtgenotes van Mr Douglass, een blanke en een niet-blanke. Het was voor het eerst dat ik ooit zoiets zag, twee vrouwen die getrouwd waren met één man, en beiden van een ander ras. Die twee vrouwen spraken nauwelijks met mekaar. Als ze het deden, leek het of er een blok ijs in de kamer was gevallen, want juffrouw Ottilie was een blanke Duitse vrouw, en juffrouw Anna was een niet-blanke vrouw uit het zuiden. Ze waren heel beleefd tegen mekaar, min of meer, hoewel ik vermoedde dat als ze niet beschaafd waren geweest, ze mekaar een bibberatie zouwen hebben gestompt. Ze hadden in werkelijkheid de schurft aan mekaar en werkten hun woede uit op mij, want ik was in hun ogen lomp en moest nodig eens geknipt worden en mores leren, leren zitten en knicksen maken en al die dingen. Op dat terrein was er bij mij een hoop werk aan de winkel, want de weinige omgangsvormen die Pie me had geleerd op de prairie waren een soort koemest voor die vrouwen, die geen latrine gebruikten en nooit tabak kauwden of woorden gebruikten als 'hebbes' en 'nop'. Mr Douglass stelde me aan ze voor en toen hij zich terugtrok in zijn eigen geschrijf – ook hij schreef, net als de Ouwe, die twee zaten allebei in aparte kamers te pennen – zetten die twee vrouwen mij in de salon voor hen en monsterden me. 'Doe die broek uit,' brulde mejuffrouw Anna. 'Trek die laarzen uit,' voegde mejuffrouw Ottilie eraan toe. Ik verklaarde dat ik zou doen wat ze vroegen, maar het alléén zou doen. Daar gingen ze over kibbelen, zodat ik tijd had om weg te glippen en me in m'n eentje te verkleden. Maar daar werd mejuffrouw Anna boos om, en twee dagen later kwam ze verhaal halen toen ze me haar keuken binnen troonde om een bad voor me vol te laten lopen. Ik stoof naar de salon op zoek naar de blanke echtgenote, juffrouw Ottilie, die erop stond dat zíj een bad voor me zou vol laten lopen, en ik liet die twee daar ruzie over maken. Zo hield ik me ze van het lijf en liet ze kissebissen over al die dingen.

Als ik daar lang was gebleven zouwen die twee vrouwen mekaar hebben vermalen. Maar gelukkig hadden ze geen tijd om met me rond te klooien, want elke beweging van meer dan een centimeter in dat huis, elke kleinigheid op het gebied van schoonmaken, koken, afstoffen, werken, schrijven, loog gieten en ondergoed naaien draaide om Mr Douglass, die in huis rondliep als een koning in broek met bretels en met dreunende stem zijn redevoeringen oefende in de gangen, die net breed genoeg waren om de manen van zijn donkere haar door te laten. Ooit heb ik de machtige fanfare van Tuskegee, Tennessee, horen trommelen bij een parade; het was een genot dat orkest te horen, tweehonderd man sterk, met slaande trommen en schallende trompetten. Maar het was niks vergeleken met het gedonder van Mr Douglass die thuis zijn redevoeringen over het lot van het negerras oefende.

De twee vrouwen probeerden mekaar af te troeven in hun omgang met hem, hoewel hij ze allebei beschouwde als temeiers en stinkbommen. Maaltijden nuttigde hij alleen, aan het grote mahoniehouten bureau in zijn kantoor. Die man verzwolg bij één gelegenheid meer dan ik in het Kansasterritorium dertig kolonisten in drie weken had zien wegwerken: biefstuk, aardappelen, boerenkool, yam, bataat, komkommer, kip, konijn, fazant, bokkenvlees, cake, broodjes, rijst, allerlei soorten kaas en gekneed brood; hij spoelde het weg met melk, kwark, perziksap, koemelk, geitenmelk, kersensap, sinaasappelsap, druivensap. Ook was hij niet vies van alle typen neutjes en borrels, waarvan verschillende soorten in het huis steeds voorhanden waren: bier, pils, wijn, spuitwater, zelfs flesjes water uit verschillende bronnen in het westen. Zo'n man was de schrik van een keuken.

Toen we er een week waren was ik uitgeput van het alsmaar meisje spelen, want in het westen kon een jongedame onderweg spugen, pruimen, schreeuwen, brommen en scheten laten zonder meer aandacht op zichzelf te vestigen dan een vogeltje dat kruimels van de grond pikt. In feite vond de doorsnee pro slaver zulk gedrag ronduit sympathiek in een meisje, want er was niks beters voor een vent op de vlakten dan een meisje vinden dat kon kaarten als een vent en het onderste uit een fles whisky kon wegslikken als hij stomdronken was. Maar hemeltjelief, in Rochester kon je amper met je vingers wiebelen zonder iemand te beledigen omdat een dame zich zus en zo heurt te gedragen, zelfs een negerin – voorál een negerin, want de haaisaaie negerinnen daar waren een en al getjilp, getwiet en gesjirrep. 'Waar is je tournure?' snauwde een donkere dame me toe toen ik over straat liep. 'Snoei die kroeskop!' rebbelde een andere. 'Waar is je pruik, kind?' vroeg een derde.

Dat was me te veel, ik trok me terug in het huis. Al die charges en knicksjes vielen me zwaar, ik kreeg er dorst van, moest nodig doorzakken, een slok whisky, om mezelf vanbinnen schoon te maken. Door het nippen van die snollen bij Miss Abby had mijn strot de smaak te pakken gekregen van duizeldrankjes op spannende momenten, en toen ik eenmaal de bevroren paden achter me had gelaten en in een bestaan met goed eten was terechtgekomen, kreeg ik dorst door al dat samengeknepen, gesettelde leven. Ik was in die tijd van plan de Ouwe in de steek te laten, pleite te gaan en in een of andere herberg in Rochester te gaan werken, maar die herbergen waren niks vergeleken met die in het Kansasterritorium. Het leken meer bibliotheken of denkplekken, vol ouwe lullen in traditionele geklede jassen die her en der sherry zaten te nippen en zich verbaasden over de toestand van de arme neger die maar niet welvarend werd, of dronken Ieren die leerden lezen. Vrouwen en meisjes waren meestal niet toegestaan. Ik dacht over andere baantjes, want af en toe kwam er een blanke vrouw met een muts op haar hoofd over het trottoir naar me toe stiefelen en vroeg: 'Zou jij drie penny willen verdienen door de was te doen, schat?' Ik was destijds twaalf, voor mijn gevoel tegen de dertien of zelfs veertien, hoewel ik het nooit precies wis. Ik was nog steeds allergisch voor werk, hoe oud ik ook was, dus andermans onderbroeken spoelen was geen idee waar ik me gauw aan zou overgeven. Ik had genoeg problemen om mijn eigen kleren schoon te houwen. Ik raakte uit mijn hum door al dat gedoe en ik verwachtte dat die vrouwen mijn ware aard zouwen ontdekken zodra er wat misging en ik mijn proppenschieter, die ik nog steeds bewaarde, tevoorschijn zou halen. Want ik was tot de conclusie gekomen dat ik door mijn avonturen in het westen met de kapitein een soort revolverheld was, meisje of niet, en ik voelde me verheven boven de meeste van die stadsbewoners in het oosten die toast met jam aten en kreunden en kraaiden als ze in de wintermaanden geen bosbessen kregen.

Maar het gebrek aan wiebelwater knaagde aan me en op een middag hield ik het niet meer. Ik besloot mijn dorst weg te drinken met een slokje van het jubelspul dat Mr Douglass in zijn bijkeuken bewaarde. Hij had er flessen en flessen vol van. Dus ik glipte naar binnen en pakte een fles, maar amper had ik een snelle gloegloe genomen of ik hoorde iemand aankomen. Ik zette de fles snel terug toen mejuffrouw Ottilie, zijn blanke vrouw, verscheen, met een frons op haar voorhoofd. Ik dacht dat ik een flinke opdonder van haar zou krijgen, maar in plaats daarvan kondigde ze aan: 'Mr Douglass vraagt je te spreken in zijn studeerkamer.'

Ik ging erheen en vond hem achter zijn ruime bureau. Hij was een kleine man, het bureaublad was bijna even hoog als hijzelf. Hij had een groot hoofd voor zo'n piepkleine persoon, en zijn haar, dat overeind stond als de manen van een leeuw, kwam net over het bureaublad piepen.

Hij zag me komen en zei me de deur dicht te doen. 'Omdat je in dienst bent van de kapitein, moet ik je ondervragen,' zei hij, 'om je bewust te maken van de benarde toestand waarin de neger verkeert ten behoeve van wie je heb gevochten.'

Nou, ik wis alles van die benarde toestand, omdat ik zelf dus ook een neger ben, ik hoorde hem her en der in huis erover zaniken en eerlijk gezegd was ik niet geïnteresseerd in de strijd voor iemands zaak. Maar ik wou de grote man niet voor het hoofd stoten, dus ik zei: 'Nou, dank u wel, meneer.'

'Om te beginnen, ga zitten, schatje,' zei hij, en hees zich omhoog.

Dat dee ik. Ging zitten in een stoel tegenover zijn bureau.

'Nu,' zei hij, en hees zich omhoog. 'Er zijn allerlei kleuren negers. Donker. Zwart. Zwarter. Zwartst. Zwarter dan de nacht. Zwart als de hel. Zwart als teer. Blank. Licht. Lichter. Lichtst. Lichter dan licht. Blank als de zon. En bijna blank. Neem mij nu. Ik heb een bruine tint. Jij daarentegen bent bijna blank, en aantrekkelijk, dat is een vreselijk dilemma, nietwaar?'

Nou, zo had ik er nooit over gedacht, maar omdat hij alles wist, antwoordde ik hem zo goed mogelijk. 'Ja, meneer,' zei ik.

'Ik ben zelf een mulat,' zei hij trots.

'Ja, meneer.'

'Wij mulatten zijn aantrekkelijk en hebben daarom verschillende nauw omschreven ervaringen die ons bestaan bepalen en ons onderscheiden van de andere aanhangers van onze raciale punten van overeenkomst.'

'Eh...?'
'Wij mulatten zijn anders dan de meeste negers.'
'Ech waar?'
'Natuurlijk, kindje.'
'Als u het zegt, Mr Douglass, zal het wel.'
'Ik zeg dat inderda-didoe-dida,' zei hij.
Ik vermoed dat hij dat als grapje bedoelde, want hij grinnikte en keek me aan. 'Is dat niet grappig?'
'Ja, meneer.'
'Beetje vrolijk, kleine Henrietta. Waar kom je vandaan, schatje?'
'Nou, Kansas, Mr Douglass.'
'Je hoeft me niet Mr Douglass te noemen,' zei hij, terwijl hij van achter zijn bureau vandaan kwam en op me toeliep. 'Mijn vrienden noemen me Fred.'
Het leek niet netjes om een groot man zoals hij Fred te noemen, want de enige Fred die ik had gekend was dommer dan donuts en dooier dan het bier van gisteren. En verder was Mr Douglass onlangs op het station zo strikt als een stekelvarken geweest over de regels die bepaalden dat ik hem 'Mr Douglass' moest noemen. Maar ik wou de grote leider niet voor het hoofd stoten, dus ik zei:
'Ja, meneer.'
'Niet meneer. Fred.'
'Ja, meneer... Fred.'
'O, kom op. Doe een beetje vrolijk. Hier. Kom. Ga hier zitten,' zei hij. Hij liep naar een bankje dat zo scheluw en stapelzot was als alles wat ik ooit eerder had gezien. De ene kant was naar links gericht. De andere kant naar rechts. Volgens mij was de timmerman dronken. Hij stond ervoor. 'Dit heet een tête-à-tête,' zei hij en gebaarde dat ik dichterbij moest komen. Hij deed het alsof hij haast had, ongeduldig was, alsof hij gewend was dat mensen naar zijn gedachten luisterden, wat ze waarschijnlijk ook deden, omdat hij een groot man was. 'Wil je hier zitten terwijl ik je uitleg hoe benard de situatie van onze mensen is?' vroeg hij.
'Nou, meneer, volgens mij ziet die situatie er momenteel echt beroerd uit, totdat u er wat aan doet.'

'Wat bedoel je?'

'Nou, eh, als mensen zoals u het voortouw nemen, ja, dan kan het ons niet verkeerd gaan.'

Nou lachte de grote man. 'Je ben een meisje van het platteland,' grinnikte hij. 'Ik hou van meisjes van het platteland. Ze zijn een beetje zot. Ik kom zelf ook van het platteland.' Hij duwde me op de tête-à-tête en ging aan de andere kant zitten. 'Deze tête-à-tête komt van Parijs,' zei hij.

'Is dat een vriendin van u?'

'Parijs is de lichtstad,' zei hij en legde steels een arm om mijn schouder. 'Je móét een keer het zonlicht boven de Seine zien.'

'Zonlicht boven een rivier? O, ik heb de zon vele malen boven de Kaw gezien. Elke dag in Kansas, in feite. Ook regent het daar soms elke dag, net als hier.'

'Lieve kind,' zei hij. 'Je bent een verschoppelingetje in het duister.'

'O ja?'

'Een boom met ongeboren vruchten.'

'O ja?'

'Die nog geplukt moeten worden.' Nu trok hij aan mijn muts, die ik snel weer op zijn plaats schoof.

'Vertel eens. Waar ben je geboren? Wanneer ben je jarig?'

'Ik weet het niet precies. Al denk ik dat ik zo ongeveer twaalf of veertien ben.'

'Daar heb je het nou,' zei hij, en wipte van de bank. 'De neger weet niet waar hij is geboren en wie zijn moeder is. En zijn vader. En zijn echte naam. Hij heeft geen huis. Hij heeft geen land. Hij is volstrekt tijdelijk hier. Hij is niksvermoedend; voer voor de slavenvanger. Hij is een vreemdeling in een vreemd land! Hij is een slaaf, zelfs als hij vrij is! Zie je dit?' Hij kneep in mijn schouder. 'Dat is alleen maar vlees. Je bent een vanzelfsprekende prooi voor de slavenhouder die alles weet van vlees en er zin in heeft, die duivelse lafbek. De negerin kent geen vrijheid. Geen waardigheid. Haar kinderen worden vroeg of laat verkocht. Haar man werkt op het veld. Terwijl de duivelse slavenhouder zijn gang met haar gaat.'

'Echt waar?'
'Natuurlijk. En zie je dit?' Hij kneep in mijn nek en streelde me daar vervolgens met dikke vingers. 'Deze slanke hals, de prominente neus: ook dat is bezit van de slavenhouder. Ze hebben het idee dat het van hen is. Ze nemen wat hun niet rechtmatig toebehoort. Ze kennen jou niet, Hoerietta Shackleford.'
'Henrietta.'
'Doet er niet toe. Ze kennen jou niet, Henrietta. Ze kennen jou als bezit. Ze kennen niet de geest die in je zit en die een mens van je maakt. Ze geven niks om het bonzen van je stille, zinnelijke hartje, dat dorst naar vrijheid; je vleselijke natuur, die smacht naar de brede, open ruimtes waar ze zelf toegang toe hebben. Je bent louter lijfeigene, gestolen bezit, dat wordt uitgeperst, gebruikt, gemaltraiteerd en in beslag genomen.'

Nou, van al dat persen en maltraiteren werd ik echt nerveus, temeer daar hij het zelf ook deed, hij bekneep en maltraiteerde mijn kont, zijn hand was op weg omlaag naar mijn instrument terwijl hij met een sentimentele blik die laatste woorden zei, dus ik sprong overeind.

'Volgens mij heeft uw redevoering me dorstig gemaakt,' zei ik. 'Ik vraag me af of u niet wat onder de kurk heeft hier in de buurt in een van deze kasten, dat me zou kunnen helpen mijn liezen wat losser te maken en me op het juiste spoor te zetten van begrip voor een aantal van uw diepste vermengelingen over ons soort mensen.'

'Mijn hemel, wat onbeleefd van mij, vergeef me! Ik heb wat je zoekt,' zei hij. 'Had ik er maar eerder aan gedacht.' Hij deed meteen een duik in zijn drankkast, haalde er een hoge fles en twee hoge glazen uit en schonk mij een vol glas en zichzelf veel minder. Hij wist alleen niet dat ik kon drinken als een man, omdat ik buiten zijn medeweten al een beetje van zijn hete nat had achterovergeslagen en omdat ik ver in het westen al wel dronkelorrensap had ingenomen met pro slave-rebellen, die een vat whisky in hun keel konden gieten en zonder probleem dubbelzien. Zelfs de doorsnee kerkse pioniersvrouw bij de kolonisten in het westen kon meer hijsen dan een softe yank die gewend was aan voedsel dat lag opgeslagen in potten en kasten en dat was klaargemaakt in een hete oven. Die zouwen ze meteen en ter plaatse onder tafel kunnen drinken.

Hij schoof het grote glas whisky naar mij toe en hees zelf het andere.

'Zo. Laten we proosten op de opvoeding van een meisje van het land dat van de grootste redenaar van ons ras leert hoe benard hun positie wel is,' zei hij. 'Kalmpjes aan hoor, want het is sterk spul.' Hij kiepte zijn glas naar zijn praatgat en goot het naar binnen.

Het effect van de whisky toen die zijn strot raakte was alles bij mekaar crimineel. Hij schoot overeind alsof hij werd geëlektrificeerd. De whisky bracht hem van de wijs. Hij beefde en rammelde een beetje. Zijn lange manen stonden recht overeind. Zijn ogen gingen wijd open. Hij leek in één keer bezopen. 'Oef. Wat een neut, een scheut, een sassepril!'

'Ja, u heb gelijk,' zei ik. Ik dronk mijn borrel op en zette het glas leeg op tafel. Hij staarde naar het lege glas. 'Indrukwekkend,' bromde hij. 'Je weet er weg mee, snolletje van me.' Hij vulde beide glazen opnieuw, ditmaal beide tot de rand.

'Zullen we deze drinken op de benarde toestand van onze mensen in het zuiden die hier niet kunnen zijn om uw toespraak over hen aan te horen?' stelde ik voor, want ik had de bedoeling dronken te worden, en zijn whisky was slap. Hij schonk er nog een in en ik dronk mijn glas weer in één keer leeg.

'Bravo!' zei hij en hij deed me na, goot het zijne nogmaals leeg; zijn blik begon wazig te worden.

Mijn borrel was weg, maar de smaak begon me te bevallen. 'Hoe zit het eigenlijk met huisdieren, dat zijn toch ook slaven? Die lijden toch ook in al die hitte en kou zonder dat u wat over ze zegt?' vroeg ik. Hij schonk in en ik sloeg het weer achterover.

Nou, hij was verrast toen hij zag hoe vlot ik dat spulletje wegwerkte. Kijk, drinken leerde ik op de prairie van Kansas en Missouri met redshirts, pro slavers en abolitionisten, van wie zelfs de vrouwen een litertje of tien konden wegwerken zonder klunzig te worden zolang iemand anders maar inschonk. Zijn zelfvertrouwen stond ietwat op het spel nou hij een meisje zag dat hem aftroefde. Dat kon hij niet hebben.

'Jazeker,' zei hij. Hij goot beide glazen weer vol. 'Zeg het rond, me verschoppelingetje van het platteland, zing het rond dat ze mij overal ter wereld moeten horen!' Hij raakte nu echt beneveld, al zijn superieure gewauwel begon van hem af te vallen als regendruppels die van een dak stuiteren, en het platteland in hem begon naar buiten te komen. 'D'r gaat niks boven een potje doorzakken, lekker lollen en lallen!' brulde hij, en hij goot de om te huilen zo slechte, treurige, naar thee smakende povere whisky nogmaals door zijn strot. Ik deed hetzelfde.

Nou, zo gingen we verder. We maakten de fles op en begonnen aan een tweede. Hoe meer hij verdoofd raakte, hoe meer hij de geplande scharrelpartij vergat en in plaats daarvan groeide hij in wat hij kon: oreren. Eerst oreerde hij over de benarde situatie van de neger. Hij werkte zowat het hele onderwerp neger af. Toen hij genoeg over hen had georeerd, oreerde hij over de vogels, de vissen, het pluimvee, de blankers, de roodhuiden, de tantes, ooms, neven en nichten, de achterneven en nichten, nicht Clementine, de bijen, de vliegen, en tegen de tijd dat hij bij de mieren, de vlinders en de krekels was beland, was hij ijskoud, melig, tobberig, straalbezopen en stomdronken, terwijl het bij uw dienaar alleen maar zoemde, want die thee was slapper dan vogelpis, hoewel het meer beviel en bij elke teug beter smaakte als je er wat meer van dronk. Tegen de derde fles distillaat was er niks meer van hem over, hij struikelde over zijn georeer en brak zijn tong over de vogeltjes en de bijtjes, waar het allemaal om draaide, denk ik, want terwijl mijn blik nog niet eens half vertroebeld was, was hij eropuit niet onder tafel te worden gedronken door een meisje. Maar hij als grote leider liet zich nooit gaan, al leek hij zijn zin in mij te verliezen. Hoe waziger hij uit zijn ogen keek, hoe meer hij praatte als een varkensschenkel etende boerenneger van dertien in een dozijn. 'Ooit had ik een muilezel,' bulderde hij, 'en die wou zelfs nog niet de hoed van mijn hoofd trekken. Maar ik hield van die verdomde ezel. Een idioot goeie muilezel! Toen hij doodging, rolde ik hem in de beek. Ik had hem wel willen begraven, maar hij was te zwaar. Een dikke ezel van vijfhonderd kilo. Lieve hemel, die muilezel kon in enkele draf lopen, in dubbele draf...' Ik vond hem op dat moment best aardig, zonder verlangen naar de weg van de natuur, maar wetend dat hij een goeie ziel was, maar te beneveld om veel te kunnen presteren. Maar na een tijdje zag ik dat ik weg kon komen, want hij was over de rand, hopeloos dronken, ladderzat, en kon me nou geen kwaad meer doen. Ik stond op. 'Ik moet weg,' zei ik.

Tegen die tijd zat hij midden op de vloer, bretels omlaag, zijn hand stevig om de fles. 'Trouw niet met twee vrouwen tegelijk,' kwam uit zijn mond borrelen. 'Zwart of blank, je zal ongenadig op je sodemieter krijgen.'

Ik liep naar de deur. Hij nam een laatste duik naar mij terwijl ik erheen liep, maar hij viel op zijn gezicht.

Toen ik de deur opendeed keek hij naar me omhoog, grijnsde schaapachtig en zei toen: 'Swarm hier. Raam opendoen.' Daarna legde hij zijn machtige negerhoofd, met dat machtige haar dat op leeuwenmanen leek, plat op zijn gezicht, raakte definitief buiten westen, en toen ik stilletjes wegliep snurkte hij.

19 DE GEUR VAN BEER

Ik vertelde de Ouwe niet over de heldendaden van zijn vriend. Ik vond het vreselijk om hem teleur te stellen en het leek me niet gepast. Bovendien, als de Ouwe wat in zijn hoofd had over iemand, kon niks hem tot andere gedachten brengen. Als hij iemand aardig vond, maakte het niet uit of die heidens was of een waaghals of een jongen die zich vertoonde als meisje. Zolang ze maar tegen de slavernij waren, dan was het goed.

Hij was allemachtig blij toen hij het huis van Mr Douglass verliet, het was te zien aan zijn gezicht, dat zijn pruimenrimpels verloor, en aan zijn mond, die niet meer zo potdicht was als een strakke broek. Dat was ongewoon voor hem. 'Mr Douglass heeft me wat belangrijks beloofd, Sjalot,' zei hij. 'En dat is heel goed nieuws.' We namen een trein naar het westen, Chicago, en dat sloeg nergens op, want Boston was naar de andere kant, maar ik was niet van plan hem uit te vragen. Toen we ons installeerden voor de rit, verkondigde hij zo luid dat alle passagiers het konden horen: 'Het is de bedoeling in Chicago over te stappen op een paard-en-wagen naar Kansas.'

Bijna een dag ratelden we over de rails en ik viel in slaap. Een paar uur later schudde de Ouwe me wakker. 'Pak onze tassen, Sjalot,' fluisterde hij. 'We moeten ertussenuit.'

'Waarom, kapitein?'

'Geen tijd voor vragen.'

Ik wierp een blik naar buiten; het was tegen de ochtend. De andere passagiers in de coupé waren diep in slaap. We verhuisden naar een zitplaats aan het eind van de wagon en bleven daar koekenbakken totdat de trein stopte om water in te nemen, en sprongen er toen uit. We verstopten ons een poos in het struikgewas langs het spoor, wachtend totdat de locomotief weer op stoom kwam en ging rijden, de Ouwe stond met zijn hand op een van zijn zevenschotspistolen. Pas toen de trein wegreed liet hij zijn wapen los.

'Federalistische agenten zijn ons op het spoor,' zei hij. 'Ik wil dat ze denken dat ik op weg naar het westen ben.'

Ik zag de trein langzaam wegrijen. Het was een lang stuk spoorlijn recht de bergen in en toen de trein puffend omhoog reed, stond de Ouwe op, sloeg het stof van zijn kleren en keek hem een hele poos na.

'Waar zijn we?'

'Pennsylvania. Dit zijn de Allegheny-bergen,' zei hij, wijzend op de kronkelende bergen in de richting van de trein, die tegen de rechte rails op worstelde naar een bocht. 'Hier heb ik als jongetje gewoond.'

Dat was de enige keer dat ik de Ouwe ooit hoorde verwijzen naar zijn jeugdjaren. Hij keek naar de trein tot het een stipje in de bergen was. Toen hij weg was, wierp hij een lange blik om zich heen. Hij zag er ronduit aangeslagen uit.

'Dit is geen manier voor een generaal om zo te leven. Maar nu weet ik waarom de Heer me er vurig naar heeft laten verlangen mijn ouwe huis te zien. Zie je die bergen?' Hij wees om zich heen.

Ik zag niks dan bergen en ik vroeg: 'Wat is ermee, kapitein.'

Hij wees naar de brede doorgangen en steile rotsen om ons heen. 'Je kan je in deze passen jarenlang verstoppen. Er is wild genoeg. Hout genoeg voor onderdak. Een leger van duizenden zou een goed verborgen legertje niet kunnen opsporen. God heeft zijn duim op de aarde gedrukt en maakte deze doorgangen voor de armen, Sjalot. Ik ben niet de eerste die dat weet. Spartacus, Toussaint-Louverture, Garibaldi, ze wisten het allemaal. Ze deden er hun voordeel mee. Ze verstopten zo duizenden soldaten. Deze piepkleine doorgangen zullen als loopgraven dienen voor honderden negers tegen een vijand van duizenden. Loopgravenoorlog. Begrijp je wel?'

Ik begreep het niet. Ik kreeg het op me zenuwen omdat we in de kou midden in niemandsland stonden, en als het nacht werd zou het nog kouwer worden. Dat vond ik geen prettig idee. Maar omdat hij nooit mijn mening vroeg, vertelde ik hem naar waarheid: 'Ik weet niet zo veel over die dingen, kapitein, want ik ben nooit zelf in de bergen geweest.'

Hij keek me aan. De Ouwe glimlachte nooit, maar de grijze ogen kregen even wat zachts. 'Nou, je zult gauw genoeg in de bergen wezen.'

We waren niet ver van Pittsburgh, naar bleek. De hele dag liepen we langs de rails uit de bergen omlaag naar de dichtstbijzijnde stad, wachtten en namen een trein naar Boston. In de trein kondigde de Ouwe zijn plan aan. 'Ik moet geld inzamelen door toespraken te houwen. Het heef niks te betekenen. Pure show. Nadat ik genoeg poen heb vergaard, gaan we weer naar het westen, met een volle portemonnee om de mannen te verzamelen en de korf tot opstand te brengen in onze strijd tegen het duivelse systeem. Vertel intussen niemand wat over ons doel.'

'Ja, kapitein.'

'En misschien vraag ik je een aantal van onze donateurs te vertellen over je leven als slaaf vol ontberingen en honger. Lege maag en zo. Ongenadig afgeranseld worden, van die dingen. Dat kan jij ze vertellen.'

Ik wou hem niet bekennen dat ik nooit honger had gehad als slaaf en ook nooit ongenadig was afgeranseld. De enige keer dat ik honger had, uit vuilnisvaten at en buiten in de kou sliep, was eigenlijk toen ik vrij was en bij hem. Maar het was niet netjes om dat te zeggen, dus ik knikte.

'En terwijl ik de show weggeef,' zei hij, 'moet jij in de gaten houwen of je geen federalistische agenten achter in de zaal ziet. Dat is belangrijk. Ze zitten ons momenteel op de hielen.'

'Hoe zien die eruit?'

'Hmm. Ik denk dat ze plakhaar hebben en een net kloffie dragen. Je ziet ze wel. Maak je geen zorgen. Ik heb alles geregeld. Jouw ogen zullen niet de enige toekijkende ogen zijn. We zullen veel hulp hebben.'

Precies zoals hij had beloofd werden we in het station van Boston opgewacht door twee van de netste, rijkst uitziende blankers die ik ooit had gezien. Ze behandelden hem als een vorst, gaven ons goed te eten en troonden hem mee naar een paar kerken voor toespraken. Eerst beweerde hij dat hij er geen voorstander van was, maar ze hielden vol dat het al was afgesproken, en hij ging mee alsof het als een verrassing kwam. In die kerken hield hij saaie toespraken voor massa's blankers die alles wouwen horen over zijn strijdlustige avonturen in het westen. Ik ben nooit gek geweest op toespraken en tekeergaan, behalve natuurlijk als er alcolol of pecunia bij betrokken waren, maar ik moet zeggen dat de Ouwe dan wel gehaat was op de vlakten, maar een ster in het oosten. Ze kregen nooit genoeg van zijn verhalen over de rebellen. Je zou bijna denken dat elke pro slaver, waaronder Dutch, Miss Abby, Chase en al die andere laag-bij-de-grondse schooiers, zwendelaars, blufkaken en zakkenrollers, die vooral leefden van centen en de neger in het algemeen niet slechter behandelden dan ze mekaar behandelden, een stel halvegaren, heidenen en dronkenlappen waren die rondrenden om mekaar uit te moorden, terwijl de free staters de hele dag in de kerk zaten voor koorrepetities en op woensdagavond voor het knippen van papieren poppetjes. Als hij drie minuten bezig was, had de Ouwe die haaisaaie blankers zover dat ze een keel opzetten en bijna schreeuwden tegen de slavernij. Hij was eerlijk gezegd geen geweldige spreker, maar zodra hij de wind in de zeilen kreeg over onze Geliefde Schepper Die Ons Lot in Ere Herstelt, kreeg hij ze op gang, en het nieuws verspreidde zich snel, dus tegen de tijd dat we bij de volgende kerk kwamen, hoefde hij alleen maar te zeggen: 'Ik ben John Brown uit Kansas en ik vecht tegen de slavernij', of ze zetten een keel op. Ze riepen dat de koppen van de rebellen moesten rollen, kondigden aan dat ze ze zouwen afstraffen, afblaffen, afslachten, afmaken. Er waren altijd vrouwen die in tranen uitbarstten zodra de Ouwe zijn mond opendeed. Het maakte me een beetje triest, dat moet ik eerlijkheidshalve wel vertellen, te zien hoe honderden blankers huilden om de neger, want er waren bijna nooit negers aanwezig op de meeste bijeenkomsten, en als ze er waren waren ze opgedirkt en muisstil. Naar mijn idee lag de hele zaak van het negerleven daar niet anders dan in het westen, volgens mij. Het was een soort grote, lange lynchpartij. Iedereen moest zijn zegje kwijt over de neger, behalve de neger zelf.

Als de Ouwe zich verstopte voor een federalistische agent, dan had hij een vreemde manier om dat te laten zien. Van Boston naar Connecticut, New York City, Poughkeepsie en Philadelphia deden we het ene optreden na het andere. Het was steeds hetzelfde liedje. Hij begon zo: 'Ik ben John Brown uit Kansas, ik vecht tegen de slavernij', en dan gingen ze brullen. We verzamelden vrij veel geld op die manier, want ik ging met de pet rond in de zaal. Soms haalde ik zelfs vijfentwintig dollar op, soms nog meer, soms minder. Maar de Ouwe maakte alle volgelingen duidelijk dat hij van plan was naar het westen terug te gaan om de slavernij te bestrijden, totaal, op zijn manier. Sommigen vroegen hem hoe hij van plan was het aan te pakken, hoe hij van plan was de slavernij te bestrijden en zo, met wie hij het ging doen, enzovoort. Ze stelden hem de vraag tien keer, twintig keer, in elke stad. *'Hoe gaat u de pro slavers bestrijden, kapitein Brown? Hoe gaat u de oorlog aanpakken?'* Hij hing geen volslagen leugen op. Eigenlijk draaide hij om de kwestie heen. Ik wist dat hij het ze niet zou vertellen. Hij vertelde nooit zijn mannen of zelfs zijn eigen zonen wat zijn plannen waren. Als hij het zijn eigen mensen niet zou zeggen, zou hij het zeker niet vertellen aan een groep vreemden die hem elk een kwartje toegooiden. De waarheid is dat hij niemand zijn plannen toevertrouwde, vooral zijn eigen volk niet. 'Deze thuisgeboren stadswurmen kunnen alleen hun mondje roeren, Sjalot,' bromde hij. 'Praten, praten, praten. Dat is alles wat ze doen. De neger hoort al tweehonderd jaar praten.'

Met het leven dat ik leefde had ik dat nog wel tweehonderd jaar willen horen, want ik was in die periode uiterst tevreden. Ik had de Ouwe helemaal voor mezelf en we leefden geweldig. Ik at goed. Sliep goed. In veren bedden. Reisde in treinen in de coupés voor de blankers. De yanks behandelden me prima. Ze merkten net zomin dat ik een jongen was onder die jurk en die muts, als dat ze een stofje zouwen opmerken in een kamer vol contanten. Ik was gewoon een neger voor ze. 'Waar heb u haar gevonden?' was de vraag die de Ouwe het meest werd gesteld. Dan haalde hij zijn schouders op en zei: 'Ze is er een uit de vele massa's geketenden die ik in Gods naam heb bevrijd.' De vrouwen betuttelden me allemachtig hevig. Ze zeiden oeh en ze zeiden ah en ze gaven me jurken, taarten, mutsen, poeier, oorringen, pompons, veren en gaas. Ik was altijd zo verstandig mijn mond te houwen in de buurt van blankers in die dagen, maar ik werd ook geen enkele keer gevraagd mijn mond open te doen. Er is niks wat een yankee meer ergert dan een neger met hersens, want volgens mij dachten ze dat er maar eentje van dat soort op de wereld rondliep: Mr Douglass. Dus ik hield me dom en tragisch, en op die manier lukte het me een volledige set jongenskleren los te krijgen, broek, overhemd, jas en schoenen, plus vijfentwintig cent van een vrouw in Connecticut die begon te snotteren toen ik haar vertelde dat ik streefde naar de bevrijding van mijn als slaaf levende broer, terwijl ik helemaal geen broer had. Ik verstopte die kleren in mijn jutezak voor mezelf, want ik hield er altijd rekening mee dat we weg moesten, stond altijd klaar om op pad te gaan. In mijn achterhoofd had ik het idee dat de Ouwe op een dag door iemand om zeep zou worden geholpen, want hij was niet normaal als het om doodgaan ging. Hij zei altijd: 'Ik leef op God zijn klok, Sjalot. Ik ben bereid te sterven tijdens het vechten tegen het duivelse systeem', wat prima was voor hem, maar niet voor mij. Ik bereidde me altijd voor op de dag dat ik alleen zou zijn.

Zo zwierven we een paar weken rond totdat het voorjaar naderde en de Ouwe heimwee naar de prairie begon te krijgen. Hij werd moe van de gemeenschapszalen en spreekbeurten in de stad. 'Ik wil graag naar het westen terug, om de lentelucht te ruiken en te vechten tegen het duivelse systeem, Sjalot,' zei hij, 'maar we hebben nog steeds niet genoeg geld bij elkaar om ons leger van de grond te krijgen. En er is nog één punt van belang dat ik moet regelen.' Dus in plaats van volgens plan te vertrekken uit Philadelphia, besloot hij Boston nog een keer aan te doen voordat hij definitief naar het westen ging.

Ze lieten hem opdraven in een grote zaal daar. Zijn agenten hadden een en ander voorbereid. Buiten stond een mooie, indrukwekkende grote massa te wachten om binnengelaten te worden, en dat betekende veel geld in het laatje. Maar ze stelden het almaar uit. Ik en de Ouwe stonden achter de grote orgelpijpen op het spreekgestoelte te wachten tot het publiek binnenkwam toen de Ouwe aan een van zijn agenten die in de buurt stond vroeg: 'Waarom duurt het zo lang?'

De man was nerveus. Hij leek bang. 'Er is een federalistische agent uit Kansas deze kant op gekomen om u te arresteren,' zei hij.

'Wanneer?'

'Niemand weet wanneer of waar, maar iemand heeft hem vanochtend op het station gezien. Wilt u het evenement van vandaag afgelasten?'

O, dat had de Ouwe nou net nodig. Daarmee werd hij over de streep getrokken. Hij hield van knokken. Hij raakte zijn zevenschotspistolen aan. 'Beter dat hij zijn gezicht hier niet laat zien,' zei hij. En de anderen verklaarden dat ze het ermee eens waren en beloofden dat als de agent zich vertoonde, nou, dan zouwen ze hem wel bij zijn lurven pakken en in de boeien slaan. Maar ik had geen vertrouwen in die yanks. Ze waren niet onbeschaafd zoals de ruwe yanks in het westen, die je knock-out zouwen slaan en je aan een laars in je stijgbeugel zouwen wegslepen en je een ongenadig pak slaag zouwen verkopen zoals een goeie pro slaver zou doen. Deze yanks waren beschaafd.

'Er wordt hier vandaag niet gearresteerd,' zei de Ouwe. 'Doe de deuren open.'

Ze holden weg om te doen wat hij zei, en het publiek stroomde binnen. Maar voordat hij naar het spreekgestoelte liep voor zijn toespraak, nam de kapitein me terzijde en waarschuwde me. 'Ga bij de achtermuur staan en kijk naar de zaal,' zei hij. 'Hou je ogen open om die federalistische agent te zien.'

'Hoe ziet een federalistische agent eruit?'

'Je kan hem ruiken. Een federalist ruikt naar beer, want hij doet berenvet in zijn haar en leeft binnen. Hij hakt geen kachelhoutjes en ploegt niet met een muilezel. Hij ziet er schoon uit. Nuchter en bleek.'

Ik keek in de hal. Er leken ongeveer vijfhonderd mensen bij die beschrijving te passen, de vrouwen niet inbegrepen. De Ouwe en zijn jongens hadden weleens een paar beren geschoten op onze reizen, maar behalve het eten van het vlees en het gebruiken van de pels om mijn ingewanden warm te houwen kon ik me niks herinneren over de geur van de beer. Ik vroeg: 'Wat moet ik doen als ik hem zie?'

'Zeg niks en onderbreek mijn verhaal niet. Zwaai gewoon met de veer van de lieveheersvogel op je muts.' Dat was ons teken, ziet u. Die lieveheersvogelveer die hij mij had gegeven en die ik Frederick gaf en die ik terugkreeg na Fredericks dood. Het ding stond altijd op mijn muts vlak over mijn gezicht.

Ik zei dat ik zou doen wat hij vroeg, en terwijl ik de zaal inliep stapte hij het spreekgestoelte op.

Hij liep het podium op met zowel zijn zevenschotspistolen en zijn slagzwaard als een blik op zijn gezicht die aangaf dat hij klaarstond om kwaad te bestrijden. Als de Ouwe zijn kookpunt bereikte en elk moment met hete grutten kon gaan gooien en de boel op stelten zetten, wond hij zich nooit op. Het ging altijd net andersom. Hij werd kalm, vroom, en zijn stem, gewoonlijk zo vlak als de prairie, werd hoog en vast, bochtig en met grillige scherpe randen, net als de bergen van Pennsylvania waar hij zo van hield. Het eerste wat hij zei was: 'Mij is ter ore gekomen dat een federalistische agent me op de hielen zit. Als hij hier aanwezig is, laat hij zich dan vertonen. Ik zal hem hier ter plaatse met een ijzeren vuist ontvangen.'

Lieve hemel, ik mag een lijk laten vallen als je daarbinnen geen speld kon horen vallen. Goeie god, hij bezorgde die yanks de bibberatie. Ze vielen stil toen hij dat zei, want hij maakte ze allemachtig bang. Zijn ware aard kwam boven. Maar even later kregen ze moed en werden boos, joelden en sisten. Ze werden des duivels en riepen dat ze klaarstonden iedereen op de nek te springen die alleen maar een zijdelingse blik op de Ouwe zou werpen. Dat was wel een opluchting, maar geen grote, want het waren lafaards en kletskousen vergeleken bij de Ouwe, die als hij een vurig pleidooi hield tegen iemand, ze over de laatste grens joeg zonder al te veel haren uit zijn hoofd te trekken. Maar in die kerk kon hij niemand doden, niet met al die mensen erbij, en dat was een schrale troost.

Het publiek kalmeerde nadat hij de gemoederen had gesust en hun had verzekerd dat die agent zich toch niet zou durven laten zien. Toen ging hij over tot zijn normale toespraak, spuwde zoals gebruikelijk zijn gal over de pro slavers, zette een keel op toen het over alle moordpartijen ging die ze hadden gepleegd, uiteraard zonder zijn eigen moordpartijen te noemen.

Ik kende die toespraak op mijn duimpje, had hem intussen al vele keren gehoord, dus ik verveelde me en viel in slaap. Zo tegen het eind werd ik wakker en liet mijn oogbollen langs de muren glijden, alleen maar voor de veiligheid, en verdomd daar ontdek ik me toch een kerel die er verdacht uitzag.

Hij stond voor de achterwand tussen verschillende andere kerels die joelden en schreeuwden tegen de pro slavers. Hij liet de lui om hem heen hun gang gaan, deed niet mee aan het knarsetanden, handenwringen, hoofdknikken, huilen, haren uittrekken en schreeuwen tegen de pro slavers. Hij liet zich niet meeslepen door de Ouwe. IJskoud zwijgend stond hij te kijken, koel als bronwater. Het was een nette kerel. Kort van stuk, gedrongen, bleek van het binnenleven, getooid met een bolhoed, een wit overhemd, een vlinderdasje en een krulsnor. Toen de Ouwe even pauzeerde in zijn toespraak, schoof het publiek heen en weer, want het werd warm in de ruimte, en nam de kerel zijn hoed af, waardoor een bos dik, vet haar te zien kwam. Tegen de tijd dat hij een lok van dat vette haar achterover schoof en de hoed weer op zijn hoofd plantte, had de gedachte in mijn hoofd vaste vorm aangenomen. Als ik ooit een man met vette haren had gezien, dan was hij het wel, ik moest dus daarheen en op z'n minst te weten komen of hij naar beer rook.

Intussen had de Ouwe zijn toespraak vooruitgejaagd en draaide nou op volle kracht, want tegen het eind werkte hij altijd naar een hoogtepunt toe, en hij was sowieso in een opperbeste stemming want hij wist dat hij naar het westen kon als dit laatste grote varken was gewassen. Hij kwam met zijn gewone uitspraken tegen de gevreesde slavenbaas en de arme, welvaartloze slaaf en zo. Het publiek vond het prachtig, de vrouwen huilden, trokken hun haren uit en knarsetandden, het was een mooie vertoning, maar ik was op mijn qui-vive, keek naar die spion.

Ik nam geen risico. Ik rukte mijn veer uit mijn muts en zwaaide ermee naar het podium, maar de Ouwe was opgewonden en had inmiddels zijn hoogtepunt bereikt. Hij was begonnen aan het laatste deel van zijn toespraak en barstte uit in gebed tot God, waarmee hij altijd besloot, en natuurlijk bad hij altijd met ogen dicht.

Ik heb u al verteld hoe lang de gebeden van de Ouwe duurden. Hij kon voor twee uur aan het bidden slaan en de Bijbel even makkelijk opdreunen als u en ik het alfabet, en dat deed hij als hij alleen was, helemaal alleen, met niemand in zijn buurt. Dus kan je nagaan als er een paar honderd mensen zaten te luisteren naar zijn gedachten en smeekbeden tot onze Grote Koning der Koningen, de Schepper van rubber en bomen en honing en jam met broodjes en al die goeie dingen. Hij kon uren doorgaan, en dat kostte ons in feite geld, want soms kregen de yanks tabak van zijn gepruttel tegen onze Schepper en verdwenen ze uit de kerk voordat de mand was langsgekomen. Hij had die tactiek ondertussen in de smiezen gekregen en begon zijn bespiegelingen kort te houwen, wat voor hem toch nog minstens een half uur met zijn ogen dicht achter het spreekgestoelte betekende, hij bezwoer onze Schepper hem in goeie conditie te houwen zodat hij zijn plicht kon doen en de slavenhandelaars om zeep helpen en ze naar de Hemelse Heerlijkheid of Lucifer sturen, al kostte het verduveld veel moeite om het zo vlot te vertellen.

Ik denk dat de agent al eerder naar de voorstelling was komen koekeloeren, want ook hij wist dat de Ouwe aan het afronden was. Toen hij hem zijn ogen zag dichtdoen om aan zijn bijbelarij te beginnen, glipte hij snel van zijn plaats, drong vanaf de achterwand door de menigte die zich had verzameld in de zijbeuk en baande zich een weg naar voren. Ik wapperde opnieuw met mijn veer naar de Ouwe, maar als hij de Heer het volle pond betaalde zaten zijn ogen stijf dicht. Er zat niks anders op dan meelopen met de agent.

Ik kwam van mijn plaats en baande me zo snel ik kon een weg vanaf de achterwand door de kerk achter hem aan. De man was dichter bij het podium dan ik en hij liep snel.

Waarschijnlijk voelde de Ouwe nattigheid, want midden in zijn uitspraken over onsterfelijke zielen en de lijdenden schoten zijn ogen open en flapte hij er een snel 'Amen' uit. De mensen sprongen op van hun zitplaats, stroomden naar voren in de kerk, stevenden recht op hun held af om zich persoonlijk met hem te vermengelen, hem de hand te schudden, zijn handtekening te krijgen, geld te schenken enzovoort.

Ze omstuwden ook de agent, zodat hij minder snel vooruitkwam. Maar hij had nog steeds een voorsprong op mij en ik was maar een klein mulattertje en de massa duwde me opzij in het gedrang om de Ouwe de hand te schudden. Ik werd heen en weer geduwd door yankees die probeerden de Ouwe te omstuwen. Ik wuifde weer met de lieveheersveer maar verdronk in al die grote volwassenen om me heen. Ik ving een glimp op van een klein meisje verderop dat sneller dan de rest van het publiek bij de Ouwe was gekomen, en een papier voor hem ophield om te tekenen. Hij bukte zich en toen hij had getekend, drong de agent door de massa, belandde voor in de kerk en liep op hem toe. Ik sprong tussen de kerkbanken en wipte eroverheen naar voren.

Ik was op tien meter afstand toen de agent binnen armlengte was gekomen van de kapitein, die gebogen stond, met zijn rug naar de agent, om zijn krabbel op het papier voor het kleine meisje te zetten. Ik kraaide: 'Kapitein! Ik ruik beer!'

De menigte zweeg even en ik geloof echt dat de kapitein me had gehoord, want zijn hoofd knikte omhoog en het ouwe, strenge, gerimpelde gezicht werd op hetzelfde moment waakzaam. Hij stond op en draaide zich razendsnel om, met zijn handen op zijn zevenschotspistolen, en ik dook omlaag, want dat wapen geeft een enorme dreun als het wakker wordt. Hij had de kerel finaal te pakken. Was in het voordeel, want de agent was nog net niet bij hem en had ook zijn wapen nog niet beet. De man was ten dode opgeschreven.

'Aha,' zei de Ouwe.

Toen lieten zijn handen tot mijn verbazing zijn zevenschotspistolen los en verloor zijn strakke gezicht zijn rimpels. Hij stak zijn hand uit. 'Ik zie dat u mijn brieven heb gekregen.'

De forse, besnorde kerel met zijn vlinderdas bleef eensklaps staan en boog diep zonder zijn bolhoed af te nemen. 'Inderdaad,' zei hij. Hij sprak met een Engels accent. 'Hugh Forbes, tot uw dienst, generaal. Het is een eer om de grote bestrijder van de slavernij te ontmoeten, over wie ik zo veel hebt gehoord. Mag ik u de hand schudden?'

Ze schudden mekaar de hand. Ik denk dat dit het 'punt van belang' was dat de kapitein had verwacht, hetgeen waarop hij in het oosten aldoor had lopen wachten voordat hij terug naar de prairies kon koersen.

'Ik heb uw grote pamflet over de oorlog bestudeerd, meneer Forbes,' zei de Ouwe, 'en ik durf te zeggen dat het uitstekend is.'

Forbes maakte weer een diepe buiging. 'U dwingt me tot bescheidenheid, waarde heer, al moet ik bekennen dat mijn militaire opleidingsactiviteiten worden onderbouwd door de vele overwinningen die ik op het Europese continent heb meegemaakt in de legioenen van de grote generaal Garibaldi zelf.'

'Dat is inderdaad een feit,' zei de Ouwe. 'Want ik heb een plan waarin behoefte is aan uw militaire training en deskundigheid.' Hij keek naar de mensen die zich om hen heen hadden verzameld, en toen naar mij. 'Laten we ons terugtrekken in de achterkamer hier, terwijl mijn partner de gelden telt die vanavond zijn opgehaald. Er zijn dingen waarover ik met u onder vier ogen van gedachten moet wisselen.'

Daarop verdween het tweetal naar de ruimte achter de kerk, terwijl ik de gelden ophaalde. Waarover ze van gedachten wisselden kreeg ik niet te horen, maar ze gingen zich daar bijna drie uur lang persoonlijk vermengelen en toen ze weer verschenen was de kerk leeggestroomd.

Het was stil en de straten waren veilig. Ik gaf de Ouwe de die avond verzamelde 158 dollar, onze beste vangst ooit. De Ouwe haalde nog een stapel bankbiljetten voor de dag, telde ze, deponeerde in totaal 600 dollar in een bruin tasje, bijna elke penny die we hadden verdiend in onze drie maanden met speeches en voorstellingen overal aan de Oostkust om geld in te zamelen voor zijn leger, en overhandigde het tasje aan Forbes.

Forbes nam het tasje aan en stak het in zijn vestzak. 'Ik ben trots dat ik in de legioenen van een groot man mag dienen. Een generaal van het formaat van Toussaint-Louverture, Socrates en Hippocrates.'

'Ik ben kapitein in het leger van de Vredevorst,' zei Old Man Brown.

'Ach, maar voor mij bent u generaal, mijnheer, en zo zal ik u dus noemen want lagere superieuren dien ik niet.'

Daarop draaide hij zich om en marcheerde weg door de steeg, in militaire stijl, soldatesk, klik-klak, kaarsrecht en trots.

De Ouwe bleef hem nakijken totdat hij het eind van de steeg had bereikt. 'Ik heb twee jaar lang geprobeerd die man te vinden,' kondigde hij aan. 'Daarom zijn we hier zo lang blijven hangen, Sjalot. De Heer heeft hem eindelijk bij me gebracht. We zien hem terug in Iowa, waar hij onze mannen zal trainen. Hij komt uit Europa.'

'O ja?'

'Ja, echt waar. Een deskundige die werd getraind onder Garibaldi zelf. We hebben nou een echte militaire instructeur, Sjalot. Eindelijk ben ik aan oorlog toe.'

Forbes bereikte het eind van de steeg, draaide zich om naar de Ouwe, tikte tegen zijn hoed, maakte een buiging en wandelde weg door de nacht.

De Ouwe zag hem nooit meer terug.

20 DE KORF TOT OPSTAND BEWEGEN

We zaten twee weken in een logement in Chester, Pennsylvania, buiten Philadelphia, de Ouwe schreef brieven, bestudeerde kaarten en wachtte op het bericht dat de militaire instructeur, Forbes, in Iowa was aangekomen. Toen Kagi in een brief meldde dat hij niet was gekomen, wist hij dat het spel uit was. Hij ging er niet over kniezen, maar zag het als een positief teken. 'We zijn in een kwalijke val gelopen, Sjalot. De duivel is druk bezig. Maar de Heer vindt dat we geen opleiding nodig hebben om onze oorlog te voeren. Dat we ons aan de rechtvaardige kant van Zijn woord bevinden is genoeg opleiding. Trouwens,' kondigde hij aan, 'mijn grotere plan kan elk moment worden ontketend. Het is tijd om de bijenkoninginnen in te korven. We gaan naar Canada.'

'Waarom, kapitein?'

'Moet de neger vertrouwen op de blanke om zijn oorlog te voeren, Sjalotje? Nee, op de neger zelf. We staan op het punt de ware gladiatoren te ontketenen in deze knokpartij tegen de duivelse verdorvenheid. De leiders van het negervolk zelf. Voorwaarts.'

Ik was niet tegen. Terwijl ik en de Ouwe als man en partner reisden, liet de bazin van het logement waar we verbleven me slapen in de vertrekken van de dienstmeisjes, een door ratten geteisterd kamertje van niks dat herinneringen opriep aan Kansas. Ik was verwend door de yanks, die huilden omdat ik een slaaf was en me volstopten met maïspap, gerookte kalkoen, wild, gekookte duif, lam, zalige vis en pompoenbrood als ze er kans voor kregen. De bazin van deze herberg was van een ander slag. Ze had geen centje sympathie voor abolitionisten, vooral omdat ze eigenlijk zelf een slaaf was. Ze serveerde zure broodjes met jus en dat was prima voor haarzelf en de Ouwe, want hij hield niet van alles wat was gekookt, maar mijn eigen smaak was gewend geraakt aan pompoenbrood, verse bramen, kalkoen, wild, gekookte duif, lam, fijne vis en bereide ham met echte Duitse zuurkool zoals ik in Boston altijd kreeg als ik liet vallen dat ik een slaaf was. De bakens verzetten leek me een prima idee. Verder was Canada een vrij land. Ik kon daar blijven en van hem af zijn voordat hij om zeep werd geholpen, wat volgens mij zou gebeuren.

We namen de trein naar Detroit, en vonden daar het leger van de Ouwe, dat was gegroeid van negen tot twaalf man. Vier zoons van de Ouwe waren lid van de groep: Owen natuurlijk, en Salmon, plus twee jongere zoons, Watson en Oliver. Jason en John waren ermee opgehouwen. A.D. Stevens was er nog steeds, de mopperige, gevaarlijke yankee. Kagi was als commandant opgetreden, zoals de Ouwe had bevolen, en er waren een paar nieuwe ruwe bonken bij: Charles Tidd, een heetgebakerde kerel die had gediend als soldaat bij de federalisten. John Cook was er ook nog steeds, hij droeg nu twee revolvers op zijn heupen, en een paar anderen, onder wie de zwagers van de Ouwe, de Thompsonjongens en de broers Coppoc – die laatste twee waren schietgrage quakers. Dat waren de belangrijksten. Met uitzondering van Cook, die de duivel de horens van zijn kop kon praten, waren het meestal rustige, ernstige kerels, gelettered mannen zogezegd. Ze lazen kranten en boeken, en terwijl ze in beleefd gezelschap makke schapen waren zouwen ze een zakelijke kwestie met u soepel oplossen door met een voorlader vlotjes een gat in uw gezicht te schieten. Die kerels waren gevaarlijk om de eenvoudige reden dat ze een doel hadden. Er is niks ergers in de wereld dan tegenover zo iemand staan, want een man met een doel, goed of fout, heeft veel te bewijzen, en zal het je laten berouwen als je hem ten onrechte in de weg staat.

We gingen per wagen naar Chatham, Ontario, de mannen achterin en de Ouwe en ik voorop. Hij was de hele weg vrolijk, stelde dat we op weg waren naar een speciale bijeenkomst. 'De eerste in zijn soort,' kondigde hij aan. 'Negers uit heel Amerika en Canada komen bij mekaar in een korf om een resolutie op te stellen tegen de slavernij. De oorlog begint nu echt, Sjalot. We krijgen grote aantallen. We krijgen een resolutie. We krijgen een *revolutie*! Het gaat doordringen!'

Het drong niet meteen door. Maar vijfenveertig mensen drongen door tot Chatham, en dat aantal bestond bijna voor een derde deel uit de blankers die het leger van de Ouwe vormden of met ons aanpapten en zich onderweg bij ons voegden. Het was januari, koud en er lag sneeuw, en daardoor of doordat de vrije negers voor andere taken aan huis gebonden waren, was het de zieligste samenkomst die ik ooit heb meegemaakt. Het vond allemaal plaats in een ouwe vrijmetselaarsloge, duurde één dag, een dag vol toespraken en vol 'resoluties' en 'hiernevens' en 'gehallelujajutteperen' over het een en het ander – en geen hap te eten; een aantal van die kerels las verklaringen voor die de Ouwe op papier had gezet, en er werd veel gebruld over wie John had neergeschoten en wat de slaaf moest doen om welvarend te worden en zich los te maken van de blankers. Niks was te goed als aanmoediging in het hele geval voor zover ik kon zien. Zelfs Mr Douglass, de makker van de Ouwe, was niet gekomen; daardoor verloor de Ouwe wel wat veren.

'Frederick is niet goed in plannen,' zei hij luchtig, 'hij zal spijt hebben van de gebrekkige planning waardoor hij een van de grote momenten in de Amerikaanse geschiedenis mist. Er zijn hier grote sprekers en grote geesten aanwezig. We gaan de koers van dit land met onze toespraken veranderen, Sjalot.'

Hij was uiteraard de belangrijkste spreker, had de beginselverklaring geschreven, het huishoudelijk reglement opgesteld en in feite alles zelf gedaan, ook daardoor leek de zaak in zijn eigen ogen uiteraard gewicht te krijgen. Het draaide allemaal om hem, hem, hem. Niemand in Amerika kon zo hoog van de toren blazen als John Brown. Hij gunde de negers uiteraard hun momenten en nadat ze op die ene dag meer stoom hadden afgeblazen en meer hadden gekankerd op de blankers en de slavernij dan ik de dertig jaar nadien zou horen, was het zijn beurt. De dag liep af en ze hadden toespraken gehouwen en papieren ondertekend en moties opgesteld en zo, en toen was het de beurt aan de Ouwe om te spreken, zijn kaarten op tafel te leggen en te schuimbekken over de hele slavernijtoestand. Tegen die tijd was ik uiteraard doodmoe en hongerig, want ik had niks te eten gehad omdat ik zoals gewoonlijk constant in zijn buurt was geweest, maar hij was het klapstuk en daarom likten ze allemaal hun lippen af toen hij door de stille, verwachtingsvolle zaal naar voren schuifelde en zijn papieren schuffelde.

Hij droeg voor de gelegenheid een smalle stropdas en had drie nieuwe knopen aan zijn haveloze pak genaaid, allemaal met andere kleuren, maar dat vond hij chic. Hij ging op het ouwe spreekgestoelte staan, schraapte zijn keel en verklaarde toen: 'De dag van de overwinning van de neger is nabij.' En toen ging hij van start. Ik moet hier zeggen dat dit geen gewone negers waren voor wie de Ouwe sprak. Dit waren negers van de bovenlaag. Ze droegen vlinderdassen en bolhoeden. Ze hadden al hun tanden nog. Hun haar was netjes geknipt. Het waren onderwijzers, predikanten en doktoren; geschoren mannen die konden lezen en schrijven, en hemeltjelief, nou probeerde de Ouwe die chique, vrije, hoogdravende eersterangsnegers zo ver te krijgen dat ze maïs kwamen roosteren en oorwurmen eten omdat hij dat wou. Hij liet de dakspanten zowat van dat ouwe logement vliegen. Hij liet de negers blèren als schapen. Als hij zanikte over het vernietigen van het slavenerf van de blankers, schreeuwden ze: 'Yes!' Als hij kankerde dat de blankers de revolutie op hun bord moesten krijgen, schreeuwden ze: 'Zijn we allemaal voor!' Als hij bleef snateren over het met geweld losrukken van de slaven, flapten ze eruit: 'Meteen beginnen!' Maar toen hij aan het eind van zijn toespraak een papier omhoogheld waarop werd gevraagd aan vrijwilligers om naar voren te komen en in te tekenen om oorlog te voeren tegen de slavernij, stapte er geen mens naar voren en stak niemand zijn hand op. De zaal was zo stil als een katoenen zak.

Eindelijk stond achterin een kerel op: 'We zijn allemaal voor uw oorlog tegen de slavernij,' zei hij, 'maar we zouwen graag willen weten wat uw plan precies is.'

'Dat kan ik niet bekendmaken,' gromde de Ouwe. 'Er kunnen

spionnen onder ons zijn. Maar ik kan u wel vertellen dat het geen vreedzame mars vol vloeibare moed zal zijn.'

'Wat wil dat zeggen?'

'Ik streef ernaar de zonde van Amerika met bloed uit te wissen. En ik zal dat weldra doen. Met de hulp van het negervolk.'

Ik had prompt gegeten en gedronken en ik besloot dat ik in Canada wou blijven. Mijn broek, overhemd en schoenen had ik verstopt, plus een paar centen die ik had weten te redden uit onze geldinzameling bij de yankees. Ik dacht dat er onder al die haaisaaie negers in de zaal tenminste een paar goedhartige zielen moesten zijn die me wouwen helpen opnieuw te beginnen, misschien me wat beschutting en een kleinigheid te eten konden bieden totdat ik genoeg op gang was om mijn eigen onderbroek op te hijsen.

Vrij voor in de zaal stond een slanke kerel met lange bakkebaarden en een schortjas aan. 'Voor mij zijn dat genoeg plannen, vin ik,' zei de kerel. 'Ik doe mee.' Zijn naam was O.P. Anderson. Een dapperder ziel zal u niet vinden. Maar over O.P. kom ik nog te spreken.

Daarna keek de Ouwe de zaal rond en vroeg: 'Nog iemand anders?'

Geen ziel die zich verroerde.

Ten slotte deed een andere kerel zijn mond open: 'U hoeft alleen maar wat los te laten over uw strijdplan, kapitein, en ik doe mee. Ik kan geen contract ondertekenen als ik weet wat voor gevaren er in het verschiet liggen.'

'Ik vraag u niet om rondjes te draven als een paard. Wil u uw mensen redden of niet?'

'Dat is het hem juist. Het zijn mijn mensen.'

'Nee, dat zijn ze niet. Het is Gods volk.'

Dat was de aanzet tot een kibbelpartij en een woede-uitbarsting, waarbij sommigen de ene kant op pleitten en anderen de andere kant op, sommigen voor de Ouwe, anderen tegen. Ten slotte zei de eerste kerel, die het tumult had ontketend: 'Ik ben niet bang, kapitein. Ik ben aan de slavernij ontsnapt en heb drieduizend mijl te voet en te paard afgelegd om hier te komen. Maar mijn leven is me dierbaar. En als ik het erbij inschiet in de strijd tegen de slavernij, zou ik graag willen weten op welke manier dat gaat gebeuren.'

Enkele anderen waren het met hem eens en stelden dat ook zij zouwen toetreden als de Ouwe simpelweg zijn plan zou onthullen: waar het zou gebeuren, wanneer, wat de strategie was, enzovoort. Maar de Ouwe was koppig op dat punt en wou geen andere kant op. Ze drongen aan.

'Waarom mogen we het niet weten?' vroeg er een.

'Zit er een addertje onder het gras?' vroeg een ander.

'Het is een geheime samenkomst, kapitein! Niemand vertelt het rond!'

'We kennen u niet!' riep iemand. 'Wie bent u? Waarom zouwen we u vertrouwen? U bent blank en hebt niets te verliezen, terwijl wij alles dreigen te verliezen.'

Die zat, en de Ouwe zette de hakken in het zand, werd boos, want zijn stem klonk ieler en zijn blik werd strak en koel, zo ging dat dan bij hem. 'Ik heb in de loop van mijn leven bewezen dat ik een man van mijn woord ben,' zei hij. 'Ik ben een vriend van de neger en kom op voor God. Als ik zeg dat ik een oorlog voorbereid om een eind te maken aan de slavernij, is dat duidelijke taal. Die oorlog zal hier beginnen, maar niet hier eindigen. Hij zal doorgaan, of u er nou aan meedoet of niet. U komt net als ik voor uw Schepper te staan. Dus doe wat u wil: bedenk zelf maar wat u besluit Hem te vertellen als uw tijd is gekomen om Hem te ontmoeten. Ik vraag alleen maar het volgende,' – en hier keek hij boos de zaal rond – 'wat u ook doet, vertel niemand over wat u hier heb gehoord.'

Hij keek de zaal rond. Geen ziel deed zijn mond open. Hij knikte. 'Aangezien er niemand anders is die tekent, zijn we klaar. Daarom verklaar ik hierbij, als voorzitter van deze bijeenkomst en schrijver van deze beginselverklaring, dat we aan het eind zijn gekomen van deze...'

'Wacht even, kapitein.' Er kwam een stem van achter uit de zaal.

Alle hoofden werden omgedraaid en zagen een vrouw. Ze was

de enige vrouw in de zaal naast uw dienaar, die niet meetelde. Het was een klein, slank vrouwtje. Ze droeg haar haar onder een hoofddoekje en een eenvoudige dienstbodejurk met een schort en aan haar voeten had ze een paar mannenlaarzen. Gekleed als een slavin dus, op een kleurige sjaal na, tot op de draad versleten, die ze over haar arm droeg. Ze had een rustige manier van doen, was geen prater, dat kon je zien, maar haar ogen waren donker en kookten. Snel als de wind, stil, soepel, strak als een touw liep ze naar voren de zaal in en al die kerels maakten plaats en schoven hun banken opzij om haar door te laten. Er was wat angstwekkends aan die vrouw, wat stils, geduchts en sterks, en ik besloot meteen om afstand tot haar te bewaren. Ik had tegen die tijd veel ervaring als meisje. Maar niet-blanke vrouwen ontdekten mijn ware aard beter dan de meeste anderen, en iets zei me dat zo'n krachtig ogende vrouw zich niet voor de gek liet houwen en anderen niet makkelijk voor de gek hield. Ze glipte naar voren in de zaal, vouwde haar handen voor haar borst en draaide zich om naar de mannen. Als u langs het raam van die ouwe loge had gelopen en naar binnen had gegluurd, zou u hebben gedacht een schoonmaakster te zien die het woord richtte tot een kamer vol geleerden om ze uit te leggen waarom ze de latrine niet had gedaan of iets dergelijks, want de mannen droegen kostuums, hoeden en strikjes, terwijl zij gekleed was als een eenvoudige slaaf.

'Mijn naam is Harriet Tubman,' zei ze. 'En ik ken deze man.' Ze knikte naar de kapitein. 'John Brown hoeft niks uit te leggen aan deze simpele vrouw. Als hij zegt dat hij een goed plan heeft, heeft hij een goed plan. Dat is meer dan je kan zeggen van ieder ander hier. Hij heeft menigmaal een pak slaag gekregen voor de negers, en dat onderging hij met rechte rug. Zijn eigen vrouw en kinderen zitten stervend van de honger thuis. Hij offerde het leven van een van zijn zoons al voor de goeie zaak. Hoeveel van jullie hebben een zoon geofferd? Hij vraagt jullie toch niet zijn kinderen te voeden? Hij vraagt jullie toch niet hem te helpen? Hij vraagt jullie jezelf te helpen. Jezelf te bevrijden.'

Stilte in de zaal. Ze keek dreigend om zich heen.

'Jullie zitten hier allemaal te kakelen als een stelletje kippen,' zei ze. 'Jullie zitten hier warm en gezellig je zorgen te maken om je eigen hachje, terwijl er op ditzelfde moment kinderen huilen om hun moeder. Er worden vaders losgescheurd van hun vrouw. Moeders losgescheurd van hun kinderen. Sommigen van jullie hebben vrouwen, kinderen, die als slaven leven. En jullie zitten hier op de drempel van de verandering, bang om eroverheen te stappen? Ik zou een zweep moeten nemen voor een aantal van jullie. Wie is hier een man? Wees een man!'

Nou, het deed mijn hart pijn haar zo te horen spreken, want ik wou zelf graag een man zijn, maar was er bang voor, eerlijk gezegd, want ik wou niet sterven. Ik wou geen honger hebben. Ik vond het prettig te worden verzorgd. Ik vond het prettig te worden vertroeteld door yanks en rebellen zonder er wat anders voor te doen dan broodjes in mijn keel schuiven en op sleeptouw te worden genomen door de Ouwe, die voor me zorgde. Voordien zorgden Pie en Miss Abby voor me. Mrs Tubman, die daar zo ferm die woorden stond uit te spreken, deed me denken aan Sibonia voordat ze tegen de strik van de beul aan liep, Sibonia, die rechter Fuggett in zijn gezicht zei: 'Ik ben die vrouw, en ik schaam me niet en ben niet bang het toe te geven.' Ze was gek om te hangen voor de vrijheid! Waarom vechten als je ervoor weg kan lopen? Ik schaamde me meer over de hele zaak dan als Mrs Tubman me met de zweep had gegeven, en voordat ik het wist hoorde ik een vreselijk gekrijs in de zaal, het geluid van een bange ziel, die riep, die schreeuwde: 'Ik zal de kapitein volgen tot aan de uiteinden van de wereld! Ik doe mee!'

Het duurde even voordat ik besefte al dat gepiep en gekrijs uit mezelf kwam en toen deed ik het bijna in mijn broek.

'God zij geloofd!' zei Mrs Tubman. 'Een klein jongske zal ze drijven! Jezus zij geloofd!'

Nou dat trok de hele reut over de streep, en voor je het wist stond elke ziel in die zaal op; met bolhoed en al struikelden ze over mekaar op weg naar het spreekgestoelte om te tekenen. Geestelijken, artsen, smeden, kappers, leraren. Mannen die nog nooit een vuurwapen of zwaard hadden beetgehad. Stuk voor stuk zetten ze hun naam op dat papier, tekenden, en klaar.

Daarna liep de zaal leeg en stond de kapitein ineens in de lege zaal met Mrs Tubman terwijl ik aan het schoonmaken was, de vloer veegde, want hij had de zaal gehuurd onder zijn naam en wou hem teruggeven zoals hij hem had gekregen. Hij bedankte haar zoals ze daar stond, maar ze wuifde het weg. 'Ik hoop dat u een plan hebt, kapitein, want als u dat niet hebt, zullen we allemaal voor niks lijden.'

'Ik ben ermee bezig, met de hulpe Gods,' zei de Ouwe.

'Dat is niet genoeg. God gaf u het zaad. Maar het water geven en het verzorgen van dat zaad is uw taak. U bent een boer, kapitein. Dat weet u.'

'Natuurlijk,' gromde de Ouwe.

'Zorg ervoor dat het goed is,' zei Mrs Tubman. 'En vergeet niet. De doorsnee neger zou liever weglopen uit de slavernij dan ertegen vechten. U moet ze rechtstreekse bevelen geven. Met een direct, duidelijk plan. Met een exact tijdstip. En een reserveplan voor als het niet werkt. U kunt niet afwijken van uw plan als het eenmaal is vastgesteld. Loop over de weg en sla geen zijweg in. Als u afwijkt, zullen uw mensen het vertrouwen verliezen en u in de steek laten. Neem dat van mij aan.'

'Ja, generaal.' Dat was de eerste en enige keer dat ik de Ouwe ooit hoorde capituleren voor iemand, blank of niet-blank, en hoorde dat hij iemand 'generaal' noemde.

'En de kaart die ik u heb gegeven met de verschillende routes door Virginia en Maryland, die moet u uit uw hoofd leren en vernietigen. Dat moet u doen.'

'Natuurlijk, generaal.'

'Goed dan. God zegene u. Laat het me weten als u klaar bent, en ik zal er zo veel sturen als ik kan. En ik zal zelf komen.' Ze gaf hem het adres van de herberg in Canada waar ze verbleef en maakte aanstalten om te vertrekken.

'Vergeet niet dat u alles op orde moet hebben, kapitein. Wees niet te veel gefixeerd op emotionele zaken. Er zullen mensen sterven in deze oorlog. God heeft uw gebeden niet nodig. Hij heeft uw actie nodig. Leg de datum vast. Hou u daar strikt aan. Het waar en het wat van uw plan hoeft niemand te weten, maar houd u strikt aan de datum, want mensen komen van verre. Mijn mensen zullen van verre komen. En ik zal van verre komen.'

'Ik zal een duidelijk plan maken, generaal,' zei hij. 'En ik zal strikt vasthouwen aan de datum.'

'Goed,' zei ze. 'Moge God u zegenen en u bewaren voor wat u hebt gedaan en op het punt staat te doen.'

Ze sloeg haar sjaal om en maakte aanstalten om te vertrekken. Terwijl ze dat deed, zag ze mij in de richting van de deur de vloer vegen, min of meer verstopt achter de bezem, want die vrouw had me door. Ze wenkte me. 'Kom eens bij me, kind,' zei ze.

'Ik ben hier bezig, mevrouw,' zei ik hees.

'Kom eens hier.'

Ik liep naar haar toe, nog steeds vegend.

Ze bleef een hele poos naar me kijken, hoe ik de vloer veegde, gekleed in die verdomd krankzinnige jurk. Ik zei geen woord. Bleef alleen maar vegen.

Ten slotte zette ze haar voetje op de bezem en hield hem tegen. Toen moest ik wel naar haar opkijken. Die ogen keken strak op me neer. Ik kan niet zeggen dat het vriendelijke ogen waren. Het waren meer gebalde vuisten. Vol. Sterk. Geroerd. In het gezicht van die vrouw leek de wind te leven. Naar haar kijken was als strak kijken naar een orkaan.

'Je hebt er goed aan gedaan je mening te zeggen,' zei ze. 'Om een aantal van deze mannen te laten opstaan als mannen. Maar de wind van de verandering moet ook in jouw hart waaien,' zei ze zacht. 'Een lichaam kan zijn wat ze maar willen in deze wereld. Dat is mijn zaak niet. De slavernij heeft veel mensen voor schut gezet. Heeft ze allerlei kanten op laten draaien. Ik heb het menigmaal zien gebeuren in mijn leven. Ik verwacht dat het ons ook elke dag van morgen zal gebeuren, want als je een slaaf van iemand maakt, maak je ook een slaaf van degene voor en degene achter hem.'

Ze keek uit het raam. Het sneeuwde buiten. Ze zag er op dat moment heel eenzaam uit. 'Ooit had ik een echtgenoot,' zei ze. 'Maar hij was bang. Hij wou een vrouw en geen soldaat. Hij werd zelf ook een soort vrouw. Hij was bang. Kon er niet tegen. Kon er niet tegen een man te zijn. Maar ik leidde hem toch naar het land van de vrijheid.'

'Ja, mevrouw.'

'We moeten allemaal sterven,' zei ze. 'Maar sterven als je ware ik is altijd beter. God zal je nemen zoals je tot Hem komt. Maar het is makkelijker voor een ziel om zuiver tot Hem te komen. Dan ben je altijd vrij. Van boven tot onder.'

Met die woorden draaide ze zich om en liep langs de andere kant van de zaal naar de deur, waar de Ouwe bezig was zijn papieren, zijn kaarten en zijn zevenschotspistolen op te ruimen. Hij zag dat ze wegging en liet zijn papieren vallen om haastig de deur voor haar open te doen en haar uit te laten. Even stond ze in de deuropening te kijken naar de sneeuw, haar ogen speurden aan weerszijden de lege, besneeuwde weg af. Even keek ze aandachtig naar de straat, op zoek naar slavendieven, denk ik. Die vrouw was altijd op haar hoede. Met haar ogen naar de straat zei ze tegen hem: 'Niet vergeten, kapitein, wat uw plan ook is, wees op tijd. Niet afwijken van het tijdstip. Breng eerder uw leven in gevaar dan het tijdstip. Tijd is het enige wat je niet in gevaar kunt brengen.'

'Juist, generaal.'

Ze zei hem haastig gedag en vertrok, liep over de weg met die laarzen aan en die kleurige sjaal over haar schouders geslagen, sneeuw viel op de lege weg rondom haar, terwijl ik en de Ouwe haar nakeken.

Toen kwam ze snel teruglopen, alsof ze wat was vergeten, liep naar de trap waar wij stonden, nog steeds met die versleten kleurige sjaal, en gaf die aan mij. 'Neem deze en houd hem,' zei ze, 'want hij kan nuttig zijn.' Toen zei ze nog een keer tegen de Ouwe: 'Niet vergeten, kapitein. Op tijd zijn. Breng het tijdstip niet in gevaar.'

'Juist, generaal.'

Maar hij bracht het tijdstip wel in gevaar. Ook dat verprutste hij. En daarom kwam de enige persoon op wie hij kon rekenen, de grootste slavenbevrijdster uit de Amerikaanse geschiedenis, de beste soldaat die hij kon krijgen, de persoon die het beste van alle levende mensen wist hoe je ontsnapt aan de verontrustende wateren van de blankers, nooit opdagen. Het laatste wat hij van haar zag was haar achterhoofd terwijl ze over de weg liep in Chatham, Canada. Op dat moment vond ook ik het niet jammer haar te zien gaan.

21 HET PLAN

Tegen de tijd dat de Ouwe weer in Iowa belandde, was hij zo opgewonden, dat het zielig was om te zien. Hij reisde uit de USA naar Canada met twaalf man, in de verwachting er honderden op te halen. Hij kwam terug in de USA met dertien man omdat O.P. Anderson zich meteen bij ons had aangesloten, samen met een paar blankers die bleven hangen, een poosje meedraaiden en zoals gewoonlijk afvielen toen ze zagen dat je bij het bevrijden van slaven de kans liep dat je hoofd met een bijl in een kubus werd gehakt of dat je op een andere manier werd afgeslacht. De andere niet-blankers die we in Canada hadden ontmoet gingen terug naar huis in verschillende delen van Amerika, maar hadden beloofd te komen als ze werden opgeroepen. Of ze hun woord gestand zouwen doen of niet, daarover leek de Ouwe zich geen zorgen te maken, want tegen de tijd dat hij weer in Iowa belandde, was hij volstrekt opgetogen. Hij had de generaal achter zich gekregen, Mrs Tubman dus.

In zijn opwinding verloor hij bijna zijn verstand. Hij was opgetogen. Besluiten dertien kerels uit te rusten en een oorlog te verklaren aan *iets* in plaats van aan iemand, dat klopt niet. Ik kreeg het idee dat hij zich misschien vergiste en dat ik misschien weg moest gaan als we weer thuis waren, voordat hij al te diep wegzonk in een volgende dwaasheid die hij had gepland, want hij leek niet normaal te zijn. Maar in die dagen bleef ik niet hangen bij een bepaald onderwerp zolang ik maar eieren, gebakken okra en gekookte patrijs achter mijn kiezen kon schuiven. Trouwens, de Ouwe had meer pech dan ieder die ik ooit heb gekend, en dat kan alleen maar maken dat je een persoon aardig vindt en interessant om bij te zijn. Hij bracht lange uren in zijn tent door om te bidden, kaarten en kompassen te bestuderen en cijfers neer te krabbelen. Hij schreef altijd als een gek brieven, maar nu schreef hij nog driemaal zo veel brieven als vroeger, zo veel dat die eerste weken de belangrijkste taak van zijn leger in Tabor niks meer inhield dan het wegsturen en halen van zijn post. Hij liet zijn mannen naar Pee Dee, Springdale en Johnston City rijden om brieven op te halen bij schuiladressen, herbergen en vrienden, en brieven te versturen naar Boston, Philadelphia en New York. Hij was uren bezig zijn post door te nemen, en terwijl hij dat deed, oefenden zijn mannen met houten zwaarden en pistolen. Een deel van die post bestond uit brieven met geld van de abolitionisten in het oosten die hem steunden. Hij had een groep van zes blankers in New England die hem bergen geld gaven. Zelfs zijn vriend Douglass stuurde hem een shilling of drie. Maar in werkelijkheid bevatten de meeste van die brieven, althans de brieven die niet van schuldeisers kwamen, geen geld, maar vragen. De blankers in het oosten vroegen, nee smeekten om zijn plannen.

'Kijk deze eens, Sjalot,' foeterde hij, en hield een brief omhoog. 'Het enige wat ze doen is vragen stellen. Praten, praten, praten, dat is alles wat ze doen. Salonsoldaten. Blijven lekker zitten terwijl iemand hun huis en haard vernietigt met het duivelse systeem. En dan zeggen ze dat ík niet goed bij mijn hoofd ben! Waarom sturen ze niet gewoon het geld? Mij hebben ze de taak toevertrouwd om de strijd aan te gaan, waarom moeten ze me machteloos maken door te vragen hoe. Er is geen "hoe", Sjalot. Het is een kwestie van dóen, net als bij Cromwell. Er zijn overal spionnen. Ik zou wel gek zijn als ik ze mijn topgeheime plannen vertelde!' Hij was verbijsterd. En hij was woedend toen een paar aanhangers verklaarden dat ze hem geen dubbeltje meer zouwen sturen als hij ze zijn plannen niet vertelde.

De ironie van de zaak is dat hij ze volgens mij best zijn plannen had willen laten zien. Hij wou ze best zijn plannen vertellen. Het probleem is dat de Ouwe volgens mij zelf niet wist wat zijn plan was.

Hij wist wat hij wou doen. Maar de details – en ik weet dat velen het hebben onderzocht en van alles en nog wat over het onderwerp hebben verklaard – Old John Brown wist niet precies wat hij tussen zonsopgang en zonsondergang voor de slavernijkwestie zou doen. Hij wist wel wat hij níét ging doen. Hij was niet van plan in stilte ten onder te gaan. Hij was niet van plan om rond de tafel te gaan zitten met de pro slavers en bij hen te zeuren, te zemelen en persoonlijk met hen te vermengelen achter een glaasje punch met limonade, en met ze te gaan appelhappen. Hij zou ten onder gaan met veel stampij. Wat voor stampij dat was, liet hij over aan de Heer om hem dat te vertellen, volgens mij, en de Heer vertelde het niet, tenminste dat eerste deel van het jaar in Tabor. Dus we zaten in de buurt van Tabor in een gehuurde hut, de mannen oefenden met zwaarden en zanikten over geestelijke zaken en haalden zijn post en mopperden tegen mekaar, wachtend tot hij riep wat er moest gebeuren. Ik kreeg kouwe rillingen en lag in die periode een maand lang plat en dat was nog niet voorbij of de Ouwe kreeg zelf kouwe rillingen. Die vloerden hem. Kregen hem plat. Een week lang lag hij roerloos. Toen twee weken. Toen een maand. Maart. April. Soms dacht ik dat hij dood was. Hij lag daar maar te mompelen en te murmelen, en zei: 'Napoleon gebruikte de bergen van de Iberiërs! Ik ben nog niet klaar!' En: 'Josephus, pak me dan als je kan!' maar daarna raakte hij weer buiten westen. Soms zat hij koortsig en wel rechtop naar het plafond te kijken en riep: 'Frederick. Charles! Amelia. Haal die vogel!' en zakte dan weer weg, alsof hij dood was. De twee zoons Jason en John jr die hadden verklaard dat ze niet meer meededen aan de slavenoorlog en al waren vertrokken, die riep hij soms, dan schreeuwde hij: 'John! Breng Jason hier!' terwijl geen van beiden zich binnen vijfhonderd mijl bevond. Verschillende leden van zijn leger vertrokken met de belofte om terug te keren, zonder dat te doen. Maar er kwamen anderen voor in de plaats. Maar de belangrijksten die bleven, Kagi, Stevens, Cook, Hinton, O.P. Anderson, oefenden met houten zwaarden. 'We hebben beloofd met de Ouwe te vechten tot de dood,' zei Kagi, 'zelfs als het zíjn dood is.'

Met vier maanden in die hut had ik genoeg tijd om te horen wat de Ouwe allemaal dacht, want hij had koorts en was geneigd er van alles uit te flappen over zichzelf. Kwam erachter dat hij zowat op elk terrein had gefaald. Hij had verschillende zaken ondernomen die waren stukgelopen: veediefstallen, leerlooierij, landspeculatie. Allemaal over de kop. Overal werd hij achtervolgd door rekeningen en rechtszaken van ouwe zakenpartners. Tot aan het eind van zijn leven schreef de Ouwe brieven aan schuldeisers en gooide af en toe een dollar naar al die lui die hij geld schuldig was, en dat waren er behoorlijk veel. Bij zijn eerste vrouw, Dianthe, die hij overleefde, en zijn tweede vrouw, Mary, die hij niet overleefde, had hij tweeëntwintig kinderen. Drie daarvan, allemaal klein, stierven op een kluitje in Ritchfield, Ohio, waar hij in een leerlooierij werkte; een ervan, Amelia, werd levend gekookt bij een ongeluk. Het verlies van die kinderen ging hem zeer aan het hart, maar het sterven van Frederick, dat hij altijd als moord zag, deed hem altijd nog het meeste zeer.

Overigens liepen we Fredericks moordenaar tegen het lijf, ds. Martin. Zes maanden eerder, in de herfst, had de kou hem bij zijn kladden buiten Osawatomie, Kansas, toen we daardoorheen reden vanuit het westen. Hij lag te slapen in een hangmat op zijn nederzetting, een stukje land verstopt in een dal onder een lange, glooiende heuvelrug vlak buiten Osawatomie. De Ouwe reed voor zijn groep uit langs de rand van die richel, spiedend naar federalisten, toen hij ineens stilstond en de colonne inhield, turend naar een figuur die in zijn voortuin in een hangmat lag, diep in slaap. Inderdaad ds. Martin.

De Ouwe zat boven op zijn gestolen rijdier en keek geruime tijd naar ds. Martin.

Owen en Kagi kwamen naast hem staan.

'Dat is de dominee,' zei Owen.

'Klopt,' zei de Ouwe.

Kagi zei kalm: 'Laten we omlaag rijden en een praatje met hem maken.'

De Ouwe keek een hele tijd omlaag vanaf de bergkam. Toen schudde hij zijn hoofd. 'Nee, luitenant. Laten we doorrijden. We moeten een oorlog voeren. Ik ben niet uit op wraak. "Mij is de wrake," zegt de Heer. Ik strijd tegen het duivelse systeem.' Hij joeg zijn paard met zijn sporen omhoog en vooruit, en we reden door.

Zijn koorts bleef tot in mei, en toen in juni. Ik verzorgde hem al die tijd. Dan sliep hij als ik binnenkwam om hem soep te geven en schoot hij zwetend wakker. Soms werd hij weer helder en peinsde boven militaire boeken, tuurde naar kaarten, landschapstekeningen, en zette met potlood kringen rond verschillende steden en bergketens. Het leek in die periodes geregeld een beetje beter met hem te gaan, maar ineens viel hij terug en werd zwaar ziek. Als hij zich beter voelde, werd hij wakker en bad als een duivel, twee, drie, vier uur achtereen, en zakte dan weg in een vredige slaap. Als de koorts hem weer te pakken kreeg, verviel hij tot koortsige gesprekken met onze Schepper. Hij praatte dan uitgebreid met de Heer, opperde lasterlijke argumenten en deelde broodjes en gedachten met een denkbeeldige man die daar stond, soms gooide hij stukjes havermout of maïsbrood door de kamer, alsof hij en de Schepper, die ergens bij hem in de buurt stond, een echtelijke ruzie hadden en eten door de keuken gooiden. 'Wat denk je dat ik ben?' zei hij dan. 'Een geldboom? Een goudduivel? Maar dat is amper een redelijk verzoek!' Of hij ging plots rechtop zitten en flapte eruit: 'Frederick! Doorrijen! Doorrijen, zoon!' dan zakte hij weer weg, in slaap, en werd pas uren later wakker zonder zich wat te herinneren van wat hij had gezegd of gedaan. Zijn geest was er met een schok en een ruk vandoor gegaan, zogezegd, had geëgreneerd en hooi in balen gelegd en was naar huis gegaan, en tegen juli begonnen de mannen erover te mompelen allemaal huns weegs te willen gaan. Ondertussen mocht er niemand bij hem in de hut komen behalve ik om hem te verplegen en eten te geven en voor hem te zorgen. Het ging zelfs zo ver dat als ik uit de hut kwam zijn mannen om me heen kwamen staan en vroegen: 'Leeft hij nog, Sjalot?'

'Leeft nog. Slaapt.'

'Hij gaat toch niet dood?'

'Nee. Bidt en leest. Eet een beetje.'

'Heeft hij een plan?'

'Geen woord.'

Zo wachtten ze zonder verder overdreven veel aandacht aan

hem te schenken, rammelden onder Kagi flink met hun zwaarden, lazen het militaire pamflet dat was geschreven door kolonel Forbes, dat was alles wat de Ouwe uit de handen van die kleine gokker had losgekregen. Ze speelden met een poes die Lulu heette en die aan was komen lopen, plukten maïs en deden andere losse klusjes voor boeren in de omgeving. Zo leerden ze mekaar kennen en Kagi kwam in die tijd naar voren als een leidersfiguur, want er barstten ruzies en kibbelpartijen los tijdens menig inactief uur waarin werd geschaakt en gevochten met houten zwaarden en gezeurd over spirituele zaken, want sommigen van hen waren nietgelovig. Hij was een bedachtzame kerel, stevig en stabiel, hij hield ze bij mekaar. Hij bepraatte de twijfelaars als ze mompelden over uiteengaan en terugkeren naar het oosten om les te geven of werk te doen, en hield de onstuimiger hap in de hand. Hij pikte van niemand tegenwind, zelfs niet van Stevens; dat was een onstuimig geval, die schurk; hij sloeg iedereen die hem scheef bekeek de hersens in. Kagi kon ook hem aan. Toen liep ik op een avond laat in juni naar de hut van de kapitein met een kom schildpadsoep, waar de Ouwe altijd wat van leek op te kikkeren. Hij zat rechtop in bed, zag er sterk en klaarwakker uit. Een enorme kaart, de kaart waar hij altijd het liefst mee rommelde, lag op zijn schoot, met een stapel brieven. Zijn grijze ogen stonden helder. Zijn lange baard stroomde over zijn overhemd, want hij had hem nooit geknipt vanaf de dag dat die koorts was gekomen. Hij leek gezond. Hij sprak op een sterke manier, zijn stem hoog en strak, de stem van tijdens de strijd. 'Ik heb met God gesproken en Hij heeft me de boodschap gegeven, Sjalot,' zei hij. 'Roep de mannen bij mekaar. Ik sta klaar jullie mijn plan te vertellen.'

Ik haalde ze bij mekaar en ze verzamelden zich voor zijn hut. Even later verscheen hij, hij sloeg het doek voor de deur opzij en ging voor hen staan met zijn gebruikelijke strenge gezicht. Hij leek lang, zonder zijn jas, zonder een wandelstok om op te leunen en hij leunde ook niet tegen de deurpost, om ze duidelijk te maken dat hij niet zwak of ziek meer was. Het kampvuur voor hem brandde, want het duister kwam eraan, en het prairiestof blies bladeren en steppenrollers in het rond. Op de lange bergkam achter zijn hut huilden wolven. In zijn ouwe, knoestige handen hield hij een bundel papieren, zijn grote kaart en een kompas.

'Ik heb me persoonlijk vermengeld met de Heer,' zei hij, 'en ik heb een strijdplan dat ik met jullie wil delen. Ik weet dat jullie het allemaal willen horen. Maar om te beginnen wil ik onze grote Verlosser dankzeggen, Hij Die Zijn bloed vergiet op het aanbeden heilig kruis.'

Hier vouwde hij zijn handen voor zich en keuvelde ruim een kwartier een gebed. Een paar niet-gelovigen onder zijn mannen gingen zich vervelen, draaiden zich om en liepen weg. Kagi vertrok naar een boom in de buurt, ging eronder zitten en speelde wat met zijn mes. Stevens keerde zich om en liep vloekend weg. Een kerel genaamd Realf haalde pen en papier voor de dag en begon poëzie te krabbelen. De anderen, zowel christenen als heidenen, stonden geduldig te wachten terwijl de kapitein tekeerging tegen God, met de wind in zijn gezicht, in een gebed dat omhoog en omlaag ging, op en neer, almaar rond, waarin hij de Verlosser vroeg om leiding, richting, en babbelde over Paulus toen hij de Korintiërs schreef en hoe hij niet goed genoeg was om de riem van Jezus' schoenen los te maken enzovoort. Hij bleef op volle kracht tekeergaan en tieren, en toen hij eindelijk het laatste 'Amen' van stal haalde zagen degenen die waren weggelopen om hun post te lezen en te rommelen met hun paard dat hij eindelijk klaar was en kwamen gauw terug.

'Goed,' zei hij, 'zoals ik al eerder zei, heb ik me persoonlijk vermengeld met onze Grote Verlosser, Hij Die Zijn bloed heeft vergoten. We hebben deze hele onderneming van boven tot onder doorgesproken. We hebben onze geest rond mekaar gewikkeld zoals een cocon een bolgraanklander omwikkelt. Ik heb Zijn gedachten aangehoord, en na het horen daarvan moet ik hier zeggen dat ik maar een pindanootje ben op de hoek van de vensterbank van het raam van de grote, krachtige gedachten van onze Heiland. Maar, nadat ik met Hem heb gestudeerd en Hem intussen al jarenlang verschillende keren heb gevraagd wat er moet gebeuren met het helse systeem van het kwaad dat in dit land voortwoekert, weet ik nu zeker dat Hij mij heeft uitverkoren als instrument voor Zijn doel. Tuurlijk wis ik dat al, net als Cromwell en lang geleden de profeet Ezra het wisten, want zij waren op dezelfde manier instrumenten, vooral Ezra, die bad en zich op dezelfde manier als ik afpijnigde voor God, en toen Ezra en zijn volk in het nauw zaten, spoorde de Heer ze naarstig en stil aan om te zorgen voor veiligheid zonder kwaad te doen. Dus vreest niet, mannen! God maakt geen onderscheid tussen mensen! Er staat namelijk in de Bijbel, in het boek Jeremia: "Want dit is de tijd der wrake des Heeren en…"'

'Vader!' Owen onderbrak hem. 'Vertel op!'

'Hmph,' snoof de Ouwe. 'Jezus heeft een eeuwigheid gewacht om jullie te bevrijden van de vloek van de doodzonde, en jelui hebt Hem niet horen loeien als een kalf zoals jij nou doet, zoon. Maar goed…' (en hier schraapte hij zijn keel) 'ik heb de zaak bestudeerd, en ik zal jullie hier meedelen wat jelui moet weten. We gaan verwarring stichten in Israël. We gaan de inzet verhogen. En zij zullen ons en wat we hebben gedaan niet snel vergeten.'

Na die woorden draaide hij zich om, tilde het deurgordijn van zijn hut op en duwde tegen de deur om weer naar binnen te gaan. Kagi hield hem staande.

'Wacht even!' zei Kagi. 'We hebben hier een flinke poos rondgelummeld, waarin we ketels hebben opgehangen en op rotsen geslagen met houten zwaarden. Wij zijn toch volwassen mannen, met uitzondering van Sjalot? En zelfs zij is hier uit eigen beweging, net als wij. We verdienen meer dan summiere informatie van u, kapitein, anders gaan we deze oorlog op onze eigen manier uitvechten.'

'Jullie zullen niet slagen zonder mijn plan,' gromde de Ouwe.

'Misschien niet,' zei Kagi. 'Maar de strijd is beslist niet zonder gevaar. En als ik mijn leven op het spel moet zetten voor een plan, zou ik graag willen weten hoe het in mekaar zit.'

'Dat komen jullie gauw genoeg te weten.'

'Gauw genoeg is nou. Anders ga ik mijn eigen plan uit de doeken doen, want ik heb ook een plan uitgewerkt. En ik vermoed dat de mannen hier dat wel willen horen.'

O, dat zat hem niet lekker. De Ouwe kon dat niet uitstaan. Hij kon het gewoon niet hebben dat iemand anders de baas was of een beter plan opperde dan het zijne. De mannen keken aandachtig toe. De rimpels in zijn gezicht raakten in de knoop en hij flapte eruit: 'Goed. We vertrekken over twee dagen.'

'Waarheen?' vroeg Owen.

De kapitein hield het deurgordijn nog steeds boven zijn hoofd, liet het nou vallen en het klapte omlaag over de deur van de hut als een gigantisch, vuil laken dat was opgehangen om te drogen in de wind. Hij keek hen boos aan, met zijn handen in zijn zakken, zijn onderkaak vooruitgestoken, uiterst misnoegd. Het ergerde hem simpelweg dat hij zo werd aangesproken, want hij luisterde naar geen andere raad dan die van hemzelf. Maar hij had geen geen keus.

'Het plan is om toe te slaan in het hart van dit helse systeem,' zei hij. 'We gaan de regering zelf aanvallen.'

Een paar kerels giechelden, maar Kagi en Owen niet. Ze kenden de Ouwe beter dan de anderen, en wisten dat hij het meende. Mijn hart sloeg een keer over, maar Kagi vroeg rustig: 'U bedoelt Washington? We kunnen Washington niet aanvallen, kapitein. Niet met dertien man en Sjalot.'

De Ouwe snoof. 'Ik zou dat veld niet willen ploegen met jouw muilezel, luitenant. Washington is waar wordt gepraat. Dit is oorlog. Oorlogen worden uitgevochten op het veld, niet waar mannen gaan zitten om varkensvlees en boter te eten. In een oorlog haal je uit naar het hart van de vijand. Je treft zijn aanvoerlijnen zoals Toussaint-Louverture de Fransen trof op de eilanden rond Haïti. Je doorbreekt zijn voedselketen zoals Sjamil, de aanvoerder van de Kaukasiërs, tegen de Russen deed! Je valt zijn middelen aan zoals Hannibal in Europa deed tegen de Romeinen! Je neemt hem zijn wapens af zoals Spartacus! Je korft zijn volk in en wapent ze! Je verdeelt zijn macht over zijn lijfeigenen!'

'Waar heb je het over?!' vroeg Owen.

'We gaan naar Virginia.'
'Wat?'
'Harpers Ferry in Virginia. Daar is een wapenarsenaal van de federalisten. Ze maken geweren. Er liggen daar honderdduizend geweren en musketten. We gaan daar inbreken en met die wapens de slaven bewapenen en de negers de kans geven zich te bevrijden.'

Vele jaren later ben ik bij een koor van een pinkstergemeente gegaan nadat ik hoteldebotel was geworden van een domineesvrouw die links en rechts sliep om slijtage van haar vrome echtgenoot te voorkomen. Ik liep een paar weken achter haar aan totdat de dominee op een ochtend een spetterende preek hield over het bevrijdende gevoel dat de waarheid een mens kan schenken, en een van de gemeenteleden opstond en eruit flapte: 'Dominee! Ik heb Jezus in mijn hart! Ik beken! Drie van ons hier in de kerk hebben uw vrouw genaaid!'

Nou, de stilte die volgde op de verklaring van die arme man was niks vergeleken met de stilte die over die ruwe bonken viel toen de Ouwe die bom op ze liet vallen.

Voor alle duidelijkheid, ik was op dat moment niet bang. In feite voelde ik me volstrekt rustig, want voor het eerst wist ik dat ik niet de enige persoon ter wereld was die wist dat de kaas van de Ouwe van zijn broodje was gegleden.

Ten slotte lukte het John Cook zijn mond open te doen. Cook was een spraakzame kerel, gevaarlijk, verklaarde de Ouwe menig keer, want Cook nam geen blad voor de mond. Maar met al zijn spraakzaamheid moest zelfs Cook een paar keer kuchen, snuiven en zijn keel schrapen voordat hij zijn stem vond.

'Kapitein, Harpers Ferry, Virginia, is achthonderd mijl hiervandaan. En maar vijftig mijl van Washington, D.C. Het wordt zwaar bewaakt. Met duizenden Amerikaanse regeringstroepen in de buurt. Het is omringd door militie uit Maryland en Virginia. Volgens mij staan er in totaal misschien wel tienduizend manschappen tegenover ons. We zouwen het geen vijf minuten uithouwen.'

'De Heer zal ons tegen hen beschermen.'

'Wat gaat Hij dan doen, kurken in hun geweren stoppen?' vroeg Owen.

De Ouwe keek naar Owen en schudde zijn hoofd. 'Het doet mijn hart pijn, zoon, dat je God niet aan je boezem heb gedrukt op de manieren die ik heb je geleerd, maar zoals je weet laat ik je je eigen weg gaan in je overtuigingen – dat is waarom je zo traag van begrip blijft na al die jaren. De Bijbel zegt dat hij die niet denkt volgens de weg van de Heiland niet de zekerheid kent van de Heer. Maar ik heb met Hem nagedacht en ken Zijn wegen. Wij hebben deze kwestie samen bijna dertig jaar doordacht, de Heer en ik. Ik ken elk part en deel van dit land waarover ik spreek. De Blue Mountains lopen diagonaal door Virginia, Maryland, helemaal naar Pennsylvania tot in Alabama. Ik ken die bergen beter dan welk ander mens op aarde. Als kind heb ik daar rondgehold. Als jongeman heb ik ze geïnventariseerd voor Oberlin College. En in die tijd dacht ik na over deze slavernijkwestie. Ik heb zelfs een reis gemaakt naar het Europese continent toen ik me als baas van een leerlooierij verdiepte in de Europese schapenteelt, maar mijn echte doel was onderzoek naar aardwallen als vestingwerken, aangelegd door de lijfeigenen die vochten tegen de heersers op dat grote continent.'

'Indrukwekkend, kapitein,' zei Kagi, 'en ik twijfel niet aan uw woorden of uw studie. Maar ons doel is altijd geweest om slaven te stelen en de wateren zo troebel te maken dat het land de dwaasheid van dat helse systeem zal inzien.'

'Kiezeltjes in de oceaan, luitenant. Wij stelen geen negers meer. We korven ze in om te vechten.'

'Als we toch de federalistische overheid gaan aanvallen, waarom dan niet Fort Laramie in Kansas?' vroeg Kagi. 'In Kansas kunnen we de strijd beheersen. Daar hebben we vrienden.'

De Ouwe stak zijn hand op. 'Onze aanwezigheid hier op de prairie is een schijnbeweging, luitenant, is bedoeld om onze vijand op het verkeerde been te zetten. De strijd vindt niet in het westen plaats. Kansas is de staart van het beest. Als je een leeuw wil doden, hak je dan zijn staart af? Virginia is de koningin van de slavenstaten. We gaan de bijenkoningin treffen om het bijenvolk te doden.'

Nou, ze hadden hun adem ingehouwen en er waren vriendelijke woorden gesproken. Twijfels doemden op. Een voor een opperden de mannen schuchter hun gebrek aan instemming. Zelfs Kagi, de rustigste van allemaal en de grootste steunpilaar van de kapitein, was het er niet mee eens. 'Onmogelijke taak,' zei hij.

'Luitenant Kagi, je stelt me teleur,' zei de Ouwe. 'Ik heb deze kwestie zorgvuldig doordacht. Jarenlang heb ik gestudeerd op het succesvolle verzet van de Spaanse hoofdmannen toen Spanje een Romeinse provincie was. Met tienduizend man, verdeeld in kleine compjieën, die gelijktijdig maar afzonderlijk optraden, verzetten ze zich jarenlang tegen het hele machtscomplex van het Romeinse Rijk! Ik heb de succesvolle strategie bestudeerd van de Kaukasische bevelhebber Sjamil tegen de Russen. Ik heb stilgestaan bij de oorlogsverslagen van Toussaint-Louverture op de Haïtiaanse eilanden in de jaren 1790. Denk je dat ik met al die dingen geen rekening heb gehouwen? Land! Land, mannen! Land betekent vestingwerk! In de bergen kan een kleine groep als soldaten getrainde mannen met een reeks vertragingsacties, hinderlagen, ontsnappingen en verrassingen een vijand jarenlang weerstaan. Ze kunnen duizenden weerstaan. Dat is eerder gedaan. Vele malen.'

Nou, daar waren de kerels niet van onder de indruk. De vriendelijke woorden veranderden in harde taal en groeiden uit tot gesjilp en bijna tot geschreeuw. Wat hij ook zei, ze luisterden toch niet. Sommigen kondigden aan dat ze weggingen, en Richardson, een niet-blanke die er net een paar weken eerder bij was gekomen – bulderend en trompetterend over hoe hij stond te popelen om de slavernij te bestrijden – herinnerde zich plots dat hij koeien moest melken op een boerderij in de buurt, waar hij werkte. Hij sprong op een paard, spoorde het beest aan tot een snelle draf, en was verdwenen.

De Ouwe keek hem na.

'Iedereen die wil, kan met hem vertrekken,' zei hij.

Niemand hapte toe, maar toch bleven ze nog bijna drie uur tegen hem leuteren. De Ouwe luisterde naar iedereen, met zijn handen in zijn zakken in de deuropening van zijn hut staand, de vuile doek voor de deuropening flapperde achter hem in de wind, leek zijn woorden extra kracht te geven met die klappen en smakken op de deur terwijl hij hun angsten wegpraatte. Hij had daar jarenlang voor geoefend in zijn hoofd, zei hij, en op elke tegenwerping had hij een antwoord.

'Het is een wapenarsenaal. Het wordt bewaakt!'

'Door twee nachtwakers, niet meer.'

'Hoe gaan we honderdduizend geweren wegsmokkelen? In een dichte goederenwagon? Dan hebben we tien goederenwagons nodig!'

'We hebben niet alles nodig. Vijfduizend is genoeg.'

'Hoe komen we weg uit dat gebied?'

'We gaan niet weg. We glippen de bergen in. Als ze eenmaal weten waar we zitten zullen de slaven bij ons de korf opzoeken. Zij zullen zich aansluiten en met ons strijden.'

'We kennen de routes niet! Zijn er rivieren in de buurt? Wegen? Paden?'

'Ik ken dat land,' zei de Ouwe. 'Ik heb het voor jullie getekend. Kom maar kijken, hierbinnen.'

Met tegenzin liepen ze achter hem aan en dromden samen in zijn hut, waar hij een enorme, stoffen kaart openvouwde op tafel, de reusachtige kaart die ik hem had zien verstoppen in zijn jas en waar hij op krabbelde en de randen van afknabbelde vanaf de eerste dag dat ik hem ontmoette. Boven op de kaart stonden onder de naam 'Harpers Ferry' tientallen lijnen, als aanduiding van het arsenaal, nabijgelegen plantages, wegen, paden, bergketens en zelfs het aantal negerslaven op de nabijgelegen plantages. Hij had er veel werk aan gehad en de mannen waren onder de indruk.

Hij hield de kaars boven de kaart, zodat de mannen hem konden zien, en nadat ze er even naar hadden gekeken, wees hij omlaag en begon te spreken.

'Dit,' zei hij, wijzend met zijn potlood, 'is de Ferry. Die wordt aan weerszijden bewaakt door één nachtwaker. Klein kunstje om die te pakken, dankzij het verrassingselement. Als we die eenmaal hebben gepakt, snijden we hier de telegraafdraden door en veroveren we zonder moeite het wachtlokaal, kijk hier. De spoorlijnen en de artilleriefabriek houwen we in bezit totdat we onze wapens inladen. Zo eenvoudig is dat. We kunnen de zaak midden in de nacht overvallen en in drie uur klaar zijn en ervandoor gaan. We verzamelen onze wapens en glippen de omringende bergen in.' (Hier wees hij naar zijn kaart.) 'Deze bergketen loopt door Maryland, Virginia en omlaag naar Tennessee en Alabama. Het zijn smalle passen. Te smal voor kanonnen, daar kunnen brede troepencolonnes niet doorheen.'

Hij zette de kaars neer.

'Ik heb deze plaatsen herhaaldelijk bezocht. Ik ken ze als de rug van mijn hand. Ik heb ze jarenlang bestudeerd, voordat een van jullie was geboren. Als we ons in die passen nestelen, kunnen we ons makkelijk verdedigen tegen elke vijandige actie. Van daaruit zullen de slaven massaal naar onze nederzetting stromen en kunnen we plantages in de vlakte aanvallen aan weerszijden van onze standplaatsen in de bergen.'

'Waarom zouwen ze bij ons komen?' vroeg Kagi.

De Ouwe keek hem aan alsof hij net zijn tanden had uitgetrokken.

'Om dezelfde reden als waarom dit meisje (hier wees hij naar mij) 'lijf en leden op het spel heeft gezet om bij ons te komen, op de prairie is gaan leven en de strijd heeft getrotseerd als een man. Zie je dat niet, luitenant? Als een meisje dat doet, dan doet een man het zeker. Ze zullen bij ons komen omdat wij ze bieden wat hun meesters ze niet kunnen bieden: hun vrijheid. Ze dorsten naar de mogelijkheid om daarvoor te vechten. Ze staan te springen om vrij te zijn. Om hun vrouwen te bevrijden. Om hun kinderen te bevrijden. En de moed van de een zal de ander in beweging brengen. We zullen de eerste vijfduizend man bewapenen, dan verder naar het zuiden trekken en meer negers die zich aansluiten bewapenen met de buit en de wapens van de pro slavers die we onderweg verslaan. Op weg naar het zuiden zullen de planters het vertrek van hun negers niet kunnen tegenhouwen. Ze zullen hoogstwaarschijnlijk alles verliezen. Ze zullen 's nachts niet kunnen slapen uit bezorgdheid over hun negers die zich zullen aansluiten bij de massa's die uit het noorden dichterbij komen. Ze zullen voor altijd loskomen van het helse systeem.'

Hij legde zijn potlood neer.

'Dat is in wezen,' zei hij, 'het plan.'

Het moet gezegd, voor een gestoorde wist hij het absoluut prachtig te verzinnen, en voor het eerst begon de twijfel weg te trekken uit het gezicht van de mannen, en daardoor voelde ik me weer benauwd worden, want ik wist dat de plannen van de Ouwe nooit precies zo uitwerkten als hij ze formuleerde, terwijl hij zeker wist dat hij zich er exact aan hield.

Kagi wreef over zijn kaak. 'Er zijn duizend plekken waar het mis kan gaan,' zei hij.

'Het is al misgegaan, luitenant. Slavernij is een onrechtvaardigbare, barbaarse, onuitgelokte zonde voor God...'

'Bespaar ons de preek, pa,' snauwde Owen. 'We hoeven de zaak niet in één keer op te blazen.' Hij was nerveus, en dat was opzienbarend, want Owen was normaal onverstoorbaar en ging meestal akkoord met de ideeën van zijn vader, hoe ezelachtig ze ook waren.

'Heb je liever dat we wachten totdat de slavernij is beëindigd op grond van vloeibare moed, jongen?'

'Ik heb liever een plan waardoor ik geen urn word in iemands achtertuin.'

Er brandde een vuur in de hut en de Ouwe liep erheen om een houtblok te pakken en op het bijna gedoofde vuur te leggen. Al pratend staarde hij in de vlammen. 'Jullie zijn hier uit eigen keuze,' zei hij, 'stuk voor stuk, ook Sjalot,' (hier wees hij naar mij) 'een alledaags, eenvoudig negermeisje dat jullie nog wat kan vertellen over moed, zo groot als jullie zijn. Maar wie het idee heeft dat het plan niet zal werken, staat het vrij te vertrekken. Iemand die dat doet draag ik geen kwaad hart toe, want luitenant Kagi heeft gelijk: het is gevaarlijk wat ik voorstel. Zodra het verrassingselement is uitgewerkt, zullen ze hard achter ons aan komen. Daar bestaat geen twijfel over.'

Hij keek om zich heen. Er viel een stilte. De Ouwe sprak nou zacht en bemoedigend: 'Maak je geen zorgen. Ik heb het volledig doordacht. We zullen de strijdende negers in de omliggende gebieden van tevoren bekendmaken met ons uitgangspunt en ze zullen bij ons in de korf komen. Als dat eenmaal is gebeurd, kunnen we het arsenaal met nog grotere aantallen aanvallen. We zullen ons er in een paar minuten meester van maken, het lang genoeg in bezit houwen om onze wapens in te laden, dan wegglippen naar de bergen en verdwenen zijn tegen de tijd dat de militie er lucht van krijgt. Uit goed ingelichte bron weet ik dat de slaven uit de omringende provincies en plantages als bijen naar ons toe zullen komen om gekorfd te worden.'

'Uit welke bron?'

'Uit goeie bron,' zei hij. 'Er wonen twaalfhonderd niet-blankers bij de Ferry. Er wonen dertigduizend niet-blankers binnen vijftig mijl van de Ferry, als je Washington, D.C., Baltimore en Virginia meetelt. Ze zullen horen van onze opstand, massaal naar ons toe stromen en wapens van ons eisen. De neger is voorbereid en klaar. Hij hoeft alleen maar de kans te krijgen. En die bieden wij hem.'

'Negers zijn geen getrainde soldaten,' zei Owen. 'Ze kunnen niet omgaan met wapens.'

'Niemand hoeft getraind te worden om te vechten voor zijn vrijheid, zoon. Ik ben voorbereid op die mogelijkheid. Ik heb tweeduizend pieken besteld, eenvoudige slagzwaarden waar elke man of vrouw die een vijandige strijder wil vernietigen mee kan omgaan. Ze worden opgeslagen in verschillende pakhuizen en in veilige panden waar we onderweg tegenaan zullen lopen. Andere zullen we naar ons laten opsturen in Maryland. Daarom heb ik John en Jason laten vertrekken. Om die wapens voor ons klaar te leggen voordat ze naar huis gingen.'

'Zoals u het verkoopt klinkt het zo simpel als voerhaver,' zei Cook, 'al weet ik niet of ik ervoor ben.'

'Als God wil dat jij achterblijft terwijl de rest van ons de geschiedenis binnenrijdt, ben ik er niet tegen.'

Cook gromde: 'Ik heb niet gezegd dat ik achterbleef.'

'Ik heb je een uitweg geboden, Cook. Met volledige vergoeding van je bijdrage en zonder negatieve gevoelens. Maar als je zou blijven, zou ik je leven even angstvallig beschermen alsof het mijn eigen leven was. Dat doe ik voor elke man hier.'

Daardoor kalmeerden ze wat, want hij was en bleef Old John Brown, en hij was nog steeds een geducht man. Een voor een neutraliseerde de Ouwe hun twijfels. Hij had de kwestie bestudeerd. Hij benadrukte dat de Ferry niet streng werd bewaakt. Het was geen fort, maar eerder een fabriek. En er hoefden maar twee nachtwakers te worden uitgeschakeld om binnen te komen. Mocht het plan mislukken, het gebouw stond op de plek waar twee rivieren, de Potomac en de Shenandoah, bij mekaar kwamen. Allebei waren ze te gebruiken voor een snelle ontsnapping. De stad lag afgelegen, in de bergen, en er woonden minder dan 2500 mensen – arbeiders, geen soldaten. We zouden de telegraafdraden doorknippen en zonder telegraaf zou het onmogelijk zijn het bericht van onze aanval door te geven. Op de twee spoorlijnen die over het gebied liepen zou volgens de dienstregeling tijdens onze aanval een trein stoppen. We zouden die trein vasthouden en indien nodig gebruiken als extra vluchtmogelijkheid als we in de val liepen. De negers zouden ons helpen. Daar waren grote aantallen van. Hij had koffers vol cijfers van de regering over negers. Ze woonden in de stad. Ze woonden in de buurt op plantages. Ze hadden al bericht gekregen. Duizenden zouwen massaal naar onze standplaats komen. In drie uur zou het gebeurd zijn. In vierentwintig uur zouwen we veilig in de bergen zijn. Binnen en buiten. Kind kan de was doen.

Hij verkocht alles fantastisch als hij dat wou, en tegen de tijd dat hij klaar was, stelde hij het zo rooskleurig voor dat de wapenfabriek van Harpers Ferry naar je idee uit een stelletje moeilijkdoeners bestond die erop wachtten te worden platgetrapt door zijn grote, ouwe laars zonder tenen; het hele geval klonk zo simpel als appels jatten in een boomgaard. Maar in feite was het een gedurfd plan, gruwelijk dom, en voor zijn mannen, jonge, avontuurlijke, ruwe bonken die zin hadden ergens achterheen te gaan, precies het soort avontuur waarvoor ze zich hadden aangemeld. Hoe beter hij het verkocht, hoe meer ze de smaak te pakken kregen. Hij sloeg ze ermee om de oren totdat hij uiteindelijk geeuwde en zei: 'Ik ga slapen. Wij vertrekken over twee dagen. Als jullie dan nog steeds hier zijn, rijen we samen. Zo niet, dan begrijp ik dat.'

Een paar, onder wie Kagi, begonnen wat in het idee te zien. Een paar anderen niet. Kagi mompelde: 'We zullen erover nadenken, kapitein.'

De Ouwe keek naar ze, al die jongemannen, rond hem verzameld in het licht van het vuur; grote, ruwe, slimme kerels die naar hem stonden te kijken alsof hij Mozes uit de Bijbel was, zijn baard die tot op zijn borst stroomde, zijn grijze ogen zeker en onverstoorbaar. 'Slaap er een nachtje over. Als je morgen wakker wordt met twijfels, vertrek dan met mijn zegen. Ik vraag alleen van degenen die vertrekken om op je woorden te letten. Te vergeten wat je hier heb gehoord. Vergeet ons. En vergeet niet dat als je tong te actief is, dan zullen we je niet vergeten.'

Hij keek dreigend naar de mannen om zich heen. Het ouwe vuur was nou terug, het gezicht hard als graniet, de vuisten uit zijn zak gehaald, het dunne, afhangende lijf bedekt door het smerige roet en de laarzen zonder tenen verticaal. 'Ik moet nog het een en ander studeren, morgen beginnen we met onze strijdplannen. Goeienacht,' zei hij.

De mannen wandelden de hut uit. Ik zag ze wegsijpelen en afdruipen, totdat er nog maar één man over was. O.P. Anderson, de enige niet-blanke onder hen, vertrok als laatste. O.P. was klein van stuk, slank, gevoelig, een drukker, een scherpzinnige vent, maar niet zo fors gebouwd als de rest van de ploeg van de Ouwe. De meeste mannen van de kapitein waren sterke, robuuste avonturiers, of norse pioniers zoals Stevens, die aan beide zijden een revolver droeg en ruzie zocht met iedereen die bij hem in de buurt kwam. O.P. verschilde radicaal van Stevens en de rest. Hij was een blakaman met goeie bedoelingen. Geen echte soldaat of revolverheld, maar hij stond er, en afgaande op zijn paniekerige gezicht leek hij allemachtig bang.

Toen hij de hut uit liep, liet hij langzaam het deurgordijn zakken, kuierde naar een boom in de buurt en ging zitten. Ik slenterde naar hem toe en ging naast hem zitten. Vanwaar we zaten konden we door het raampje van de hut kijken. Binnen zagen we de Ouwe bij zijn tafel staan, nog steeds peinzend boven zijn kaarten en papieren, terwijl hij ze langzaam opvouwde en bij het wegbergen op sommige hier en daar een aantekening doorkraste.

'Wat denk je, Anderson?' vroeg ik. Ik hoopte dat O.P. dacht wat ik dacht, namelijk dat de Ouwe zo gek was als een wandluis en dat we er acuut vandoor moesten.

'Ik begrijp het niet,' zei hij somber.

'Wat niet?'

'Waarom ik hier ben,' mompelde hij. Hij leek tegen zichzelf te praten.

'Ga je dan weg?' vroeg ik. Hoopvol.

Vanwaar hij zat, aan de voet van de boom, keek O.P. op en staarde naar de Ouwe, bezig in zijn hut, nog steeds hannesend met zijn kaarten en in zichzelf mompelend.

'Waarom zou ik?' zei hij. 'Ik ben even gek als hij.'

22 DE SPION

Net als meestal bij de Ouwe duurde wat een dag zou duren een week. En wat twee dagen zou duren duurde twee weken. En wat twee weken zou duren duurde vier weken, een maand, twee maanden. Zo ging het dus. Hij zou in juni uit Iowa vertrekken. En toen hij zijn hoed opzette en ertegen tikte ten afscheid van die plek was het half september. Tegen die tijd was ik allang weg. Hij had me vooruit gestuurd in de strijd.

Niet dat ik die strijd wou, maar het was beter dan gedood worden of op de prairie blijven. Hij besloot een van zijn mannen, Cook, vooruit te sturen naar Harpers Ferry om te spioneren en om het nieuws van zijn plan te verspreiden onder de negers daar. Hij kondigde het zijn luitenant Kagi op een ochtend in juli aan, toen ik die twee een ontbijt opdiende in de hut van de Ouwe.

Kagi was niet enthousiast over het plan. 'Cook is een kletskous,' zei hij. 'Een haantje. Bovendien een charmeur. Hij vertelt zijn verschillende vriendinnen in zijn brieven dat hij op een geheime missie is en snel zal moeten vertrekken, en dat ze hem nooit meer zullen zien. Hij zwaait in het openbaar met zijn pistool en zegt dat hij vijf mannen heeft doodgeschoten in Kansas. Bepaalde dames in Tabor maken zich ernstige zorgen over hem, omdat ze denken dat hij gaat sterven op een geheime missie. Hij zal ons plan in heel Virginia rondbazuinen.'

De Ouwe dacht erover na. 'Hij is een irritant geval en heeft een lange tong,' zei hij, 'maar hij is een goeie prater en kan de vijand peilen en zich daar door de wereld van alledag bewegen. Al wat hij over ons zegt zal Gods plan voor ons niet schaden, want er is toch niemand geneigd een blaaskaak als hij te geloven. Ik zal hem aanraden om in Virginia alleen zijn ogen en zijn mond voor ons te gebruiken en niks meer. Anders zouwen we maar last van hem hebben, want wij moeten hier en daar nog wat plunderen om wapens en geld te verzamelen en als soldaat doet hij het niet goed. We moeten ieders beste kanten gebruiken. Cooks beste wapen tegen een vijand is zijn mond.'

'Als u de negers wil inkorven, waarom dan geen neger naar Virginia meesturen?' vroeg Kagi.

'Ik heb erover nagedacht Anderson te sturen,' zei de Ouwe, 'maar hij is toch al zo zenuwachtig over het hele plan, en misschien houdt hij zich niet in de hand. Hij kan afdwalen.'

'Ik bedoel niet hem. Ik bedoel Sjalot,' zei Kagi. 'Ze kan zich voordoen als de slaaf van Cook. Op die manier kan ze een oogje op hem houwen en helpen bij het inkorven van de bijen. Ze is oud genoeg. En je kan haar vertrouwen.'

Ik stond erbij toen die twee daarover nadachten en ik kan niet zeggen dat ik tegen het idee was. Ik wou dolgraag weg uit het westen voordat de kop van de Ouwe kapot werd geschoten. Iowa was een ruw bestaan, en de cavalerie van de vs zat ons dicht op de hielen. We hadden verschillende keren moeten verhuizen in de buurt van Pee Dee en Tabor om uit het zicht te blijven, en de gedachte knarsend in een kar over de prairie te rijen en om de tien minuten te stoppen omdat de Ouwe moest bidden, terwijl aan de ene kant de federalistische dragonders op ons af reden en aan een andere kant de pro slavers ons nazaten, was geen idee dat veel suiker in mijn kopje gooide. Ook vond ik de kapitein steeds aardiger, moet ik eerlijk zeggen. Ik mocht hem graag. Ik had liever dat hij op zijn eigen tijd, zonder mij erbij, werd doodgeschoten of in de pan gehakt en dat ik pas veel later zou horen dat hij dood was; veel later was gauw genoeg. Ik wist dat hij gek was, en als hij wou vechten tegen de slavernij was ik er helemaal voor. Maar ikzelf had geen plannen om ook maar eventjes hetzelfde te doen. Als ik met Cook uit het oosten naar Virginia reisde kwam ik dichter bij de grens van de vrijheid, Philadelphia, en zou het makkelijk zijn om van hem weg te glippen, want Cook gaf zijn praatgat nooit rust en keek niet veel verder dan zijn eigen ego. Dus ik liet de Ouwe en Kagi beschroomd weten dat ik het een geweldig idee vond om met Cook mee te gaan, en dat ik mijn best zou doen de negers in te korven terwijl ik daar wachtte op de komst van de anderen.

De Ouwe monsterde me aandachtig. Typisch voor de kapitein was dat hij nooit directe instructies gaf, behalve uiteraard tijdens een vuurgevecht. Maar in het leven van alledag verklaarde hij meestal: 'Ik ga op deze manier de slavernij bestrijden', en de mannen zeien: 'Nou, ik ook op die manier', en daar gingen we dan. Zo ging het met hem. Wat de kranten later allemaal schreven over dat hij die jonge kerels bij de neus had genomen, dat is onzin. Je kon die overgevoelige ruwe bonken niet laten doen wat je wou, want het waren wel ruwe bonken, maar ze hadden hun hart verpand aan een bepaalde zaak, en waren open tegenover ieder die ze daarheen leidde. Die kerels waren met geen muilezel van tweehonderd dollar los te scheuren van de Ouwe. Ze wouwen bij hem zijn want ze waren avonturiers en de Ouwe schreef ze nooit voor hoe ze moesten zijn. Hij was verduveld streng voor zichzelf als het om religie ging, maar als je spirituele doel je een andere kant op trok, nou, dan zou hij je eventjes mores leren en je daarna je eigen doel laten nastreven. Dus zolang je niet vloekte, dronk of pruimde en tegen de slavernij was, stond hij vierkant achter je. Nou ik erover nadenk, er waren een paar regelrechte schurken in zijn leger. Stevens uiteraard, een eersteklas slechtgeluimde, onaangename schurk die geesten probeerde op te roepen en ruziede over zijn religieuze overtuigingen met Kagi en de rest. Charlie Tidd, een blanke kerel, en Dangerfield Newby, een niet-blanke – dat tweetal kwam er later bij – die waren ronduit gevaarlijk en ik weet niet of ze samen ook maar een greintje religieus waren. Zelfs Owen was niet honderd procent godvrezend naar de normen van zijn vader. Maar zolang je tegen de slavernij was, nou, dan dee je gewoon wat je wou, want ondanks zijn narrigheid dacht de Ouwe altijd het beste van de mensen en keek hij door hun aard heen. Achteraf gezien was het een vreselijk slecht idee om Cook te sturen als spion, en een nog slechter idee om mij te sturen als ambassadeur om de niet-blankers op de been te brengen, want we schoten allebei tekort in kennis en wijsheid, en geen van ons tweeën zou een zier geven voor niks anders dan onszelf. We waren de slechtste twee mensen die hij vooruit kon sturen.

En natuurlijk ging hij akkoord.

'Prachtig idee, luitenant Kagi,' zei hij, 'want mijn Sjalot hier kunnen we vertrouwen. Als Cook zijn mond voorbijpraat, zullen we het weten.'

Daarop ging de Ouwe eropuit en stal een fraaie huifkar van een pro slaver en liet de mannen die volladen met pikhouwelen, spaden en mijnbouwgereedschap, die ze achterin uitlegden, en hij gooide er een aantal houten kisten bij waarop stond MIJNBOUWGEREEDSCHAP.

'Voorzichtig met wat er in die kisten zit,' zei de Ouwe tegen Cook bij het inladen, knikkend naar de kisten waarop MIJNBOUWGEREEDSCHAP stond. 'Niet te hard rijden over de Trail. Als je te veel hobbelt en over de weg schuurt kom je in mootjes tegenover de Grote Herder te liggen. En let op je tong. Ieder die zijn vrienden niet kan onthouden wat hij niet voor zich kan houwen is een dwaas.' Tegen mij zei hij: 'Sjalot, ik zal je missen, meid, want je bent plichtsgetrouw en bovendien onze lieveheersvogel. Maar het is beter dat je onze trektocht naar het oosten misloopt, want de vijand is dichtbij en we krijgen smerig werk te doen vanwege het verzamelen van middelen en plunderingen. Je zal een grote hulp zijn voor Cook, die ongetwijfeld van je aanwezigheid zal profiteren.' En daarmee waren ik en Cook op weg met die huifkar naar Virginia, en was ik één stap dichter bij de vrijheid.

***

Een mooiere stad dan Harpers Ferry is er niet. Harpers Ferry ligt boven twee rivieren die samenvloeien. De Potomac loopt langs de Maryland-kant. De Shenandoah loopt langs de Virginia-kant. De twee rivieren knallen vlak buiten de stad op mekaar, en er is een bergpiek, een rotspunt net aan de rand van de stad waar je kan staan kijken hoe ze de verkeerde kant op gaan en tegen mekaar smakken. De ene rivier raakt de andere en stroomt dan terug. Een perfecte plek voor Old John Brown om mooi te vinden, want hij was zelf even compleet in de war als die twee rivieren. Aan beide kanten van de stad zie je de mooie blauwe Appalachen. Langs die twee rijen Appalachen liepen twee spoorlijnen, een langs de Potomac-kant, in de richting van Washington en Baltimore, en de andere aan de Shenandoah-kant, naar het westen van Virginia.

Ik en Cook kwamen daar in een mum van tijd aan, bij helder weer voortstuivend in die huifkar. Cook was een kletskous. Hij was een verraderlijke, knappe schurk, met blauwe ogen en mooie blonde krullen die langs zijn gezicht streken. Hij hield zijn haar rond zijn gezicht als een meisje en voerde met iedereen die langskwam net zo makkelijk gesprekken als stroop zich verspreidt over een broodje. Geen wonder dat de Ouwe juist hem stuurde, want hij had er handigheid in mensen informatie te ontfutselen, en zijn favoriete onderwerp was hijzelf. We konden goed met mekaar overweg.

Toen we eenmaal in Harpers Ferry aankwamen ondernamen we stappen om aan de rand van de stad een huis te vinden voor het leger van de Ouwe, waar hij ook alle wapens en zo kwijt kon die volgens de plannen van de Ouwe moesten worden aangevoerd. De Ouwe had duidelijke instructies gegeven: 'Huur iets wat niet veel de aandacht trekt.'

Maar aandacht was Cooks tweede natuur. Hij informeerde overal in de stad en toen hij niet hoorde wat hij wou, ging hij naar de grootste herberg van de stad en verklaarde dat hij voor een grote mijnbouwonderneming werkte en ik zijn slaaf was, en dat hij een huis moest huren voor een aantal mijnwerkers die onderweg waren. 'Geld speelt geen rol,' zei hij, want de Ouwe had hem uitgerust met een zak vol rugspek. Voordat hij het zaaltje verliet, kende ieder in de herberg zijn naam. Maar er kwam een slavenhouwer naar ons toe die Cook vertelde dat hij een nederzetting in de buurt kende die misschien te huur was. 'De ouwe farm van Kennedy,' zei hij. 'Niet echt dicht bij de Ferry, maar misschien geschikt voor jullie, want het is groot.' We reden erheen en Cook bekeek het complex.

Het was ver van de Ferry, een mijl of zes, en niet goedkoop, vijfendertig dollar per maand, waarover de Ouwe steen en been zou klagen, dat wist Cook zeker. De boer was overleden en de weduwe hield vast aan de prijs. Het huis had twee kamers beneden, een piepkleine boven, een kelder en een loods buiten om wapens op te slaan, en aan de overkant van de weg een ouwe schuur. Het stond een meter of driehonderd van de weg af, wat goed was, maar aan weerszijden verschrikkelijk dicht bij het huis van de buren. Als de Ouwe erbij was geweest zou hij het niet hebben genomen, want iedereen kon uit de buurhuizen naar binnen kijken en alles zien. De Ouwe had duidelijk gezegd dat hij een apart staand huis nodig had, niet in de buurt van andere huizen, want hij had er veel mannen te verstoppen en een hoop komend en gaand verkeer vanwege het vervoer van wapens en het verzamelen van mensen en zo. Maar Cook was gevallen voor een dikke blanke juffrouw die hij wasgoed had zien ophangen langs de weg toen we de eerste keer de plek kwamen verkennen, en nadat hij haar had gezien, besloot hij dat het zou lonen. 'Dit is het,' zei hij. Hij betaalde de weduwe-eigenares, vertelde haar dat zijn baas van de mijnbouwonderneming, Mr Isaac Smith, een paar weken later zou komen, en toen zaten we er.

We waren een paar dagen bezig met inrichten en toen zei Cook: 'Ik ga naar de stad om wat te redekavelen en informatie te krijgen over het bouwplan van het arsenaal en de wapenfabriek. En jij gaat de negers opporren.'

'Waar zijn die?' vroeg ik.

'Overal waar negers zijn, denk ik,' zei hij, en hij was verdwenen.

Ik heb hem drie dagen niet gezien. De eerste twee dagen zat ik daar mijn kont te krabben, piekerend over mijn eigen plannen om weg te lopen, maar ik kende niemand en wist niet of het veilig was om rond te lopen. Ik moest de situatie verkennen voordat ik ervandoor ging, dus omdat ik niet wist wat ik moest doen, hield ik me koest. Op de derde dag na zijn vertrek kwam Cook binnenstormen, lachend en giechelend met datzelfde dikke, jonge, blonde dametje dat we langs de weg bezig hadden gezien met de was, allebei sentimenteel aan het koeren. Hij zag me in de keuken en vroeg: 'Waarom ben je geen negers gaan opporren, dat was toch de bedoeling?'

Hij zei dat waar zijn vriendin bij zat, zodat hij het plan meteen verried. Ik wist niet wat ik moest zeggen, dus ik flapte eruit: 'Ik weet niet waar ze zijn.'

Hij keek naar de dame die bij hem zat. 'Maria, mijn slaafje hier' (o, ik kon me daar behoorlijk over opwinden dat hij het zo speelde; levensecht, zo speelde hij het, hij speelde het fantastisch – na eerst het hele plan te hebben verraden) 'mijn zwartje hier is op zoek naar een aantal negers voor een samenkomst. Waar zijn de negers?'

'Nou, die zijn overal, snoezepoes,' zei ze.

'Wonen ze niet ergens?'

'Jazeker,' giechelde ze. 'Overal in de buurt.'

'Nou, zoals ik al heb verteld, we zijn op een geheime missie, lieve schat. Een heel belangrijke missie. Waar je niemand over mag vertellen, zoals ik al zei,' zei hij.

'O, dat weet ik,' zei ze giechelend.

'En daarom moeten we precies weten waar Sjalot hier negervrienden kan vinden.'

Ze dacht erover na. 'Nou, er dwalen altijd wel een stel haaisaaie vrije nikkers door de stad. Maar die zijn geen sikkepitje waard. Dan is er de nikkerplantage van kolonel Lewis Washington. Hij is de neef van George Washington zelf. En Alstad en de broers Byrne. Die hebben allemaal negerslaven, keurig netjes. Geen gebrek aan nikkers hier in de buurt.'

Cook keek me aan. 'Nou? Waar wacht je nog op?'

Dat kon ik niet goed hebben, dat hij de grote baas speelde. Maar ik liep de deur uit. Ik besloot eerst de plantages te proberen, want volgens mij had de kapitein niks aan een chagrijnige, snobistische neger. Ik was er nog niet achter dat die even goed konden worden vertrouwd als elke slaaf en bovendien goed waren in vechten. Maar ik had tot dan toe maar twee negers vertrouwd in mijn leven, wijlen mijn vader niet meegerekend: Bob en Pie; en het klopte niet helemaal bij allebei. De vriendin van Cook legde me uit waar de plantage van Washington lag, en daarheen ging ik eerst omdat hij aan de Maryland-kant van de Potomac lag, niet al te ver van waar we verbleven.

Het huis stond langs een brede weg onder aan de berg. Ik zag het staan achter een brede smeedijzeren poort aan een lange, gebogen oprit. Voor die poort, net erbuiten, was een slanke negervrouw bezig met tuinieren en bladeren harken. Ik liep naar haar toe.

'Goeiemorgen,' zei ik.

Ze stopte met harken en keek me een hele tijd aan. Ten slotte kwam er: 'Goeiemorgen.'

Ik had het idee dat ze wist dat ik een jongen was. Sommige negervrouwen kregen me gewoon door. Maar dat was de slaventijd. Als je slaaf was, dan verdronk je in zekere zin. Je lette net zomin op de kleren van de kerel naast je als op de grootte van zijn schoenen – als hij schoenen droeg –, want jullie waren allebei bezig in dezelfde rivier te verdrinken. Behalve als die kerel je een touw toewierp om je aan de wal te trekken, had je niet zo veel te schaften met zijn schoenen. Ik denk dat daarom zo weinig negervrouwen die ik tegenkwam uitgebreid aan me krabden. Ze hadden hun eigen sores. Hoe dan ook, er was toen helemaal niks aan te doen. Ik had een opdracht. En totdat ik het hier had verkend kon ik nergens heen weglopen. Ik was aan het spioneren voor de Ouwe en ik was ook aan het uitkijken voor mijn eigen ik.

'Ik weet niet waar ik ben,' zei ik.

'Je ben waar je ben,' zei ze.

'Ik ben het hier aan het verkennen.'

'Nou verken maar een eind weg,' zei ze.

Zo kwamen we nergens, dus ik zei: 'Ik vraag me af of u iemand kent die wil leren lezen.'

Er schoot een zenuwachtige blik over haar gezicht. Ze keek over haar schouder naar het grote huis, en bleef bezig met de hark.

'Waarom zou iemand dat willen? Nikkers hebben geen reden om te lezen.'

'Sommige wel,' zei ik.

'Daar weet ik niks van,' zei ze, nog steeds harkend.

'Ik ben namelijk op zoek naar een baan, juffrouw.'

'Lezen leren? Dat is geen baan. Dat is vragen om problemen.'

'Ik kan lezen. Ik zoek iemand anders die wil leren lezen. Voor geld.'

Ze zei geen stom woord meer. Ze tilde die hark van de grond en liet me haar achterhoofd zien. Ze liep gewoon weg.

Ik wachtte niet. Ik kroop weg. Sprong onmiddellijk in de struiken, hield me koest, dacht dat ze naar binnen was gegaan om te klikken tegen de hoofdopzichter of, erger nog, haar meester. Ik wachtte een paar minuten, en net toen ik op het punt stond de benen te nemen, kwam er een koets met vier enorme paarden ervoor achter het huis vandaan stormen en reed hard naar de poort. Dat ding reed als de bliksem. Voorin zat een zwarte voerman, gekleed in een mooie koetsiersjas met panden, een hoge hoed en witte handschoenen. De wagen vloog door het hek en de neger stopte hem meteen buiten de poort, waar ik zat.

Hij sprong omlaag en keek rond in de bosjes. Keek recht naar waar ik zo ongeveer zat. Ik wist dat hij me niet kon zien, want het gebladerte was dik en ik zat ineengedoken. 'Is daar iemand?' vroeg hij.

'Niemand hier behalve ik en de andere kippen,' zei ik.

'Kom hier,' snauwde hij. 'Ik heb je gezien vanuit het raam.'

Ik dee wat hij zei. Hij was een forsgebouwde man met een brede borstkas. Van dichtbij zag hij er nog prachtiger uit in zijn koetsierskostuum dan uit de verte. Zijn schouders waren breed en hoewel hij klein van stuk was, stond zijn gezicht helder en intelligent, en zijn handschoenen glansden in de middagzon. Hij keek me strak en fronsend aan. 'Door de smid gestuurd?'

'Wie?'

'De smid.'

'Ken geen smid.'

'Wat is de boodschap?'

'Kan er geen een bedenken.'

'Welk liedje zing je dan? "Samen kunnen we het brood wel breken"? Dat is het lied toch?'

'Heb geen lied. Ik ken alleen Dixie-nummers zoals "Kom op naar huis, jij ouwe roetmop Callaway".'

Hij keek me verbaasd aan. 'Wat is er met jou aan de hand?'

'Niks.'

'Ben jij van de gospel train?'
'De wat?'
'De railroad.'
'Welke railroad?'
Hij keek achter zich naar het huis. 'Weggelopen? Een wegloper?'
'Nee. Nog niet. Niet echt.'
'Dat zijn drie antwoorden, kind,' snauwde hij. 'Welke klopt?'
'Kiest u maar, meneer.'
'Geen tijd voor giebelegeintjes. Vertel je verhaal snel. Je zit al behoorlijk in de nesten als je hier zonder toestemming komt rondzwerven langs de straat van kolonel Washington. Kan hier beter wegwezen als hij terugkomt. Ik moet hem over een half uur halen in de stad.'
'Is die stad Harpers Ferry?'
Hij wees de berg af naar de stad. 'Ziet dat eruit als Philadelphia daarbeneden, kind? Tuurlijk is dat Harpers Ferry. Elke dag van de week. Waar zou het anders wezen?'
'Nou, ik kom u waarschuwen,' zei ik. 'D'r gaat daar wat gebeuren.'
'D'r gaat altijd wel ergens wat gebeuren.'
'Ik bedoel met de blankers.'
'Blankers hebben altijd alles en iedereen in de tang. Ze hebben de duim in de hand. Verder nog wat nieuws? Ben jij overigens een mietje? Je ziet er ontzettend nichterig uit, kind.'
Ik reageerde daar niet op, want ik had een opdracht. 'Als ik u zou vertellen dat er wat groots op komst is,' zei ik, 'wat heel groots, zou u dan bereid zijn de korf wakker te roepen?'
'Wat wakker te roepen?'
'Mij te helpen. De korf wakker te roepen. De niet-blankers te verzamelen.'
'Meisje, je ben slecht aan het schoffelen om voldoening te kweken als je zo praat. Als je mijn kind was, zou ik je kadetjes opwarmen met mijn rijzweep zodat je brullend en loeiend hier de weg afrent, alleen maar omdat je tegenover mijn vrouw je waffel open heb gedaan over lezen. Je jaagt elke nikker hier in de buurt op

stang als je daar zo over praat. Zij is er niet bij, weet je.'

'Waarbij?'

'Bij de zaak, de gospel train, daar is ze niet bij. Weet er niks over. Wil ze ook niet weten. Kan ze niet weten. Kan ze niet aan, vat je wel?'

'Ik weet niet waar u het over heb.'

'Loop dan de weg maar af, jij met je dwaze ikje.'

Hij klom op zijn wagen en maakte aanstalten zijn paarden aan te vuren.

'Ik heb nieuws. Belangrijk nieuws!'

'Groot hoofd, groot verstand. Klein hoofd, klein brein. Dat ben jij, kind. Je heb een afwijking.' Hij hief zijn leidsels om zijn paarden aan te vuren. 'Goeiedag.'

'Old John Brown komt eraan,' flapte ik eruit.

Dat werkte. Viel acuut stil. Er was geen neger ten oosten van de Mississippi die niet had gehoord over John Brown. Hij was gewoon een heilige. Een toverwoord voor de negers.

Hij staarde me aan, met zijn teugels nog in zijn handen. 'Ik zou je allemachtig hard met de zweep op je lazerij moeten geven alleen maar omdat je daar leugens staat te verkopen zoals jij doet. En nog gevaarlijke leugens ook.'

'Ik zweer het bij god, hij komt.'

De koetsier keek naar het huis. Hij liet de koets ronddraaien en zette hem zo neer dat de kant van de koetsdeur niet te zien was vanuit het huis. 'Ga naar binnen en plat op de vloer liggen. Als je je hoofd optilt voordat ik het zeg, rij ik je direct naar de hulpsheriff en zeg ik dat je een verstekeling was en dan laat ik het verder aan hem over.' Ik dee wat hij zei. Hij vuurde de paarden aan en we reden.

Tien minuten later stopte de koets, en de koetsier klom omlaag. 'Eruit,' zei hij. Hij zei het nog voordat de deur half open was. Hij had genoeg van me. Ik stapte uit. We stonden op een bergweg midden in de bossen, hoog boven Harpers Ferry, op een verlaten stuk pad.

Hij klom op de koets en wees achter zich. 'Dit hier is de weg naar Chambersburg,' zei hij. 'Een mijl of twintig die kant op. Ga daarheen en zoek Henry Watson op. Hij is kapper. Vertel hem dat de koetsier je heeft gestuurd. Hij zal je zeggen wat je moet doen. Loop door de struiken, niet op het pad.'

'Maar ik ben niet weggelopen.'

'Ik weet niet wie je ben, kind, maar maak dat je wegkomt,' zei de koetsier. 'Je vraagt om problemen door op te duiken uit het niks en je praatgat op volle kracht te laten werken over Old John Brown en dat je kan lezen en zo. Old Brown is dood. Een van de grootste helpers van de neger ter wereld, dooier dan de liefde van gisteren. Je ben het niet waardig zijn naam uit te spreken, kind.'

'Hij is niet dood!'

'Omgekomen in het Kansasterritorium,' zei de koetsier. Hij leek ervan overtuigd. 'We hebben hier een man die kan lezen. Ik was in de kerk op de dag dat hij die krant aan ons voorlas. Heb het zelf gehoord. Old Brown was in het westen en had de militie achter zich aan en de cavalerie van de VS vlak op zijn hielen en een hele meute, want er stond een beloning op zijn hoofd. Ze zeggen dat hij beter schoot dan iedereen, en dat dee hij ook, maar na een poosje vingen ze hem en verdronken hem. God zegene hem. Mijn meester haat hem. En nou ingerukt.'

'Ik kan bewijzen dat hij niet dood is.'

'Hoe dan?'

'Omdat ik hem heb gezien. Ik ken hem. Ik breng u naar hem toe als hij komt.'

De koetsier grijnsde, greep zijn teugels. 'Als ik jouw vader was, nou dan zou ik me laars zo ver in je reet trappen dat je me grote teen zou uithoesten zoals je daar staat te liegen! Wat de duivel is er mis met jou, om daar te staan liegen tot God het kan horen? Wat wou de grote John Brown met een nikkermietje als jij? Vooruit, zet je voet op de weg voordat ik dat kleine bruine kontje opwarm! En vertel geen mens dat je mij kent. Ik heb hartstikke genoeg vandaag van die verdomde gospel train! En zeg tegen de smid als je hem ziet geen pakjes meer te sturen.'

'Pakjes?'
'Pakjes,' zei hij. 'Ja! Geen pakjes meer.'
'Wat voor pakjes?'
'Ben je simpel, kind? Neem de benen.'
'Ik weet niet waar u het over heb.'
Hij keek boos op me neer. 'Ben je bij de underground of niet?' vroeg hij.
'Wat voor underground?'
Ik was in de war, en hij keek me strak aan, boos. 'Hup, neem de weg naar Chambersburg of ik schop je erheen!'
'Ik kan daar niet heen. Ik logeer op de farm van Kennedy.'
'Zie je wel!' snoof de koetsier. 'Weer op een leugen betrapt. De ouwe Kennedy heeft vorig jaar rond deze tijd zijn laatste adem uitgeblazen.'
'Een van Browns mannen heeft het huis van zijn weduwe gehuurd. Ik ben met hem hier gekomen.'
Nou bedaarde hij wat. 'Je bedoelt die nieuwe blanke kletsmajoor die door de stad banjert? Die te koop loopt met de dikke Miss Mary, die blonde meid die daar aan de weg woont?'
'Die.'
'Is hij bij Old John Brown?'
'Ja meneer.'
'Waarom loopt hij dan rond met haar? Die domme knol heeft meer klanten gehad dan de trein tussen Baltimore en Ohio.'
'Weet ik niet.'
De koetsier fronste. 'Mijn broer heeft nog zo tegen me gezegd niet meer te rommelen met weglopers,' mopperde hij. 'Daar zie je geen verschil tussen de eerlijke waarheid en een achterbakse leugen.' Hij zuchtte. 'Ik denk dat als ik in de kou onder de blote hemel lag te slapen dan zou ik ook onzin verkopen.' Hij gromde nog wat meer, stak zijn hand in zijn zak en haalde er een zootje munten uit. 'Hoeveel hejje nodig? Acht cent, meer heb ik niet.' Hij stak me het geld toe. 'Neem dit en wegwezen. Vooruit. Weg met jou. Hup naar Chambersburg.'
Toen begon ik me een beetje op te winden. 'Meneer, ik ben niet

hier voor u geld,' zei ik. 'En ik ben niet hier om naar iemands Chambersburg te gaan. Ik kom u waarschuwen dat Old John Brown eraan komt. Met een leger. Hij is van plan Harpers Ferry te overvallen en een opstand te beginnen. Ik moest van hem "de bijen korven". Dat is zijn instructie. Hij zei: "Sjalot, vertel alle zwarten dat ik eraan kom en korf ze in. De bijen inkorven." Dus ik zeg het tegen u. En verder tegen niemand, want ik heb geen zin in al dat gedoe.'

Daarna draaide ik me om en begon de bergweg naar Harpers Ferry af te lopen, want hij had me ver van huis gebracht.

Hij riep: 'Chambersburg is de andere kant op.'

'Ik weet waar ik heen ga,' zei ik.

Zijn koets stond ook in de richting Chambersburg, de berg op, weg van mij. Hij vuurde zijn paarden aan en galoppeerde het bergpad op. Het kostte hem een paar minuten om de weg te volgen en een plek te vinden waar hij kon draaien, want hij had die vier paarden die hem trokken. Het was in een handomdraai gedaan en hij liet die paarden bonzend in volle draf achter me de berg aflopen. Toen hij bij me kwam, trok hij de beesten tot stilstand. Stopte ze pardoes. Hij kon allejezus goed rijden met die koets. Hij keek strak naar me omlaag.

'Ik ken je niet,' zei hij. 'Ik weet niet wie je ben of waar je vandaan komt. Maar ik weet dat je niet uit dit gebied ben, dus je woorden zijn geen sikkepitje waard. Maar laat ik je vragen: als ik op de farm van de ouwe Kennedy naar jou zou vragen, kennen ze je dan?'

'Dris daar nou maar één kerel. Die kerel waar ik u over vertelde. Cook heetie. De Ouwe heeft hem gestuurd om de stad te bespioneren voordat hijzelf kwam, maar hij had hem niet moeten sturen, want hij praat te veel. Hij heeft waarschijnlijk het verhaal over de kapitein doorverteld aan iedere blanke man in de stad.'

'Goeie god, je ben een echte leugenkampioen,' zei de koetsier. Hij zat eventjes te zitten. Toen keek hij om zich heen om te zien of de weg leeg was en of er niemand aankwam. ''k Ga je testen,' zei hij. Hij stak zijn hand in zijn zak en haalde er een verfrommeld papiertje uit. 'Je zegt dat je kan lezen?'

'Ja.'

'Lees dit maar eens,' zei hij. Zittend op de bok gaf hij het me aan. Ik pakte het papiertje en las het hardop. 'Er staat: "*Beste Rufus, geef mijn koetsier Jim vier pollepels en twee lepels uit je winkel en zorg ervoor dat hij geen koekjes meer eet die uit jouw winkel komen, want dat komt op mijn rekening. Die nikker is zo al dik genoeg.*"

Ik gaf het aan hem terug. 'Getekend "Kol. Lewis F. Washington",' zei ik. 'Uw meester?'

'Godverdomme, die ouwe hufter met z'n olifantenkop,' mompelde hij. 'Nog nooit gehijgd in heel zijn leven. Nog nooit een dag gewerkt. En voert mij gekookte grutten en zure broodjes. Wat wil hij eigenlijk?'

'Wát zegt u?'

Hij stak het papiertje in zijn zak. 'Als je echt de waarheid sprak, dan was het moeilijk te zeggen,' zei hij. 'Waarom zou de grote John Brown een mietje sturen om mannenwerk te doen?'

'U kan het hem zelf vragen als hij komt,' zei ik, 'want u ben een en al beledigingen.' Ik begon de berg af te lopen, want hij viel niet te overtuigen.

'Wacht even.'

'Nee. Ik heb het gezegd, meneer. U ben gewaarschuwd. Ga maar naar de farm van Kennedy en kijk of u Cook kan vinden die daar zit te praten zoals hij helemaal niet mag.'

'En juffrouw Mary? Werkt die ook bij Old John Brown?'

'Nee. Hij heeft haar net leren kennen.'

'Sjeess, kon hij niks beters krijgen? De klokken blijven stilstaan van het gezicht van die vrouw. Wat voor soort man is die Cook van jou dat hij achter haar aan holt?'

'De rest van zijn leger doet wel anders dan Cook,' zei ik. 'Ze komen om op mannen te schieten, niet om op vrouwen te jagen. Ze zijn gevaarlijk. Ze komen helemaal uit Iowa en hebben meer wapens dan u ooit zag, en als ze hun achterladers laden en hun hamer loslaten zeggen ze tegen hem dat hij voort moet maken. Een feit, meneer.'

Dat drong door, en voor het eerst zag ik de twijfel een beetje wijken van zijn gezicht. 'Je verhaal spreekt aan, maar het klinkt als een leugen,' zei hij. 'Toch kan het geen kwaad als ik iemand naar de farm van de ouwe Kennedy stuur, als je zegt dat je daar woont, om je leugens te controleren. Intussen neem ik aan dat je niet zo dom ben om mij te noemen of de smid of Henry Watson tegen iemand in de stad. Als je dat doet is er een dikke kans dat je op de koeltafel eindigt. Die twee zijn verschrikkelijk kwaadaardig. Ze zouwen een kogel door je kop schieten en je opvoeren aan de varkens als ze dachten dat je hun doen en laten verried.'

'Ze kunnen er maar beter voor zorgen dat ze al hun achterste kiezen hebben als ze dat doen,' zei ik. 'Want als kapitein Brown komt vertel ik hem dat u en uw vrienden me in de weg zaten, en dan krijgen jullie allemaal met hem te maken. Hij zal het u inpeperen dat u me als een leugenaar heb behandeld.'

'Wat wou je kind, een gouwe medaille? Ik heb geen idee wie je ben. Je komt uit de lucht vallen, vertelt een hele berg verhalen voor zo'n jong iemand. Je heb geluk dat je leugen bij mij belandde en niet bij een paar van die andere nikkers hier in de buurt, want er zijn er een hoop die je voor een kussen met ganzenveren zouwen overdragen aan de slavenopzieners. Ik zal je verhaal met Cook controleren. Of je liegt, of je liegt niet. Als je liegt, heb je verduveld veel werk gehad om dat verhaal te verzinnen. Als je niet liegt, lap je als de duvel Gods bevelen aan je laars, want dris op Zijn groene aarde geen sprake van dat Old John Brown, zo fanatiek als hij is, hierheen komt, naar al die wapens en soldaten, om te vechten voor de vrijheid van de neger. Hij zou zijn hoofd recht in de muil van de leeuw steken. Hij is een moedig man als hij in leven is, maar hij heeft niet simpelweg een bord voor zijn kop.'

'U kent hem niet,' zei ik.

Maar hij hoorde me niet. Hij had zijn paarden aangevuurd en was verdwenen.

23 DE BOODSCHAP

Twee dagen later kwam een ouwe negervrouw met een kruiwagen vol bezems tot aan de deur van de farm van Kennedy gereden en klopte aan. Cook was diep in slaap. Hij werd wakker, greep zijn pistool en holde naar de deur. Hij sprak met de deur dicht, zijn pistool naast zijn bovenbeen. 'Wie daar?'
'Becky is de naam, massa. Ik verkoop bezems.'
'Niet nodig.'
'De koetsier zegt van wel.'
Cook keek verbaasd naar mij. 'De kerel waarover ik je heb verteld,' zei ik. Hij stond daar een minuut met zijn ogen te knipperen, half in slaap. Hij herinnerde zich over de koetsier niks meer dan een hond over zijn verjaardag. De dikke Mary van langs de weg putte hem uit. Hij was de avond tevoren pas in de kleine uurtjes thuisgekomen. Verscheen in verfomfaaide kleren en zijn haar vreselijk in de war, stinkend naar de drank, lachend en fluitend.
'Goed dan. Maar langzaam binnenkomen.'
De vrouw kwam langzaam en vastberaden binnengelopen, met de kruiwagen voor zich uit. Ze was oud, slank, donkerbruin met wit kroeshaar, een gezicht vol rimpels en een gescheurde jurk. Ze trok twee nieuwe bezems uit de kruiwagen en hield er een in elke hand. 'Zelfgemaakt,' zei ze. 'Uit het beste stro en gloednieuwe grenen stelen. Van pijnbomen uit het zuiden, de beste soorten.'
'We hebben geen bezems nodig,' zei Cook.
De vrouw keek een poosje om zich heen. Ze zag de kisten met MIJNBOUWGEREEDSCHAP erop. De schone houwelen en bijlen voor in de mijn, die nog geen centje aarde hadden gezien. Ze keek een keer naar mij, toen nog een keer, knipperend met haar ogen, en daarna naar Cook. 'Het juffertje hier,' (ze knikte naar mij) 'zou zeker een bezem kunnen gebruiken om wat schoon te maken voor de jonge meester.'

Cook was slaperig en prikkelbaar. 'We hebben hier bezems genoeg.'

'Maar als je in de mijn werkt en helemaal vies wordt, neem je allerlei smerigheid en vuil en zo mee naar huis, en ik zou niet willen dat u te vies wordt, meester.'

'Hoort u dan niet wat ik zeg?'

'Dan spijt het me. De koetsier zei dat u bezems nodig had.'

'Wie is dat nou weer?'

'Dat is de kerel over wie ik je heb verteld,' opperde ik schuchter. Cook keek me aan en fronste. Hij was niet zoals de Ouwe. Hij wist niet goed wat hij met me aan moest. Het was geen probleem toen we op pad waren in het westen en er niemand anders in de buurt was om een boom mee op te zetten. Maar toen we eenmaal in de bewoonde wereld kwamen, wist hij niet of hij blank of gekleurd te werk moest gaan, als een soldaat of als een spion, met de billen bloot of met de ogen dicht. Hij had niet de minste aandacht aan me besteed sinds we bij de Ferry waren, en de aandacht die hij me schonk was niet respectvol. Ik was hem alleen maar tot last. Hem ging het alleen maar om de lol. Ik weet niet anders dan dat er volgens hem niks terecht zou komen van de plannen van de Ouwe, of dat hij ook maar enigszins in hem geloofde, want Cook was nog nooit in een echte oorlog geweest en had de Ouwe nooit zien vechten. 'Is zij een van degenen die je zou moeten inkorven?' vroeg hij.

'Jawel,' zei ik.

'Nou, korf haar maar in,' zei hij, 'dan ga ik even wat koffie voor ons zetten.' Hij pakte een emmer en liep naar buiten. Er was een waterput achter het huis en terwijl hij met die emmer in zijn handen daarheen strompelde, wreef hij in zijn ogen.

Becky keek me aan. 'We zijn hier op een missie,' zei ik. 'Ik denk dat de koetsier dat wel heeft verteld.'

'Hij vertelde dat hij onderweg een vreemde kleine temeier had ontmoet met rare kleren aan, die hem kwalijke instructies gaf, en waarschijnlijk stond te overdrijven dat het gedrukt stond.'

'Ik wou graag dat u me niet uitschold, want ik heb u niks misdaan.'

'Ik zal je dood noemen als je zo blijft doorgaan. Je doet jezelf veel kwaad als je zo rondstiefelt en schone schijn verkoopt. Over een groot man praat. En dat praten in de oren van de foute mensen doet. De koetsiersvrouw helpt niet bij de gospel train. Ze heeft een mond als een waterval. Je brengt een heleboel mensen in gevaar door te roepen en tieren over John Brown zoals jij doet.'

'Daar heeft de koetsier ook mijn neus al over afgebeten,' zei ik. 'Ik weet niks over iemands gospel train, in geen enkele vorm, stijl of trant. Ik ben geen wegloper en ik kom niet uit deze contreien. Ik ben vooruit gestuurd om de bijen te korven. De niet-blankers te verzamelen. Daar heeft de Ouwe me voor gestuurd.'

'Waarom zou hij jou sturen?'

'Hij heeft maar twee niet-blankers in zijn leger. Van de anderen was hij niet al te zeker.'

'In welk opzicht?'

'Dacht dat ze weg konden draven voordat ze hadden gedaan wat de kapitein ze had gezegd te doen.'

'De kapitein. Wie is dat?'

'Heb ik u al verteld. John Brown.'

'En wat heeft de kapitein je gezegd te doen?'

'De bijen inkorven. Heb u me niet gehoord?'

Cook kwam naar de keuken met een ketel water. Daarna gooide hij wat aanmaakhout op het vuur om warm water te maken. 'Heb je haar al in de korf?' vroeg hij monter. Hij was een maloot. De vrolijkste man die ik ooit heb gezien. Het zou hem duur te staan komen. Het zou zijn dood worden, dat voor zot spelen.

'Ze gelooft het niet,' zei ik.

'Welk deel ervan?'

'Niks ervan.'

Hij stond op en schraapte geagiteerd zijn keel. 'Luister goed, tante Polly, we hebben dit hele eind gereden voor de vr...'

'Becky heet ik, alstublieft.'

'Becky. Er komt een groot man deze kant op om uw volk te bevrijden. Ik heb net een brief van hem gekregen. In minder dan drie weken is hij hier. Hij moet de bijen korven. Jullie allemaal bevrijden.'

'Ik heb alles gehoord wat ik moet horen over korven en vrijmaken,' zei Becky. 'Hoe gaat al dat korven en vrijmaken in z'n gang?'

'Dat kan ik niet allemaal zeggen. Maar Old John Brown komt, dat staat vast. Uit het westen. De vrijheid nadert voor u en uw mensen. Sjalot hier liegt niet.'

'Sjalot?'

'Zo noemen we haar.'

'Haar?'

Ik dee gauw mijn mond open: 'Juffrouw Becky, als u niet iemand ben om in te korven of steunt wat John Brown verkoopt, moet u niet komen.'

'Dat hek niet gezegd,' zei ze. 'Ik wil weten wat hij verkoopt. Vrijheid? Hier? Hij zou net zo goed voor een dood varken kunnen zingen als denken dat hij hier kan komen en zonder kleerscheuren wegpiepen. Er is verdomme een arsenaal hier.'

'Daar komt hij ook voor,' zei Cook. 'Om het arsenaal te overvallen.'

'Waar overvalt hij dat mee?'

'Mannen.'

'En wat nog meer?'

'Alle negers die met hem mee gaan doen als hij eraan begint.'

'Gekkenpraat, meneer.'

Cook was een snoever en voelde zich duidelijk in zijn kuif gepikt als hij praatte met iemand die hem niet geloofde of hem tegensprak. En dan nog een niet-blanke ook. 'Vin u?' zei hij. 'Kom eens mee.'

Hij bracht haar naar de andere kamer, waar de stapels kisten lagen met MIJNBOUWGEREEDSCHAP erop. Hij pakte een koevoet en maakte er een open. Er lagen in keurige rijen dertig schone, gloednieuwe Sharps-geweren in, de een na de ander.

Ook ik had die kisten nog nooit vanbinnen gezien, en dat alles zo vol zat, maakte evenveel indruk op mij als op Miss Becky. Ze zette grote ogen op. 'Hemeltje,' zei ze.

Cook snoof opschepperig. 'We hebben veertien kisten hier van dit soort. En er worden er meer opgestuurd. De kapitein heeft genoeg wapens om tweeduizend mensen te voorzien.'

'Er zijn maar negentig slaven in Harpers Ferry, meneer.'

Daarvan schrok hij. De glimlach verdween van zijn gezicht.

'Ik dacht dat hier twaalfhonderd negers waren. Dat zei de man op het postkantoor gisteren.'

'Dat klopt. Maar de meeste daarvan zijn bevrijde negers.'

'Dat is niet hetzelfde,' mompelde hij.

'Het ligt heel dicht bij mekaar,' zei juffrouw Becky. 'Vrije negers zijn ook aan slavernij verbonden. Veel van hen zijn getrouwd met slaven. Ik ben vrij, maar mijn man, die is slaaf. De meeste vrije negers hebben relaties met slaven. Ze zijn niet voor de slavernij. Geloof me.'

'Goed! Dan zullen ze met ons meevechten.'

'Dat zeg ik niet.' Ze ging zitten, wreef over haar hoofd. 'De koetsier heb me een dilemma bezorgd,' mompelde ze. Toen sprak ze fel: 'Dit is verdomde oplichterij!'

'Denk dat maar niet,' zei Cook monter. 'Zeg maar tegen al je vrienden dat Old John Brown over drie weken komt. Op drieëntwintig oktober vallen we aan. Hij heeft me de datum per brief opgegeven. Vertel dat maar aan iedereen.'

Nou, ik was dan wel gewoon een jongen in meisjeskleren, en zo dom als een halve gare en niet in staat iemands ongelijk vol te houwen, idioot als ik was, maar toch werd ik als jongeman mezelf, en zelfs ik was niet zo achterlijk. De gedachte viel me in dat er maar één zo'n neger hoefde te hengelen naar een blikje perziken of een lekkere verse watermeloen van hun meester en het hele zaakje begon te rollen, en hij praatte zijn mond voorbij, en dan was het spel voor iedereen uit.

'Cook,' zei ik, 'we weten niet of we deze vrouw kunnen vertrouwen.'

'Jij heb haar uitgenodigd,' zei hij.

'Stel dat ze het doorvertelt!'

Miss Becky fronste. 'Jij durft,' zei ze. 'Je komt binnenvallen op het grondgebied van de koetsier, verraadt hem zowat aan zijn loslippige vrouw, en nou vertel je mij wie er kan worden vertrouwd. Jij ben niet te vertrouwen. Je zou ons een hoop leugens op de mouw kunnen spelden, kind. Lawe hopen dat je verhaal klopt. Zo niet zal de smid je om zeep helpen waar je bij staat en dan is de kous af. Geen mens in deze stad gaat moeilijk doen over een nikkerkind dat dood ergens in een steegje ligt.'

'Wat heb ik hem misdaan?'

'Je brengt zijn spoorweg in gevaar.'

'Is hij eigenaar van een spoorlijn?'

'De underground, kind.'

'Wach-effe,' zei Cook. 'Die smid van u helpt niemand om zeep. Sjalot hier is een soort kind van de Ouwe. Ze is zijn favoriet.'

'Tuurlijk. En ik ben George Washington.'

Nou begon Cook zich op te winden. 'Niet brutaal worden hè. We komen hier om jullie te redden. Niet andersom. Sjalot hier werd door de kapitein uit de slavernij gestolen. Ze is een soort familielid. Dus u moet uw mond houwen over die smid van u die dit kind hier pijn zou doen, of iemand anders. Uw smid zal niet lang ademhalen als hij de gek steekt met de plannen van de kapitein. Het zal hem berouwen als hij aan de verkeerde kant van kapitein Brown staat.'

Becky nam haar hoofd in haar handen. 'Volgens mij weet ik niet wat ik moet geloven,' zei ze. 'Ik weet niet wat ik de koetsier moet vertellen.'

'Is hij hier in de buurt de negerbaas?' vroeg Cook.

'Een van de bazen. De belangrijkste is de spoorman.'

'Waar is hij?'

'Waar denk je? Op de spoorlijn.'

'De underground?'

'Nee. De echte spoorlijn. Die tussen Baltimore en Ohio, de b&o. Die van tjoeketjoeke. Volgens mij is hij in vandaag in Baltimore of Washington, D.C.'

'Prachtig! Hij kan de bijen daar korven. Hoe kan ik hem bereiken?'

Ze stond op. 'Ik neem nou afscheid. Ik heb jullie al te veel verteld, meneer. Straks ben u nog een slavendief uit New Orleans, die hier zielen kwam stelen om ze verderop te verkopen. U mag een van deze bezems hebben. Cadeautje. Gebruik hem om de leugens uit het huis te vegen. Hou de buurvrouw in de gaten, als jullie geen hulpsheriffs in de buurt willen. Ze is een nieuwsgierig aagje. Miss Huffmaster, zo heet ze. Houdt niet van nikkers, niet van slavendieven en niet van abolitionisten.'

Terwijl ze naar de deur liep, flapte ik eruit: 'U moet het opnemen met uw mensen. Opnemen bij die spoorman van u.'

'Ik ga het met niemand opnemen. Het is boerenbedrog.'

'Toe maar! U zal het zien. Wij hebben u ook niet nodig.' Ze toonde me haar rug, maar terwijl ze naar de deur liep, was daar een kapstok, waaraan ze de versleten sjaal zag hangen die de generaal me had gegeven in Canada. De sjaal van Harriet Tubman zelf.

'Waar heb je deze vandaan?' vroeg ze.

'Een cadeau,' zei ik.

'Van wie?'

'Een van de vrienden van de kapitein. Zei dat hij van pas zou komen. Ik heb hem meegenomen omdat... Ik heb hem gebruikt om een deel van mijn spullen mee te bedekken in de kar.'

'Nee maar...' zei ze. Ze nam de sjaal van de generaal behoedzaam van de kapstok. Ze hield hem in het licht, legde hem toen op tafel, haar bruine vingers spreidden de stof. Aandachtig keek ze naar de voorstellingen erop. Daar had ik niet op gelet. Het was alleen maar een primitieve hond in een doos met zijn poten wijzend naar alle vier de hoeken en zijn snuit bijna tegen een van de bovenste hoeken. Iets in die voorstelling sprak haar aan en ze schudde haar hoofd.

'Ik kan het niet geloven. Waar heb je... de persoon ontmoet die je dit heeft gegeven?'

'Kan ik niet zeggen, want ik ken ook u niet.'

'O, je kan het haar vertellen,' zei Cook, de zwetskous.

Maar ik deed mijn mond geen millimeter open. Miss Becky staarde naar de sjaal, haar ogen opeens helder en vol. 'Als jij niet liegt, kind, is dit een geweldige dag. Heeft de ziel die je dit heeft gegeven verder nog wat gezegd?'

'Nee. Nou… ze zei wel verander niet het tijdstip, want ze kwam zelf. Met haar mensen. Zei ze. Tegen de kapitein. Niet tegen mij.'

Miss Becky zweeg even. Je zou denken dat ik haar een miljoen dollar had gegeven, want ze leek wel betoverd. De ouwe rimpels in haar gezicht trokken strak en op haar lippen verscheen een glimlachje. De lijnen op haar voorhoofd leken te verdwijnen. Ze pakte de sjaal en hield hem met gestrekte armen voor zich. 'Mag ik deze houwen?' vroeg ze.

'Oké, als het helpt,' zei ik.

'Het helpt,' zei ze. 'Het helpt een heleboel. O, de Heer is in een zegebui, hè? Hij heb me vandaag gezegend.' Toen had ze ineens haast, sloeg de sjaal om haar schouders, vergaarde haar bezems en gooide ze in de kruiwagen, ik en Cook keken toe.

'Waar gaat u heen?' vroeg Cook.

Miss Becky bleef bij de deur staan, pakte de deurklink, hield die stevig beet en keek ernaar terwijl ze sprak. Het geluk viel op dat moment van haar af en ze was weer een en al zakelijkheid. Ernstig en rechtdoorzee. 'Wacht een paar dagen,' zei ze. 'Gewoon wachten. En mond houwen. Zeg niks tegen niemand, blank of niet-blank. Als een niet-blanke hier komt informeren naar jullie kapitein, wees dan voorzichtig. Als ze in hun eerste ademtocht niet de smid of de spoorman noemen, trek je mes dan maar en geef ze van katoen, want dan hangen we allemaal. U zal gauw wat horen.'

Meteen daarna deed ze de deur open, nam haar kruiwagen, en vertrok.

24 DE SPOORMAN

Niet lang daarna kreeg Cook een baan bij de Ferry, hij werkte in het Wager House, een herberg en spoorstation vlak bij het arsenaal, waar hij de mensen kon vervelen. Het waren lange uren. Hij werkte tot 's avonds, terwijl ik op de farm bleef, het huis schoonmaakte, probeerde te koken, de kisten zo veel mogelijk verstopte en deed alsof ik zijn partner was. Ongeveer een week nadat hij was begonnen kwam Cook op een avond terug en zei: 'Iemand wil met je praten.'

'Wie?'

'Een neger bij de spoorlijn.'

'Kun je hem niet hierheen halen?'

'Wil hier niet komen, zegt hij. Te gevaarlijk.'

'Waarom vertelt hij jou niet wat hij te vertellen heeft?'

'Zei het duidelijk. Hij wou jou.'

'Zei hij wat over de smid?'

Cook haalde zijn schouders op. 'Weet ik niks van. Alleen dat hij met je wou praten.' Ik maakte aanstalten om te gaan. Verveelde me toch al te pletter, opgesloten in dat huis.

'Niet nou,' zei Cook. 'Vanavond in de kleine uurtjes. Eén uur in de ochtend, zei hij... Gewoon afwachten en naar bed gaan. Ik rij terug naar de herberg. Kom je wakker maken als het tijd is.'

Hij hoefde me niet wakker te maken, want ik bleef wakker. Bleef de hele avond ongerust wachten totdat Cook eindelijk rond middernacht thuiskwam. We liepen samen van de farm van Kennedy de berg af naar de Ferry. Toen we beneden waren was het donker en druilerig weer. We staken over aan de Potomac-kant van de brug en toen we dat hadden gedaan, zagen we dat de trein was aangekomen, de B&O, een enorme locomotief vlak buiten het gebouw van de Ferry waar de geweren werden gemaakt. Hij stond daar te puffen en nam water in. De passagierswagons waren leeg.

Cook liep met me om het station heen en toen langs de hele trein. Bij de laatste wagon sloeg hij af en liep door het struikgewas omlaag naar de Potomac, naar de waterkant. De Potomac stroomde onder de spoorbaan. Het was vrij donker daarbeneden, niks te zien behalve het kolkende water in het maanlicht. Hij wees naar de rivieroever. 'Die kerel wil daarbeneden met je praten. Alleen,' zei hij. 'Ze zijn wantrouwend, die negers hier.'

Hij bleef boven aan de glooiing wachten terwijl ik omlaag liep naar de Potomac-oever. Ik ging daar zitten wachten.

Een paar minuten later kwam er verderop aan de oever een lange, massieve gestalte tevoorschijn. Het was een echt krachtig uitziende man, gekleed in het nette uniform van een kruier. Hij kwam niet recht op me af, maar bleef in de schaduw van de schragen onder de spoorlijn terwijl hij me naderde. Toen hij me had gezien kwam hij niet dichterbij, maar bleef op een paar meter afstand staan, draaide zich om en leunde op de schraag, met zijn blik strak op de rivier. Boven ons klonk ineens metaalgerinkel en blies de trein stoom af, met het bijbehorende geratel van de zuigers. Ik sprong op bij dat geluid, hij wierp een blik op mij en keek toen weer naar de rivier.

'Kost een uur om op stoom te komen,' zei hij. 'Misschien twee. Dat is alle tijd die ik heb.'

'Ben u de spoorman?'

'Gaat er niet om wat ik ben. Wat jij ben, daar gaat het om. Wat ben je?'

'Een boodschapper.'

'Net als Jezus. Maar die liep niet rond te hollen in rok en pofbroek. Ben je een meisje of een jongen?'

'Ik weet niet waarom iedereen loopt te puffen en te tuffen over wat ik ben,' zei ik. 'Ik breng alleen maar een boodschap over.'

'Verwarring stichten, dat is wat je doet. Als iemand niet zeker is, zal het je duur te staan komen.'

'Wat heb ik fout gedaan?'

'Ik begrijp dat je erover denkt een paar bezems van de koetsier te kopen. Wij vervoeren ze naar Baltimore en verder,' zei hij.

'Volgens wie?' vroeg ik.
'Volgens de smid.'
'Wie is hij eigenlijk?'
'Wil je niet weten.'

Hij keek uit over het water. Bij het licht van de maan zag ik de omtrek van zijn gezicht. Hij leek een kerel met een vriendelijk gezicht, maar het stond gespannen en strak. Hij voelde zich niet in een gelukkige stemming.

'Nou, ik vraag het nog een keer,' zei hij. Hij wierp een blik over zijn schouder naar Cook, die op ons neerkeek, en toen weer naar het water. 'Wie ben je. Waar kom je vandaan. En wat wil je.'

'Nou, ik denk dat ik niet weet wat ik moet zeggen, want ik heb het al twee keer verteld.'

'Als je komt aanzetten bij een waterval als de koetsiersvrouw, en je juicht en joelt over opstand, kan je beter eerlijk vertellen wie je ben.'

'Ik heb niet gejuicht over opstand. Ik heb haar alleen verteld dat ik kan lezen.'

'Dat is hetzelfde. Zwijg over die dingen in deze buurt. Anders krijg je de smid op je dak.'

'Ik heb niet dat hele eind gelopen om uw dreigementen aan te horen. Ik doe het woord voor de kapitein. Ik heb er niks mee te maken.'

'Waarmee?'
'Dat weet u wel.'
'Nee, dat weet ik niet. Vertel op.'
'Waarom praten alle negers hier in kringetjes?'

'Omdat de blankers meteen schieten – en met echte kogels, kind. Vooral als een neger dom genoeg is om over opstand te praten!'

'Het was niet mijn idee.'

'Kan me niet schelen wiens idee het is. Je zit er momenteel in. En als die man van jou – als die man is wie je zegt dat hij is – als die man zijn nek uitsteekt om de zwarten op te porren, is hij naar de verkeerde stad gekomen. Amper honderd op z'n hoogst krijgt hij hier opgetrommeld, als het er al honderd zijn.'

'Hoe komt dat?'

'Er zijn hier maar twaalfhonderd niet-blankers. Een flink aantal daarvan is vrouwen en kinderen. De rest zou eerder de varkens vetmesten met hun eigen kroost onder een boom dan dat ze zelfs maar een boze blik trokken naar de blankers. Verdomd. Als Old John Brown een stel zwarten voor zich wou laten vechten, had hij zestig mijl naar het oosten moeten gaan, Baltimore of Washington, of... of zelfs de oostkust van Maryland. De zwarten daar lezen kranten. Ze hebben boten. Vuurwapens. Er zijn roeiers bij. Mensen die mensen in beweging kunnen brengen. Dat zou koren op zijn molen zijn geweest. Zelfs in Zuid-Virginia, het gebied van de katoen. Daar heb je plantages boordevol zwarten die alles zullen doen om eruit te komen. Maar hier?' Hij schudde zijn hoofd, hij keek over zijn rug naar de Ferry. 'Hij zit in het verkeerde land. We zijn in de minderheid. In elke provincie aan alle kanten omringd door blankers.'

'Er zijn hier vuurwapens,' zei ik. 'Daarom komt hij. Hij wil de vuurwapens uit het arsenaal om de zwarten te wapenen.'

'Alsjeblieft. Deze nikkers hier zouwen het verschil niet zien tussen een geweer en een stronk prei. Ze kunnen met niemands geweer omgaan. Ze laten geen nikker in de buurt van die vuurwapens komen.'

'Hij heeft pieken. En zwaarden. Een heleboel. Duizenden.'

De spoorman snoof bitter. 'Dat maakt niks uit. Hij hoeft maar één schot te lossen en deze blankers maken hem af.'

'U heb hem niet zien vechten.'

'Maakt niet uit. Ze snijen zijn kop van zijn romp en als ze dat hebben gedaan doorzeven ze elke zwarte binnen de honderd mijl, puur om ze te laten vergeten dat we ooit Old John in deze contreien hebben gezien. Ze haten die man. Als hij nog leeft. Wat volgens mij niet zo is.'

'Daar gaan we weer. Ik ben moe van het ontkennen en bewijzen. Als hij komt, zal u het weten. Ik heb zijn planning gezien. Hij heeft kaarten vol kleuren en tekeningen waar de negers vandaan komen. "Overal vandaan," zegt hij: New York, Philadelphia, Pittsburgh. Hij heeft het allemaal gepland. Het is een verrassingsaanval.'

De spoorman zwaaide vol afkeer met zijn hand. 'Hier is het geen verrassing.' Hij snoof.

'Wist u dat hij zou komen?'

'Het idee heeft me nooit aangestaan, al toen ik het voor het eerst hoorde. Ook nooit gedacht dat hij zo stom zou zijn het te proberen.'

Dat was de eerste keer dat ik ooit iemand buiten de kring van de Ouwe het plan hoorde noemen. 'Waar heb u het gehoord?'

'De generaal. Daarom ben ik hier.'

Mijn hart sloeg een slag over. 'Komt ze?'

'Ik hoop van niet. Haar hoofd wordt van haar romp geschoten.'

'Hoe weet u zo veel?'

Voor het eerst keek hij me aan. Hij zoog op zijn tanden. 'Die kapitein van je, God moge hem zegenen, die gaat in drie stukken naar huis als ze hier met hem klaar zijn. En de zwarten die stom genoeg zijn hem te volgen worden aan flarden geschoten, God moge hem verdoemen.'

'Waarom zo boos? Hij heb u niks gedaan.'

'Ik heb een vrouw en drie kinderen in slavernij hier,' snauwde hij. 'Als ze Old John Brown eenmaal hebben doodgeschoten gaan deze blankers elke kogel die ze hebben, wijden aan de olifantenjacht op de negers. Ze zullen jarenlang tekeergaan. En de zwarten die ze niet in een gat in de grond poten zullen ze wegsturen. Elke ziel die er ook maar een beetje niet-blank uitziet, zullen ze als slaaf verkopen. Afgevoerd naar New Orleans, God moge hem verdoemen. Ik heb nog niet genoeg gespaard om mijn kinderen vrij te kopen. Ik heb maar genoeg voor eentje. Ik moet nu beslissen. Vandaag. Als hij komt...'

Hij zweeg. Dat vrat aan hem. Trok aan hem, hij keek een andere kant op. Ik zag dat hij ongerust was, dus ik zei: 'U hoeft u geen zorgen te maken. Ik heb nog negers zat gezien die beloofden te komen. Bij een grote bijeenkomst in Canada. De hele dag hielden ze er toespraken over. Ze waren boos. Een heleboel. Dat waren lui aan de top. Mannen die lazen. Geletterden. Ze beloofden te komen...'

'O, quatsch!' snoof hij. 'De meeste van die arrogante nikkers met een lange adem hebben godverdomme te weinig zand in zich om een vingerhoed te vullen!'

Hij brieste, keek een andere kant op en wees toen naar de trein op de schraagbrug boven ons. 'Die trein daar,' zei hij, 'dat is de B&O-lijn. Vertrekt elke dag uit Washington, D.C. en Baltimore. Rijdt een stukje naar het noorden en sluit tweemaal per week aan op de trein vanuit Philadelphia en New York City. Ik heb alle niet-blankers gezien die de laatste negen jaar in die trein hebben gezeten. En ik kan je vertellen dat de helft van die negerleiders van jou zich nog geen kaartje kan permitteren waarmee ze meer dan tien meter op die trein zouwen kunnen rijden. En degenen die dat wel zouwen kunnen, zouwen het hoofd van hun vrouw met een pistool van haar romp schieten voor een glas melk van de blanke.'

Hij zuchtte boos, nou uitademend door zijn neus. 'O, ze kunnen het prachtig zeggen als ze verhalen schrijven voor de abolitionistische kranten en zo. Maar verhalen schrijven in de krant en toespraken houwen is niet hetzelfde als hierbuiten de klus klaren. Op de lijn. Op de vuurlijn. Op de grenslijn van de vrijheid. Ze praten honderduit, die branieschoppende, deftig ogende, theedrinkende ingewandenbikkers die door New England banjeren met hun mooie zijden overhemden aan en blankers hun tranen laten afvegen en zo. Box Car Brown. Frederick Douglass. Verdomd! Ik ken een neger in Chambersburg die twintig keer zo veel waard is als een van die blaaskaken.'

'Henry Watson?'

'Vergeet namen. Je stelt te veel vragen en weet nu godverdomme ook te veel.'

'U moet de naam van God niet ijdel gebruiken. Niet als de kapitein komt.'

'Ik ga hem niet bestuderen. Ik heb jaren meegeholpen aan de gospel train. Ik ken zijn daden. Hoor er al over zolang ik dit doe. Ik mag de kapitein graag. Ben op hem gesteld. Menige nacht heb ik voor hem gebeden. En nou wil hij...' Hij gromde en vloekte nog wat meer. 'Hij is dooier dan het avondeten van gister, zo zit het. Hoeveel man telt zijn leger?'

'Nou, de laatste keer kwam ik tot... pakweg zestien.'

De spoorman lachte. 'Amper genoeg voor een potje dobbelen. De Ouwe heeft de kolder in zijn kop. In elk geval ben ik niet de enige die gek is.' Hij ging nu bij de waterrand zitten, gooide een steen in het water. Er klonk een plonsje. De maan verlichtte hem fel. Hij zag er verschrikkelijk triest uit. 'Vertel de rest,' zei hij.

'Waarvan?'

'Het plan.'

Ik vertelde het hem van A tot Z. Hij luisterde aandachtig. Ik vertelde hem alles, over het overvallen van de nachtwaker bij de voor- en achteringang, en dan de vlucht de bergen in. Toen ik klaar was, knikte hij. Hij leek kalmer. 'Nou, de Ferry kan worden ingenomen, daarin heeft de kapitein gelijk. Er zijn maar twee bewakers. Maar ik vat het tweede deel niet. Waar verwacht hij dat zijn negers vandaan komen, Afrika?'

'Allemaal geregeld in het plan,' zei ik, maar ik voelde me een blatend schaap.

Hij schudde zijn hoofd. 'John Brown is een groot man. God zegene hem. Het ontbreekt hem niet aan moed, dat staat vast. Maar ditmaal is Gods wijsheid aan hem voorbijgegaan. Ik kan hem niet vertellen hoe hij zijn zaken moet aanpakken, maar hij heeft het fout.'

'Hij zegt dat hij er jaren op heeft gestudeerd.'

'Hij is niet de eerste die zich heeft verdiept in een opstand. Negers hebben zich er honderd jaar in verdiept. Zijn plan werkt niet. Het is niet praktisch.'

'Zou u het dan niet praktisch kunnen maken? Omdat u een hoge ben in de gospel train in deze buurt? U weet toch welke negers zouwen vechten?'

'Ik kan geen tweehonderd negers noemen die uit Baltimore en Washington, D.C. zouwen vertrekken en hierheen komen. Zo veel heeft hij er in elk geval nodig om uit te breken uit het arsenaal en naar de bergen te trekken als hij eenmaal heeft wat hij wil. Waar gaat hij die aantallen vandaan halen? Hij zou zielen moeten halen uit Baltimore via Detroit tot in Alabama.'

'Doet u dat niet?'

'Een paar zielen over de grens van de vrijheid naar Philadelphia halen is één ding. Tweehonderd zielen uit D.C. en Baltimore hierheen halen is wat anders. Dat is onmogelijk. Hij zou de oproep naar heinde en verre moeten verspreiden, tot in Alabama toe, om zeker te weten dat hij die aantallen bij mekaar krijgt. De gospel train kan een boodschap snel vervoeren, maar niet zó snel. Niet in drie weken.'

'Volgens u kan het niet?'

'Ik zeg dat het niet in drie weken kan. Een brief heeft er ruim een week voor nodig om van hier naar Pittsburgh te komen. Soms gaat een gerucht sneller dan een brief...'

Hij dacht even na.

'Je zegt dat hij er over drie weken tegenaan gaat?'

'Drieëntwintig oktober. Over drie weken.'

'Er is echt geen tijd. Verdomd jammer. Echt schandalig. Behalve...' Hij betastte nadenkend zijn kaak. 'Weet je wat? Luister. Geef jij het de ouwe kapitein zo door; laat hem maar beslissen. Want als ik het zeg en iemand vraagt het mij, dan ben ik door het woord van God gebonden de waarheid te vertellen, en dat wil ik niet. Ik ben een goeie vriend van de burgemeester van deze stad, Fontaine Beckham. Hij is een goeie vriend van de negers en van mij. Ik moet hem desgevraagd kunnen zeggen: "Meneer de burgemeester, ik weet niks over deze hele zaak." Ik kan niet tegen hem liegen. Grijp je wel?'

Ik knikte.

'Geef dit zo door aan de Ouwe: er zijn honderden negers in Baltimore en Washington, D.C. die staan te popelen om de slavernij te kunnen bestrijden. Maar ze hebben geen telegraaf en krijgen geen brieven.'

'Dus?'

'Dus hoe zou je duizenden mensen die geen telegraaf hebben en geen brieven krijgen snel een bericht kunnen sturen? Wat is de snelste manier van punt A naar punt B?'

'Weet ik niet.'

'Het spoor, kind. Dat brengt je naar de stad. Maar daarna moet je de negers nog zien te bereiken. En ik weet precies hoe dat moet. Luister. Ik ken er een paar in Baltimore die een loterij doen. Ze verzamelen elke dag getallen van slaven zowel als vrijen. De winnaar keren ze wat uit, het bedrag wisselt. Wordt elke dag door honderden gespeeld. Ik doe het zelf ook. Als je wat geld van de Ouwe kan krijgen om die kerels de handen te smeren, zullen de lotverkopers het bericht snel verspreiden. Het zal overal binnen een dag of twee aankomen, want die lui zijn niet bang voor de wet. En als ze er een centje aan overhouwen, zijn zij allang tevreden.'

'Hoeveel geld?'

'Zo ongeveer tweehonderdvijftig zou genoeg moeten zijn. Dat is vijfentwintig per stuk. Een paar voor de lui in Washington en een paar voor de lui in Baltimore. Ik kan er zo tien bedenken.'

'Tweehonderdvijftig dollar! De Ouwe heeft nog geen vijf dollar.'

'Nou, daar moet hij het mee doen. Zorg dat ik dat geld krijg en ik zal het bericht verspreiden in Baltimore en D.C. En als hij nog tweehonderdvijftig extra dokt, kan ik er een serie paard-en-wagens tegenaan gooien, zodat de kerels die met hem mee willen doen – ik verwacht trouwens dat er ook vrouwen bij zijn, veel vrouwen – hierheen komen rijden. Is maar een dag rijden hiervandaan.'

'Hoeveel wagens?'

'Vijf zou genoeg moeten zijn.'

'Waar komen ze vandaan?'

'Ze volgen de spoorrails. De rails trekken een mooie rechte weg vanuit Baltimore naar hier. Er loopt een onverhard pad langs. Het pad heeft een paar slechte plekken – ik zal de negers erop wijzen – maar het parcours is kaarsrecht. De trein rijdt niet harder dan twintig à dertig mijl per uur. Hij stopt elk kwartier om passagiers of water in te nemen. Ze kunnen hem wel bijhouden. Ze raken niet ver achterop.'

Hij zweeg even en keek uit over het water, knikkend, denkend, broedend in zijn hoofd terwijl hij zei: 'Dan kom ik hier met de trein binnenrijen. Hij arriveert 's nachts om vijf voor half twee, de B&O-trein uit Baltimore. Onthou dat. Vijf voor half twee. De B&O. Daar zit ik in. Als jij en het leger van de Ouwe me het teken geven, zal ik de kerels op de karren op de weg het teken geven dat het tijd is om in beweging te komen.'

'Dat klinkt wat magertjes in mijn oren, spoorman.'

'Heb jij een beter plan?'

'Nee.'

'Nou dan. Zeg tegen de kapitein dat hij de trein om vijf over half twee moet tegenhouden, vlak voordat hij de B&O-brug oversteekt. Ik zal je later vertellen wat er nog meer moet gebeuren. Ik moet er nou vandoor. Zeg tegen de Ouwe mij vijfhonderd dollar te sturen. Over twee dagen ben ik terug na de volgende rit. Klokslag vijf over half twee. Kom me precies op dat moment hier opzoeken. En zeg daarna nooit meer een woord tegen me.'

Hij draaide zich om en liep weg. Ik holde naar Cook, die boven op de oever stond. Cook zag hem weglopen.

'En?'

'Hij zegt dat we vijfhonderd dollar nodig hebben om de bijen te korven.'

'Vijfhonderd dollar? Ondankbare honden. Stel dat hij ermee van tussen gaat. We komen ze van de slavernij afhelpen. Wat dacht jij? De Ouwe zal dat nooit betalen.'

Maar toen hij het hoorde, betaalde de Ouwe, en nog veel meer. Jammer ook dat hij dat deed, want het kostte hem een hele kluit, en tegen die tijd lag de hele zaak op straat en er was geen manier om het terug te draaien, wat ik wou dat hij had kunnen doen, vanwege een paar fouten die ikzelf heb gemaakt en die iedereen, de spoorman incluis, duur kwamen te staan.

25 ANNIE

Cook schreef de Ouwe direct over het verzoek van de spoorman, en binnen een week kwam er bij het huis een kar met een neger uit Chambersburg aanrijen, die op de deur klopte en Cook een kist gaf waarop MIJNBOUWGEREEDSCHAP stond. Hij reed weg zonder een woord te zeggen. In de kist zaten enkele gereedschappen, voorraden, vijfhonderd dollar in een zak en een brief van de Ouwe die hem vertelde dat het leger binnen een week zou arriveren. De Ouwe schreef dat zijn leger stukje bij beetje zou binnensijpelen, in kleine groepjes, 's nachts, om geen argwaan te wekken.

Cook gooide de zak met geld in een eetketeltje samen met wat levensmiddelen en gaf die aan mij, en ik stapte naar de Ferry om te wachten op de B&O-trein van vijf voor half twee. De spoorman was de laatste die de trein verliet, na de passagiers en de bemanning. Ik begroette hem en gaf hem het eetketeltje en zei hardop dat het de lunch was voor de reis terug naar Baltimore, voor het geval iemand ons kon horen. Hij nam het zonder een woord aan en liep verder.

Twee weken later arriveerde de Ouwe, alleen; nors en streng zoals gebruikelijk. In een paar minuten verkende hij vlot de farm, controleerde de voorraden en de wegen en dergelijke, voordat hij ging zitten en van Cook een overzicht van de situatie kreeg.

'Ik neem aan dat je discreet ben gebleven over onze plannen,' zei hij tegen Cook.

'Zo stil als een muis,' zei Cook.

'Goed, want mijn leger komt binnenkort.'

Later die dag kwam de eerste van het gezelschap aan en ze was een behoorlijke verrassing.

Ze was een meisje, een blank meisje van zestien met donker haar en bruine, onverstoorbare ogen, die veel verrassingen in petto leken te hebben en een vlotte lach verborgen hielden. Ze droeg haar haar opgespeld in een knotje, een geel lintje om haar hals, en een eenvoudige boerendochtersjurk. Ze heette Annie, en ze was een van de ouwere dochters van de Ouwe. De Ouwe had alles bij mekaar twaalf levende kinderen, maar ik denk dat Annie de beste was van de vrouwelijke afdeling. Ze was zo mooi als de dag lang was, rustig van aard, bescheiden, gehoorzaam en even vroom als de Ouwe. Daardoor stond ze uiteraard ver af van mijn wereld, want als een vrouw geen laag-bij-de-grondse vuile stinker was die bocht dronk en sigaren rookte en pokerde, kon ze niks doen om bij mij op de knop te drukken, maar Annie was een aangename verschijning en een welkome verrassing. Ze arriveerde heel stilletjes, samen met Martha, zestien, de vrouw van zijn zoon Oliver, ze kwamen binnendruppelen om mee te doen met de rest van het leger van de Ouwe uit Iowa.

De Ouwe stelde me voor aan de meisjes en kondigde aan: 'Ik weet dat je niet van huishoudelijk werk houdt, Sjalot, omdat je meer van een soldaat heb dan van een keukenprinses. Maar het is tijd om ook vrouwenmanieren te leren. Deze twee kunnen je helpen het huis in goeie staat te houwen. Jullie drie kunnen in de behoeften van de mannen voorzien en ervoor zorgen dat de farm geen ongewone indruk maakt op de buren.'

Prima idee, want de Ouwe kende mijn grenzen als meisje en dat ik voor geen sikkepit kon koken, maar toen hij aankondigde wie waar sliep, verloor ik mijn veren. Wij drieën, de meisjes, zouwen beneden in het huis slapen, en de mannen boven. Tuurlijk zei ik ja, maar zodra hij naar boven wipte, liep Annie naar de keuken, putte water voor een bad, gooide haar kleren uit en wipte in bad, zodat ik maakte dat ik wegkwam uit de keuken en de deur achter me dichtsloeg en in de zitkamer met mijn rug tegen de deur ging staan.

'O, jij ben een verlegen tiep,' zei ze van achter de deur.

'Ja, klopt, Annie,' zei ik vanaf de andere kant, 'en ik stel je begrip op prijs. Want ik schaam me om me uit te kleden in de buurt van blankers omdat ik niet-blank ben en zo, en in gedachten bezig met de aanstaande bevrijding van mijn volk. Ik ken de manieren van blankers nog niet, omdat ik zo lang onder de negers heb geleefd.'

'Maar volgens vader was je een vriend van mijn lieve broer Frederick!' riep Annie vanuit de badkuip achter de deur. 'En je leeft al bijna drie jaar met vader en zijn mannen.'

'Ja, klopt, maar dat was onderweg,' riep ik terug van mijn kant. 'Ik heb tijd nodig om me voor te bereiden op het leven binnenshuis en op het vrij zijn, want mijn volk weet nog niet hoe je dat doet, beschaafd leven, omdat het slaaf is geweest en zo. Daarom ben ik blij dat jij hier ben, om me de wegen van de gerechtigheid te leren achter Gods invloed op mijn leven als een vrij mens.'

O, ik was een schurk, want ze pikte mijn verhaal. 'O, wat lief van je,' zei ze. Ik hoorde haar badderen en boenen en ten slotte uit het water komen. 'Ik zal dat met plezier doen. We kunnen samen de Bijbel lezen en ons verheugen in het leren en delen van Gods woord en kennis, en in al Zijn aanmoedigingen en invloed.'

Eén grote leugen natuurlijk, want ik was even weinig geïnteresseerd in de Bijbel als een varken in vakantie. Ik besloot buitenshuis te blijven, wel wetend dat die maatregelen toch niet zouwen helpen, want terwijl ze een beetje onelegant was vergeleken met de bruisende straatmeiden waar ik in het westen naar had gesmacht – eigenlijk oogde ze puur stoffig met die muts en hoed toen ze binnenkwam na dagenlang te hebben gereden vanaf het woonadres van de familie in de staat New York – ving ik een glimp op van wat eronder zat als ze in dat bad sprong, en er was bij god genoeg rijps en mollig aan haar om een onvoorstelbaar groot vuur rond haar te kunnen bouwen. Ik kon er niet tegen, want ik was toen veertien, voor zover ik weet, en moest de weg van de natuur nog ervaren, en wat ik ervan wist vervulde me met angst en verlangen en verwarring, dankzij Pie. Ik moest mijn gedachten vullen met andere activiteiten om te voorkomen dat mijn ware natuur naar buiten kwam. Ik had geen deugdzaam bot in mijn lichaam, en God zag dat, dus ik besloot afstand tot haar te houwen en zo veel mogelijk buitenshuis de 'bijen in te korven'.

Makkelijker gezegd dan gedaan, want we hadden de opdracht te zorgen voor het leger van de Ouwe, dat vlak na de meisjes in groepjes van twee en drie begon binnen te druppelen. Gelukkig had de Ouwe me nodig om hem gezelschap te houwen en te helpen met zijn kaarten en papieren, want die middag redde hij me van de keuken door me direct naar de zitkamer te roepen om hem te assisteren bij zijn tekeningen en plannen. Terwijl Annie en Martha ronddarden in de keuken en die klaarmaakten voor het grote werk, trok hij verschillende grote rollen van stof uit zijn kist en zei: 'We hebben eindelijk de inzet verhoogd. De oorlog begint nu in alle ernst. Help me deze kaarten uitspreiden op de vloer, Sjalot.'

Zijn kaarten, papieren en brieven waren ietwat groter geworden. De kleine stapeltjes papieren, krantenknipsels, rekeningen, brieven en kaarten die hij ooit in Kansas in zijn zadeltassen propte, waren gegroeid tot stapels papier zo dik als de Bijbel. Zijn kaarten waren op groot canvaspapier gezet, die uitgerold bijna net zo groot waren als ikzelf. Ik hielp hem ze uitspreiden op de vloer, sleep zijn potloden en gaf hem koppen thee terwijl hij er op handen en knieën naar zat te turen, krabbelend en plannen makend, terwijl de meisjes ons beiden eten brachten. De Ouwe at nooit veel. Meestal schrokte hij een rauwe ui naar binnen, waarin hij beet als in een appel en die hij wegspoelde met zwarte koffie, een combinatie die hem zo'n verpestende asem bezorgde dat je er een overhemd rimpelvrij en gesteven mee kreeg. Soms gooide hij voor de afwisseling een beetje maïspap door zijn strot, maar al wat hij niet opat, werkte ik voor hem weg, want er was bij hem in de buurt altijd te weinig te eten. En toen er met de dag meer mensen arriveerden, wist ik langzamerhand wel dat ik mijn ingewanden maximaal moest vullen met het oog op de dag dat er niets meer zou zijn om ze mee te vullen, en die zou naar mijn verwachting niet lang meer op zich laten wachten.

Zo werkten we een paar dagen totdat hij me op een middag turend naar zijn kaart vroeg: 'Heeft Cook zijn mond gehouwen terwijl jij hier was?'

Ik kon niet liegen. Maar ik wou hem niet ontmoedigen, dus ik zei: 'Min of meer, kapitein. Maar niet tot het uiterste.'

Op handen en voeten naar zijn kaart turend knikte de Ouwe. 'Net wat ik dacht. Maakt niet uit. Ons leger zal hier binnen een week volledig wezen. Als ze hier eenmaal zijn, zullen we de pieken verzamelen en ons wapenen. Ik ga in deze contreien in het openbaar door voor Isaac Smith, Sjalot, vergeet dat niet. Als iemand het vraagt, ben ik een mijnwerker, wat nog klopt ook, want ik graaf naar de zielen van de mensen, het geweten van een natie, naar het goud van het krankzinnige systeem! En vertel nou eens over de negers, die jij en Cook ongetwijfeld hebben geschoffeld, gekweekt en ingekorfd.'

Ik vertelde hem wat er goed was gegaan: dat ik de spoorman had gevonden. Ik liet het deel over de koetsiersvrouw en haar eventuele loslippigheid achterwege. 'Je heb goed werk gedaan, Sjalot,' zei hij. 'Het korven van de bijen is het belangrijkste onderdeel van onze strategie. Ze zullen ongetwijfeld met z'n duizenden komen en we moeten voor ze klaarstaan. Nou, ik stel voor dat je in plaats van te koken en schoon te maken voor ons leger hetzelfde werk blijf doen. Blijf korven, kind. Verspreid het bericht onder je volk. Je ben fantastisch!'

Hij was een en al enthousiasme, en ik had het hart niet om eruit te flappen dat de negers zijn enthousiasme voor geen millimeter deelden. De spoorman had geen woord meer tegen me gezegd sinds ik hem dat geld had gegeven om het bericht onder de lotverkopers in Baltimore en Washington te verspreiden. De koetsier meed me. Becky zag ik op een middag in de stad, en toen ze er de sokken in zette om me te ontlopen viel ze temet van het houten trottoir. Volgens mij bracht ik ze ongeluk. Op de een of andere manier deed het nieuws over mij de ronde, en elke keer als ze me zagen aankomen holden de negers in de stad de andere kant op. Ook thuis had ik mijn handen vol, want ik ontliep Annie, die vond dat ik haar religieuze training nodig had en zich graag om de paar dagen ontblootte, als de mannen weg waren, en die telkens als ze er zin in had in het bad plonsde, waarmee ze mij dwong met een of ander smoesje de kamer uit te draven. Op een gegeven moment kondigde ze aan dat ik dringend mijn haar moest wassen, want

het was schandalig pluizig en gekroesd geworden. Meestal hield ik het wekenlang verstopt onder een doek of een muts, maar op een middag kon ze er een uitgebreide blik op slaan en toen wou ze beslist. Toen ik weigerde, stelde ze dat ze een pruik voor me zou zoeken, en op een avond waagde ze zich naar de Ferry en kwam terug met een boek uit de stadsbibliotheek dat *Londense krullen* heette. Ze las een lijst op met pruiken die mij zouwen passen: 'De brigadier, de jumper, de wufte verentooi, de bloemkool. De trap. Welke is de beste voor jou?' vroeg ze.
'De sjalot,' stelde ik.
Ze barstte in lachen uit en hield erover op. Ze had een lach waar een mannenhart van opsprong, en voor mij was dat gevaarlijk, want ik begon haar gezelschap ietwat te waarderen, vandaar dat ik me uit de voeten maakte. Ik streefde ernaar 's nachts naast de kachel te slapen en niet bij haar en Martha, en zorgde er altijd voor de laatste ziel te wezen die 's avonds op de eerste verdieping ging slapen en de eerste die 's ochtends de deur uitging.
Zo bleef ik in de weer, en korfde de bijen zonder veel succes. De negers woonden in Harpers Ferry aan de andere kant van de Potomac-spoorbaan. Ik hing dagenlang bij ze rond, op zoek naar negers om mee te praten. Ze meden me uiteraard als de pest. Tegen die tijd was het verhaal over de opzet van de Ouwe wel tot ze doorgedrongen. Ik ben er nooit achter gekomen hoe, maar de negers wouwen er niks van weten en van mij ook niet, als ze me zagen, gingen ze er gauw vandoor. De grootste domper kreeg ik op een ochtend toen ik door de Ouwe voor een boodschap naar de zaagmolen werd gestuurd. Ik kon de molen niet vinden, en toen ik op straat tegen een negervrouw aan liep en haar wou vragen waar de molen was, zei ze nog voordat ik mijn mond open kon doen: 'Scheer je weg, snotkever. Ik heb niks te maken met jou en je soort! Je laat ons allemaal vermoorden!' en toen liep ze weg.
Dat was een grote domper. Maar niet alle nieuws bleek slecht. Toen Kagi was aangekomen, ging hij in z'n eentje naar de spoorman, die vermoedelijk enigszins werd gerustgesteld door zijn koelbloedige optreden, want Kagi meldde dat ze verschillende

plannen hadden doorgenomen om de negers uit verschillende punten in het oosten en omgeving bij de Ferry te krijgen, en de spoorman leek het goed te hebben gesnopen en had beloofd ze aan te leveren. Dat beviel de Ouwe zeer. Hij kondigde de anderen aan: 'Gelukkig voor ons heeft Sjalot haar werk, het inkorven, ijverig gedaan.'

Ik kan niet zeggen dat ik het met hem eens was, want ik had alleen maar een beetje in de marge gerommeld. Wat hij toen zei kon me niet schelen, als ik eerlijk ben, want ik had mijn eigen problemen. Naarmate de dagen verstreken begon Annie zich krachtig te manifesteren in mijn hart. Dat wou ik uiteraard helemaal niet en had ik nooit aan zien komen, zoals die dingen werken, maar zelfs met al dat geredder buitenshuis was er niks aan te doen dat wij drieën, Annie, Martha en ikzelf, het in huis zo druk hadden als bijen toen het leger van de Ouwe zich eenmaal aandiende. Maar al dat gevlieg en gedraaf liet geen tijd voor een definitieve ontsnapping en mijn idee om ertussenuit te piepen naar Philadelphia, wat ik altijd van plan was geweest, ging verloren in al die drukdoenerij. Er was gewoon geen tijd. De mannen kwamen binnendruppelen, in het holst van de nacht, getweeën of gedrieën, daarna regelmatiger en in grotere aantallen. De ouwe deelnemers waren er het eerst: Kagi, Stevens, Tidd, O.P. Anderson. Toen een paar nieuwe: Francis Merriam, een kerel met een woeste blik in de ogen en een beetje geschift. Stewart Taylor, een slechtgeluimde ziel, en de rest, de broers Thompson en de twee schietgrage quakers, de broers Coppoc. Tot slot arriveerden er twee negers, Lewis Leary en John Copeland, twee stoere, wilskrachtige, knappe kerels van het Oberlincollege, Ohio. Door hun komst legde de Ouwe zijn oren weer te luister bij de negers, want dat waren twee kerels van de universiteit die uit de lucht waren komen vallen en via de geruchtenmolen van de negers hadden gehoord dat de strijd voor de vrijheid ophanden was. Hij putte veel moed uit het opduiken van deze twee en op een avond keek hij op van zijn kaart en vroeg me hoe het met het korven rond de Ferry ging.

'Prima, kapitein. Ze korven flink.'

Wat kon ik hem anders zeggen? Tegen die tijd was hij gek. Hij at nauwelijks, sliep niet, zat gebogen over kaarten en volkstellingen en papieren en krabbelde brieven en kreeg meer brieven dan mogelijk leek voor een mens. Sommige van die brieven zaten vol geld, dat hij aan de meisjes gaf om eten en voorraden te kopen. Andere drongen er bij hem op aan Virginia te verlaten. Mijn hoofd was die dagen zo in de war dat ik van achter niet wist dat ik van voren leefde. Er was geen ruimte om na te denken. Het kleine huis leek een combinatie van een treinstation en een gewapend kamp: er moesten vuurwapens worden gereedgemaakt, munitie berekend en troepensterktes besproken. Ze stuurden me alle kanten op, naar de Ferry en weer terug, hier en daar het dal in en overal eromheen om voorraden te halen, mannen te tellen, de wapenfabriek te bespioneren, te vertellen hoeveel ramen er waren in de brandweerkazerne van de Ferry, kranten halen bij de plaatselijke winkel, en het aantal mensen daar tellen en dergelijke. De Ouwe en Kagi begonnen aan een aantal nachtelijke ritten heen en terug naar Chambersburg, Pennsylvania, een mijl of vijftien, om met de kar andere wapens op te halen, die hij naar geheime adressen in Chambersburg had laten vervoeren. Er was simpelweg te veel te doen. Annie en Martha zorgden voor koken, wassen en vermaak, want de mannen moesten boven in huis opgesloten blijven en de hele dag schaken en boeken lezen, en die twee zorgden voor afleiding en amusement, als aanvulling op het gescharrel van ons drieën beneden om het eten klaar te maken.

Zo ging het bijna zes weken door. De enige troost voor die waanzin was het korven van de negers, waardoor ik weg kon uit huis, of soms in de avonduren op de veranda zat met Annie. Dat was een van haar taken, daar op de uitkijk zitten, zorgen dat het huis er normaal uitzag en de benedenverdieping presentabel houden om te vermijden dat er iemand binnen kwam kuieren en de honderden vuurwapens en pieken vond die overal in kisten lagen. Menige avond vroeg ze mij bij haar te komen zitten op de veranda, want geen van de mannen mocht zich vertonen, en bovendien zag ze zich geroepen mij kennis bij te brengen over wat er allemaal in de Bijbel staat en hoe je een christelijk leven leidt. We lazen in die uren samen in de schemer de Bijbel en bespraken bepaalde passages. Ik begon te genieten van die gesprekken, want ook al was ik gewend geraakt aan een leugenachtig leven als meisje, het idee groeide bij mij dat neger-zijn sowieso een leugen is. Niemand ziet je zoals je echt bent. Niemand weet wie je vanbinnen bent. Je wordt puur beoordeeld op je buitenkant, wat je kleur ook is. Mulat, bruin, zwart, één pot nat. Voor de wereld ben je gewoon een neger. Maar als ik op de bank op die veranda met haar zat te converseren, te kijken naar de zon die achter de bergen boven de Ferry onderging, vergat ik op de een of andere manier waarmee ik was bedekt en het feit dat de Ouwe moeite deed ons allemaal in mootjes gehakt te krijgen. Ik kwam tot het inzicht dat wat er aan de binnenkant zit misschien belangrijker was, en dat de bedekking van je buitenkant niet zo telde als mensen dachten, blank of niet-blank, man of vrouw.

'Wat wil je ooit worden?' vroeg Annie op een avond toen we bij zonsondergang buiten op de veranda zaten.

'Wat bedoel je?'

'Als dit allemaal voorbij is.'

'Als wat allemaal voorbij is?'

'Als deze oorlog voorbij is. En de neger vrij.'

'Nou, dan wor ik waarschijnlijk...' Ik wis niet wat ik moest zeggen, want ik dacht helemaal niet na over het vervolg. Naar de vrijheid in het noorden vluchten, dat ging nog, maar ik had geen vaste plannen op dat moment, want als ik bij haar zat voelde elke minuut zalig, en de tijd ging snel voorbij en al mijn plannen voor de toekomst leken ver weg en onbelangrijk. Dus ik zei: 'Waarschijnlijk ga ik een viool kopen en de rest van mijn leven liedjes zingen. Want ik hou van muziek.'

'Henrietta!' klonk het schalkse standje dat ze me gaf. 'Je heb nooit verteld dat je kan zingen.'

'Nou, je heb het nooit gevraagd.'

'Goed, zing wat voor me.'

Ik zong voor haar 'Dixie' en 'Als de roetmoppen naar huis marcheren'.

We zaten op een schommelbank die de Ouwe had geplaatst, opgehangen aan het plafond, en terwijl ik naast haar zat en haar mijn lied toezong, verzachtten haar trekken, haar hele lichaam leek zo zacht als een marshmallow te worden, terwijl ze in die schommelstoel zat te luisteren. 'Je zingt prachtig,' zei ze. 'Maar ik hou niet zo van die rebellenliedjes. Zing eens wat religieus. Iets voor de Here Here.'

Dus ik zong 'Met Zijn brood in onze handen' en 'Nearer, my God, to Thee'.

Nou, toen was ze verkocht. Die liedjes maakten haar sprakeloos gelukkig. Ze zat gewoonweg te smelten. Ze schommelde heen en weer, leek volkomen uitgeblust en zacht als cakedeeg, met vochtige, sentimentele ogen. Ze wriggelde een beetje dichter naar me toe.

'Gosj, prachtig,' zei ze. 'O, ik hou zo van de Heer. Zing er nog eentje.'

Dus ik zong 'Liefde is een sterre in de schemer' en 'Saartjes taartje heeft een vachtje', een oud rebellenlied uit Kansas, maar ik veranderde 'vachtje' in 'korstje' en dat dee de deur voor haar dicht. Ze ging plat. Werd helemaal weeïg en haar bruine ogen... mijn god, die waren zo mooi als sterren en zo groot als kwartdollarmunten en ze legde haar arm om me heen op dat bankje en keek me aan met die grote ogen die mijn binnenkant naar buiten wouwen zuigen en zei: 'Nou, dat is het prachtigste lied dat ik van m'n levensdagen heb gehoord. Mijn hart slaat ervan op hol. Was je maar een jongen, Henrietta, dan zou ik met je trouwen, ja!' En ze kuste me op mijn wang.

Maar nou kreeg ik het land van dat geknuffel en ik nam me stantepede heilig voor nooit meer bij haar in de buurt te komen, want ik was gek op haar, echt gek, en ik wist dat er niks goeds van die gevoelens kon komen.

Het was goed dat Annie door de Ouwe als uitkijk op de veranda was gepoot, want er woonde een constante bron van gedonderjaag een eindje verderop langs de weg, en zonder Annie zouwen we meteen al ontdekt wezen. Zoals het nou ging kwam het hele circus op de vervelendste manier op gang. En zoals gewoonlijk zat er een vrouw achter.

Ze heette Mrs Huffmaster en was het lastpak eersteklas dat Becky had genoemd, een nieuwsgierige blanke vrouw op blote voeten, rot tot in het merg, die langs de weg liep met achter zich drie broodjes etende, slodderige snotneuzen. Ze liet haar neus op elk erf zien, behalve op dat van haarzelf. Elke dag trok ze over die weg langs ons hoofdkwartier en het duurde niet lang of ze nodigde zichzelf uit op de veranda.

Annie zag haar meestal door het raam en vloog vlak voordat Mrs Huffmaster bij de veranda was naar de deur, zodat ze haar daar kon tegenhouwen. Ze vertelde Mrs Huffmaster en de buren dat haar vader en Cook aan de andere kant van het dal een mijn exploiteerden, wat hun aanleiding was geweest om de ouwe boerderij te huren. Maar die ouwe heks nam daar geen genoegen mee, want ze was een nieuwsgierig aagje, dat roddels vrat. En op een ochtend glipte Mrs Huffmaster de veranda op voordat Annie haar zag, en klopte op de deur, met de bedoeling die open te douwen en naar binnen te stappen. Annie kreeg haar op het laatste moment door het raam in de smiezen, net toen de voet van Mrs Huffmaster de verandavloer raakte, en ze leunde tegen de deur om hem dicht te doen. En dat was maar goed ook, want Tidd en Kagi hadden net een doos met Sharps-geweren en slaghoedjes uitgepakt, en als Mrs Huffmaster was binnengekomen, zou ze zijn gestruikeld over genoeg geweren en patronen om een eskadron Amerikaanse cavaleristen te bepakken. Annie hield de deur dicht toen Mrs Huffmaster ertegen douwde, terwijl ik, Kagi en Tidd haastig die vuurwapens terugdeden in de krat.

'Ben jij dat, Annie?' vroeg de ouwe heks.

'Ik ben niet toonbaar, Mrs Huffmaster,' zei Annie. Haar gezicht zag zo wit als een laken.

'Wat is er met deze deur?'

'Ik kom zo naar buiten,' klonk Annies hoge stem.

Na een paar hectische minuten hadden we alles opgeruimd en

glipte Annie de deur uit; ze trok mij met zich mee als steun en hield de vrouw zo op de veranda.

'Mrs Huffmaster, we zijn niet ingesteld op gasten,' zei ze, ze zette al haar veren uit, plofte neer op haar bank op de veranda en trok mij naast zich. 'Wil u misschien limonade? Ik ga het met alle plezier voor u halen.'

'Geen dorst,' zei Mrs Huffmaster. Ze had het gezicht van een paard dat net heeft gegeten. Ze keek om zich heen en probeerde door het raam te gluren. Ze voelde nattigheid.

Boven in dat huis zaten vijftien mannen, stil als muizen. Overdag kwamen ze nooit buiten, alleen 's nachts, en ze zaten daar te zwijgen terwijl Annie een eind weg zat te kletsen om dat nieuwsgierig aagje af te leiden. Toch wist die vrouw dat er wat aan de knikker was, en vanaf die dag maakte ze er een gewoonte van om te pas en te onpas bij het huis stil te houwen. Ze woonde een eindje verderop en liet weten dat Cook haar al woest had gekregen door het aan te leggen met een van de dochters van de buren, met wie haar broer had gehoopt te trouwen. Ze vatte dat op als een soort belediging en maakte er een gewoonte van om elke dag op wisselende tijden bij het huis te verschijnen, met haar haveloze, vuile kindertjes op blote voeten als een sliert eendjes achter zich aan, ze stak haar neus overal in en vitte op Annie. Een ruwe, ongemanierde vrouw die eerder in het Kansas-territorium thuishoorde dan daar in het oosten. Ze hakte voortdurend op Annie, die beschaafd, lief en mooi was als een gepelde ui. Annie wist dat ze die vrouw beter op geen enkele manier tegen de haren in kon strijken, dus ze incasseerde het zonder morren, kalm als een blaadje sla.

Het ging zo ver dat Mrs Huffmaster elke middag op een bepaald moment de veranda op kwam stampen, waar Annie en ik zaten, en brulde: 'Wat doe je vandaag?' en 'Waar is me taart?' Gewoon puur om te pesten en te stoken. Op een ochtend stond ze daar te stampen en zei: 'Wat een hoop overhemden heb je daar aan de lijn achter het huis hangen.'

'Ja, mevrouw,' zei Annie. 'Mijn vader en broers hebben massa's overhemden. Verschonen ze twee keer per week, soms vaker. Zijn mijn handen de hele dag wel mee bezig om ze te wassen. Is dat niet verschrikkelijk?'

'Klopt, temeer daar mijn man een week of drie met een overhemd doet. Hoe krijg je zo veel overhemden?'

'O, langzamerhand. Mijn vader heeft ze gekocht.'

'En wat doet hij ook weer?'

'Nou, hij is mijnwerker, Mrs Huffmaster. En een paar van zijn werknemers wonen hier, werken voor hem. Dat weet u toch?'

'En waar zijn je vader en zij trouwens ook weer aan het graven?'

'O, ik weet niks van al zijn zaken,' zei Annie.

'En die meneer Cook van jullie kan zeker wel goed omgaan met meisjes, nou hij het aanlegt met Mary van verderop. Werkt hij ook in de mijn?'

'Ik geloof het wel.'

'Waarom werkt hij dan in de herberg beneden bij de Ferry?'

'Ik weet niet alles van zijn zaken, Mrs Huffmaster. Maar hij is een eersteklasprater,' zei Annie. 'Misschien heeft hij twee banen. Een om te praten en een om te graven.'

En ze bleef bezig. Keer op keer nodigde Mrs Huffmaster zichzelf bij ons uit, en elke keer poeierde Annie haar af door te zeggen: 'O, ik ben nog niet klaar met koken', of ze wees naar mij en zei: 'O, Henrietta hier die wou net een bad nemen', of iets dergelijks. Maar de dame had duivelse streken in de zin. Na een poosje hield ze er volledig mee op vriendelijk te wezen en kregen haar vragen een andere toon. 'Wie is die nikker?' vroeg ze Annie op een middag toen ze mij en Annie aantrof tijdens het lezen in de Bijbel en in gesprek.

'Nou, dat is Henrietta, Mrs Huffmaster. Deel van de familie.'

'Slaaf of vrij?'

'Nou, ze is een...' Annie wist niet wat ze moest zeggen, dus zei ik: 'Nou, ik ben niet vrij, mevrouw. Maar een gelukkiger mens in deze wereld valt er niet te vinden.'

Ze keek me aan en zei: 'Ik vroeg niet of je gelukkig was.'

'Ja, mevrouw.'

'Maar als je slaaf ben, waarom hang je dan de hele tijd rond bij de spoorlijn bij de Ferry en probeer je de negers op te stoken? Dat zegt iedereen in de stad over je,' zei ze.

Nou, ik stond paf. 'Dat heb ik helemaal niet gedaan,' loog ik.

'Lieg je niet, nikker?'

Nou, ik stond perplex. En Annie zat rustig naast me, met een uitgestreken gezicht, maar ik zag het bloed naar haar wangen stromen en zag de vrolijkheid uit haar gezicht verdwijnen en plaatsmaken voor kalme verbolgenheid, zoals bij alle Browns gebeurde. Als het begon te brommen bij die Browns, als hun bloed begon te koken, werden ze stil en kalm. En gevaarlijk.

'Nou, Mrs Huffmaster,' zei ze. 'Henrietta is mijn beste vriendin. Hoort bij mijn familie. En ik vin het niks dat u op zo'n onvriendelijke toon tegen haar praat.'

Mrs Huffmaster haalde haar schouders op. 'Tegen je nikkers kan je praten zoals je wil. Maar je kan beter je verhaal rechtbreien. Mijn man was in de herberg bij de Ferry en hoorde Cook zeggen dat je vader absoluut geen mijnwerker of slavenhouwer is, maar een abolitionist. En dat de zwartjes grote plannen hebben. En nou zegt uw nikker hier dat jullie wél slavenhouwers zijn. Terwijl Cook zegt van niet. Wat is het nou?'

'Het lijk me dat u niks af weet van hoe we leven. Want u heb er niks mee te maken,' zei Annie.

'Jij heb een grote mond voor zo'n jong iemand.'

Nou, die vrouw had geen idee dat ze met een Brown aan het praten was. Man of vrouw, die Browns gaven niemand een kans als ze op hun achterste benen stonden. Annie was jong, maar ze werd boos en stond met een ruk en met vlammende ogen op, en even zag je haar ware aard, zo koel als ijs aan de buitenkant, maar ergens vanbinnen een teugelloze volharding en krankzinnigheid; dat dreef de Browns. Het waren vreemde wezens. Pure buitenmensen. Ze dachten niet als normale mensen. Ze dachten meer als dieren, gedreven door ideeën over zuiverheid. Ik denk dat ze daarom vonden dat de niet-blanke gelijk was aan de blanke. Dat was ongetwijfeld de aard van haar vader die in haar ronddartelde.

'En nou graag van de veranda af,' zei ze. 'En snel een beetje, of ik ga u een handje helpen.'

Ja, ze wierp de handschoen en ik denk dat het toch wel zover zou zijn gekomen. De vrouw verdween nijdig.

We zagen haar gaan, en toen ze de modderige weg overstak en uit zicht verdween, liet Annie vallen: 'Vader zal wel boos op me zijn', en barstte in tranen uit.

Ik had er de grootste moeite mee mezelf te weerhouwen haar te knuffelen, want mijn gevoelens voor haar waren diep, heel diep. Ze was sterk en moedig, een echte vrouw, heel vriendelijk en fatsoenlijk in haar denken, net als de Ouwe. Maar ik kon mezelf er niet toe aanzetten. Want als ik haar tegen me had aan gedrukt en haar in mijn armen had gehouwen, had ze mijn ware aard ontdekt. Had ze mijn hart voelen bonzen, had ze de liefde uit me voelen spatten en had ze geweten dat ik een man was.

26 WAT DE HEMEL STUURDE

Nog geen week nadat Annie haar voet in het kachelgat van Mrs Huffmaster had geplant, legde de kapitein ineens de datum vast. 'We komen op drieëntwintig oktober in actie,' kondigde hij aan. Die datum had hij al eerder genoemd, erover geschreven in brieven en verteld tegen verklikker Cook en alle anderen die het volgens hem moesten weten, dus het was geen groot geheim. Maar volgens mij gaf het hem een beter gevoel om het de mannen aan te kondigen zodat ze het niet vergaten of 'm wouwen smeren voordat de hele toestand echt begon.

Drieëntwintig oktober. Onthou die datum. Destijds lag dat twee zondagen van ons vandaan.

De mannen waren blij, want terwijl de meisjes beneden sliepen en het vrij gerieflijk hadden, uw dienaar inbegrepen, zaten de mannen opeengepakt als ratten op zolder. Er sliepen er vijftien daar in die kleine ruimte op matrassen, ze schaakten, deden gymnastiek, lazen boeken en kranten. Ze zaten dichter op mekaar geperst dan haringen in een ton, en moesten zich de hele dag stilhouwen om te voorkomen dat de buren of Mrs Huffmaster ze hoorden. Als het onweerde dansten ze op en neer en schreeuwden zo hard ze konden om zich even uit te leven. 's Nachts zwierven er zelfs een paar over het erf, maar ze konden zich niet ver wagen of naar het dorp gaan, langzamerhand konden ze er niet meer tegen. Ze begonnen te kibbelen, vooral Stevens, toch al een onprettige vent, die bij elke kleinigheid zijn vuisten balde. De Ouwe had ze te vroeg laten komen, daar zat het probleem, en er was geen plek om ze te stallen. Hij was niet van plan geweest ze zo lang opgesloten te houwen. Ze kwamen in september. Begin oktober was er dus al een maand voorbij. Toen hij aankondigde dat ze klaar waren voor hun aanval op drieëntwintig oktober, betekende dat nog drie weken extra. Zeven weken in totaal. Dat is lang.

Kagi hield hem dat voor, maar de Ouwe zei: 'Ze hebben tot dusver goed gediend. Dat houwen ze nog wel een paar weken uit.' Hij verdiepte zich niet in hen. Hij was volledig geconcentreerd op de negers.

Alles hing af van hun komst, en terwijl hij probeerde niet te laten zien dat hij zich zorgen maakte, was hij zeer gespannen en dat mocht ook wel. Hij had al zijn niet-blanke vrienden in Canada geschreven die de hemel hadden gezworen te zullen komen. Niet heel velen hadden teruggeschreven. Hij bleef de hele zomer stil op hen zitten wachten, tot in september. Begin oktober kreeg hij in een flits een idee en kondigde aan dat hij en Kagi naar Chambersburg zouwen gaan om zijn ouwe vriend Douglass op te zoeken. Hij besloot mij ook mee te nemen. 'Douglass is dol op jou, Sjalot. Hij heeft naar je gevraagd in zijn brieven en jij zal het voor hem extra aantrekkelijk maken zich bij ons aan te sluiten.'

Nou wist de Ouwe niks over het drinken van Douglass en zijn impertinente manieren, me nazitten in zijn studeerkamer en zo, wat hij had gedaan, en hij zou het ook niet weten, want één ding dat je leert als meisje is dat de meeste harten van vrouwen vol geheimen zitten. En dit geheim zou bij me blijven. Maar het idee om naar Chambersburg te gaan stond me wel aan, want ik was er nog nooit geweest. Verder was alles wat me uit huis en van mijn ware liefde verwijderde een welkome afwisseling, want ik leed onder de kwestie met Annie en was blij om zo veel mogelijk uit haar buurt te wezen.

Op een avond in oktober reden we naar Chambersburg op een paard-en-wagen met een open achterkant. We waren er in een wip. Het was maar veertien mijl. Eerst ging de kapitein langs bij een paar negervrienden daar, Henry Watson, en een arts genaamd Martin Delany. Delany had geholpen bij het doorvoeren van wapens naar de Ferry, blijkbaar met veel gevaar voor eigen leven. En ik had het idee dat Watson de kerel was die de spoorman had genoemd toen hij zei: 'Ik ken een neger in Chambersburg die twintig keer zo veel waard is als een van die blaaskaken', want hij was een koele snuiter. Een man van gemiddelde lengte, met een donkere huid, slank en intelligent. Hij stond te knippen in zijn kapperszaak aan de rand van het negerdeel van de stad toen we hem troffen. Toen hij de Ouwe zag, joeg hij de negers zijn zaak uit, deed de deur op slot, bracht ons naar zijn achterwinkel en presenteerde ons eten, drinken en twaalf pistolen in een zak met de tekst KLE-DING/TEXTIEL, die hij de Ouwe zonder een woord overhandigde. Daarna gaf hij hem vijftig dollar. 'Van de vrijmetselaars,' zei hij kortaf. Moeder de vrouw stond achter hem terwijl hij dat allemaal deed, zijn zaak sluiten enzovoort, en zei schuchter: 'En hun vrouwen.'

'O ja. En hun vrouwen.'

Hij legde de Ouwe uit dat hij als locatie voor de ontmoeting met Douglass had gekozen voor een steengroeve aan de zuidrand van de stad. Frederick Douglass was een prominent man in die dagen. Hij kon niet zomaar de stad binnenwandelen zonder dat iemand het wist. Hij was een soort president voor de niet-blankers.

Watson gaf de Ouwe aanwijzingen over hoe hij er moest komen. De Ouwe nam er nota van en daarna zei Watson: 'Ik ben bang dat de negers misschien niet komen.' Hij leek bezorgd.

De Ouwe glimlachte en klopte Watson op zijn schouder. 'Ze zullen aan de overval meedoen, zeker weten, Watson. Maak u zich daar geen zorgen over. Ik zal uw ongerustheid overbrengen aan onze onverschrokken leider.'

Watson grijnsde. 'Ik weet niet wat ik over hem moet denken. Ik kreeg een tirade te slikken toen het over een veilige ontmoetingsplek ging. Hij lijkt alle kanten op te draaien als het om uw doel gaat.'

'Ik zal met hem praten. Hem van zijn twijfels afhelpen.'

Mrs Watson stond achter hem terwijl ze praatten en liet zich tegen de Ouwe ontvallen: 'We hebben vijf mannen voor u. Vijf die we kunnen vertrouwen. Jong. Zonder kinderen en echtgenoten.'

'Dank u,' zei hij.

'Een van hen,' wist ze uit haar keel te wringen, 'een van hen is onze oudste zoon.'

De Ouwe klopte haar op de rug. Klopte haar gewoon op de rug

als bemoediging omdat ze een beetje huilde. 'De Heer zal ons niet in de steek laten. Hij staat achter onze aanval,' zei hij. 'Moed houwen.' Hij vergaarde de wapens en het geld dat ze hem hadden gegeven, schudde ze de hand en vertrok.

Blijkt dat die vijf kerels uiteindelijk nooit hoefden te komen, zoals het allemaal liep, want tegen de tijd dat ze in uitrusting klaarstonden om te gaan, konden ze alleen nog maar zo snel hun benen hen droegen naar het noorden reizen. De blankers gingen door het lint toen de Ouwe zijn act had opgevoerd, hielden een razzia en vielen mijlenver negers aan. Ze waren allejezus bang. En ergens denk ik dat ze sindsdien niet meer hetzelfde zijn geweest.

Ik hoor dat er veel is gezegd over de laatste ontmoeting tussen de Ouwe and Douglass. Ik heb me laten vertellen dat er wel tien of twintig verschillende varianten in verschillende boeken over zijn geschreven, en diverse knappe bollen hebben hun praatgat op de zaak gezet. Eerlijk gezegd waren er maar vier volwassen mannen aanwezig toen dat plaatsvond, en geen van hen leefde lang genoeg om er verslag van te doen, behalve Douglass zelf. Die bleef nog lang leven, en aangezien hij een spreker is, legde hij het altijd anders uit dan rechttoe rechtaan.

Maar ik was er ook bij, en ik heb het anders gezien.

De Ouwe kwam vermomd als visser naar die bijeenkomst, droeg een oliejas en een vissershoed. Ik weet niet waarom. Geen enkele vermomming zou hebben gewerkt, want hij werd overal gezocht. Zijn witte baard en harde blik prijkte op elk aanplakbiljet met GEZOCHT tussen Pittsburgh en Alabama. In feite hadden de meeste negers in Chambersburg wel weet van die zogenaamd geheime ontmoeting, want toen we precies midden in de nacht in die kar naar de steengroeve reden waren er zeker vijfentwintig, dertig man op komen dagen. Ze fluisterden begroetingen vanuit het struikgewas langs de weg, sommige staken ons dekens, gekookte eieren, brood en kaarsen toe. Ze zeien: 'God zegene u, mister Brown' en 'G'navond, mister Brown' en 'Ik sta vierkant achter u, mister Brown'.

Maar geen van hen zei dat ze kwamen vechten bij de Ferry en de Ouwe vroeg het ze niet. Maar hij zag wat ze over hem dachten. En dat greep hem aan. Hij was een half uur te laat voor de ontmoeting met Douglass omdat hij elke tien minuten moest stoppen voor negers die hem wouwen groeten, en dan nam hij voedsel, centen en wat ze nog meer voor hem hadden aan. Ze hielden van de Ouwe. En hun liefde voor hem gaf hem kracht. Het was een soort laatste hoera voor hem, naar bleek, want achteraf zouwen ze geen tijd hebben om hem te bedanken; nadat hij was begonnen in razend tempo blankers te doden en vermoorden, stelden de blankers zich onbarmhartig op en joegen een heleboel negers vierkant de stad uit, schuldigen evengoed als onschuldigen. Maar ze inspireerden hem, en tegen de tijd dat we de steengroeve indraaiden en over het pad naar de achterkant ervan hobbelden, was hij enthousiast. 'Gosj, Sjalot, we zullen het duivelse systeem de vernieling in helpen!' riep hij. 'God wil het!'

Achter de groeve liep een grote, brede, lange greppel, breed genoeg voor een kar om doorheen te rijden. We reden er heel soepeltjes in en een ouwe neger wees ons zwijgend de weg naar de achterkant. En daar, achterin, stond Douglass zelf.

Douglass had een forse, donkere neger bij zich met fijn krullend haar. Noemde zich Shields Green, al noemde Douglass hem 'Keizer'. Keizer gedroeg zich navenant: rechte rug, vastberaden en kalm.

Douglass keurde me geen blik waardig en Kagi groette hij nauwelijks. Zijn gezicht stond ernstig en nadat het tweetal mekaar had omarmd stond hij daar in een diepe stilte te luisteren naar de Ouwe, die hem de hele zaak afschilderde: het plan, de aanval, de negers die massaal naar zijn nederzetting stroomden; het leger dat zich verstopte in de bergen, blank en niet-blank samen, verblijf houwend in de bergpassen die zo nauw waren dat de federalisten en de milities er niet in konden. Ondertussen stonden Kagi en de Keizer er zwijgend bij. Geen van beiden zei boe of ba.

Toen de Ouwe klaar was, zei Douglass: 'Wat heb ik u gezegd om u te laten geloven dat een dergelijk plan zou werken? U loopt in een stalen val. U hebt het over het arsenaal van de Verenigde Staten. Bij het eerste schot brengen ze federalisten uit Washington, D.C. in stelling. U zult er geen twee minuten zijn voordat ze u in de kraag vatten.'

'Maar u en ik hebben er jarenlang over gesproken,' zei de Ouwe. 'Ik heb het tot in de puntjes voorbereid. U hebt zelf een keer betoogd dat het kon.'

'Dat heb ik niet gezegd,' zei Douglass. 'Ik heb gezegd dat het moest. Maar moeten en kunnen zijn verschillende dingen.'

De Ouwe smeekte Douglass te komen. 'Kom mee, Frederick. Ik moet de bijen korven en met u erbij zal elke neger zeker komen. De slaaf moet zijn vrijheid veroveren.'

'Ja. Maar niet door zelfmoord te plegen!'

Zij bleven er nog wat over redetwisten. Ten slotte sloeg de Ouwe zijn arm om Douglass. 'Frederick. Ga mee en ik zal u beschermen met mijn leven. Ik beloof het u. Er zal u niks gebeuren.'

Maar daar staand in zijn geklede jas was Douglass er niet voor te porren. Hij had te veel longdrinks gehad. Te veel gekookte duiven en vleesgelei en appeltaart met boter. Hij was een man van salonpraat, van zijden overhemden en fraaie hoeden, linnen pakken en stropdassen. Hij was een man van woorden en toespraken. 'Ik kan het niet, John.'

De Ouwe zette zijn hoed op en liep naar de kar. 'Dan nemen we afscheid.'

'Veel succes, ouwe vriend,' zei Douglass, maar de Ouwe had zich al omgedraaid en klom op de kar. Ik en Kagi volgden. Toen keek Douglass naar de kerel die hij bij zich had, Shields Green. Hij vroeg: 'Wat zijn je plannen, Keizer?'

Keizer haalde zijn schouders op en zei gewoon: 'Ik denk dat ik met de Ouwe meega.' En zonder nog wat te zeggen klom Keizer in de wagen naast Kagi.

De Ouwe vuurde zijn paarden aan, reed achteruit weg van Douglass, keerde de kar en nam afscheid. Hij sprak Frederick Douglass nooit meer en noemde nooit meer zijn naam.

Tijdens de hele terugtocht naar Harpers Ferry zweeg hij. Ik

voelde zijn teleurstelling. Die leek uit hem op te wellen. Zoals hij de leidsels vasthield, de paarden op een halve draf door de nacht voerde, met de maan achter hem, het silhouet van zijn baard tegen de maan, zijn baard die schudde terwijl de paarden voortklosten, zijn dunne lippen strak samengetrokken, leek hij een geest. Hij was een gebroken man. Ik denk dat we allemaal van die dingen meemaken, zo van dat het katoen geel wordt en de bolgraanklander je gewassen opvreet en je sidderend van teleurstelling neerzijgt. Wat hem vooral pijn deed was zijn vriend Douglass. Wat mij vooral pijn deed was zijn dochter. Alles kon onmogelijk anders verlopen dan God het had gepland, want al wat God heeft gemaakt, al Zijn dingen, al Zijn schatten, al wat de hemel heeft gestuurd is niet bedoeld om van te genieten in deze wereld. Dat is wat híj zei, niet ik, want ik geloofde destijds niet. Maar die avond raakte ik in de ban van de manier waarop hij dat slechte nieuws slikte. Kleine wijziging. Want de kapitein haalde dat nieuws over de laadboom en reed terug naar Harpers Ferry terwijl hij wist dat hij hing. Hij wist dat hij het gevecht voor de neger zou gaan verliezen, dóór de neger, en toch begon hij eraan, want hij vertrouwde op het woord van de Heer. Sterk staaltje. Ik voelde op dat moment voor het eerst God in mijn hart. Ik vertelde dat niet tegen hem, want het had geen zin de Ouwe lastig te vallen met die waarheid, want als ik dat had gedaan, had ik hem ook de andere helft moeten vertellen, namelijk dat ik God wel had gevonden, dat God ook tegen mij sprak, net als Hij tegen hem had gedaan, maar dat God de Vader me zei dat ik er als een speer vandoor moest gaan. Bovendien hield ik ook nog van zijn dochter. Ik wou hem daar niet mee lastigvallen. Ik wist op dat moment een paar dingen. Kwam daar ter plekke achter. Wist echt van den beginne dat Douglass op geen enkele manier zichzelf ertoe kon dwingen een echte oorlog te voeren. Hij was een salonspreker. Net zoals ik wist dat er voor mij geen manier was om mezelf te dwingen een echte man te zijn, bij een echte vrouw, een blanke vrouw overigens. Sommige dingen in deze wereld zijn niet voorbestemd om te bestaan, niet op de momenten dat we ze willen laten bestaan, en het hart moet dat in deze wereld vasthouwen als een herinnering, een belofte voor de wereld die nog komt. Het eind van alles heeft een beloning in petto, maar is een zware last om te dragen.

27 ONTSNAPPING

In de Ferry stond de boel in de farm op stelten. Toen we binnen kwamen lopen stond Oliver, de zoon van de kapitein, met Annie bij de deur op hem te wachten. Annie zei: 'Mrs Huffmaster is naar de sheriff gestapt.'

'Wat?'

'Ze zegt dat ze een van de negers in de tuin heeft gezien. Ze is naar de sheriff gestapt en heeft ons verklikt als abolitionisten. Heeft de sheriff hierheen gehaald.'

'En toen?'

'Ik heb hem verteld dat je maandag terug zou zijn. Hij probeerde binnen te komen, maar daar heb ik een stokje voor gestoken. Toen kwam Oliver van boven en zei dat hij weg moest gaan. En boos is hij vertrokken. Ik kreeg een hele tirade over me heen over abolitionisten die slaven naar het noorden helpen. Hij vroeg: "Als je vader een mijnbouwbedrijf exploiteert, waar doet hij dat dan? Als hij zijn mijnbouwgoederen verplaatst, waar zijn dan de runderen en karren die hij daarvoor gebruikt?" Hij zei dat hij terugkwam met een hele zwik hulpsheriffs om het huis te doorzoeken.'

'Wanneer?'

'Aanstaande zaterdag.'

De Ouwe dacht even na.

'Was een van onze mannen op het erf? Een van de negers?' vroeg Kagi.

'Doet er niet toe. Wacht even,' zei de Ouwe.

Het duurde een poosje voordat hij sprak; hij stond lichtjes te wankelen. Inmiddels had hij wat waanzinnigs over zich. Zijn baard golfde bijna tot aan de gesp van zijn riem. Zijn haveloze pak lag haast aan flarden. Hij droeg nog steeds de vissershoed van zijn vermomming, en daaronder leek zijn gezicht op een gerimpelde dweil. Hij zat tot over zijn oren in de problemen. Het doek werd opgehaald, de hele zaak kwam aan het licht. Verschillende mannen hadden brieven naar huis geschreven om afscheid te nemen van hun moeder, waardoor allerlei achterdocht ontstond en de moeders aan de Ouwe schreven: 'Stuur mijn zoon naar huis.' Zijn schoondochter Martha, de vrouw van Oliver, was zwanger en schreeuwde elk half uur; een deel van de blankers die hem geld hadden gegeven voor zijn strijd tegen de slavernij wou het nou terug; anderen hadden brieven geschreven aan Congresleden en lui van de overheid over wat ze hadden gehoord; zijn geldschieters in Boston zaten te zeuren over hoe groot zijn leger wel was. Hij had ook allerlei sores met de wapens. Veertigduizend slaghoedjes zonder de goede dopjes. In het huis zat een vracht zeer gespannen mannen opgesloten op die piepkleine, ondraaglijk volle zolder. Elke man zou gek zijn geworden onder de grote druk van het plan. Maar hij was geen gewone man, omdat hij bij wijze van spreken gedeeltelijk al waanzinnig was. Toch leek hij van zijn stuk.

Hij stond daar eventjes te wankelen en zei: 'Geen probleem. We vallen zondag aan.'

'Dat is over vier dagen!' riep Kagi.

'Als we nu niet gaan, gaan we misschien nooit.'

'We kunnen niet over vier dagen aanvallen! Iedereen komt op de drieëntwintigste!'

'Degenen die komen zullen hier over vier dagen zijn.'

'De drieëntwintigste is maar een week na zondag.'

'We hebben geen week,' snoof de Ouwe. 'We vallen aanstaande zondag aan, zestien oktober. Wie naar huis wil schrijven, moet het nu doen. Vertel het de mannen.'

Kagi vond het niet nodig dat te doen, want er stond een groepje te luisteren; ze hadden al naar huis geschreven omdat ze opgesloten zaten op de zolder en niks anders te doen hadden dan schrijven. 'Hoe brengen we het bericht over aan de negers?' vroeg Stevens.

'Hoeft niet. De meeste negers die zouwen komen, zullen komen.

We hebben er vijf uit Chambersburg, en vijf uit Boston die Merriman heeft beloofd. Plus de mensen hier uit de buurt. Plus die uit Canada.'

'Ik zou de mannen uit Canada niet meetellen,' zei Kagi. 'Niet zonder Douglass.'

De Ouwe fronste. 'Dan tel ik altijd nog alles bij mekaar negenentwintig mannen,' zei hij.

'Waarvan veertien niet aanwezig zijn,' zei Kagi.

De Ouwe haalde zijn schouders op. 'Zodra we beginnen zullen ze overal vandaan naar de korf komen. De Bijbel zegt: "Hij die aanvalt zonder vertrouwen, kan niet worden vertrouwd." Vertrouw op God, luitenant.'

'Ik geloof niet in God.'

'Maakt niet uit. Hij gelooft in jou.'

'Hoe zit het met de generaal?'

'Ik heb net een brief van haar gekregen,' zei de Ouwe. 'Ze is ziek en kan niet komen. Ze heeft ons de spoorman bezorgd. Daar doen we het mee. Hij zal het bericht verspreiden onder haar volk.'

Hij keek naar mij. 'Sjalot, ga gauw naar de Ferry en wacht op de trein. Als de B&O binnenkomt moet je de spoorman vertellen dat we aanvallen op de zestiende, niet op de drieëntwintigste. Een week vroeger dus.'

'Kan ik beter doen,' zei Kagi.

'Nee,' zei de Ouwe. 'Ze zijn ons nou op het spoor. Jij zal worden aangehouwen en ondervraagd. Een negermeisje zullen ze niet moeilijk over doen. Ik heb je mannen hier nodig. We hebben een heleboel werk. De rest van de Sharps-geweren halen en klaarmaken. De touwbommen en slaghoedjes klaarmaken, de pieken uitpakken. En we moeten Annie en Martha op de grote weg krijgen, binnen een dag, hooguit twee. Sjalot zal ze helpen voorbereiden als ze terug is. Want zij gaat met ze mee. Ik wil hier geen vrouwen hebben als we onze aanval ondernemen.'

Mijn hart sprong prompt op van geluk.

'Hoe gaan ze?' vroeg Kagi.

'Mijn zoon Salmon brengt ze naar Philadelphia. Vandaar kunnen ze de trein nemen naar de staat New York. Geen tijd meer om te praten, luitenant. Aan het werk.'

Zingend als een vogeltje liep ik razendsnel omlaag naar het spoorwegemplacement bij de Ferry, allemachtig blij. Ik wachtte onder aan de oever op de B&O van vijf voor half twee, in de hoop dat hij niet te laat was, want ik wou niet worden achtergelaten. Ik zou mijn vertrek uit Harpers Ferry in geen enkele vorm, wijs of trant willen missen. Ik zou me door ze af laten zetten in Philadelphia. Ik wou daar al zo lang heen. Ik kon zonder schuldgevoel vertrekken. De Ouwe had me zijn zegen gegeven.

Godzijdank kwam de zaak op tijd binnenrijen. Ik wachtte totdat alle passagiers de coupés hadden verlaten. De trein moest nog een paar meter puffen en tjoeken om water in te nemen en toen hij bij de watertoren stopte, holde ik omlaag op zoek naar de spoorman. Ik zag hem bij het achterste deel van de trein, waar hij bagage van passagiers het station in droeg en op wachtende karren plaatste. Ik wachtte totdat hij klaar was. Hij liep naar de personeelswagon aan de andere kant van de trein en zocht een andere zwarte kruier op. Ik liep naar hem toe en toen de andere kruier me zag aankomen, glipte die kerel weg. Hij wist waarvoor ik kwam en ik was als rattenkruid voor hem, maar de spoorman had me gezien en knikte zwijgend naar de plek van de vorige ontmoeting beneden aan de oever en stapte weer op de trein.

Ik holde omlaag naar de oever en ging op hem staan wachten in de schaduw van het steigerwerk, waar ik niet te zien was. Toen hij even later beneden kwam was hij boos. Hij ging met zijn rug tegen de schraagpaal staan en hij praatte met zijn rug naar me toe. Maar hij was nog steeds boos. 'Ik had je toch gezegd hier niet meer te komen?' zei hij.

'Verandering van plannen. De Ouwe valt over vier dagen aan.'

'Vier dagen? Je neemt me in de maling!' zei hij.

'Nee hoor,' zei ik. 'Ik vertel het gewoon.'

'Zeg maar dat ik in vier dagen niet zo veel mensen bij mekaar kan brengen. Ik heb het balletje net aan het rollen gekregen.'

'Breng dan maar wat u hebt, want hij blijft trouw aan die tijd,' zei ik.

'Ik heb nog een week nodig. De drieëntwintigste, dat heeft hij gezegd.'

'De drieëntwintigste gaat niet door. Hij doet het aanstaande zondag.'

'De generaal is ziek. Weet hij dat niet?'

'Niet mijn probleem.'

'Tuurlijk niet. Het enige waar jij bang voor ben is je eigen huid, jij kleine schijtekster.'

'U loopt te ketteren tegen de verkeerde persoon. Waarom zoekt u daar niet iemand van uw eigen formaat voor uit?'

'Let op je woorden of ik druk je plat, jij snotkever.'

'Ík ben in elk geval geen dief. U heb het geld van de Ouwe in uw zak gestoken en komt net zomin opdagen als de rest, als je het mij vraagt.'

De spoorman was een grote man en hij stond met zijn rug naar me toe. Maar nou draaide hij zich om en greep me bij mijn jurk en tilde me zo van de grond.

'Nog één onzinnige opmerking uit dat flapuiterige gaatje in je gezicht en ik smijt je in de rivier, klein kreng.'

'Ik herhaal gewoon wat de Ouwe zei! Hij zei dat hij over vier dagen aanvalt!'

'Heb ik gehoord! Scheep je tong af met de rest. Over vier dagen heb ik hier wie ik krijgen kan. Zeg tegen je Ouwe dat hij de trein vlak voor de brug over de Potomac tegenhoudt. Laat hem niet oversteken. Stop hem daar en geef me een wachtwoord.'

'Wat is dat?'

'Een woord. Een teken. Hebben ze geen wachtwoorden en zo die ze te gebruiken aan jouw kant?'

'Niemand heeft daar wat van gezegd.'

Hij zette me neer. 'Shit. Wat een debiele operatie is dit.'

'Dus ik kan de kapitein vertellen dat u het weet?'

'Zeg ze maar dat ik het weet. Zeg ze maar dat ik meeneem wie ik kan.'

'Wat nog meer?'

'Vertel ze maar dat we een wachtwoord nodig hebben. En hou de trein tegen voordat hij de brug opgaat. Niet op het station. Anders stappen de passagiers uit. Hou hem tegen bij de brug en ik kom naar buiten om te zien wat er aan de hand is. Ik hou een lantaarn omhoog. Ik loop langs de trein en zeg een wachtwoord, zomaar een wachtwoord dat wij bedenken. Kan je dat onthouden? De trein stoppen voor de brug.'

'Ja.'

'Weet je wat, omdat je dom ben, zal ik jou een wachtwoord geven. Het moet wat normaals zijn. Dus ik zal zeggen: "Wie is daar?" En degene die daar is zal zeggen: "Daar loopt Jezus." Kan je dat onthouden?'

'Wie is daar? Daar loopt Jezus. Ik heb het.'

'Niet vergeten. "Wie is daar?" en "Daar loopt Jezus". Als ze dat niet zeggen, dan ga ik bij god niet zwaaien met de lamp voor de mensen achter me. Ik heb een bagagerijtuig vol negers achter me en misschien ook nog volle karren op het pad langs de rails. Ik had er meer moeten hebben, maar ik kan ze niet in vier dagen tijd opporren.'

'Begrepen.'

'Nadat ik met die lamp heb gezwaaid vanaf het spoor, zullen de negers weten wat ze moeten doen. Ze springen uit de trein, komen dichterbij, pakken de conducteur en de machinist, en houwen die vast als gevangenen voor de kapitein. De rest neemt wat spoorweggereedschap dat ik ze geef en maakt de rails achter de trein onklaar, zodat die niet achteruit kan rijden. Ik zorg dat de trein stil blijft staan.'

'Hoe gaat u dat doen?'

'Er is nog een niet-blanke kruier en ook een niet-blanke stoker. Ze staan aan onze kant. In zekere zin.'

'Wat betekent dat?'

'Dat ze ervan weten en zich er niet mee bemoeien. Iedereen in deze wereld is niet zo gek als ik. Maar ze zijn betrouwbaar. Als ze dat niet waren, dan was je er al geweest. Rondhangen op het station zoals jij doet en je tongwerk roeren. Elke niet-blanke bij de Ferry weet wat er gaande is. In elk geval houwen die twee de trein zo lang tegen door voor domme nikker te spelen dat de negers uit het bagagerijtuig en uit de karren kunnen komen. Begrepen?'

'Goed dan.'

'Zodra die nikkers uit de trein zijn, ben ik weg. Geef dat door aan de Ouwe. Zeg hem dit: als ze eenmaal de trein uit zijn, is de spoorman weg. En zonder dat wachtwoord doe ik niks. "Wie is daar?" en "Daar loopt Jezus". Hoor ik die woorden niet, dan gaat die lamp niet slingeren aan mijn hand. En als die lamp niet slingert, dan komen die nikkers niet in beweging. Dan is het voorbij, wat het ook is. Mijn aandeel eindigt daar in elk geval, hoe je het mes ook keert. Begrepen?'

'Ik heb het.'

'Goed dan. Wegwezen dus, jij slappe donderstraal. Je ben een rare snijboon. De slavernij heeft vreemde onderkruipers van ons gemaakt en ik hoop oprecht dat je d'r aan het eind van je dagen niet uitziet zoals nou. Als je me ooit in het leven weer zou zien, onderweg of ergens anders in deze mensenwereld, zeg nooit meer wat tegen mij en knik zelfs niet in mijn richting. Ik wou dat ik je nooit had ontmoet.'

En daarna verween hij snel, glipte langs de oever en onder de schragen, tegen de helling op naar de sissende trein, en klom naar binnen. Tegen de tijd dat ik over de overdekte brug terug naar de Maryland-kant holde en de weg langs de Potomac volgde naar de farm van Kennedy, was de tjoeketjoek al op weg naar Virginia en uit het zicht verdwenen.

***

Toen ik bij het huis kwam, was dat in rep en roer. Een drukte als in een militair fort onder vuur. De kerels liepen haastig alle kanten op, sleepten met kisten, koffers, geweren, kruit, musketten en dozen met munitie. Ze waren opgelucht dat ze in actie konden komen, na zo jammerlijk lang te zijn geplet in die piepkleine ruimte, en dus waren ze volop aan de gang, barstend van energie en opwinding. Ook Annie en Martha haastten zich, waren klaar om te vertrekken. Iedereen in die kleine farm was doelgericht bezig, duwde en schoof me opzij, terwijl ik wat liep te treuzelen. Ik bewoog me de volgende twee dagen bewust traag, want ik wou afscheid nemen van de Ouwe.

Hij verdiepte zich niet in mij. Hij was in zijn nopjes en liep als een orkaan door het huis, bedekt met roet en buskruit, hij holde van boven naar beneden en weer terug, gaf bevelen. 'Mister Tidd, doop de touwbommen in de olie, zodat we de bruggen ermee in brand kunnen steken. Mister Copeland, gooi meer patronen in die geweerdoos daar. Tempo, mannen. Snel. We staan in ons recht en zullen het universum het hoofd bieden!' Ik zag hem bijna twee dagen van de ene kamer naar de volgende glippen, hij negeerde me totaal. Na de tweede dag gaf ik het op en sloop naar een hoek van de keuken om me vol te stoppen, want ik had altijd honger en het was bijna tijd om te vertrekken. Ik kwam daar net op tijd om te zien hoe Annie binnenglipte en uitgeput ging zitten. Ze keek even uit het raam zonder mij op te merken en door de blik op haar gezicht vergat ik volledig waar ik was.

Ze zat daar triestig bij de kachel en nam traag een paar potten en pannen en dingen om in te pakken vast, waarbij ze probeerde haar gezicht dapper te houwen. Geen enkele Brown ontbrak het ooit aan vertrouwen in hun vader, dat kan ik ze nageven. Net als hij geloofden ze in de vrijheid en gelijkheid van de neger en zo. Tuurlijk waren ze destijds niet goed bij hun hoofd, maar ze hadden als excuus dat ze allemaal opgroeiden als godsdienstfanaten, die de Bijbel naar de letter volgden. Maar Annie was kapot. Ze voelde zich treurig. Ik kon het niet verdragen haar zo uitgeblust te zien, dus ik glipte naar haar toe en toen ze me zag zei ze: 'Ik heb een vreselijk gevoel, Sjalot.'

'Je hoeft je nergens geen zorgen om te maken,' zei ik.

'Ik weet dat het niet hoeft. Maar het is moeilijk hierin dapper te zijn, Sjalot.' Toen glimlachte ze. 'Ik ben blij dat jij met mij en Martha meegaat.'

Nou, ik was zo blij dat mijn hart haast barstte, maar dat kon ik natuurlijk niet zeggen, dus ik bagatelliseerde het zoals gewoonlijk.

'Ja, ik ook,' was alles wat ik kon zeggen.

'Help je me de rest van de spullen hier krijgen?'

'Tuurlijk.'

Terwijl we aan het redderen waren als voorbereiding op het vertrek, begon ik na te denken over mijn plannen. Annie en Martha woonden op de concessie van de Ouwe in de staat New York vlak bij Canada. Ik kon daar niet met ze heen. Het zou te moeilijk voor mij wezen om in de buurt van Annie te zijn. Ik besloot dat ik met de kar mee zou rijden tot Pennsylvania en daar afstappen, met de bedoeling naar Philadelphia te gaan – als we zo ver naar het noorden konden komen. Dat was niet zeker, want hoe je het ook wendt of keert, ik bracht ze in gevaar, jazeker. We zouwen door slavenland rijden, en aangezien we een hoog tempo aanhielden kon dat alleen overdag, wat gevaarlijk was, want hoe dichter je bij Pennsylvania kwam, de grens van de vrijheid, hoe meer Salmon waarschijnlijk tegengehouwen zou worden door slavenpatrouilles die hem confronteerden met de vraag of hij slaven vervoerde. Salmon was jong en eigenzinnig. Hij leek op zijn vader. Hij zou zich niet laten tegengehouwen door dwazen of slavenpatrouilles terwijl hij zijn zus en schoonzus in veiligheid bracht, en ook mij zou hij niet uitleveren. Bovendien moest hij terug. Hij zou als eerste schieten.

'Ik moet wat hooi halen,' zei ik tegen Annie, 'want het is beter dat ik achter in de kar onder het hooi lig totdat we in Pennsylvania zijn.'

'Twee hele dagen,' zei ze. 'Je kan beter bij ons zitten en doen alsof je een slaaf bent.'

Maar toen ik haar mooie gezicht zo vriendelijk en onschuldig naar me zag kijken, had ik helemaal geen zin meer in toneelspelen. Ik smeerde 'm naar de loods zonder wat te zeggen. Daar lag wat hooi opgeslagen en dat bracht ik naar de huifkar die we klaarmaakten voor onze reis. Ik zou bijna twee dagen in het volle daglicht tot 's avonds onder het hooi in de kar moeten rijden. Beter zo verborgen dan voor het oog van de wereld. Maar, Jezus is mijn getuige, tegen die tijd begon ik genoeg te krijgen van dat verbergen. Al dat verstoppertje spelen, dat werd ik beu.

De dag voor de grote aanval laadden we de wagen en vertrokken zonder ceremonieel. De kapitein gaf Annie een brief en zei: 'Deze is voor je moeder en je zussen en broers. Ik zal jullie binnenkort of op een goeie dag zien, als de Heer het wil.' Tegen mij zei hij: 'Vaarwel, Sjalot. Je heb de goeie strijd gestreden en ik zal je met de wil van God spoedig weerzien zodra je volk vrij is.' Ik wenste hem succes, en toen waren we weg. Ik dook onder in de kar in het hooi. Ze legden een plank over me heen, die langs de hele zijkant van de wagen liep, en zetten Annie daarop, terwijl Salmon, de koetsier, op de bok zat met zijn schoonzus Martha, de vrouw van Oliver.

Annie zat recht boven me toen we vertrokken, en ik kon door het rammelen van de kar heen horen hoe ze een paar tranen vergoot. Na een tijdje stopte ze met balken en riep schuchter uit: 'Jouw volk zal vrij zijn als dit allemaal achter de rug is, Sjalot.'

'Ja, vrij.'

'En jij kan vertrekken en een viool vinden en zingen en je dromen volgen zo veel je wil. Je kan je hele leven blijven zingen als het allemaal achter de rug is.'

Ik wou haar zeggen dat ik graag zou willen blijven waar zij heen ging en de rest van mijn leven voor haar zingen. Sonnetten en religieuze liederen en al die ouwerwetse muziek met de Heer erin waar ze van hield; ik zou elk lied uitvoeren dat ze wou als ze het me vroeg. Ik wou haar vertellen dat ik radicaal zou veranderen, met een schone lei beginnen, een nieuwe persoon wezen, de man zijn die ik echt was. Maar ik kon het niet, want ik had het niet in me om een man te zijn. Ik was enkel een lafaard die in een leugen leefde. Als je erover nadacht, was het geen slechte leugen. Neger zijn betekent de blanke elke dag je beste gezicht laten zien. Je kent zijn wensen, zijn behoeften, en je houdt hem goed in de gaten. Maar jouw wensen kent hij niet. Hij weet niet wat je behoeften of gevoelens zijn of wat er in je is, want je ben in geen enkel opzicht gelijk aan hem. Voor hem ben je gewoon een nikker. Een ding; als een hond of een spa of een paard. Tussen je behoeften en wensen bestaat geen verband, of je nou een meisje ben of een jongen, een vrouw of een man, of verlegen, of vet, of geen broodjes eet, of last krijgt van het weer als het omslaat. Wat maakt het uit? Voor hem niks, want je leeft aan de onderkant.

Maar voor jou, vanbinnen, maakt het wél uit, en daardoor was ik ongeschikt voor de rol. Een lichaam kan niet gedijen als iemand niet weet wie hij is. Als je niet weet wie je ben binnenin wor je zo arm als een erwtje. Dat is erger dan zomaar wat zijn in de wereld aan de buitenkant. Dat heb ik geleerd van Sibonia in Pikesville. Volgens mij ben ik door die toestand met Sibonia levenslang het spoor bijster geraakt, toen ik zag hoe zij en haar zus Libby een halsband kregen omgelegd in Missouri. 'Wees een man!' zei ze tegen de jonge kerel die struikelde op de trap naar het schavot toen ze klaarstonden om hem op te hangen. 'Wees een man!' Ze hielpen hem net als de rest in slaap, hingen hem op als een overhemd aan een waslijn, maar hij dee het prima. Hij pikte het. Hij dee me denken aan de Ouwe. Er was een verandering in zijn gezicht daar op dat schavot voordat ze hem van kant maakten, alsof hij wat zag wat niemand anders kon zien. Die uitdrukking leefde op het gezicht van de Ouwe. De Ouwe was gek, maar een goeie, vriendelijke gek, en hij kon evenmin verstandiger omgaan met zijn medeblankers als u en ik kunnen blaffen als een hond, want hij sprak hun taal niet. Hij was een Bijbelmens. Een Godmens. Zo gek als een deur. De waarheid toegedaan, wat iedereen knettergek maakt. Maar in elk geval wist hij dat hij gek was. In elk geval wist hij wie hij was. Dat is meer dan ik over mezelf kon zeggen.

Die dingen mompelde ik in mijn hoofd terwijl ik op de bodem van die kar onder het hooi lag als de domme gans die ik was, en mezelf een zak vol met niemendal bood over degene voor wie ik door moest gaan of welke liederen ik ging zingen. Annies vader was voor mij een held. Hij was het die de last van alles droeg, de last van mijn volk op zijn schouders had. Hij was het die huis en haard had achtergelaten voor iets waarin hij geloofde. Ik had niks om in te geloven. Ik was gewoon een nikker die probeerde te eten.

'Waarschijnlijk ga ik een beetje zingen zodra deze oorlog voorbij is,' wist ik uit te brengen tegen Annie. 'Hier en daar zingen.'

Annie keek een andere kant op, met wazige blik, toen haar een gedachte inviel. 'Ik ben vergeten vader te vertellen over de azalea's,' liet ze zich plotseling ontvallen.

'De wat?'

'De azalea's. Ik had er een paar in de tuin geplant, en er komen paarse bloemen aan. Vader vroeg me het hem te vertellen als dat gebeurde. Zei dat het een goed teken was.'

'Nou, waarschijnlijk zal hij ze zien.'

'Nee. Hij kijkt daar niet. Ze staan achter in de tuin, bij de struiken.' En ze stortte in en huilde weer.

'Het is maar een bloem, Annie,' zei ik.

'Nee, niet waar. Voor vader was een goed teken een signaal uit de hemel. Goeie voortekenen zijn belangrijk. Zoals Fredericks lieveheersvogel. Daarom gebruikte hij die veren altijd voor zijn leger. Het zijn niet alleen veren. Of wachtwoorden. Het zijn voortekenen. Dingen die je niet makkelijk vergeet, zelfs in zware tijden. In zware tijden denk je terug aan je goeie voortekenen. Je kan ze niet vergeten.'

Toen ze dat zei kwam er een afschuwelijk, angstig gevoel bij me boven, want opeens herinnerde ik me dat ik glad was vergeten de kapitein het wachtwoord te vertellen waarvan de spoorman had gezegd het aan hem op te geven als ze de trein tegenhielden bij de brug. Hij had gezegd dat ik ze het wachtwoord moest vertellen. Hij zou zeggen: 'Wie is daar?' en zij zouwen reageren met: 'Daar loopt Jezus.' Als hij dat wachtwoord niet hoorde, zou hij zijn mannen niet laten opdraven.

'Goeie god,' zei ik.

'Ik weet het,' huilde ze. 'Een slecht voorteken.'

Ik zei haar niks, maar lag daar terwijl zij huilde en God weet hoe verschrikkelijk mijn hart bonkte. Vlieg maar op, dacht ik. D'r was van z'n levensdagen geen denken aan dat ik op een of andere manier onder dat hooi vandaan zou kruipen, bij daglicht over die tolweg zou lopen, terwijl ik bekend was bij elke fanatieke slavenvanger tussen Virginia en Pennsylvania, terug zou gaan naar de

Ferry en daar aan flarden worden geschoten. We hadden bijna drie uur gereden. Ik voelde de zonnewarmte opstuiteren van de grond naar de bodem van de kar waarop ik lag. Waarschijnlijk waren we tegen die tijd in de buurt van Chambersburg, vlak bij de 'Virginia Line', hartje slavenland.

Annie pruttelde nog wat en rechtte toen haar rug. 'Ik weet dat je denkt aan Philadelphia, Sjalot. Maar ik vraag me af... Ik vraag me af of je mee kan komen naar North Elba,' zei ze. 'Misschien kunnen we samen een schooltje opzetten. Ik ken je hart. In North Elba is het rustig. Het is vrij. We zouwen samen een schooltje kunnen beginnen. We zouwen... ik zou een vriendin kunnen gebruiken.' En ze barstte alweer in tranen uit.

Nou, dat gaf de doorslag. Ik lag onder dat hooi te denken dat ik geen haar beter was dan die laag-bij-de-grondse dominees en dokters in Canada met hun mooie toespraken die beloofden op te komen dagen voor de oorlog van de Ouwe en dat waarschijnlijk niet zouwen doen. Dat hele zaakje maakte me beschaamd, beklemde me allemachtig verschrikkelijk terwijl ze zat te huilen. Elke mijl die we reden beklemde het me meer, drukte het als een steen op mijn hart. Wat moest ik in Philadelphia doen? Wie zou er van me houwen? Ik zou alleen zijn. Maar hoe lang kon ik het in de staat New York volhouwen voordat ze erachter kwamen wie ik was? Ze zou het binnen de kortste keren weten. En trouwens, hoe kan iemand van je houwen als je niet weet wie je ben? Ik was tegen die tijd zo lang compleet een meisje geweest dat ik het leuk was gaan vinden, eraan gewend was geraakt, gewend geen dingen te hoeven tillen, en dat mensen smoesjes voor me bedachten omdat ik niet net zo sterk zou zijn of net zo snel of net zo krachtig als een jongen, vanwege mijn lengte. Maar daar gaat het juist om. Je kan één rol spelen in het leven, maar je kan dat ene niet zíjn. Je speelt het alleen maar. Je ben niet echt. Ik was vooral een neger, en negers spelen ook hun rol: verbergen. Glimlachen. Doen alsof slavernij prima is totdat ze vrij zijn, en wat dan? Vrij om wat te doen? Net als de blanke zijn? Heeft die dan gelijk? Volgens de Ouwe niet. De gedachte viel me in dat je op elk moment in dit leven alles ben wat je ben. En dat houdt ook in dat je iemand liefhebt. Als je niet jezelf kan wezen, hoe kan je dan van iemand houwen? Hoe kan je vrij zijn? Dat drukte op dat moment als een bankschroef op mijn hart. Maalde me fijn. Dat meisje maakte me hoteldebotel, ik hield van haar met heel mijn hart, ik beken het hier, en als haar vader werd gedood omdat de spoorman niet het juiste wachtwoord hoorde zou ik de rest van mijn leven de schuld meedragen. Vervloekt, die klootzak van een vader van haar! En die spoorman ook! Die zelfingenomen, onwetende, olifantige, hufterige durfal! En al die waardeloze slavernijbestrijders! Het zou voor mijn rekening komen. De gedachte dat de kapitein door mijn schuld zou worden vermoord voelde tien keer zo slecht als dat Annie niet van me zou houwen: als ze had geweten wat ik was zou ze van me walgen, een nikker die voor meisje speelt, niet mans genoeg is om een man te wezen, van haar te houwen en zo, en ze zou geen centimeter van mij houwen, of me zelfs maar aardig vinden, ongeacht hoeveel ze op dat moment als een hartsvriendin voor me voelde. Ze hield van een idee. En de rest van mijn leven zou het bloed van haar vader aan mijn handen kleven, zoals ik daar laf en wel onder het hooi lag en geen echte man was, niet mans genoeg om terug te gaan en hem de wachtwoorden te vertellen die hem misschien zouwen helpen vijf minuten langer te leven, want hoe gestoord hij ook was, zijn leven was hem dierbaar zoals mij het mijne, en hij had al vele malen zijn leven voor mij gewaagd. Vlieg op, godverdomme.

Het bloed van de kapitein aan mijn handen vanwege iets wat ik moest doen, het was simpelweg te veel. Ik kon het niet hebben.

De plank waar Annie op zat steunde op twee andere planken. Met beide handen duwde ik hem een paar decimeter opzij, brak los uit het hooi en ging rechtop zitten.

'Ik moet weg,' zei ik.

'Wat?'

'Zeg Salmon te stoppen.'

'Kan niet. We zijn in slavenland. Terug in dat hooi!'

'Doe ik niet.'

Voordat ze haar hand naar de plank uit kon steken, gleed ik eronder vandaan, rukte de muts van mijn hoofd en scheurde de jurk tot aan mijn middel kapot. Geschokt liet ze haar mond openvallen.

'Ik hou van je, Annie. En ik zal je nooit weer zien.'

Met een snelle beweging greep ik mijn jutezak en sprong van de achterkant van de kar, rolde over de weg, terwijl haar geschrokken kreet weergalmde in de bossen en bomen om me heen. Salmon vuurde de kar aan en riep me achterom wat toe, maar hij had net zo goed in een leeg gat kunnen schreeuwen. Ik was op de weg en verdwenen.

28 AANVAL

Ik rende als de wind over de weg, en kreeg een ritje van een ouwe neger uit Frederick, Maryland, die de kar van zijn meester naar de Ferry reed om een lading hout te halen. De terugrit kostte ons een volle dag want hij was gehaaid, moest voorbij slavenpatrouilles rijden terwijl hij de zaken voor zijn massa deed. Een paar mijl van de Ferry zette hij me af aan de Maryland-kant en de rest deed ik te voet. Ik kwam laat op de boerderij aan, een paar uur na het donker.

Het huis was donker toen ik dichterbij kwam en ik zag geen kaarslicht. Het miezerde en er was geen maan. Ik had geen uurwerk, maar vermoedde dat het rond middernacht was.

Ik stormde de deur binnen en ze waren weg. Ik draaide me om naar de deur, iemand blokkeerde het deurgat en er stak een geweerloop recht in mijn gezicht. Toen er licht op me scheen zag ik drie leden van het leger van de Ouwe erachter: Barclay Coppoc, een van de schietgrage quakers, Owen en Francis Merriam, een eenogige getikte kerel, zo gek als een wezel, die er laat in het verhaal bij was gekomen. Alle drie hielden een geweer in hun hand en waren tot de tanden toe gewapend met handvuurwapens en slagzwaarden.

'Wat doe je hier?' vroeg Owen.

'Ik ben vergeten je vader het wachtwoord voor de spoorman te geven.'

'Vader had geen wachtwoord voor hem.'

'Dat gaat het juist om. De spoorman had mij er een voor hem gegeven.'

'Te laat. Ze zijn vier uur geleden vertrokken.'

'Ik moet het hem vertellen.'

'Hou je gedeisd.'

'Waarom?'

'Ze komen er wel achter. We zouwen je hier kunnen gebruiken. We bewaken de wapens en wachten tot de neger gaat korven,' zei Owen.

'Nou, dat is het domste wat ik ooit in mijn leven heb gehoord, Owen. Dringt dat niet tot je door?'

Ik keek naar Owen, ik zweer bij god dat hij probeerde zijn gezicht in de plooi te houwen. 'Ik ben sterk gekant tegen de slavernij, en ieder die dat niet is is een dwaas,' zei hij. 'Ze zullen komen. En ik zal hier zitten wachten tot ze er zijn,' zei hij. Vermoedelijk was dat zijn manier om zijn geloof in zijn vader te tonen, en ook om er vanaf te wezen. De farm lag vijf mijl van de Ferry en ik denk dat de Ouwe hem had achtergelaten omdat Owen genoeg had van het optreden van zijn gestoorde vader. Hij had aan alle oorlogen in Kansas meegedaan en was vaak ingemaakt. Die andere twee waren door de Ouwe waarschijnlijk daarboven achtergelaten om ze te ontslaan van actie, want Coppoc was amper twintig en Merriam had zaagsel in zijn hoofd.

'Is de B&O nog niet binnen?' vroeg ik.

'Weet ik niet. Nog niet gehoord.'

'Hoe laat is het?'

'Tien over een in de morgen.'

'Hij komt pas om vijf voor half twee. Ik moet hem waarschuwen,' zei ik. Ik liep naar de deur.

'Wacht,' zei Owen. 'Ik hou je uit het vuur, Sjalot. Ga hier zitten.' Maar ik was de deur al uit en verdwenen.

Het was vijf mijl hollen naar de Ferry, beneden, in het pikdonker en door de motregen. Als ik op de kar van de ouwe zwarte man was gebleven en niet naar de farm van Kennedy was gelopen, was ik recht de stad in gereden en beter op tijd geweest, denk ik. Maar de ouwe man was allang weg. Ik had mijn tas over mijn rug gegooid, met alles wat ik bezat, waaronder een stel jongenskleren. Ik was van plan na afloop de benen te nemen. De spoorman zou me wel een lift geven. Hij bleef er niet, dat had hij al wel gezegd. Als ik een beetje verstand had gehad dan had ik een revolver in mijn zak gegooid. Er lagen er een stuk of tien in de farm, twee op de vensterbank toen ik daar binnenkwam, waarschijnlijk geladen en schietklaar. Maar ik had er niet aan gedacht.

Ik liep hard de heuvel af, en hoorde geen knallen toen ik omlaag liep, dus er was geen schietpartij begonnen. Maar toen ik beneden kwam en langs de Potomac holde, hoorde ik een trein fluiten en zag een vaag licht dat aan de andere kant, pakweg een mijl naar het oosten, rond de berg bewoog. De B&O, die zonder tijd te verspillen uit Baltimore kwam.

Ik stormde langs de weg naar de brug over de Potomac, zo snel mijn benen me konden dragen.

De trein was net eerder dan ik aan de andere kant. Ik hoorde het sissen van de remmen toen hij plotseling stopte, net toen ik mijn voet aan de andere kant op de brug zette en de oversteek begon. Al rennend zag ik hem door de schragen van de overspanning stilstaan en sissen. De trein was een paar meter voor het station tot stilstand gekomen, precies zoals de spoorman had gezegd. Normaal stopte hij op het station, loosde passagiers, reed dan een paar meter verder naar de watertoren om water in te nemen, en zette dan over de Shenandoahbrug koers naar Wheeling, Virginia. Dat de trein daar nu stopte was niet normaal, het betekende dat het leger van de Ouwe al aan de oorlog begonnen was.

De brug over de Shenandoah had een overkapping, en de ene kant was bestemd voor karren, de andere voor de trein. Vanaf mijn plek bij de B&O-brug zag ik twee kerels met geweren naar de trein lopen vanaf de Shenandoahbrug, naar waar hij stilstond, pakweg vierhonderd meter van me vandaan. Ik kon het nog steeds halen, rennend over de B&O-brug, de trein stond stokstijf stil, blies stoom af, de lantaarn aan de voorkant bungelde boven de koevanger.

Toen ik dichterbij kwam, herkende ik vanaf de brug de twee figuurtjes die langs de trein wandelden als Oliver en Stewart Taylor. Ze hielden hun geweren gericht op de machinist en de stoker, die omlaag klommen uit de trein. Ze klommen recht in Olivers handen, echt waar. Hij en Taylor lieten ze naar de achterkant van de trein lopen, maar door het gesis en het geratel van de motor en door de afstand kon ik niet horen wat er werd gezegd. Maar ik vloog vooruit, was er bijna, en toen ik dichterbij kwam hoorde ik vaag hun stemmen.

Ik was net over de brug toen ik zag hoe het brede, lange silhouet van de spoorman uit een zijdeur van een passagierscoupé kwam zetten en omlaag klom. Traag, behoedzaam kwam hij naar beneden, bracht zijn handen omhoog, deed de treindeur achter zich dicht en liep met een lantaarn in zijn hand over de rails. Hij liep recht op Oliver af, maar zwaaide niet met de lantaarn. Hij hield hem roerloos naast zich terwijl hij naar Oliver en Taylor liep, die hun gevangenen wegvoerden in de richting van de Ferry. Oliver keek over zijn schouder, zag de spoorman en gebaarde Taylor door te lopen met de twee gevangenen terwijl hijzelf omkeerde naar de spoorman, met zijn geweer op zijn heup. Hij hief het geweer niet, maar hield het stil terwijl hij in de richting van de spoorman liep.

Ik rende hard daarheen, gebruikte elke spier die ik had. Ik kwam met een rotgang van de brug af aan de Ferry-kant, maakte een bocht en volgde de rails, onder het lopen roepend naar de twee mannen. Ze waren nog maar pakweg tweehonderd meter van me vandaan, maar de trein rammelde en dreunde, en ik liep in het donker, rende langs de rails en toen ik zag dat Oliver de spoorman naderde, riep ik: 'Oliver! Oliver! Wachten!'

Oliver hoorde me niet. Hij keek een seconde over zijn schouder en daarna weer naar de spoorman.

Ik was nu dichtbij genoeg om hun stemmen te horen. De spoorman bleef Oliver naderen, en ik hoorde hem roepen: 'Wie is daar?'

'Blijf waar je bent,' zei Oliver.

De spoorman bleef dichterbij komen en vroeg weer: 'Wie is daar?'

'Blijf daar!' zei Oliver bits.

Ik schreeuwde: 'Daar loopt Jezus!' Maar ik was niet dicht genoeg bij, en geen van de twee had me gehoord. Oliver draaide zich ditmaal niet om, want de spoorman stond voor hem, op minder dan twee meter, nog steeds met die lamp aan zijn zijde. Hij was een grote man en ik denk dat het kwam door zijn gestalte en doordat hij Oliver zo naderde, zonder angst, tja, dat Oliver zijn geweer aan zijn schouder zette. Oliver was jong, twintig nog maar, maar hij was een Brown, en zodra een Brown wat in zijn hoofd had, was hij niet meer te houwen. Ik schreeuwde: 'Oliver!'

Hij draaide zich weer om. En zag me ditmaal op hem afkomen. 'Sjalot?' vroeg hij.

Het was donker en ik weet niet of hij me duidelijk had gezien of niet. Maar de spoorman zag me helemaal niet. Hij stond op minder dan twee meter van Oliver, nog steeds met die lamp, en weer zei hij tegen Oliver: 'Wie is daar!' ditmaal ongeduldig en een beetje gespannen. Hij probeerde hem tot het wachtwoord aan te zetten, ziet u, wachtte erop.

Oliver draaide zich weer naar hem, nu met het geweer aan zijn schouder, en siste: 'Geen stap dichterbij!'

Ik weet niet of de spoorman Olivers bedoeling verkeerd begreep of niet, maar hij draaide Oliver zijn rug toe. Draaide om zijn as en liep vrij resoluut van hem weg. Oliver hield zijn vuurwapen nog steeds op hem gericht en ik denk dat Oliver hem zou hebben laten doorlopen naar de trein en erin laten gaan. Maar in plaats daarvan deed de spoorman wat vreemds. Hij bleef stilstaan, blies de lantaarn uit en liep daarna niet terug naar de trein, maar draaide zich om in de richting van het stationsgebouw, dat daar maar een paar meter van de rails stond. Liep niet naar de trein. Ging naar het station. Dat betekende zijn dood.

'Halt!' riep Oliver. Hij riep het twee keer, en de tweede keer dat hij het riep, liet de spoorman de lamp vallen en liep sneller naar het station. Toen nog sneller.

Hij heeft nooit met die lantaarn gezwaaid, God weet het. Of misschien stuitte het hem tegen de borst dat wij niet slim genoeg waren om het wachtwoord te weten, of wist hij simpelweg niet zeker wat er gebeurde, maar toen hij die lantaarn liet vallen en naar het kantoor liep, heeft Oliver waarschijnlijk gedacht dat hij hulp ging halen, en dus liet hij de Sharps voor hem spreken. Hij schoot eenmaal.

Dat Sharps-geweer, toen nog die ouwe, die blaften zo hard dat het zonde was. Dat ding hoestte er een schot uit en stuurde zo'n grote dreun de hemel in dat je die kon horen echoën langs de oevers van beide rivieren; het geluid stuitte tegen de bergen als een roeping uit den hoge, het gedaver reisde over de rivier en stuiterde door het dal van de Appalachen en langs de Potomac als een bowlingbal. Als Gods donder, zo groot klonk het, maakte een lawaai als een oordeel en plantte een kogel recht in de rug van de spoorman.

De spoorman was een grote man, meer dan zes hand hoog. Maar die kogel kreeg zijn aandacht. Hij concentreerde zich. Stond een paar tellen stil, kwam toen in beweging alsof hij niet was getroffen, liep licht aarzelend door naar het stationsgebouw, stapte daarbij over de sporen – en stortte voorover neer bij de deur van het station. Hij smakte op de grond als een berg lompen, waarbij zijn voeten in de lucht smakten.

Twee blankers gooiden de deur open en trokken hem naar binnen, net toen ik Oliver bereikte. Hij draaide zich naar me om en vroeg: 'Sjalot! Wat doe jij hier?'

'Hij stond aan onze kant!' hijgde ik. 'Hij verzamelde de negers!'

'Dan had hij dat moeten zeggen. Je heb het gezien. Ik zei toch dat hij stil moest staan! Hij zei verdomme geen woord!'

Het had geen zin het nou te vertellen. Het was mijn fout en ik was van plan het daarbij te laten. De spoorman was toch dood. Hij was de eerste man die sneuvelde bij Harpers Ferry. Een neger.

De blankers zijn daar later mee op de loop gegaan. Lachten erom. Zeien: 'O, bij het eerste schot van John Brown om de nikkers te bevrijden bij Harpers Ferry sneuvelde een nikker.' Maar in feite stierf de spoorman niet meteen. Hij leefde nog vierentwintig uur. Langer dan Oliver, zal blijken. Hij had een hele dag de tijd om zijn verhaal te vertellen nadat hij was neergeschoten, want hij bloedde dood en was bij bewustzijn voordat hij stierf, en zijn vrouw en kinderen en zelfs zijn vriend de burgemeester kwamen bij hem langs, en hij sprak met iedereen, maar vertelde nooit iemand wat hij had gedaan of wie hij werkelijk was.

Zijn echte naam was Haywood Shepherd, hoorde ik later. Toen

alles voorbij was gaven de blankers in Harpers Ferry hem een militaire begrafenis. Ze begroeven hem als een held, want hij was een van hun nikkers. Hij stierf met vijfendertighonderd dollar op de bank. Ze hebben nooit achterhaald hoe hij zo veel geld had kunnen vergaren als kruier en waarvoor hij van plan was het te gebruiken. Ik wist het wel.

Als de Ouwe hem geen verandering had opgedrongen, waardoor de spoorman zijn wachtwoord aan de verkeerde persoon gaf, zou hij nog een dag geleefd hebben en al dat geld dat hij had gespaard, hebben besteed aan het vrijkopen van zijn familie. Maar hij riep de verkeerde man zijn woorden toe en maakte de verkeerde beweging.

Het was een eerlijke vergissing, gemaakt in de hitte van dat moment. En ik geef mezelf daar niet voor op mijn kop. Niet ik heb namelijk de lantaarn van de spoorman uitgeblazen en hem in die nacht laten vallen. Dat heeft de spoorman zelf gedaan. Als hij was gekalmeerd en nog even had gewacht zou hij mij hebben gezien en dat ding op en neer hebben gezwaaid. Maar het was moeilijk dat allemaal diep in mezelf te accepteren, eerlijk gezegd, want er was een hoop mee verloren gegaan.

Ik zei tegen Oliver, die voor me stond: 'Mijn schuld.'

'Er is later nog genoeg tijd om te tellen hoeveel kippen er kwijt zijn,' zei hij. 'Eerst actie.'

'Je begrijpt het niet.'

'Begrijpen later, Sjalot. We moeten gaan!'

Maar ik kon me niet verroeren, want toen ik een blik over Olivers schouder wierp wist ik niet wat ik zag. Ik stond voor hem en had zicht op de rails achter hem, en wat ik zag maakte dat die twee kleine walnoten die diep onder mijn jurk bij mekaar verpakt zaten, zich in paniek samentrokken.

In het schemerlicht van de herberg dat het spoor verlichtte, stroomden tientallen zwarten, misschien zo'n zestig à zeventig, uit twee bagagewagons. Het was in de kleine uurtjes van maandagochtend en sommigen droegen nog steeds hun zondagse kerkkostuum, want ik neem aan dat ze de dag tevoren een dienst hadden bijgewoond. Mannen in witte overhemden en vrouwen in een jurk. Mannen, vrouwen, kinderen, sommigen op hun paasbest, anderen zonder schoenen, soms met stokken en pieken en zelfs een paar ouwe geweren. Ze sprongen uit de bagagewagons alsof ze in brand stonden, die hele kudde, keerden zich om en holden weg, vluchtten terug naar Baltimore en Washington, D.C., zo snel hun voeten konden. Ze wachtten op het zwaaien met die lamp van de spoorman. En toen hij dat niet deed namen ze de kuierlatten en gingen naar huis. Negers hadden er in die dagen niet veel tijd voor nodig om te denken dat ze waren belazerd door wie dan ook, blank of niet-blank.

Toen Oliver zich omdraaide en achter zich keek sprongen de laatsten net uit de bagagewagon en bereikten hollend de rails, hij keek verbaasd weer naar mij en vroeg: 'Wat gebeurt er?'

Ik zag de laatsten verdwijnen, tussen de bomen en ertussenuit schieten, het struikgewas inspringen, een paar sprintten over de rails, en ik zei: 'We zijn verloren.'

29 VERWARRING TEN TOP

Ik glipte achter Oliver en Taylor aan toen ze haastig van de brug stapten met de machinist en de stoker als gevangenen. Ze voerden het tweetal langs het Gault House aan Shenandoah Street en recht naar het arsenaal, door de poort van de Ferry, die onbewaakt was. Onderweg legde Oliver uit dat het geheim op straat lag. Cook en Tidd hadden de telegraafdraden van de stad al doorgesneden, zijn ouwere broer Watson, een van de andere zoons van de kapitein, bewaakte met een van de Thompson-jongens de Shenandoah-brug. De overigen hadden de twee bewakers overvallen; ze waren de gebouwen van het arsenaal binnengeslopen en hadden ze gegrepen. Twee kerels betrokken de wacht in het arsenaal waar de vuurwapens werden bewaard. De trein was tegengehouwen. Kagi en John Copeland, de gekleurde soldaat, hielden de gewerenfabriek bezet, de plek waar de vuurwapens werden gemaakt. De rest van het leger van zeventien man van de Ouwe was verspreid over verschillende gebouwen op het terrein.

'Er waren maar twee bewakers,' zei Oliver. 'Die hebben we overrompeld. We hebben de val perfect laten dichtklappen.'

We brachten de gevangenen naar de brandweerkazerne, waarvan de ingang werd bewaakt door twee van de soldaten van de Ouwe en toen we naar binnen liepen was de kapitein druk bezig met het geven van bevelen. Toen hij zich omdraaide en mij binnen zag komen, dacht ik dat hij teleurgesteld en boos zou zijn omdat ik zijn bevelen niet had opgevolgd. Maar hij was gewend aan gekke samenlopen van omstandigheden en aan dingen die scheef gingen. Zijn gezicht stond niet boos, maar blij. 'Ik wist het. De Heer der Heerscharen ziet onze overwinning naken!' verklaarde hij. 'Onze oorlog is gewonnen, want Sjalot, ons goeie voorteken, is teruggekeerd! Zoals het boek Jesaja zegt: "Wee de goddeloze. En zegt van de rechtvaardige dat het hem zal welgaan!"'

De mannen om hem heen juichten en grinnikten, behalve, zag ik, O.P. Anderson en de keizer. Zij waren de enige twee niet-blankers ter plaatse. Ze zagen er puur van de donder getroffen uit, van hun stuk gebracht, verontrust zelfs.

De Ouwe mepte me op mijn rug. 'Ik zie dat je gekleed ben op de overwinning, Sjalot,' zei hij, want ik had nog steeds mijn jutezak bij me. 'Je ben goed voorbereid. We trekken binnenkort de bergen in. Zodra de negers naar de korf komen, zijn we weg. Er ligt nog een hoop werk in het verschiet.' En daarmee draaide hij zich om en begon weer bevelen uit te delen, gaf iemand opdracht de drie mannen bij de farm te halen om een nabijgelegen schoolgebouw voor te bereiden op de ontvangst van een groep negers. Hij zat simpelweg barstensvol bevelen, zei de ene man de ene kant op te gaan en de andere die kant op. Er was voor mij eigenlijk niks te doen, behalve me koest houwen. Er waren al een stuk of acht gevangenen in de kamer, en die keken ronduit somber. Sommige van hen schudden nog steeds de slaap uit hun ogen, want het was tegen tweeën en ze waren op de een of andere manier gewekt. Ik herinner me dat er onder de mensen ter plaatse een echtpaar was dat zich had laten onderscheppen toen ze afsneden via het arsenaal na het verlaten van de Gault-herberg in de stad, twee arsenaalarbeiders, twee spoorwegarbeiders en een dronkenlap die het grootste deel van de tijd op de vloer lag te slapen, maar lang genoeg wakker werd om te verklaren dat hij de kok van de Gault House-herberg was.

De Ouwe negeerde ze uiteraard, liep langs ze heen en zag er al commanderend buitengewoon gelukkig uit. Zo jofel had ik hem nog nooit gezien, en voor het eerst in lange tijd kraakten de rimpels in zijn gezicht, ze draaiden om mekaar heen en kronkelden rond zijn neus als spaghetti, en de hele verzameling barstte en maakte plaats voor... hoe kan ik het zeggen... pure tevredenheid. Hij was niet in staat tot glimlachen, geen eerlijke, openhartige mik-je-onderbroek-uit-het-raam-glimlach, waarbij die rij gigantische, maïskleurige paardentanden van hem bloot kwamen, die ik van tijd tot tijd had gezien als hij op beer of varkensdarmen kauwde. Maar in termen van algemene tevredenheid haalde hij de honderd procent. Hij had wat belangrijks bereikt. Je kon het zien in zijn gezicht. Ik vond het zeer aangrijpend. Hij had het echt gedaan. Hij had Harpers Ferry ingenomen.

Als ik terugkijk, had het hem niet meer dan vijf uur gekost om de hele bups van A tot Z voor mekaar te krijgen. Tussen het moment dat ze daar binnenliepen om negen uur en het moment dat de trein aankwam, vlak na enen 's nachts, lagen in totaal vijf uren. Het draaide als een lier totdat ik daar aankwam: ze sneden de telegraafdraden door, overmeesterden de twee ouwe bewakers, kwamen langs twee saloons die volop verlicht waren en vol pro slavers zaten en liepen zo het arsenaal binnen. Dat arsenaal besloeg een vrij groot terrein, ruim vier hectare, en had een aantal gebouwen voor verschillende facetten van de productie van vuurwapens, lopen, musketten, munitie, hamers, enzovoort. Elk gebouw op het terrein dat op slot was braken ze open en namen ze in bezit. Het belangrijkste was de vuurwapenfabriek. De Ouwe plantte zijn beste soldaten daar, luitenant Kagi en John Copeland, de neger van het Oberlincollege. A.D. Stevens, die een onaangenaam mens was maar waarschijnlijk de beste vechtjas onder zijn mannen, hield Brown bij zich.

Mijn komst leek de zaak op een hoger niveau te brengen, want na een paar minuten waarin hij de ene kerel zei dit te doen en de andere kerel zei dat te doen en enkele bevelen gaf die in hun ogen geen zin hadden, want het was allemaal toch al voor mekaar, stopte de Ouwe, keek om zich heen en zei ernstig: 'Mannen! We hebben op dit moment de controle over honderdduizend geweren. Dat is meer dan genoeg voor ons nieuwe leger, wanneer ze komen.'

De mannen juichten weer, en toen al het gejuich wegstierf, draaide de Ouwe zich om en zocht naar Oliver, die met mij was binnengekomen in de kazerne. 'Waar is Oliver?' vroeg hij.

'Teruggegaan om de trein te bewaken,' zei Taylor.

'O ja,' zei de Ouwe. Hij keek nu naar mij. 'Heb je de spoorman gezien?'

Tja, ik had niet de moed hem het slechte nieuws te brengen. Kon het niet op een harde manier doen. Dus ik zei: 'In zekere zin.'
'Waar is hij?'
'Oliver heeft hem voor zijn rekening genomen.'
'Heeft de spoorman de bijen gekorfd?'
'Nou en of, kapitein.'
O.P. Anderson en de keizer, de twee negers, kwamen naar me toe toen ze me een bevestigend antwoord hoorden geven.
'Weet je het zeker?' vroeg O.P. 'Je bedoelt dat de negers zijn gekomen?'
'Een heleboel.'
De Ouwe was opgetogen. 'God is barmhartig geweest en het heeft vrucht gehad!' zei hij en hij stond op, boog zijn hoofd en hield zijn armen uiteen met de handpalmen naar boven, werd acuut vroom. Hij vouwde zijn handen in gebed. 'Heeft Hij niet gezegd: "Onthoud niets degene aan wie het toekomt," schreeuwde hij bijna, '"wanneer het in de macht ligt van uw hand dat te doen"?' en hup daar ging hij van start, voor zijn dankwoorden rondstruinend in het boek Prediker enzovoort. Hij stond daar ruim vijf minuten Bijbelteksten te murmelen en te mompelen terwijl O.P. en de keizer mij nazaten door de ruimte, vragen stelden, want ik liep voor ze weg. Ik wou alles alleen maar vermijden.
'Hoeveel waren het er?' vroeg O.P.
'Een stelletje.'
'Waar zijn ze?' vroeg de keizer.
'Op de weg.'
'Zijn ze weggerend?' vroeg O.P.
'Ik zou het niet rennen noemen,' zei ik.
'Hoe zou je het dan willen noemen?'
'Ik noem het een klein misverstandje.'
O.P. greep me in mijn nek. 'Sjalot, je kan het beter eerlijk spelen.'
'Nou, er was wat verwarring,' zei ik.
De Ouwe stond in de buurt diep in gebed te mompelen en murmelen, met gesloten ogen babbelde hij voort, maar toen hij dat hoorde floepte een van zijn ogen open. 'Wat voor verwarring?'

Net toen hij dat zei, werd er hard op de deur geklopt.

'Wie is hierbinnen?' riep een stem.

De Ouwe holde naar het raam, en wij volgden. Buiten, bij de voordeur van de kazerne stonden twee blankers, spoorwegarbeiders, allebei schijnbaar zo dronken dat ze elk moment darmwater konden gaan niezen, waarschijnlijk waren ze net weggelopen uit de Gault House-herberg in de nabijgelegen Shenandoah Street.

De Ouwe schraapte zijn keel en stak zijn hoofd door het raam. 'Ik ben Osawatomie John Brown uit Kansas,' verklaarde hij. Hij gebruikte graag zijn volledige indiaanse naam als hij aan het strijden was. 'En ik kom het negervolk bevrijden.'

'Wat komt u doen?'

'Ik kom het negervolk bevrijden.'

De kerels lachten. 'Ben u dezelfde kerel die de neger heeft neergeschoten?' vroeg een van de twee.

'Welke neger?'

'Die ene op het emplacement, daar. Ligt op sterven, zegt de dokter. Zeien dat ze een nikkermeisje hem zagen neerschieten. Zijn ze hartstikke kwaad over. En waar is Williams? Hoort op zijn post te wezen.'

De Ouwe keek naar mij. 'Heeft iemand daar geschoten?'

'Waar is Williams?' vroeg de kerel buiten weer. 'Hij hoort op zijn post te wezen. Doe deze verdomde deur open, stuk idioot!'

'Vraag je eigen mensen maar naar die man van jullie,' schreeuwde de Ouwe terug door het raam.

O.P. tikte de kapitein op de schouder en zei schuchter: 'Williams is hier, kapitein. Hij is een van de bewakers van het arsenaal.'

De Ouwe keek naar de bewaker, Williams, die somber kijkend op een bankje zat. Hij leunde uit het raam. 'Neem me niet kwalijk,' zei hij. 'We hebben hem hier.'

'Nou, laat hem naar buiten komen.'

'Als jullie het negervolk laten gaan, dan laten wij hem naar buiten.'

'Stop met je geintjes, jij idioot met je janklaassenkop. Laat hem eruit.'

De Ouwe stak zijn Sharps-geweer uit het raam. 'En nou graag wegwezen,' zei hij, 'en vertel jullie superieuren maar dat de Ouwe Osawatomie John Brown hier in het federalistische arsenaal zit. Met gijzelaars. En mijn doel is de bevrijding van het negervolk uit de slavernij.'

Williams, de bewaker van het arsenaal die op een bankje langs de muur zat, stond plotseling op, stak zijn hoofd uit een raam en riep: 'Fergus, hij maakt geen geintjes. Ze hebben hier een stuk of honderd gewapende nikkers binnen, en ze houwen mij gevangen!'

Ik weet alleen dat die kerels een van hun eigen mensen uit het raam zagen roepen, of misschien kwam het door wat hij zei over die gewapende negers, of door het geweer van de Ouwe, maar ze verspreidden zich in rap tempo.

Tien minuten later stonden er vijftien kerels op veilige afstand van het gebouw, hoofdzakelijk dronkenlappen uit de Gault House-saloon aan de overkant, die onderling kibbelden en krakeelden, want maar twee van hen hadden wapens, en in elk gebouw binnen de poorten van het arsenaal waar ze heen holden om een vuurwapen te halen, stuitten ze op een geweer dat uit het raam op hen gericht was met iemand die ze vertelde dat ze moesten opsodemieteren. Een van de lui die vooraan stonden stapte naar voren, kwam op zijn tenen dicht genoeg naar de voordeur van de kazerne om te worden gehoord en riep toen: 'Hou op met die gein en laat godverdomme Williams los, wie je ook ben, of we halen de ondersheriff.'

'Haal hem maar,' zei de Ouwe.

'Goed, we zullen hem halen. En als je onze man maar met ene vinger aanraakt, jij drogekoekjesvreter, dan schieten we een gat in je dat groot genoeg is om een muilezel doorheen te laten rijen.'

Stevens gromde: 'Ik vin het welletjes.' Hij stak zijn karabijn door het raam en loste een salvo over hun hoofd heen. 'Wij zijn gekomen om het negervolk te bevrijden,' riep hij. 'Vertel het maar verder. En als je niet terugkomt met wat eten, zullen we de gevangenen doodschieten.'

De Ouwe keek fronsend naar Stevens: 'Waarom zeg je dat nou?'

Stevens haalde zijn schouders op. 'Ik heb honger,' zei hij.

We keken hoe de mannen de poort uit klauterden, alle kanten op stormden, de heuvel op renden naar het dorp en naar de hogere gedeelten erachter, waar de huizen hutje bij mutje dooreen stonden, en luide kreten slaakten.

Nou, het begon traag en het leek traag te blijven gaan. Het werd ochtend en buiten de muren van het arsenaal kon je bij het licht van de dageraad de stad wakker zien worden, en ondanks al dat geschreeuw van de nacht tevoren leek niemand daar te weten wat hij moest doen. Op straat liepen mensen beide kanten op naar hun werk, alsof er niks aan de hand was, maar op het station ontstond geleidelijk steeds meer activiteit. Verschillende mensen die daar bij mekaar stonden vroegen zich vermoedelijk af waar de machinist en de stoker waren, want de locomotief van de B&O stond daar maar, geen beweging in te krijgen, de motor dood, opgedroogd, want zonder één druppel water en de machinist was verdwenen, want hij en de stoker waren onze gevangenen. Naast het Gault House heerste algemene verwarring en in het Wager House ernaast – een saloon annex hotel net als het Gault – werd ook nog wat rondgescharreld. Een aantal van die lui waren passagiers die uit de trein waren gestapt, naar het station waren gelopen en zich afvroegen wat er aan de hand was. Verschillende passagiers droegen hun bagage mee, gaven tekens en maakten gebaren en zo, ik denk dat ze verschillende verhalen vertelden, en ik hoorde zeggen dat een aantal had gemompeld dat ze een stelletje negers uit de bagagewagen hadden zien weghollen. Maar er lag eerlijk gezegd een feestelijke atmosfeer over het geheel. Mensen stonden hier en daar te kletsen. En dan liepen er die morgen ook nog verschillende arbeiders langs de menigte recht naar de poort van het arsenaal om te gaan werken, ze wisten nog van niks en stuitten op de lopen van de mannen van de kapitein, die zeien: 'Wij zijn gekomen om de neger te bevrijden. En u ben onze gevangene.'

Sommigen geloofden het niet, maar ze werd onverbiddelijk de kazerne binnen geduwd, en tegen tienen die ochtend hadden we verdorie zowat vijftig mensen die daarbinnen rondliepen. Ze waren wat minder ongelovig dan de lui van de vorige avond, want de kapitein zette de keizer neer om ze te bewaken, en de keizer, nou die was vreselijk serieus om te zien. Hij was een trots ogende neger met een donkere huid, een dikke borst, een doodernstig gezicht, en trok de aandacht met dat Sharps-geweer. Een en al zakelijkheid.

Tegen elven begon de Ouwe de ene fout na de andere te maken. Ik zeg dat nou, terugkijkend. Maar destijds leek het zo slecht nog niet. Hij was tijd aan het rekken, ziet u, wachtte op de negers. Menig dwaas heeft dat gedaan, gewacht tot de neger wat deed, onder meer de neger zelf. En dat heeft een jaar of honderd geduurd. Maar de Ouwe had geen honderd jaar. Hij had maar een paar uur, en dat zou hem opbreken.

Hij staarde uit het raam naar de trein en de boze passagiers die eruit stroomden, steeds meer, puffend en tuffend, boos om hun vertraging, niet wetend wat er aan de hand was. Hij draaide zich om naar Taylor en zei: 'Ik zie geen reden om al die mensen van hun zaken en hun reizen af te houwen, want ze hebben betaald voor die treinkaartjes. Laat de machinist en de stoker los.'

Taylor deed wat hem was gezegd, sneed de treinmachinist en de stoker los, en liep achter ze aan naar de trein om Oliver, die de trein op de brug tegenhield, te vertellen dat ze weg mochten.

Door dat te doen, door die trein te laten gaan, gaf de Ouwe pakweg tweehonderd gijzelaars uit handen.

De machinist en de stoker bleven niet staan bij de poort, want ze hadden Taylor achter zich aan, die hen vanuit de achteringang van het arsenaal naar de andere kant van de schragenbrug joeg, recht naar de stoomlocomotief. Ze kregen hem in dertig minuten op stoom, de passagiers klommen aan boord en ze lieten de trein naar Wheeling, Virginia rijen, in recordtijd, met ruime marge.

'Ze zullen stoppen bij de eerste stad en het nieuws telegraferen,' zei Stevens.

'Ik zie geen reden om de postdienst van de vs te belemmeren,' zei de Ouwe. 'Bovendien willen we dat de wereld weet wat we hier doen.'

Nou, de wereld wist het rond het middaguur, want wat die ochtend was begonnen als een feestelijke gebeurtenis met kerels die slechte drank naar binnen goten en onderling stonden te kletsen, was inmiddels gereduceerd tot ongeloof, irritatie en ten slotte gevloek en een samenscholing in de buurt van het arsenaal. We hoorden hoe ze geruchten en vermoedens naar mekaar riepen over de reden waarom de Ouwe de kazerne bezet hield. Eén man zei dat een gestoorde groep rovers probeerde de kluis van het arsenaal open te krijgen. Een ander riep dat een arts zijn vrouw had vermoord en zich daar verstopte. Weer een ander durfde te beweren dat een nikkermeisje haar verstand had verloren, haar meester had gedood en naar de brandweerkazerne was gehold voor bescherming. Nog weer een ander zei dat de B&O-trein was gesaboteerd door een kruier vanwege een liefdesrelatie. Alles behalve wat de Ouwe had verklaard. Het idee dat een groep blanke kerels 's lands grootste arsenaal had overgenomen om te helpen het negerras te bevrijden was simpelweg meer dan ze aankonden, denk ik.

Tot slot stuurden ze een afgezant om te praten met de Ouwe, een gewichtig ogende kerel met een linnen pak aan en een bolhoed op, waarschijnlijk een soort politicus. Hij marcheerde een paar meter de poort in, riep naar de Ouwe dat hij moest kappen met die gein en ophouwen de zuiplap uit te hangen, en hij werd getrakteerd op een geweerschot over zijn hoofd heen. Die knakker zoefde zo snel de poort uit dat zijn hoed van zijn hoofd vloog en voordat het ding de grond raakte stond hij alweer aan de overkant van de straat.

Eindelijk maakte om een uur of één een stokouwe man in een arbeiderskloffie zich los van de menigte mompelaars en geërgerde omstanders die op veilige afstand aan de overkant voor het Gault House stonden, hij schuifelde langzaam over Shenandoah Street, liep recht het arsenaal binnen, beende naar de deur van de kazerne en klopte. De Ouwe koekeloerde naar hem door het raam, zijn Sharps in de aanslag. Het was inmiddels volop dag, en niemand had geslapen. Het gezicht van de Ouwe was doorgroefd en stond strak.

'We begrijpen dat u de ouwe John Brown ben uit Osawatomie, Kansas,' zei de ouwe man beleefd. 'Klopt dat?'

'Ben ik.'

'Nou, nou ik u van dichtbij zie, ben u inderdaad oud,' zei de kerel.

'Ik ben negenenvijftig,' zei de Ouwe. 'Hoe oud ben u?'

'Ik win het met acht jaar, meneer. Ik ben zevenenzestig. Nou, u heb daar mijn jongere broer binnen. Die is tweeënzestig. En ik zou het waarderen als u hem los zou laten, want hij is ziek.'

'Wat is zijn naam?'

'Odgin Hayes.'

De Ouwe draaide zich om. 'Wie hier is Odgin Hayes?'

Drie ouwe kerels staken hun hand omhoog en stonden op.

De kapitein fronste. 'Nou, dat werkt niet,' zei hij. En hij begon aan een preek voor het drietal over de Bijbel en het boek Koningen, over hoe Salomo twee vrouwen bij zich had die elk aanspraak maakten op dezelfde baby, totdat de koning zei: ik zal de baby in tweeën hakken en geef u beiden de helft, en een van de vrouwen zei: geef het maar aan de andere moeder, want ik kan er niet tegen te zien dat mijn baby in tweeën wordt gehakt, dus de koning gaf het aan haar, want hij wist dat zij de echte moeder was.

Dat zette ze op hun plaats, of misschien het gedeelte over het in tweeën hakken, of misschien het feit dat hij bij de preek zijn slagzwaard gebruikte om hier of daar wat te benadrukken. Wat het ook was, twee van de drie biechtten meteen op dat ze logen en gingen zitten, terwijl de echte Odgin bleef staan; de Ouwe liet hem naar buiten.

De ouwe kerel buiten waardeerde het gebaar en zei dat ook, maar toen hij door het arsenaal terugliep naar Shenandoah Street, was de menigte inmiddels aangegroeid, en scharrelden er een aantal kerels in militie-uniform rond, zwaaiend met zwaarden en geweren. Allebei de saloons, het Gault House en het Wager House, deden goeie zaken en de menigte was toeterzat, luidruchtig en onhandelbaar, er werd gevloekt en zo.

Intussen kregen de gevangenen binnen honger – net als Stevens natuurlijk – en begonnen te brullen om eten. De Ouwe zag dat en zei: 'Even wachten.' Hij schreeuwde uit het raam naar de poort: 'Heren. De mensen hier hebben honger. Ik heb hier vijftig gevangenen die sinds afgelopen nacht niet hebben gegeten, net zomin als mijn mannen. Ik ruil een van mijn gevangenen voor een ontbijt.'

'Wie stuur je?' riep iemand.

De Ouwe noemde de dronkelap die de avond tevoren wankelend was komen aanlopen, werd gevangengenomen en aankondigde dat hij de kok was van het Gault House.

'Die zuiplap hoef je niet te sturen,' werd er geroepen. 'Hij kan met koken zijn leven niet redden. Hou hem maar.'

Er werd gelachen, maar toen gemopperd en gevloekt, en ten slotte gingen ze ermee akkoord de kerel vrij te laten. De kok schuifelde naar het Gault House en kwam een paar uur later terug met drie mannen die borden met eten droegen, die hij uitdeelde onder de gevangenen, met een fles whisky. Toen dronk hij zelf wat en viel weer in slaap. Hij vergat volledig dat hij vrij weg kon lopen.

Inmiddels was het tegen vier uur in de middag. De zon stond hoog aan de hemel, en de menigte buiten had het warm. Blijkbaar verspreidde de arts die de spoorman had behandeld het bericht in de stad dat de spoorman op sterven lag. Ze zagen verschillende mannen te paard omhoog galopperen door de wijk Bolivar Heights – je kon ze omhoog zien rijen over de wegen naar de huizen die hutje mutje vlak boven het arsenaal lagen, en je kon ze geruchten horen roepen, die heuvelaf weerkaatsten: kreten dat het arsenaal was ingenomen door opstandige negers. Dat maakte de situatie gespannen. Al het leuke was er toen wel af. Het dronken geketter sloeg om in getier en complete vloek- en scheldpartijen, gepraat over de moeders van mensen en over het verkrachten van blanke vrouwen, in de menigte werd hier en daar gezwaaid met geweren en pistolen, maar er werd nog niet geschoten.

Ineens kwamen aan de andere kant van het arsenaal, tegenover de geweerfabriek, een aantal stedelingen naar buiten gerend uit een onbewaakt gebouw met gestolen geweren in hun hand. Kagi,

Leary en Copeland, die de geweerfabriek aan de andere kant van de binnenplaats bewaakten, zagen ze door hun raam en openden het vuur.

De menigte buiten de poort verspreidde zich snel, en nou openden zij het vuur. De mannen van de Ouwe beantwoordden het, de ramen spatten kapot en de kogels pingden in de bakstenen muren rond de stedelingen. Ze groepeerden zich snel. Twee militiebataljons in verschillende uniformen, sommigen in vol ornaat en anderen alleen met de hoed en de jas, kwamen uit de lucht vallen en verzamelden zich op een slordige manier rond de binnenplaats van het arsenaal. Die dwazen hadden alle soorten vuurwapens die ze konden opgraven: kleinwildgeweren, musketten, ganzenroeren, revolvers, ouwe musketten, en zelfs een paar roestige zwaarden. Een stuk of zes mannen staken de Potomac boven de Ferry over, volgden de doorgang naast het Chesapeake-en-Ohiokanaal en vielen Oliver en Taylor aan op de brug; zij openden het vuur. Een andere groep stak de Shenandoah over tegenover de geweerfabriek. Een derde groep wou de Shenandoahbrug veroveren en schoot op twee van de mannen van de Ouwe die daar waakten. Kagi en Copeland hadden opeens de handen vol aan de andere kant van het arsenaal met weer een andere groep daar, die de geweren had gestolen. En met dat al was het hek van de dam. Het was begonnen.

De milities en burgers buiten de hoofdpoort staken even de koppen bij mekaar, verzamelden zich toen in een groep en marcheerden, en dan bedoel ik echt marcheren, ruim dertig man, zou ik zeggen, marcheerden recht de poort van het arsenaal binnen, vuurden daarbij op de kazerne en schoten door alle ramen naar binnen.

Maar toen kwam in de kazerne de Ouwe in actie. 'Mannen! Kalm blijven! Geen kruit en lood verspillen. Laag richten. Zorg dat elk schot telt. Zij zullen verwachten dat we ons meteen terugtrekken. Zorgvuldig mikken.' De mannen deden wat hij zei en losten uit de ramen genoeg salvo's op de militie om ze tien meter achteruit te dringen, waarna ze zich in een mum van tijd weer verspreidden buiten de poort van het arsenaal en op Shenandoah Street.

Dat vuren was te veel voor die stedelingen, die nou buiten de poort bleven, alleen ditmaal niet zo ver, niet aan de overkant van de straat. Hun aantal nam ook met de seconde toe. We zagen er ook een stel boven uit de heuvels komen, sommigen rennend, anderen te paard. Door het raam zag ik Kagi opduiken uit de geweerfabriek en een poging doen naar ons toe te komen; gedekt door Copeland schoot hij zich langs de toegangspoort een weg over de binnenplaats. Het was geen kleinigheid om bij de kazerne te komen, maar het lukte hem in één lange sprint. De keizer deed de deur voor hem open en sloeg hem achter hem dicht.

Kagi was kalm, maar zijn gezicht zag rood van de spanning. 'We hebben nu een kans om weg te komen,' zei hij. 'Ze sturen een groep om allebei de bruggen in te nemen. Als we niet opschieten hebben ze over een paar minuten de B&O-brug in handen. En als ze de Shenandoahbrug innemen, zitten we in de val.'

De Ouwe vertrok geen spier. Hij stuurde Taylor om de B&O-brug te bewaken, zei Kagi terug te gaan naar zijn positie met Dangerfield Newby, een niet-blanke, en zei toen tegen Stevens en O.P. Anderson: breng Sjalot weer naar de farm en kom terug met de negers. Die zitten daar ongetwijfeld in de korf en popelen om mee te doen aan de strijd voor hun vrijheid. Het wordt tijd om deze oorlog in de volgende fase te brengen.'

O.P. en Stevens maakten zich rap klaar. O.P. had een blik op zijn gezicht die zei dat hij het niet jammer vond om te vertrekken – net zomin als ik. Ik had bange voorgevoelens, want ik wist op dat moment dat het de Ouwe in zijn bol geslagen was. Ik was niet in de stemming om op dat moment afscheid van hem te nemen, ook al had ik hem nog niet alles opgebiecht over de doodgeschoten spoorman. Het leek niet uit te maken, want de zaak vloog op een ergere manier uit de hand dan zelfs ik me had voorgesteld, en ik kneep hem voor mijn kont, want hoewel het een klein kontje was, dat tot dan toe bijna drie jaar bedekt was geweest door een jurk en een petticoat, hoorde het bij mijn achterkant, dus was ik er altijd op gesteld. Ik was eraan gewend dat de Ouwe niet meer aanspreekbaar was en vroom werd zodra het schieten begon. Dat was niet het probleem. Het probleem was: pakweg honderd gewapende blankers die voor de poort stonden te schreeuwen, zich volgoten, dubbel zagen, en de meute die met de seconde groeide. Ik zou hier kunnen vermelden dat voor het eerst in mijn leven het gevoel van schijnheilige vroomheid me begon te bekruipen. Het voelde of ik een beetje contact kreeg met de Here Here. Misschien kwam het doordat ik nodig moest pissen en geen plek had om dat te doen zonder me te verraden, want dat was altijd een probleem in die dagen, dat, en dat ik me elke avond als ik naar bed ging moest aankleden alsof ik op jacht ging. Maar ik denk dat er nog wat meer was. De Ouwe probeerde me menige dag heiligheid op te dringen, maar ik had hem in de jaren daarvoor genegeerd. Het waren voor mij louter woorden. Maar toen ik buiten die menigte zich zag samenpakken, begon de zaak me te benauwen en werd ik bang tot in mijn kleine bungelende boefje en zijn impulsieve tweeling. Ik merkte dat ik mompelde: 'Heer, neem me eventjes niet kwalijk. Ik ben tot dusver niet zo verdraagzaam geweest tegenover Het Woord maar...' Kagi hoorde me en wierp me een boze blik toe, want hij was een sterke man, een man met moed – maar ook bij een sterke man kan de moed verkeren en te zwaar beproefd worden. Ik zag ditmaal echte bezorgdheid in zijn gewoonlijk koele gezicht, en hoorde hem schor worden terwijl hij het zei; want hij zei zonder omhaal tegen de Ouwe: 'Wegwezen voordat het te laat is, kapitein.' Maar de Ouwe negeerde hem, want hij had gehoord dat ik Gods naam riep, en dat prikkelde hem aangenaam. Hij zei: 'Lieve Jezus! Sjalot heeft U ontdekt! Succes is ophanden!' Hij draaide zich naar Kagi, zo kalm als een kom schildpadsoep, en zei: 'Aandacht voor het arsenaal. Er komt versterking.'

Kagi deed wat hij zei, terwijl O.P. en Stevens een paar extra kogels en patronen voor hun geweren pakten, die in hun zakken gooiden en naar het raam aan de achterkant liepen. Ik kwam achter ze aan. Het raam keek uit op de achterwand van het arsenaal. Ze schoten een paar keer uit het raam, verjoegen daarmee een paar stedelingen die daar rondliepen, waarna we gedrieën erdoorheen naar buiten kropen. We bereikten de achtermuur, die leidde naar de rivierbodem bij de B&O-brug. In een wip waren we over die muur. We renden door een stuk open land, sprintten over de brug en haalden het eind alleen omdat Oliver en Taylor salvo's afvuurden op een groepje vijanden die probeerden ze van de brug af te jagen. We haalden het terwijl aan alle kanten de kogels pingden en liepen in een paar seconden de brug over naar de andere oever. Vandaar glipten we langs nog twee mannen van de Ouwe, staken de weg over en klommen in enkele seconden door dik struikgewas de berg op in de richting van de farm van Kennedy: buiten gevaar.

We stopten bij een open plek ongeveer een halve mijl bergop. Vanwaar we stonden zagen we de massa's en de militie buiten het arsenaal aangroeien, ze vielen nu aan in groepjes van vier of vijf man, beschoten de kazerne en als de Ouwe en zijn mannen het vuur beantwoordden krabbelden ze terug – waarbij telkens een of twee stedelingen het loodje legden. De gewonden lagen open en bloot op de binnenplaats van het arsenaal te kreunen, amper een meter van hun medestrijders vandaan, van wie er enkelen hun laatste adem al hadden uitgeblazen, terwijl hun overige broeders samenklitten bij de toegangsweg aan Shenandoah Street, boos vloekend, bang om binnen te komen en ze te pakken. O, het was een gigantische puinhoop.

We kregen het er doodsbenauwd van. Ik wist dat ik niet terug zou gaan naar de Ferry. De menigte buiten het arsenaal was inmiddels aangegroeid tot bijna tweehonderd man en er kwam nog meer; de meesten droegen in de ene hand flessen lalcohol en in de andere een geweer. Achter ze, in de stad zelf en erboven, in Bolivar Heights, zagen we tientallen mensen omhoog vluchten, de heuvels in en weg uit Harpers Ferry, de meesten niet-blank, maar ook een flink aantal blankers.

Stevens bleef de heuvel beklimmen terwijl O.P. en ik even samen stonden te kijken.

'Ga je terug?' vroeg ik O.P.

'Als ik dat doe,' mompelde hij, 'is het op mijn handen lopend.'

'Wat gaan we doen?'

'Ik weet het niet,' zei hij. 'Maar ik zou niet eens teruggaan als Jezus Christus Zelf daar was.'

Ik beaamde het zwijgend. We draaide ons om en beklommen de berg, Stevens achterna, en zochten zo snel we konden onze weg omhoog naar de farm.

30 DE BIJEN ONTKORVEN

We kwamen Cook tegen op een rustige landweg in de buurt van de farm van Kennedy; hij was opgewonden. Voordat we een woord konden zeggen, flapte hij eruit: 'We hebben een paar bijen in de korf!' Hij bracht ons naar een schoolgebouw in de buurt, waar Tidd en Owen stonden neer te kijken op twee blankers en een stuk of tien slaven. De niet-blankers zaten op de veranda van het schoolgebouw en zagen er verbijsterd uit, alsof ze net uit bed waren. Cook wees naar een van de blankers die bij ze zat onder de loop van Owens geweer. 'Dat is kolonel Lewis Washington,' zei hij.

'Wie is hij?' vroeg O.P.

'De achterneef van George Washington.'

'Dé George Washington?'

'Precies.' Hij pakte een glanzend, machtig ogende zwaard van de vloer van de veranda. 'Dit vonden we aan de schoorsteenmantel boven zijn open haard.' Hij keek O.P. aan en zei: 'Ik mag jou het zwaard van zijn oudoom aanbieden. Een geschenk van Frederik de Grote aan Washington.'

O.P. bekeek het slagzwaard alsof het vergif was. 'Waarom moet ik het hebben?' vroeg hij.

'De Ouwe zou dat willen. Het is symbolisch.'

'Ik... Ik heb het niet nodig,' zei O.P.

Cook fronste zijn voorhoofd. Stevens graaide het zwaard weg en stak het in zijn riem.

Ik liep naar kolonel Washington om even te kijken. Het was een lange, magere blanke in een nachthemd, ongeschoren en met zijn slaapmuts nog op zijn hoofd. Hij trilde als een hert. Hij zag er erg somber en bang uit, gewoon zielig.

'Toen we binnendrongen in zijn huis, dacht hij dat we dieven waren,' Tidd snoof. 'Hij zei: "Neem mijn whisky! Neem mijn slaven. Maar laat mij met rust." Krijste als een baby.' Tidd boog zich voorover naar kolonel Washington. 'Wees een man!' blafte hij. 'Wees een man!'

Dat inspireerde Stevens, de ergerlijkste ziel die ik ooit ben tegengekomen. Hij was over het algemeen de beste soldaat die ik ooit heb gezien, maar hij was de duivel zelf als er met de vuisten moest worden geschud of een fikse ruzie gemaakt. Hij stapte pront op kolonel Washington af en keek boos en dreigend op hem neer. Opkijkend naar die grote vent kromp de kolonel in mekaar. 'Wat een kolonel ben jij,' zei Stevens. 'Bereid om je slaven te ruilen voor je eigen hondenleven. Je ben geen erwtendorsmachine waard, laat staan een fles whisky.'

Daarmee joeg Stevens de kolonel op stang, reken maar, met die uithaal van zijn klauwen, maar de kolonel zweeg, want hij zag dat Stevens kwaad was.

Tidd en Owen haalden pieken en geweren voor de dag en begonnen die uit te delen onder de negers, die eerlijk gezegd ronduit verbijsterd keken. Twee van hen stonden op en namen de wapens behoedzaam aan. Toen greep nog een derde ernaar. 'Wat is er met jullie aan de hand?' vroeg Tidd. 'Staan jullie niet klaar om te vechten voor jullie vrijheid?' Ze zeiden niks, wisten geen weg met de situatie. Twee van hen zagen eruit alsof ze net uit bed kwamen. Eentje draaide zich om en weigerde de aangereikte wapens aan te pakken. De anderen zaten eerst wat te pruttelen en lieten zien hoe benauwd ze zich voelden over de hele zaak, en deden toen min of meer mee, pakten de wapens die ze aangeboden kregen en hielden ze vast alsof het hete aardappelen waren. Maar een man aan het eind van de rij negers viel me op. Hij zat op de vloer, die vent, in nachthemd en broek, met afhangende bretels. Hij kwam me bekend voor, en in mijn opwinding en angst duurde het ruim een minuut voordat ik de koetsier had herkend.

Hij was nu niet zo prachtig gekleed, want hij droeg zijn fraaie koetsierspak met witte handschoenen niet waarin ik hem eerder had gezien, maar hij was het wel degelijk.

Ik liep naar hem toe, maar draaide me om, want hij zag me en liet merken dat hij niet wou dat ik hem herkende. Ik wist dat hij een aantal geheimen had en het leek me beter te doen alsof ik hem niet kende waar zijn meester bij was. Ik wou hem niet in de puree helpen. Een kerel die de indruk had dat de onderkant boven zou komen, zou heel anders hebben gehandeld dan hij als hij had geweten dat de blankers op een gegeven moment de Ferry terug zouwen krijgen en de negers alle kanten op zouwen jagen. Ik had gezien wat er beneden bij de Ferry gaande was en hij niet. Net zomin als Tidd, Cook en de andere soldaten van de Ouwe die waren achtergebleven op de farm. Maar ik zag dat Tidd door O.P. opzij werd getrokken en een tirade over zich heen kreeg. Tidd zei niks. Maar de koetsier keek naar het tweetal en terwijl hij geen woord hoorde van wat een van beiden zei, denk ik dat hij op dat moment besloot het er niet bij te laten zitten en ertegenaan te gaan.

Hij stond op en zei: 'Ik sta klaar om te vechten', en hij pakte zijn piek toen die hem werd aangereikt. 'Ik heb ook een pistool nodig.' Die gaven ze hem ook, en wat munitie.

Zijn meester, kolonel Washington, zat op de vloer van de veranda van de school te kijken, en toen hij zag dat de koetsier wapens aannam, kon hij zich niet inhouden. Hij werd venijnig. Hij zei: 'Kom, Jim, ga zitten!'

De koetsier liep naar kolonel Washington toe en stond met een verschrikkelijke blik op zijn gezicht op hem neer te kijken.

'Ik neem geen bevel meer van u aan,' zei hij. 'Ik neem al tweeëntwintig jaar bevelen van u aan.'

Dat deed de deur dicht voor kolonel Washington. Hij was ondersteboven. Prompt werd hij boos. Stotterde: 'Wel, jij ondankbare zwarte schurk! Ik ben goed voor je geweest. Ik ben goed voor je familie geweest!'

'Stinkdier dat u bent!' riep de koetsier. Hij hief zijn piek om hem in één keer om zeep te helpen en kon alleen tegengehouden worden doordat Stevens en O.P. hem vastgrepen.

Het werd een hevige worsteling. Stevens was een zware man, een grote kerel, zo sterk als een ezel en een en al stoerheid, maar hij kon de koetsier amper tegenhouden. 'Genoeg zo!' schreeuwde Stevens. 'Genoeg zo. Er wordt genoeg gevochten op de Ferry.'

Ze werkten hem al worstelend weer weg van de kolonel, maar de koetsier pikte het niet.

'Hij is het grootste stinkdier dat ooit in de bossen heeft rondgeslopen!' riep de koetsier. 'Hij heeft mijn moeder verkocht!' En weer ging hij op kolonel Washington af, nog feller ditmaal en ditmaal kon zelfs Stevens, zo groot als hij was, hem niet de baas. Ze moesten er alle vier aan te pas komen, Tidd, Stevens, Cook en O.P., om te beletten dat hij zijn vroegere meester zou doden. De worsteling duurde enkele minuten. Vier man hadden hun handen vol aan de koetsier en toen ze hem eindelijk in hun macht hadden was Stevens zo woedend dat hij zijn vuurwapen trok en het in het gezicht van de koetsier duwde.

'Nog één keer, en ik schiet je naar de andere wereld,' zei hij. 'Ik zal jou hier géén bloed laten vergieten. Deze oorlog gaat om bevrijding, niet om vergelding.'

'Kan me niet schelen welke naam je eraan geeft,' zei de koetsier. 'Hou hem bij me uit de buurt.'

Bij god, zo ver als het nou allemaal uit de hand was gelopen, nee, niet leuk meer. Stevens keek naar O.P. en zei: 'We moeten deze mensen nou wegbrengen. Laten we ze naar de Ferry brengen. De kapitein heeft versterking nodig. Ik zal op de anderen letten. Houwen jullie hem weg van de kolonel.' Hij knikte naar de koetsier.

O.P. was er niet voor. 'Je weet wat ons te wachten staat bij de Ferry.'

'We hebben bevelen,' zegt Stevens, 'en ik streef ernaar die op te volgen.'

'Hoe komen we bij de Ferry? We zouwen ons een weg naar binnen moeten vechten. De zaak zit intussen potdicht.'

Stevens tuurde vanuit een ooghoek naar Washington. 'Wij hoeven ons geen weg naar binnen te vechten. We kunnen naar binnen wandelen. Ik heb een plan.'

De weg van het schoolgebouw aan de Maryland-kant naar de Ferry is gevaarlijk. Het is een steile, puntige heuvel. Bovenaan maakt de weg een bolling als een ei. Je stuitert daar een eind omhoog, en de Ferry en de Potomac zijn daarvandaan duidelijk te zien; dan krijg je de helling en vlieg je omlaag totdat je beneden ben. Daar, beneden, stroomt de Potomac. Je moet scherp naar links om de weg te vervolgen naar de brug waarover je bij de Ferry komt. Je kan die helling niet te snel afgaan, want de weg is te steil om te stoppen. Me dunkt dat menige kar daarbeneden al een as of twee heeft verbogen en gebroken in een poging die bocht te snel te nemen. Je moet daar de teugels strak houwen en je rem hard aantrekken, anders eindig je in de Potomac.

De koetsier stuurde de koets met het vierspan van kolonel Washington over die weg alsof de duivel hem met de zweep ervan langs gaf. Hij stuiterde zo snel de heuvel af, dat de wind me los leek te kunnen trekken. Stevens, kolonel Washington en de andere slaveneigenaar zaten binnen, terwijl de slaven, ik, en O.P. op de treeplanken stonden en ons uit alle macht vasthielden.

Ongeveer een halve mijl voordat we beneden waren, nog voor die gevaarlijke bocht, brulde Stevens – godzijdank – uit het raam naar de koetsier zijn paarden in te houden en de kar te stoppen, wat de koetsier deed.

Ik stond op de treeplank te kijken, met mijn hoofd bij het raampje. Stevens, die naast Washington zat, trok zijn revolver uit zijn holster, laadde hem, trok de hamer terug, en stak hem in Washington zij. Toen legde hij zijn jas erover zodat de revolver niet te zien was.

'We gaan over de B&O-brug,' zei hij. 'Als we daar worden tegengehouwen door de militie, moet jij ons erdoor sluizen,' zei hij.

'Ze zullen ons niet doorlaten!' zei kolonel Washington. Ooooo, hij kreeg het acuut benauwd. Zo'n grote man, en dan piepen als een vogeltje.

'Jazeker wel,' zei Stevens. 'Jij ben kolonel van de militie. Je zegt gewoon: "Ik heb het zo geregeld dat ikzelf en mijn negers worden geruild voor de blanke gevangenen in de brandweerkazerne." Dat is al wat je zegt.'

'Dat kan ik niet doen.'

'Ja, dat kan je wel. Als je een andere kant op gaat praten bij de brug, vul ik je met lood. Er zal je niks gebeuren als je mijn aanwijzingen opvolgt.'

Hij stak zijn hoofd uit het raam en zei tegen de koetsier: 'Rijen maar.'

De koetsier aarzelde niet. Hij vuurde de paarden aan en stuurde de wagen schuin omlaag over die weg. Ik hing aan mijn vingernagels en voelde me akelig somber. Ik had omlaag willen springen toen de koets stopte, maar wegrennen was er niet bij met Stevens in de buurt. En nou die kar weer op snelheid lag, als ik er op die heuvel af was gesprongen, zou ik in een miljoen stukjes zijn gereden door de wielen van die kar, die zo dik waren als mijn vier vingers – als Stevens me niet eerst zou neerschieten want wat was die boos.

Niet dat ik vastzat aan die manier van sterven, die methode, van de kar geslingerd worden of proberen weg te rennen en dan doorzeefd worden, maar ik bedacht me dat ik misschien toch al de laatste grens zou oversteken als we eenmaal onder aan de heuvel kwamen, want ik stond aan de kant waarop hij zou terechtkomen als de koetsier de bocht te snel nam. God in de hemel, nou was ik van streek en ik weet niet waarom. Dus ik concentreerde me op springen. Die bocht beneden was scherp genoeg om de wielen te verliezen. Ik wist dat de koetsier langzamer moest rijden om die scherpe bocht naar links te maken en naar de Ferry te rijden. Hij zou op de een of andere manier móeten remmen. Ik was van plan dan in actie te komen. Ervan af te springen.

O.P. had hetzelfde idee. Hij zei: 'Ik spring als we beneden zijn.'

Vlak voordat we beneden kwamen was er een flauwe bocht en toen we daarvoorbij waren en hard naar de rivier reden, zagen we allebei dat ons een teleurstelling te wachten stond. Er liep een militieformatie op de weg, die net over het kruispunt marcheerde toen de koetsier erop afstormde.

Hij zag de militie en remde niet hard, God zegene hem, hij kwam recht op die T-splitsing af, zo hard als mogelijk was voor de paarden, reed midden door die militie, joeg ze uiteen, verspreidde ze als vliegen. Toen hield hij in, sloeg linksaf, gaf de paarden de zweep en liet ze ertegenaan gaan. Die nikker kon nog een ezel op een muggenkont laten rijen. Reed die kerels in een mum van tijd op afstand, en dat moest ook wel, want toen ze van de schrik bekomen waren en al die in lompen gehulde negers hadden zien hangen aan de chique koets van kolonel Washington zonder daarvoor een verklaring te hebben, trokken ze hun wapen en gaven hem van katoen. De kogels suisden langs. Maar de koetsier reed ze op afstand en we raakten ze kwijt in de bocht van de bergweg.

Waar we reden konden we de Ferry zien. We waren nog steeds aan de overkant van de rivier. Maar we zagen de rook en hoorden het schieten. Het zag er heftig uit. Op de weg voor ons liepen leden van de militie heen en weer, maar ze hoorden tot verschillende compagnieën en verschillende provincies, waren gekleed in verschillende uniformen, ze kenden mekaar niet en lieten ons voorbijrijen zonder wat te zeggen. Ze hadden geen idee dat de militie achter ons op ons schoot, want de knallen van de lui achter ons versmolten met de dreunen die vanaf de overkant van de Potomac kwamen. Niemand wist wie wat deed. De koetsier speelde het slim. Reed recht langs ze heen en riep daarbij: 'Ik heb hier de kolonel. Ik heb kolonel Washington! Hij wisselt zichzelf uit voor de gegijzelden!' Ze gingen opzij om ons te laten passeren. Hij viel niet te stoppen – wat vervelend was voor mij, want ik kon er niet afspringen met al die milities in de buurt. Ik moest door.

En waarachtig, toen we bij de B&O-brug kwamen – het stond daar vol militie, de brug kraakte onder hun gewicht – deed kolonel Washington precies wat hem was opgedragen, volgde de bevelen stipt op en ze gebaarden dat we door mochten. Sommigen juichten zelfs toen we langsreden, schreeuwden: 'De kolonel is hier! Hoera!' Het drong niet tot ze door, want een flink aantal was dronken. Er moeten zeker honderd man op die brug hebben gestaan, precies dezelfde brug die Oliver en Taylor een dag eerder samen hadden bewaakt, in totale duisternis en zonder dat er een levende ziel te zien was. De Ouwe had zijn kans om weg te komen vergooid.

Toen we over de brug reden kon ik het arsenaal goed van bovenaf zien. Bij god, er waren daarbeneden driehonderd schutters, minstens, ze liepen rond bij de poort en de muren en er kwamen er ook uit de stad en van Bolivar Heights erboven, die zich verdrongen bij de ingang; ook stonden ze langs de rivier en overal rond de muren van het arsenaal. Allemaal blankers. Geen enkele niet-blanke in zicht. De muren van het arsenaal waren omsingeld. We reden de dood tegemoet.

Toen kwam God mijn hoofd verlichten. De duivel liet me met rust en de Heer klitte vast aan mijn hart. Ik zei: 'Jezus! Het bloed.' Ik zei die woorden en voelde Zijn geest door me heen gaan. Mijn hart voelde alsof het uit de gevangenis losbrak, mijn ziel zwol op, en alles in mijn omgeving, de bomen, de brug, de stad, werd helder. Op hetzelfde moment besloot ik dat als ik ooit schoon schip zou maken, ik de Ouwe zou vertellen wat ik had gevoeld, openhartig met hem zou praten over al dat religieuze geoha van hem, dat het niet voor nop was, en ook openhartig met hem zou praten over het verzwijgen van het spoormanverhaal en een andere batterij leugentjes die ik had opgehangen. Eerlijk gezegd dacht ik niet dat ik de kans zou krijgen, wat volgens mij betekent dat ik niet volledig was overgeleverd aan de Geest. Maar goed, het idee was er in elk geval.

Toen we van de brug af kwamen en de kar de bocht naar het arsenaal nam, keek ik naar O.P., die met zijn nagels aan de treeplank hing. Ik zei: 'Vaarwel, O.P.'

'Vaarwel,' zei hij, en toen deed hij iets dat me diep schokte. Hij liet de kar los en rolde van de oever de Potomac in, de dood tegemoet. Rolde als een aardappel het water in, en dat was het laatste wat ik van hem heb gezien. Het was zeker zeven meter. Rolde zo het water in. Hij zou niet teruggaan naar het arsenaal en daar worden doodgeschoten. Hij koos zijn eigen dood. Een tweede niet-blank slachtoffer van het plan van de Ouwe, nota bene. Vooralsnog had ik met mijn eigen ogen gezien dat de eerste twee soldaten van de Ouwe die voor de bevrijding van de negers werden doodgeschoten, zelf negers waren.

Terwijl de koetsier aan een stuk door riep dat we kolonel Washington in de koets hadden, kwamen we bij de poort van het arsenaal, hij reed dwars door de meute heen en stormde voluit de binnenplaats op. De meute zou ons niet tegenhouden. De kolonel zat in de koets. Ze kenden zijn koets en wisten wie hij was. Ik dacht eerst dat ze plaatsmaakten omdat er een belangrijk man in zat, maar toen we door de poort reden en eenmaal op de binnenplaats stonden, zag ik de echte reden.

De binnenplaats was zo dood als een maïsveld. Zo stil als een muis.

Wat ik niet had kunnen zien vanaf de brug, zag ik nu vanaf de grond voor de kazerne. De Ouwe had niet stilgezeten. Er lagen verschillende dooien in de openlucht, blankers en ook een paar negers, allemaal in het schootsveld van de kazerne en de gebouwen eromheen. De Ouwe maakte geen grapjes. Dat was waarom de militie zich buiten de poort en de muren van het arsenaal verzamelde. Ze waren nog steeds bang om naar binnen te gaan. Hij had ze afgeslagen.

De koetsier stuurde de kar rond een paar uiteengereten dooie kerels en kreeg uiteindelijk genoeg van dat precisiewerk en reed de kar recht naar de kazerne, stuiterend over de hoofden van een paar van de dooien – ze hadden er toch geen last meer van, ze voelden niks. Vlak voor de kazerne bleef hij met een ruk staan, de mensen binnen gooiden de deur open en we renden naar binnen, en de deur ging achter ons dicht.

Het stonk er allemachtig barbaars. Binnen waren een stuk of dertig gegijzelden. De blankers waren aan een kant van de ruimte verzameld en de niet-blankers aan een andere kant, afgescheiden door een wand, maar geen tot het plafond doorlopende wand, zodat je van de ene kant naar de andere kon lopen. Er was aan geen van beide kanten een toilet, en als u had gedacht dat blankers en negers verschillen… er was geen snellere manier om in de buurt van de waarheid te komen dan wanneer u een vleugje van hun natuurlijke behoeften opving en besefte dat de ene erwt in kwaliteit niet verschilt van de andere. Het deed me denken aan de herbergen in Kansas, alleen erger. Het was ronduit godgeklaagd.

De kapitein stond bij een raam, met een geweer en zijn revolver in zijn handen, keek kalm als een maïsscheut, maar eerlijk gezegd een beetje aangeslagen. Over zijn gezicht, zelfs in normale tijden oud en gerimpeld, lag gruis en buskruit. Zijn witte baard zag eruit alsof hij in een zak modder was gedompeld, en zijn jas had vlekken van gaten en buskruitschroeiplekken. Hij was al dertig uur in touw, zonder te slapen en zonder te eten. Maar in vergelijking met de rest van zijn mannen leek hij zo fit als een hoentje. De anderen, jonge mannen, Oliver, Watson – die bij de Shenandoah waren weggejaagd – en Taylor zagen er puur afgemat uit, met pipse gezichten, zo bleek als spoken. Zij wisten wat er in het verschiet lag. Alleen de keizer leek kalm. Dat was me een krasse neger. En behalve O.P. heb ik nooit een moediger man gezien.

Stevens overhandigde de Ouwe het zwaard van kolonel Washington, de kapitein hief het in de lucht. 'Dit is rechtvaardigheid,' zei hij. Hij richtte zich tot de slaven van kolonel Washington, die net van de kar waren geklommen en de kazerne binnengekomen, en hij zei: 'In naam van de Voorlopige Regering van de Verenigde Staten, verklaar ik, emeritus verkozen president John Brown, *E pluribus unum*, met alle bijbehorende rechten en privileges, uitgekozen door een Congres van uw broeders, ik verklaar hierbij dat u allen vrij zijt. Gaat in vrede, negerbroeders!'

De negers stonden uiteraard ronduit beteuterd te kijken. Het waren er maar acht. Plus een paar die al op een rij tegen de muur stonden als gegijzelden, en ze waren niet van plan ergens heen te gaan, wat hun verwarring alleen maar groter maakte. De negers verroerden zich niet en spuiden onderling ook geen negatieve opmerkingen.

Aangezien niemand iets zei, voegde de Ouwe eraan toe: 'Als jullie willen uiteraard, want we zijn hier allemaal om oorlog te voeren tegen de slavernij. Als jullie samen met ons willen vechten voor je vrijheid, nou, daar zijn we allemaal voor in. En om die reden, en om reden van jullie vrijheid in de dagen die voor ons liggen, zodat niemand die jullie kan afnemen, gaan we jullie bewapenen.'

'Dat hebben we gedaan,' zei Stevens. 'Maar hun pieken hebben we tijdens de rit de berg af verloren.'

'O. Nou, we hebben er meer. Waar zijn O.P. en de anderen?'

'Ik weet het niet,' zei Stevens. 'Ik dacht dat ze op de kar zaten. Vermoedelijk zijn ze meer bijen aan het korven.'

De Ouwe knikte. 'Ja, natuurlijk!' zei hij, kijkend naar de groep die we net binnen hadden gebracht. Hij liep de rij negers langs, schudde een paar handen, heette ze welkom. De negers keken sip, maar dat negeerde hij natuurlijk, terwijl hij tegen Stevens praatte en hun de hand schudde. 'Dit werkt precies zoals ik me had voorgesteld, Stevens. Bidden werkt, Stevens. Jij als spiritualist, je moet echt een gelovige worden. Help me onthouwen dat ik je deelgenoot maak van enkele woorden van onze Maker als er tijd voor is, want ik weet dat je het in je heb om de wegen te volgen van Hem die ons deemoedig maakt.'

Het was hem uiteraard ten slotte te veel geworden. Het enige wat O.P. korfde was de bodem van de Potomac. Cook, Tidd, Merriam en Owen, die hadden de kuierlatten genomen bij de farm van Kennedy. Ze waren weg, dat wist ik zeker. Ik heb ze dat overigens nooit verweten. Hun huid was hun dierbaar. Die mannen hadden zwakke plekken, en daar wist ik alles van, want ik had zelf ook zwakke plekken, overal. Ik was niet tegen ze.

Plotseling zag de Ouwe mij staan en vroeg: 'Stevens, waarom is Sjalot hier?'

'Ze is zelf teruggekomen naar de Ferry,' zei Stevens.

Dat beviel de Ouwe niet. 'Ze had hier niet moeten zijn,' zei hij. 'Het vechten is een beetje gemeen geworden. Ze zou op een veilige plek meer bijen moeten korven.'

'Ze wou komen,' zei Stevens.

Dat was een verdomde leugen. Ik had niks gezegd over teruggaan naar de Ferry. Stevens had in het schoolgebouw bevelen gegeven en zoals gewoonlijk had ik die opgevolgd.

De Ouwe legde zijn hand op mijn schouder en zei: 'Het doet mijn hart goed je hier te zien, Sjalot, want het is nodig dat kinderen getuigen van de bevrijding van je volk en aan de toekomstige generaties van zowel negers als blankers daar verhalen over vertellen. Deze dag zal in de herinnering blijven voortbestaan.

Trouwens, jij ben altijd een goed voorteken. Ik heb nog nooit een veldslag verloren met jou in de buurt.'

Hij vergat voor het gemak Osawatomie, waar Frederick werd vermoord en hijzelf werd afgedroogd, maar zo was de Ouwe nou eenmaal. Hij herinnerde zich altijd alleen wat hij wou en vertelde zichzelf alleen wat hij echt wou geloven.

Hij stond daar ronduit weemoedig te worden. 'God heeft ons gezegend, Sjalot, want jij ben een goed, moedig meisje. Jou hier bij me hebben op dit moment van mijn grootste triomf is alsof ik Frederick hier heb, die zijn leven gaf voor de negers, hoewel hij het verschil niet wist tussen zijn kop en zijn kont. Hij was altijd blij jou te zien. Reden voor mij om onze Verlosser te danken voor hoeveel hij ons allemaal heeft gegeven.' En hier deed hij zijn ogen dicht, vouwde zijn handen over zijn borst en barstte los in gebed, zong zijn dank aan onze Grote Verlosser Die over de weg naar Jericho liep enzovoort, bad voor Fred, die zo gelukkig was tussen de engelen te vliegen, en terwijl hij dat zei wou hij niet vergeten enkele andere van zijn tweeëntwintig kinderen te noemen, degenen die een dodelijke ziekte hadden gekregen en degenen die het tijdelijke al met het eeuwige hadden verwisseld: degenen die het eerst waren gestorven, kleine Fred, Marcy toen ze twee was, William die stierf aan de koorts, Ruth die verbrandde; toen vloog hij door de lijst van de levenden, toen de kinderen van zijn neef, en zijn vader en moeder, dankte God omdat ze opgenomen waren in de hemel, en hem de weg van de Heer hadden geleerd. Dat alles met zijn mannen om hem heen en de gegijzelden achter hem, ze keken met z'n allen toe, terwijl buiten ruim driehonderd blankers rondliepen, stront- en ladderzat, munitie doorgaven en zich voorbereidden op een volgende aanval.

Owen was er niet om hem uit die trance te rammen; Owen was de enige die het lef had dat te doen, voor zover ik wist, want de Gebeden van de Ouwe waren een serieuze zaak, en ik had hem vaak genoeg zijn proppenschieter zien trekken voor een dwaas spelletje om de gesprekken tussen hem en zijn Maker af te breken. Zelfs zijn belangrijkste krijgers Kagi en Stevens zagen ertegen op dat te doen, en als ze het deden, pakten ze het omslachtig en zonder succes aan, braken drinkglazen voor zijn voeten, hoestten, kuchten, harkten spuug omhoog, hakten hout, en als dat niet werkte, gingen ze schijfschieten en schoten vlak naast zijn oor slaghoedjes af, en toch kregen ze hem niet uit zijn gebedsroes. Maar ik kneep hem voor mijn kont, of wat ervan over was, ik was daar zeer op gesteld, dus ik zei: 'Kapitein, ik heb dorst! En er is wat aan de hand: ik voel Jezus.'

Daarmee kreeg ik hem uit zijn trance. Hij stond meteen rechtop, smeet er een paar amens tegenaan, sloeg zijn armen breed uit en zei: 'Dank Hem, Sjalot! Dank Hem! Je ben op de goeie weg. Geef Sjalot wat water, mannen!' Toen richtte hij zich in zijn volle lengte op, trok het zwaard van Frederick de Grote uit zijn gordel en hield het omhoog, bewonderde het en legde het vervolgens over zijn borst. 'Moge deze nieuwe aanvaarding van de Zoon des mensen in het hart van Sjalot dienen als inspiratiebron bij onze strijd voor gerechtigheid voor de neger. Moge het ons nog grotere kracht geven. Laat het ons inspireren ons er nog vollediger voor in te zetten, en laat het onze vijanden wat bezorgen om over te huilen. Nou, mannen. Aan de gang. We zijn nog niet klaar!'

Nou, hij zei niks over een uitbraakpoging. En dat was waar ik naar uitzag. Hij zei geen woord in die richting.

Hij gaf de mannen en de slaven opdracht gaten in de muren te maken, en ze gingen aan de gang. Een kerel genaamd Phil, een slaaf, verzamelde een aantal slaven – er waren pakweg vijfentwintig negers alles bij mekaar, een paar die daar uit de buurt waren gekomen of geronseld, en dan degenen die wij brachten, plus vijf blanke meesters die zich koest hielden, zich niet verroerden – en de negers gingen aan de gang. Ze hakten met pieken een paar vakkundige gaten en laadden de geweren. Legden ze stuk voor stuk op een rij, zodat de mannen van de Ouwe ze achter mekaar konden pakken zonder ze te hoeven laden, en we bereidden ons voor op een nacht met volmaakte rust.

31 TEGEN DE BIERKAAI

De meute buiten de poort wachtte ruim een uur of zo, totdat kolonel Washington de wonderen had verricht waar hij naar ze vermoedden toe in staat was, het uitwisselen van zichzelf en zijn negers voor de blanke gegijzelden. Toen dat tijdens het tweede uur niet gebeurde, riep iemand: 'Waar is onze kolonel? Hoeveel gegijzelden geven jullie voor onze kolonel en zijn nikkers?'

De Ouwe stak zijn gezicht door het raam en schreeuwde: 'Geen enkele. Als jullie je kolonel willen, kom je hem maar halen.'

Nou, toen sloeg de vlam weer helemaal in de pan. Er werd wat geschreeuwd, gerommeld en samengeschoold, en na een paar minuten kregen een stuk of tweehonderd militieleden het bevel in formatie en in uniform door de poort te lopen, naar binnen te marcheren, zich op te stellen voor de kazerne en te schieten: 'Vuur!' Bij god, toen dat salvo kwam voelde het alsof er een gigantisch monster tegen het gebouw schopte. De hele kazerne daverde. Een en al gebulder en gebons. Overal vielen gaten in bakstenen en metselspecie, van de dakstijlen tot beneden. Door die schoten vlogen er grote stukken specie zo door de kazernemuren en er kwam zelfs een stuk balk omlaag, losgescheurd van het houtwerk dat het dak omhooghield.

Maar zo gauw hadden ze het nog niet gewonnen. De mannen van de Ouwe waren goed getraind en hielden stand, vuurden door de gaten in de bakstenen die door het schieten van de milities waren ontstaan, en hij schreeuwde: 'Kalm. Laag richten. Laat ze het duur betalen.' Hun kogels raakten de militie en drongen ze achteruit tot buiten de poort.

De milities verzamelden zich buiten de muren opnieuw, en ze waren nou zo dronken en kwaad dat het zielig was. Al dat lachen en die grappen van de dag ervoor waren nou verdwenen, hadden plaatsgemaakt voor totale woede en frustratie in alle vormen.

Sommige militieleden kregen het benauwd na die eerste aanval, want een aantal van hun broeders was gewond geraakt of gedood door de mannen van de kapitein; zij braken uit de formatie en lieten de groep hun hielen zien. Maar buiten het arsenaal verschenen steeds weer nieuwe milities om de gesneuvelden te vervangen; na een paar minuten vond er hergroepering plaats en passeerden nog grotere aantallen de poort. Toch sloegen de mannen van de Ouwe ze weer af en ook die compagnie trok zich terug. Ze liepen rond voor de poort, waar het veilig was, riepen en schreeuwden, en beloofden de Ouwe op te hangen aan zijn geslachtsdelen. Kort daarna voerden ze een tweede compagnie aan van ergens in de buurt. Andere uniformen. Pakweg tweehonderd andere mannen kwamen de poort binnen marcheren, nog kwaaier dan de eersten, scholden en joelden, stelden zich op voor het gebouw, en tegen de tijd dat ze hun slaghoedjes raakten had de ploeg van de Ouwe al een flink aantal van hen in blokjes gehakt, in plakjes gesneden en van de ingewanden beroofd, en ze dropen nog sneller af dan de eersten, met achterlating van nog een paar kapotgeschoten of gedode collega's. En elke keer dat de stedelingen een poging deden een van hun gewonden van de binnenplaats te halen, stak een van de mannen van de Ouwe zijn Sharps door een gat in de stenen muur en zette ze die gedachte betaald. Ze werden er alleen maar grimmiger door. Ze laaiden van woede.

 De blanke gegijzelden ondertussen waren doodstil en doodsbang. De Ouwe had de koetsier en de keizer aangesteld om ze in de gaten te houwen, en er waren nou ruim vijfentwintig slaven druk bezig. Hun verbijstering was voorbij, deze negers stonden achter de zaak. En hun blanke meesters gaven geen van allen een kik.

 Nou waren we niet ver van hun redders. We hoorden de militie buiten praten en schreeuwen, razen en tieren. De massa werd alsmaar groter, en tegelijk bracht dat meer verwarring met zich mee. Dan zeien ze laten we het zo doen, probeer dit eens, en iemand anders draaide dat plan de nek om, en dan schreeuwde weer iemand anders: 'Mijn neef Rufus ligt gewond op de binnenplaats.

We moeten hem daar weg zien te krijgen,' en dan zei iemand: 'Haal hem maar!' en dan brak er een onderlinge ruzie uit, een kapitein riep meer bevelen en dan moesten ze een eind maken aan het onderlinge geruzie. Het was gewoon één rommeltje. En terwijl zij dat deden, beval de kapitein zijn mannen en de niet-blanke helpers heel kalm: 'Herladen, mensen. Laag richten. Leg de geweren geladen op een rij voor de muren, zodat je er een kan pakken na het afvuren van de eerste. We schaden de vijand.' De mannen en hun slaven vuurden en herlaadden zo snel, zo efficiënt, dat het wel een machine leek. Old John Brown wist van wanten als het op oorlog voeren aankwam. Ze hadden hem kunnen gebruiken in de grote oorlog die eraan kwam, absoluut waar.

Maar zijn geluk kon niet blijven. Het verdween zoals het altijd bij hem was verdwenen. Beetje bij beetje. Maar totaal, zoals het altijd bij hem ging.

Het begon toen er een gedrongen blanke man tevoorschijn kwam om te praten met de Ouwe en probeerde de zaak te sussen. Hij leek een soortement van baas te zijn. Hij kwam een paar keer het arsenaalterrein op, zei ik kom in vrede, en laten we dit oplossen. Maar elke keer als hij kwam waagde hij zich maar een stukje naar binnen. Stak zijn hoofd naar binnen en schoot weer weg. Hij was ongewapend, en nadat hij zijn hoofd een paar keer naar binnen had gestoken en verzocht binnen te mogen komen, zei de Ouwe tegen zijn mannen: 'Niet op hem schieten', en hij riep naar het mannetje: 'Blijf weg. Blijf daar. We komen de negers bevrijden.' Maar die kerel bleef hannesen, ging heen en terug, stak zijn hoofd naar binnen en was dan weer weg. Hij kwam nooit helemaal binnen. Ik hoorde hoe hij op een gegeven moment de mannen buiten de poort probeerde te kalmeren, want het was een meute geworden. Niemand hield ze in de hand. Hij probeerde dat een paar keer, gaf het op en begon toen het arsenaal een beetje verder binnen te vliegen, alleen maar naar binnen gluren, en dan als een muisje gauw terug naar veilig terrein. Ten slotte vatte hij moed en kwam te dichtbij. Hij holde tot achter een waterreservoir op de binnenplaats, en toen hij daar eenmaal zat gluurde hij met zijn hoofd van achter dat reservoir, totdat een van de mannen van de Ouwe in de andere arsenaalgebouwen, ik geloof dat het Ed Coppoc was, hem op de korrel nam, twee keer vuurde en hem neerhaalde. Het wild was geveld. De man viel en stopte op hetzelfde moment met het betalen van zijn belasting. Klaar.

Door de dood van die kerel raakte de meute buiten over het kookpunt heen. Ze hadden intussen al flink de hoogte – de twee saloons bij de poort deden goeie zaken – maar door de dood van die kerel keken ze nu compleet scheel. Ze veranderden in puur gepeupel. Bleek het de burgemeester van Harpers Ferry te zijn. Fontaine Beckham. Vriend van de spoorman en geliefd bij iedereen, blank en niet-blank. Had Coppoc niet kunnen weten. Verwarring alom.

Het lichaam van de burgemeester lag een paar uur bij de andere doden, terwijl de stedelingen buiten joelden en schreeuwden en op hun trommels sloegen en op de fluit speelden en de Ouwe verzekerden dat ze daar naar binnen zouwen komen en hem in stukken snijen en hem zijn onderbroek laten opvreten. Ze scholden en verzekerden hem dat ze marshmallows zouwen maken van zijn oogballen. Maar er gebeurde niks. De schemer viel. Het was niet helemaal donker maar het werd stil buiten, zo stil als middernacht. Er gebeurde wat, daar in de schemer. Ze stopten met brullen en werden stil. Ik kon ze wel niet zien, want het werd donker, maar er moet iemand gekomen zijn, een kapitein of iets dergelijks, die orde schiep en ze beter organiseerde. Zo zaten ze daar een minuut of tien zachtjes te prevelen over zus en zo en dittemedat, zoals kleine kinderen fluisteren, heel zachtjes, zonder veel lawaai te maken.

De Ouwe keek door het raam en trok zich terug. Hij stak een lantaarn aan en schudde zijn hoofd. 'Mooi zo,' zei hij. 'We hebben ze geneutraliseerd. Jezus' genade is krachtiger dan wat de mens vermag. Daar kunnen jullie zeker van zijn, mannen.'

En op hetzelfde moment stormden ze in een horde de poort door, vierhonderd man sterk, meldde de krant later, zo veel dat je niet tussen ze door kon kijken, een stormloop, onderweg vurend, in een complete, goudeerlijke aanval met trommels en trompetten en van kop tot kont.

Dat hielden we niet. We hadden de aantallen niet en waren te dun verspreid over het arsenaal. Kagi en de twee en de twee negers van het Oberlincollege, Leary en Copeland, vielen als eersten, achter in de gewerenfabriek. Ze lieten zich verjagen door de ramen aan de achterkant van het gebouw en vluchtten naar de oevers van de Shenandoah, waar ze allebei werden geraakt. Kagi kreeg een kogel in zijn hoofd en viel dood neer. Leary werd in de rug getroffen en ging dezelfde weg. Copeland wist de Shenandoah te bereiken, slaagde erin op een rots midden in de rivier te klimmen en strandde daar. Een stedeling waadde erheen en klom op de rots waar hij zat. Beide mannen trokken hun revolver en vuurden. Beide vuurwapens ketsten: te nat om te schieten. Copeland gaf zich over. Hij zou binnen een maand worden opgehangen.

Ondertussen kregen ze een man genaamd Leeman in het arsenaal te pakken. Hij stormde de zijdeur uit, sprong in de Potomac en probeerde naar de overkant te zwemmen. Militieleden zagen hem vanaf de bruggen en schoten. Verwondden hem, maar vermoordden hem niet. Hij dreef een paar meter stroomafwaarts en slaagde erin zich aan een rots op te trekken. Een andere stedeling klom ook op de rots, hield zijn pistool boven water om het droog te houwen. Hij klom op de rots waar Leeman ruggelings languit op lag. Leeman schreeuwde: 'Niet schieten! Ik geef me over!' De kerel glimlachte, richtte zijn wapen, en schoot Leemans gezicht in poeier. Leeman lag urenlang met armen en benen wijd op die rots. Hij werd gebruikt als schietschijf door de mannen. Ze zaten onder de alcolol en pompten hem monter vol kogels, alsof hij een kussen was.

Een van de Thompson-jongens, Will, de jongste, raakte op de een of andere manier uit het arsenaal en werd gevangengenomen op de tweede verdieping van het Gault House-hotel, aan de overkant van de straat tegenover het arsenaal. Ze overvielen hem, trokken hem naar beneden, hielden hem een paar minuten gevangen, namen hem daarna mee naar de B&O-brug en maakten aanstalten hem neer te schieten. Maar er kwam een kapitein aan rennen en zei: 'Breng deze gevangene naar het hotel.'

'De eigenares van het hotel wil hem niet,' zeien ze.

'Waarom niet?'

'Ze zei dat ze de vloerbedekking niet wil ruïneren,' zeien ze.

'Zeg maar dat ik het heb bevolen. Hij gaat haar vloerbedekking niet ruïneren.'

Die mannen luisterden niet naar de kapitein. Ze duwde hem weg, zetten Thompson op de brug, stapten achteruit en schoten hem meteen vol schroeigaten. 'Nou zal hij haar vloerbedekking ruïneren,' zeien ze.

Thompson viel in het water. Het was ondiep water daarbeneden, en vanwaar wij waren, zag je hem de volgende ochtend drijven, met zijn gezicht omhoog starend uit het water, zijn ogen wijd, permanent in slaap, terwijl zijn lichaam op en neer deinde en zijn laarzen aan de oever likten.

We hielden ze ons van het lijf in de kazerne, maar het was een totaal vuurgevecht. Vanuit een hoek van de binnenplaats, de geweerfabriek, zag de laatste levende man daar, de neger Dangerfield Newby, hoe wij weerstand boden en probeerde bij ons te komen.

Newby had een vrouw en negen kinderen, allemaal slaven, op amper dertig mijl daarvandaan. Hij had zich verschanst in de geweerfabriek met Kagi en de anderen. Toen Kagi en zijn mannen naar de Shenandoah Rivier vluchtten, hield Newby slim stand en liet de vijanden op de anderen jagen. Terwijl ze daarmee bezig waren, sprong hij uit een raam aan de kant van de Potomac en sprintte door het arsenaal naar de kazerne achter in het arsenaal. Die slimme nikker liet er geen gras over groeien. Hij wou beslist bij ons komen.

Een blanker aan de achterkant van de watertoren zag hem en nam hem op de korrel. Newby zag hem, trok zijn geweer en schoot hem neer, en bleef komen.

Hij had de kazerne bijna bereikt toen een kerel in een huis aan de overkant van de straat uit een raam op de bovenste verdieping leunde en Newby van repliek diende met een kleinwildgeweer dat was geladen met een spijker van anderhalve decimeter. Die spijker knalde als een speer recht in Newby's hals. Bloed spatte uit zijn hals en de grond ving hem op, hij was dood voordat hij daar was.

Toen dit gebeurde waren we volop met hen in gevecht, het ene slaghoedje na het andere, dus niemand kon wat anders doen dan toekijken, maar de meute hield in de gaten hoe hij doodging. Hij was de eerste zwarte die ze te pakken konden krijgen, en ze snakten naar hem. Ze grepen hem beet, trokken zijn lichaam weg van de ingang en de straat op. Ze schopte hem, ranselden hem. Toen rende er een man naar hem toe en sneed zijn oren af. Een andere trok zijn broek omlaag en sneed zijn geslachtsdelen af. Weer een ander stak stokjes in de kogelwond. Toen sleepten ze hem over de weg naar een varkenskot en gooiden hem daarin, waarna de varkens in hem gingen wroeten, een van de beesten trok wat langs, elastisch uit zijn maagstreek, het ene uiteinde ervan zat in de varkensbek en het andere in Newby's lichaam.

De aanblik van die varkens die in Newby wroetten leek voor de mannen van de Ouwe een aanleiding tot een scheld- en schietpartij, ze vuurden op de militie en troffen ze dodelijk, want ze waren in groten getale tot vlak voor ons opgetrokken, en nu dreven de mannen van de kapitein ze woedend achteruit. Dat deden ze een paar minuten met resultaat, maar we maakten geen kans. Ze hadden ons klein. Ze deden de deur dicht. We waren omsingeld. Zonder de dekking van Kagi en de anderen vanaf het andere uiteinde van de binnenplaats kregen we ze de poort niet meer uit. Ze zaten aan alle kanten om ons heen, maar treuzelden nou, stopten met hun aanvallen en bleven hangen waar ze waren, net buiten schootsbereik. Kwamen niet dichterbij. Het leger van de Ouwe had ze tegengehouden, maar aan beide uiteinden kwamen er meer de binnenplaats op stromen, en ze konden ditmaal niet uit de poort worden verdreven. Ze waren daar, op zo'n tweehonderd meter afstand. We waren verslagen.

Ik vond de Heer toen volledig. Ik had Hem natuurlijk eerder die dag al gevonden, maar tot dat moment had ik Hem nooit volledig geaccepteerd, want mijn vader was een grof schandaal als het om preken ging en de Ouwe verveelde me tot tranen met Het Woord, maar God werkt zoals Hij wil. Hij nam me ineens stevig onder handen, want Hij had me voordien gewaarschuwd dat Hij volledig in mijn hart zou komen, en dat gebeurde nou dus op volle kracht. Als u denkt dat de aanblik van driehonderd ziedende, aangeschoten stedelingen met in hun handen elk soort achterlader dat onder Gods zon bestaat en die naar je terugkijken met moord in hun ogen, een toegangsbewijs naar verlossing is, dan zit u juist. Ik had gezien wat ze met Newby hadden gedaan en elke neger in de kazerne wist dat zijn behandeling duivels was geweest, maar die van ons werd nog twee graadjes gortiger, want Newby had geluk gehad. Hij kreeg zijn behandeling terwijl hij dood was en wij, de anderen, konden hem in klaarwakkere, levende staat verwachten, als we daarvoor lang genoeg leefden. Ik vond de Here zeker. Ik riep meteen tot Jezus. Er kwam een gevoel over me. Ik zat in een hoekje, bedekte mijn hoofd, trok mijn lieveheersvogelveer uit mijn muts en hield hem stevig vast, terwijl ik alleen maar bad en zei: 'Heer, laat mij Uw engel zijn.'

Maar de Ouwe hoorde me niet. Hij was bezig ideeën te verzinnen, want de mannen in de kazerne hadden zich teruggetrokken van de muren en ramen en stonden om hem heen terwijl hij vanaf zijn raam achteruitliep en bedachtzaam over zijn baard streek. 'We hebben ze waar we ze hebben willen,' kondigde hij monter aan. Hij draaide zich naar Stevens en zei: 'Laat Watson met een gevangene naar buiten gaan en ze vertellen dat we beginnen met het uitwisselen van onze mannen voor negers. Inmiddels hebben Cook en de anderen nog wat meer bijen gekorfd in het schoolgebouw en de farm. Op een teken van ons zullen zij en de negers ze in de rug aanvallen en zo onze ontsnapping mogelijk maken. Het is tijd om naar de bergen te verkassen.'

Stevens wou dat niet. 'Het moment om naar de bergen te verkassen was rond het middaguur,' zei hij. 'Gisteren.'

'Vertrouwen hebben, luitenant. Het spel is nog niet gespeeld.'

Stevens mopperde, greep ruw een gegijzelde beet en knikte naar jonge Watson, die braaf achter hem aan liep. De deur van de kazerne bestond in feite uit drie dubbele deuren, en ze waren alle drie dichtgebonden. Het touw van de middelste deur werd losgemaakt, ze duwden hem langzaam open en liepen naar buiten.

De Ouwe bracht zijn gezicht naar het raam. 'We onderhandelen over gegijzelden in ruil voor een vrijgeleide voor mijn leger van negers,' riep hij. En voegde eraan toe: 'In goed vertrouwen.'

Als antwoord dreunde er een kartetskogel die hem van het raam wegblies en pardoes tegen de vloer sloeg. Het zwaard van Frederik de Grote, dat hij in zijn riem had gestoken, het zwaard dat we hadden buitgemaakt bij kolonel Washington, vloog kletterend weg.

De Ouwe was niet zwaargewond of dood, maar tegen de tijd dat hij zich had afgeklopt en zijn zwaard weer in zijn riem had gestoken en weer uit het raam ging kijken, lag Stevens zwaargewond op de grond buiten en stond Watson met een dodelijk buikschot wanhopig op de deur van de kazerne te bonzen.

De mannen maakten de deur open voor Watson, die naar binnen kwam tuimelen en bloed en ingewanden verloor. Hij lag op de vloer, en de Ouwe liep naar hem toe. Hij keek naar zijn zoon, die getroffen was in de buik en kreunde, stond alleen maar over hem heen gebogen. Het deed hem pijn. Dat kon je zien. Hij schudde zijn hoofd.

'Ze begrijpen het gewoon niet,' zei hij.

Hij knielde neer boven zijn zoon en voelde aan zijn hoofd, toen aan zijn hals voor zijn hartslag. Watson hield zijn ogen dicht, maar hij ademde nog.

'Je heb goed je plicht gedaan, jongen.'

'Dank u, vader,' zei Watson.

'Sterf als een man,' zei hij.

'Ja, vader.'

Watson zou er tien uur voor nodig hebben, maar hij deed precies wat zijn vader hem had gevraagd.

32 ERVANDOOR

De nacht viel. De militie had zich opnieuw teruggetrokken, ditmaal met hun gewonden en met Stevens, die nog leefde. Ze staken buiten lantaarns aan en het werd doodstil. Al het geroep en geschreeuw buiten werd weggedrongen over de straat en verdween. De meute bij de arsenaalpoort werd afgevoerd. Er was ginder een nieuwe soort bevel gegeven. Er stond wat anders te gebeuren. De Ouwe beval de keizer naar het dak te klimmen om poolshoogte te nemen door het gat dat was ontstaan toen die dakbalk was weggeschoten en gevallen.

Dat deed de keizer, en toen hij weer omlaagkwam zei hij: 'De federalisten zijn er, uit Washington, D.C. Ik heb hun vlag en hun uniformen gezien.' De Ouwe haalde zijn schouders op.

Ze stuurden een man, die naar een van de dichtgebonden houten deuren liep. Hij hield zijn oog achter een spleet in de deur en klopte aan. Hij riep: 'Ik zoek meneer Smith.' Dat was de naam die de Ouwe op de farm van Kennedy gebruikte toen hij vermomd rondliep in de Ferry.

De Ouwe kwam naar de deur maar maakte hem niet open. 'Zeg het maar.'

Het grote oog tuurde naar binnen. 'Ik ben luitenant Jeb Stuart van de cavalerie van de Verenigde Staten. Ik heb hier orders van mijn commandant, kolonel-titulair Robert E. Lee. Kolonel Lee staat buiten de poort en eist uw overgave.'

'Ik eis vrijheid voor het volk van het negerras dat in dit land als slaaf leeft.'

Stuart had net zo goed voor een dood varken kunnen zingen. 'Wat vraagt u op ditzelfde moment, meneer, als aanvulling op die eis?' vroeg hij.

'Niks anders. Als u op dit punt direct kunt toegeven, zullen we ons terugtrekken. Maar ik denk niet dat het in uw macht ligt dat te doen.'

'Tegen wie spreek ik? Kunt u uw gezicht laten zien?'

De houten deur had een paneel om mensen te kunnen bekijken. De Ouwe schoof het opzij. Van verbazing knipperde Stuart even met zijn ogen; toen deed hij een stap achteruit en krabde op zijn hoofd. 'Nee maar, bent u niet Old Brown uit Osawatomie? Die ons zo veel problemen bezorgde in het Kansasterritorium?'

'Klopt.'

'U bent omsingeld door twaalfhonderd man federalistische troepen. U moet u overgeven.'

'Dat zal ik niet doen. Ik zal de gevangenen loslaten in ruil voor veilige doorgang van mij en mijn mannen over de B&O-brug. Dat is mogelijk.'

'Dat kan niet geregeld worden,' aldus Stuart.

'Dan zijn we uitgepraat.'

Stuart stond een moment ongelovig te kijken.

'Nou, ga dan,' zei de Ouwe. 'We zijn uitgepraat, tenzij u zelf de neger kan bevrijden uit de slavernij.' Hij sloeg het luik dicht.

Stuart liep terug naar de poort en verdween. Maar in de kazerne begonnen de gegijzelden de verandering die had plaatsgevonden te bespeuren. De onderliggende partij had de hele nacht boven gezeten, maar zodra ze het gevoel kregen dat de Ouwe gedoemd was, begonnen de slavenhouders hun standpunten uit te jubelen. Er waren er vijf, die langs de muur bij mekaar zaten, met inbegrip van kolonel Washington, en die begonnen te jubelen naar de kapitein, wat de rest moed gaf om ook hun mond te gaan roeren.

'Je pleegt verraad,' zei hij.

'Je zal hangen, ouwe,' zei een ander.

'Je moet jezelf aangeven. Dan krijg je een eerlijk proces,' zei weer een ander.

De keizer liep naar ze toe. 'Kop dicht,' blafte hij.

Ze deinsden terug, behalve kolonel Washington. Hij had tot het eind toe een scherpe tong. 'Jij gaat er mooi uitzien als je je kop door de strop van de beul steekt, schaamteloze nikker.'

'Als dat zo is, dan zal ik jou een voorsprong geven,' zei de keizer, 'en je nou meteen neerknallen, dan maar geen verlossing.'

'Dat doe je niet,' zei de Ouwe. De kapitein stond bij het raam, alleen, en keek bedachtzaam naar buiten. Hij sprak tegen de keizer zonder hem aan te kijken. 'Kom eens hier, keizer.'

De keizer liep naar de hoek en de Ouwe sloeg zijn armen om de schouders van de neger en fluisterde tegen hem. Fluisterde een behoorlijk lange tijd tegen hem. Van achteren bezien liet de keizer zijn schouders hangen en schudde een paar keer ontkennend met zijn hoofd.

De Ouwe fluisterde nog wat meer tegen hem, op een resolute toon, en ging toen weer bij het raam staan kijken, liet de keizer aan zichzelf over.

De keizer leek plotseling gebroken. Hij zwierf weg van de Ouwe en bleef staan in de verste hoek van de kazerne, ver van de gevangenen. Hij oogde voor het eerst ronduit somber. Alle wind was op dat moment volledig uit hem verdwenen en hij keek strak door het raam de nacht in.

Toen werd het stil.

Tot dat moment was er zo veel in de kazerne gebeurd dat er geen tijd bleef om na te denken over wat het allemaal betekende. Maar nu het duister viel en het stil werd buiten het arsenaal en erbinnen ook, was er tijd om na te denken over de gevolgen. We hadden pakweg vijfentwintig niet-blanken in de kazerne. Van dat aantal zouwen er volgens mij minstens negen, tien, misschien meer, worden opgehangen en dat inmiddels weten: Phil, de koetsier, drie negerinnen en vier negers die allemaal enthousiast het leger van de Ouwe hadden geholpen met het laden van wapens, het hakken van gaten, het organiseren van munitie. Ze zouwen zeker worden verlinkt door de blanke gegijzelden in de kazerne. Alleen God weet wat hun namen waren, maar hun meesters kenden ze wel. Zij zaten in de nesten, want ze waren zeer actief geweest bij het vechten voor hun vrijheid toen ze er eenmaal achter waren waar het spel om draaide. Ze waren gedoemd. Voor hen onderhandelen was er niet meer bij. Van de rest zou ik zeggen dat misschien de helft, een stuk of zes, had geholpen maar minder enthousiast was over het vechten. Ze deden het, maar alleen op bevel. Ze wisten dat hun meesters toekeken en waren nooit enthousiast. En dan de laatste paar, de laatste vijf, die zouwen niet worden opgehangen, want ze fleemden bij hun meesters, dat was niet mooi meer. Ze deden alleen waartoe ze werden gedwongen. Een paar vielen er zelfs in slaap tijdens het vechten.

Nou alles de andere kant op draaide, stonden die laatsten er goed voor. Maar de middengroep, degenen die geen partij hadden gekozen en een halve kans hadden te blijven leven, die schaarden zich nou weer allemachtig achter hun meesters. Ze sloegen aan het kontlikken dat het een oordeel had, zaten te vissen om weer in een goed blaadje te komen. Een van die lui, een kerel die Otis heette, zei: 'Massa, dit is een kwaaie droom.' Zijn massa negeerde hem. Zei geen woord tegen hem. Ik kan die neger niet kwalijk nemen dat hij zo aan het kontlikken sloeg. Hij wist dat hij er geweest was, zo geheid als een varkenskont, als zijn meester wat slechts over hem zei, en de meester speelde zijn vaste kaart niet uit. Nog niet. Ze waren nog niet in veilige haven.

De negers die gedoemd waren, keken naar de keizer. Hij werd een soort leider van ze, want ze hadden in de loop van de nacht gezien hoe moedig hij was, en hun ogen volgden hem nadat de Ouwe met hem had gesproken. Hij stond voor het raam naar buiten te kijken en te denken. Het was pikzwart daarbinnen, je zag niks behalve het beetje licht dat de maan binnenliet door de schietgaten, want niemand mocht van de Ouwe een lantaarn aansteken. De keizer stond naar buiten te kijken, liep een beetje heen en weer en keek weer even. De koetsier, Phil en de andere negers die zeker wisten dat ze zouwen worden opgehangen volgden hem met hun ogen. Ze volgden hem allemaal, want ze geloofden in zijn moed.

Na een tijdje riep de keizer ze naar zijn hoek en ze dromden rond hem samen. Ik kwam ook, want ik wist dat ik dezelfde straf als zij zou krijgen. Je kon hun wanhoop voelen terwijl ze zich dicht rond hem schaarden en luisterden, want hij sprak fluisterend: 'Vlak voor het licht wordt begint de Ouwe een vuurgevecht aan de voorkant zodat de negers aan de achterkant weg kunnen komen. Wie weg wil kan door het achterraam klimmen zodra het

schieten begint en bij de rivier zien te komen, en dan wegwezen.'
'En mijn vrouw?' vroeg de koetsier. 'Ze is nog steeds slavin in het huis van de kolonel.'
'Ik kan je niet vertellen wat je daarmee aan moet,' zei de keizer. 'Maar als je gevangen wordt genomen, verzin dan een leugen. Zeg dat je een gegijzelde was. Anders zal je zeker bungelen.'
Hij zweeg, liet het bezinken
'De Ouwe biedt ons een uitweg,' zei hij. 'Graag of niet. Hij en degenen die over zijn hebben nog wat in olie gedoopte touwbommen, die hij zal aansteken. Hij zal ze naar buiten gooien, op de binnenplaats, om veel rook te maken, met aansluitend een schietpartij. Als dat gebeurt kan je je best doen weg te komen door het achterraam en over de achtermuur. Dat geldt voor ieder die het wil proberen.'
'Ga jij het proberen?' vroeg de koetsier.
De keizer gaf geen antwoord. 'Nou moeten jullie allemaal een beetje slapen,' zei hij.
Ze dachten allemaal dat ze dat zouwen doen en trokken zich terug om een paar uur te slapen, want meer dan veertig uur lang had niemand geslapen. De overval was op een zondag begonnen. Het was nu de nacht van maandag op dinsdag.
Het merendeel van de aanwezigen sliep, maar mij lukte het niet, want ook ik wist wat er komen ging. De keizer sliep ook niet. Hij stond bij het raam naar buiten te kijken en te luisteren naar het doodsgerochel van Watson. Van alle negers in het leger van de Ouwe was de keizer niet mijn favoriet. Ik kende hem niet zo goed, maar moed kwam hij niet te kort. Ik ging naar hem toe.
'Ga je een poging doen vrij te komen, keizer?'
'Ik ben vrij,' zei hij.
'Je bedoelt een vrije neger?'
Hij glimlachte in het donkere licht. Ik zag zijn witte tanden, maar meer zei hij niet.
'Ik vraag me af,' zei ik, 'of er een manier is om niet opgeknoopt te worden.'
Hij keek me aan en grijnsde. Ik kon zijn gezicht zien bij het

maanlicht dat door het raam achter het luik viel. Hij was een donkere man met een chocoladebruine huid, brede lippen, krullend haar en een glad gezicht. Ik zag zijn silhouet. Zijn hoofd stond stil voor het raam, en het windje dat van zijn gezicht kwam leek koel en verfrissend. Het was of de wind zich rond zijn gezicht splitste. Hij boog zich naar me over en vroeg zacht: 'Je snapt het niet, hè?'

'Ik snap het wel.'

'Waarom stel je dan vragen waarvan je de antwoorden al weet? Elke niet-blanke hierbinnen gaan ze ophangen. Jezus, zelfs als je een raar gezicht heb getrokken naar die blanke gegijzelden, hang je – en jij heb ongetwijfeld meer gedaan.'

'Ze kennen mij niet,' zei ik.

'Ze kennen je zo zeker als God de hele wereld in de smiezen houdt. Ze kennen jou net zo goed als ze mij kennen. Je moet het maar accepteren.'

Toen slikte ik hevig. Het moest. Kon er niet tegen, maar het moest.

'Stel dat een van ons anders is dan ze denken?' fluisterde ik.

'Voor de blankers is er geen verschil tussen ons.'

'Ja, toch wel,' zei ik. Ik pakte zijn hand en poote hem in het donker recht op mijn geslachtsdelen. Alleen maar om hem mijn geheimen te laten aanraken. Ik voelde hoe hij zijn adem inhield, toen trok hij zijn hand terug.

'Ze kennen mij niet,' zei ik.

Er was een lange pauze. Toen grinnikte de keizer. 'Goeie god. Dat is amper een confilatie,' zei hij.

'Een wat?' Want de keizer kon niet lezen, en hij kwam met woorden op de proppen die geen betekenis hadden.

'Een confilatie. Een vertoning. Je heb daar niet genoeg banaan om in te knijpen,' zei hij gnuivend. 'En je ben de hele nacht bezig om die twee pindaatjes te vinden.' Hij grinnikte nog wat in het donker, kon gewoon niet stoppen met grinniken.

Voor mij was dat niet grappig. Maar ik had het al doordacht. Ik had jongenskleren nodig. Er waren er maar twee in de kazerne van wie ik de kleren kon nemen zonder dat iemand het zou merken. Een niet-blanke slaaf die werd neergeschoten en de middag daarvoor was gestorven, en Watson, de zoon van de Ouwe, die niet helemaal dood was, maar bijna. De slaaf was te groot voor mij, en bovendien was hij getroffen door een kogel in de borst en zat er bloed op zijn kleren. Maar het waren mooie kleren – hij was duidelijk een binnenslaaf – en ik had het er maar mee te doen. Bloed of geen bloed.

'Ik vraag me af of je me een plezier wil doen,' zei ik. 'Als ik de broek en het overhemd van die kerel daar kon hebben,' fluisterde ik, met een knikje naar de slaaf, die vaag zichtbaar in het maanlicht lag. 'Misschien zou ik ze met jouw hulp kunnen aandoen en dan samen met de andere negers vertrekken. Als de Ouwe ons eruit laat.'

De keizer dacht er een hele poos over na.

'Wil je niet sterven als een man?'

'Dat is het juist,' zei ik. 'Ik ben maar veertien. Hoe kan ik sterven als een man zolang ik nog niet eens geleefd heb als een man? Ik heb nog geen enkele keer met een meisje de weg van de natuur bewandeld. Ik heb nog geen meisje gekust. Ik denk dat een kerel minstens één keer in deze wereld de kans moet hebben zichzelf te wezen voordat hij verhuist naar de volgende. Al is het alleen maar om Zijn Naam te eren als zichzelf en niet als iemand anders. Want ik heb de Here gevonden.'

Er viel een lange stilte. De keizer wreef even over zijn kaak. 'Ga hier zitten,' zei hij.

Hij liep naar de koetsier en Phil, maakte ze wakker en trok ze in een hoek. Het drietal stond wat te fluisteren, en bij god, als ik niet hoorde grinniken en lachen. Ik kon ze niet zien in het donker, maar wou dat toch niet over mijn kant laten gaan. Dat drietal dat om me lachte, dus ik vroeg: 'Wat is er zo grappig?'

Ik hoorde de voetstappen van de laarzen van de keizer naar me toe komen. Ik voelde hoe er in het duister een broek in mijn gezicht werd geduwd. En een overhemd.

'Als de federalisten je ontdekken, schieten ze je finaal aan mootjes. Maar wij hierbinnen zouwen echte lol hebben als je zou kunnen ontsnappen.'

Het overhemd was enorm groot, en toen ik de broek aandeed was die zelfs nog groter. 'Van wie is deze broek?' vroeg ik.

'Van de koetsier.'

'Wat draagt de koetsier zelf dan? Klimt hij in zijn onderbroek het raam uit?'

'Wat kan jou dat schelen?' vroeg hij. Voor het eerst merkte ik nou dat hij geen overhemd droeg. 'Hij gaat nergens heen. Phil ook niet. En dit (hier stopte hij me een versleten ouwe veer in de hand) is de laatste van de lieveheersvogel. Van de Ouwe gekregen. Zijn laatste veer. Ik ben de enige die hij er een heeft gegeven, volgens mij.'

'Ik heb mijn veer al. Heb die van jou niet nodig, keizer.'

'Hou hem maar.'

'En deze broek? Ik zwem erin.'

'Je past hem goed genoeg. Het maakt de blankers niet uit wat je draagt. Voor hen ben je gewoon de zoveelste verlopen nikker. Pak het slim aan. Bij dageraad, als de kapitein het bevel geeft, zullen we die touwbommen in brand steken, er een paar aan de voor- en aan de achterkant gooien, en een paar salvo's lossen uit het raam en dan glip jij gauw door dat raam ervandoor. Als je kan wegkomen van de Ferry besteden die blankers aan jou niet meer aandacht dan aan een gat in de grond. Vertel ze dat je van Mr Harold Gourhand bent. Mr H. Gourhand, heb je dat? Hij is een blanke die in de buurt van de farm van Kennedy woont. De koetsier kent hem. Hij zegt dat Gourhand een jonge slaaf heeft van om en nabij jouw leeftijd en grootte, en ze zijn allebei de stad uit.'

'Iemand zal hem toch wel kennen!'

'Nee hoor. De federalisten daarbuiten zijn niet van hier. Ze komen uit Washington, D.C. Ze zien het verschil niet. Zij kennen ons toch niet uit mekaar.'

Bij dageraad gaf de Ouwe het bevel. Ze staken de touwbollen in brand, gooiden ze weg en begonnen uit het raam te knallen, zodat de negers door het achterraam van de kazerne konden glippen. Ik ging meteen met ze mee, we waren in totaal met z'n vieren, en we vielen min of meer recht in de armen van de cavalerie van de vs. Op het moment dat we de grond raakten sprongen ze ons op de nek en ze trokken ons weg van de kazerne, terwijl hun wapenbroeders er allemachtig fel tegenaan gingen. Bij de achterpoort, onder de spoorlijn, kwamen ze om ons heen staan en vroegen naar de blankers binnen, vroegen waar kom je vandaan en wie is je meester en zijn de blankers gewond. Dat was het belangrijkste wat ze wouwen weten, zijn de blankers gewond. Toen we nee zeien, vroegen ze of we bij het leger van de Ouwe hoorden. Stuk voor stuk zwoeren we bij hoog en bij laag van niet. U heb nog nooit van z'n levensdagen zulke onnozele negers gezien. Bij god, we gedroegen ons alsof zij onze redders waren en zakten op onze knieën en baden en huilden en dankten God, Die ze had gestuurd om ons te redden en zo.

Ze hadden medelijden met ons, die federalistische sheriffs, en de keizer had gelijk. Ze hadden alle lokale militie weggehaald in het hele gebied rond het arsenaal. De soldaten die de vragen stelden kwamen niet uit de lokale bevolking van de Ferry. Het waren federalisten uit Washington, D.C. en ze pikten ons verhaal, hoewel ze erg argwanend waren. Maar kijk, terwijl ze ons ondervroegen was de strijd nog in volle gang en ze wouwen eigenlijk terug en de plaatselijke prijs in de wacht slepen, oftewel de Ouwe zelf, vandaar dat ze ons lieten weggaan. Maar er was één soldaat die nattigheid voelde. Hij vroeg mij: 'Van wie ben jij?' Ik gebruikte de naam meester Gourhand en vertelde waar meester Gourhand woonde, bij Bolivar Heights, in de buurt van de farm van Kennedy.

Hij zei: 'Ik zal je even brengen.'

Ik wipte schrijlings op zijn paard en kreeg een ritje helemaal tot aan de farm van Kennedy. Ik stuurde hem daarheen, in de hoop dat niemand bij de vijand nog wat wist over de Ouwe, die dat als zijn hoofdkwartier gebruikte. Gelukkig wisten ze dat niet, want toen we er aankwamen, was het helemaal stil daarboven.

We stormden de binnenplaats op, ik achter de federalist zittend, en toen we daar kwamen binnenstormen, wie anders dan O.P. Anderson stond daar voor de deur, water te putten met een andere negerslaaf die hij ergens had opgepikt? Die idioot was nog in leven. Hij had geen geweer en droeg slavenkleren. Je zag geen verschil met de andere slaaf. Zijn haar ongekamd, even armelijk gekleed als de andere kerel, ruw ogend als een sinaasappelschil. Die twee konden broers zijn geweest.

Maar O.P. was ondersteboven van de aanblik van mij zonder mijn muts en in mannenkleren.

'Wiens nikker is dit?' vroeg de soldaat.

O.P. knipperde de schok uit zijn gezicht. Hij had eventjes problemen met zijn tong.

'Hè?'

'Hij zei dat hij in deze buurt woont bij een zekere Mr Gourhand,' zei de soldaat. 'Het arme joch was ontvoerd en werd gevangen gehouwen in de Ferry.'

O.P. leek moeite met spreken te hebben, maar kreeg eindelijk de zaak goed op een rijtje. 'Ik heb het nieuws gehoord, meester,' zei hij, 'en ik ben blij dat u dit kind terugbrengt. Ik zal de meester wakker maken en het hem vertellen.'

'Niet nodig,' zei Owen, die de hut uit kwam en de veranda op stapte.' Ik ben de meester en ik ben wakker.' Volgens mij verborg hij zich binnen samen met Tidd, een kerel genaamd Hazlett, en Cook. Toen werd ik nerveus, want ik weet zeker dat het drietal de soldaat vanuit het huis in het vizier hadden genomen toen hij daar stampend bovenkwam. Door naar buiten te stappen had Owen waarschijnlijk het leven van die soldaat gered, want die mannen hadden een paar uur slaap gehad en waren erop gebrand haastig te vertrekken.

Owen stapte van de veranda af, deed een stap in mijn richting en herkende me plotseling – zag me voor het eerst in jongenskleren. Hij hoefde het niet eens sluw te spelen. Hij was oprecht geschokt. Hij viel bijna om van verbazing. 'Sjalot!'... zei hij. 'Bij god! Ben jij dat?'

De soldaat zag dat het geen list was. Het was een aardige kerel. 'Deze nikker heeft nogal een nacht gehad. Hij zegt dat hij eigendom is van Mr Gourhand, die verderop langs de weg woont, maar ik begrijp dat die niet in de stad is.'

'Klopt,' zei Owen, die het spel meespeelde. 'Maar als u zijn neger aan mij wil overdragen, zal ik hem veilig bewaren voor meneer Gourhand, want het is een gevaarlijke tijd om onderweg te zijn vanwege wat er gaande is hier in de buurt. Ik dank u omdat u haar naar me terug heb gebracht,' zei Owen.

De soldaat grijnsde. 'Haar?' vroeg hij. 'Het is een hij, meneer,' zei hij berispend. 'Kunnen jullie je nikkers niet uit mekaar houwen? Geen wonder dat jullie allemaal opstanden hier in de buurt krijgen. Jullie behandelen je negers zo verdomde slecht dat jullie ze niet eens uit mekaar houwen. Wij in Alabama zouwen onze negers nooit zo behandelen.'

En daarmee liet hij zijn rijdier keren en vertrok.

Ik had geen tijd om ze volledig op de hoogte te brengen van de situatie van de Ouwe en dat hoefde ook niet. Ze hoefden het niet te vragen. Ze wisten wat er was gebeurd. En ook vroegen ze niks over mijn nieuwe jongensuiterlijk. Ze hadden haast en stonden klaar om te rennen voor hun leven. Van pure uitputting hadden ze een paar uur geslapen, maar nu het licht was werd het tijd om te gaan. Ze pakten rap hun spullen en toen namen we samen de kuierlatten, ik, O.P., Owen, Tidd, Cook, Hazlett en Merriam. Recht de berg op achter de farm van Kennedy gingen we, terwijl de zon achter ons opkwam. Er was wat heibel en gekibbel toen we boven op de berg kwamen, want iedereen behalve O.P. wou de bergroute recht naar het noorden nemen, terwijl O.P. zei dat hij een andere weg kende. Een veiliger weg, omslachtiger. Zuidwestelijk door Charles Town en dan verder naar het westen via de underground railroad naar Martinsburg en dan naar Chambersburg. Maar de anderen waren daar niet voor. Genoemde Charles Town zou ook te ver van de route liggen en er werd te veel naar ons gezocht. O.P. beet ze de neus af en dat veroorzaakte meer harde woorden, want er was niet veel tijd omdat er waarschijnlijk patrouilles onderweg waren. Dus die vijf gingen hun eigen weg, rechtstreeks naar Chambersburg, terwijl O.P. naar het zuidwesten ging, op Charles Town af. Ik besloot mijn lot aan het zijne te verbinden.

Dat bleek een goeie keus, want Cook en Hazlett werden een dag of twee later gegrepen in Pennsylvania. Owen, Merriam en Tidd ontsnapten op de een of andere manier. Ik heb geen van hen ooit nog teruggezien. Ik hoorde dat Merriam zelfmoord heeft gepleegd in Europa. Maar Owen heb ik nooit meer gezien, hoewel ik hoorde dat hij nog lang heeft geleefd.

Ik en O.P. kwamen in vrijheid dankzij Mr George Caldwell en zijn vrouw Connie, die ons door Charles Town hielpen. Ze zijn nou dood, dus niemand heeft er last van als ik ze verraad. Er werkten veel mensen in het verborgene aan de underground gospel train. Een niet-blanke boer reed ons met zijn kar naar de kapperszaak van Caldwell, en toen Caldwell erachter kwam wie we waren, besloten hij en zijn vrouw ons op te splitsen. Er werd te veel naar ons gezocht. Ze stuurden O.P. met een kar mee die een vracht doodskisten naar Philadelphia vervoerde en werd gemend door twee abolitionisten van de methodistenkerk, en ik weet niet wat er van hem is geworden, of hij dood is of niet, want ik heb nooit meer wat van hem gehoord. Ik bleef bij het gezin Caldwell. Ik moest bij ze wonen, vier maanden lang wachten onder hun huis en in de achterkamer van de kapperszaak van Caldwell voordat ik verder kon. Doordat ik in de buurt was van de achterkamer van de kapperszaak hoorde ik wat er was gebeurd met de Ouwe.

Naar 't schijnt waren Jeb Stuart en de cavalerie van de vs een paar minuten nadat ik was weggelopen de kazerne met moordzuchtige bedoelingen binnengestormd en ertegenaan gegaan. Ze namen de kazerne in, doodden Dauphin, Thompson, de broer van Will, de koetsier, Phil en Taylor. Ook Watson en Oliver, beiden zoons van de Ouwe, werden van kant gemaakt. Ze vermoordden iedereen daar, goeien en slechten, allemaal behalve de keizer. De keizer bleef op de een of andere manier leven, lang genoeg om toch te hangen.

En de Ouwe?

Nou, Old John Brown bleef ook leven. Ze hebben geprobeerd hem te doden, volgens Caldwell. Toen ze de deur intrapten, stak een luitenant een zwaard recht in het hoofd van de Ouwe terwijl de kapitein probeerde te herladen. Caldwell zei dat de Heer hem had gered. De luitenant was opgeroepen als hulpkracht vanwege de opstand en had zijn huis in haast verlaten. Hij stond zo te springen om te vertrekken dat hij het verkeerde zwaard van zijn schoorsteenmantel had gepakt toen hij de deur uit holde. Hij griste zijn militaire paradezwaard mee in plaats van zijn reguliere slagzwaard. Als hij een normaal zwaard had gebruikt, dan zou hij de Ouwe makkelijk hebben gedood. 'Maar de Heer wou niet dat hij werd gedood,' zei Caldwell trots. 'Hij had nog meer werk voor hem in petto.'

Dat kan waar zijn, maar de Voorzienigheid pakte de negers in Charles Town hardhandig aan in die dagen na de nederlaag van de Ouwe, want hij was gevangengezet en er was een rechtszaak gepland. Ik woonde in die weken verstopt in de achterkamer van de kapperszaak van Caldwell en kreeg het allemaal te horen. Charles Town lag langs de weg uit Harpers Ferry en de blankers daar waren in een staat van paniek die grensde aan waanzin. Ze waren ronduit doodsbang. Elke dag kwam de assistent van de sheriff de zaak van Caldwell binnenstormen en negerklanten de schrik op het lijf jagen. Hij nam een paar mannen tegelijk mee, bracht ze naar de gevangenis om ze te ondervragen over de opstand, zette er vervolgens een paar gevangen en liet er een paar vrij. Zelfs de meest vertrouwde binnenslaven werden op het veld te werk gesteld, want hun meesters vertrouwden ze niet, omdat ze dachten dat hun slaven ze zouwen aanvallen en vermoorden. Tientallen negerslaven werden verkocht naar het zuiden, en tientallen anderen liepen weg in de verwachting te worden verkocht. Er kwam bij Caldwell een negerslaaf binnen die klaagde dat als er bij zijn meester thuis midden in de nacht een rattenstaart langs de muur streek, het hele huis werd opgetrommeld, ieder greep naar de vuurwapens en dan stuurden ze eerst deze kerel naar beneden om poolshoogte te nemen. De blanke krant zei dat wapenhandelaars in Baltimore tijdens het proces tegen Old John Brown tienduizend geweren aan inwoners van Virginia hadden gesleten. Een neger in de kapperszaak zei voor de grap: 'De Colt-fabriek zou eigenlijk wat aardigs moeten doen voor de familie van kapitein Brown.' Herhaaldelijk werd brandgesticht op plantages in Charles Town en niemand wist wie het had gedaan. En volgens een verhaal in de krant van Charles Town klaagden slavenhouwers dat hun paarden en schapen plotseling doodgingen, alsof ze waren vergiftigd. Ik had dat ook horen fluisteren achter in de kapperszaak van Caldwell. En toen ik het hoorde zei ik tegen Caldwell: 'Als al die kerels die vandaag de dag die streken uithalen eens waren komen opdagen in de Ferry. Dan was het een ander spel geweest.'

'Nee,' zei hij. 'Het moest eindigen zoals het ging. Old John Brown weet wat hij doet. Ze hadden hem moeten doodschieten. Hij zet de boel nou meer op stelten door brieven te schrijven en te praten dan hij ooit deed met een vuurwapen.'

En dat klopte. Ze gooiden de Ouwe en zijn mannen in Charles Town in de gevangenis, degenen uit zijn leger die de strijd overleefden: Hazlett, Cook, Stevens, de twee negers, John Copeman en de keizer, en tegen de tijd dat de kapitein klaar was met het schrijven van brieven en het ontvangen van bezoekende vrienden uit New England, was hij weer helemaal een ster. Het hele land sprak over hem. Ik hoorde vertellen dat de Ouwe de laatste zes weken van zijn leven meer mensen in beweging bracht over de slavernij dan hij ooit deed door bloed te vergieten in Kansas en met al die toespraken die hij hield in New England. Nou er blank bloed op de vloer was vergoten werd er geluisterd. En het was niet zomaar blank bloed. John Brown was een christen. Een beetje van zijn broodje gegleden, maar een betere christen heb je nog nooit meegemaakt. En hij had veel vrienden, blank en niet-blank. Ik geloof dat hij in de laatste zes weken meer tegen de slavernij heeft gedaan door brieven te schrijven en door te praten, dan hij ooit heeft gedaan door naar één vuurwapen of zwaard te grijpen.

Ze organiseerden een snel proces voor hem, veroordeelden hem meteen en stelden een datum vast waarop de Ouwe moest worden opgehangen, en al die tijd bleef hij brieven schrijven en schreeuwen en brullen over de slavernij, verkondigde als de duivel zijn mening in elke Amerikaanse krant die wou luisteren, en ze luisterden, want die opstanden maakten de blankers doodsbang. Ze dekten de tafel voor de oorlog die zou komen, dat deden ze, want nergens was het zuiden banger voor dan het idee dat er negers rondliepen met vuurwapens en de wens om vrij te zijn.

Maar die gedachten had ik toen niet. Mijn herfstavonden gingen lang duren. En werden eenzaam. Voor het eerst in jaren was ik een jongen en voor een jongen betekende dat, met eind november in zicht, dat het over vijf weken januari zou zijn en dan was ik vijftien. Ik heb nooit mijn ware geboortedatum geweten, maar zoals de meeste negers vierde ik die op de eerste dag van het jaar. Ik wou verder. Vijf weken na de opstand, eind november, liep ik op een avond Caldwell tegen het lijf toen hij naar de achterwinkel kwam om me wat spek, koekjes en jus te brengen; ik vroeg of ik niet naar Philadelphia kon vertrekken.

'Nog niet,' zei hij. 'Te gevaarlijk. Ze hebben de kapitein nog niet opgehangen.'

'Hoe is het met hem? Is hij nog in leven en nog gezond?'

'Ja. Nog altijd in de gevangenis. Zijn verhanging vindt plaats op twee december. Dat is over een week.'

Ik dacht er even over na. Het deed mijn hart een beetje pijn eraan te denken. Dus ik zei: 'Het zou me goed doen, denk ik, hem op te zoeken.'

Hij schudde zijn hoofd. 'Ik hou je hier niet voor mijn eigen veiligheid en genoegen verborgen,' zei hij. 'Ik loop genoeg risico door je onder mijn hoede te nemen.'

'Maar de Ouwe vond altijd dat ik hem succes bracht,' zei ik. 'Ik ben vier jaar bij hem geweest. Ik was bevriend met zijn zoons en familie en zelfs met een van zijn dochters. Ik heb een bevriend gezicht. Nou hij zijn vrouw en kinderen nooit meer in leven zal zien, zou het hem kunnen helpen een bevriend gezicht te zien.'

'Het spijt me,' zei hij.

Hij broedde een paar dagen op die gedachte. Ik vroeg het niet. Híj zei het. Hij kwam een paar dagen later naar me toe en zei: 'Ik heb het idee even laten sudderen en ben van gedachten veranderd. Het zou hem kunnen helpen je te zien. Het zou hem door zijn laatste dagen helpen, weten dat je nog leeft. Ik doe dit voor hem. Niet voor jou. Ik zal het regelen.'

Hij zocht verschillende mensen op en een paar dagen later kwam hij met een ouwe neger genaamd Clarence achter de winkel waar ik verborgen werd gehouwen. Clarence was een ouwe kerel met wit haar en trage bewegingen maar bedachtzaam en intelligent. Hij werkte als schoonmaker in de gevangenis waar de Ouwe en de anderen waren opgesloten. Hij ging zitten met Caldwell en Caldwell besprak de hele zaak. De ouwe man luisterde aandachtig.

'Ik heb toegang tot de kapitein van de gevangenis, kapitein John Avis,' zei Clarence. 'Ik ken kapitein Avis al sinds hij een jongen was. Hij is een goeie man. Een eerlijke man. En hij is gesteld geraakt op Old John Brown. Toch laat kapitein Avis deze jongen niet zomaar daar binnenlopen,' zei hij.

'Kan ik niet met u mee als hulpje?' vroeg ik.

'Ik heb geen hulpje nodig. En ik heb geen behoefte aan problemen.'

'Clarence, denk aan wat de kapitein voor de negers heeft gedaan,' zei Caldwell. 'Denk aan je eigen kinderen. Denk aan de kinderen van kapitein Brown. Want hij heeft er zat en zal ze nooit meer zien in deze wereld, en zijn vrouw ook niet.'

De ouwe man dacht een hele poos na. Zei geen woord. Dacht gewoon na, terwijl hij zijn vingers over mekaar wreef. De woorden van Mr Caldwell roerden hem enigszins. Tot slot zei hij: 'Er gebeurt daar een heleboel. De Ouwe is populair. Er komen en gaan in de loop van de dag veel mensen. Een heleboel extra werk voor mij omdat ze dingen laten liggen, cadeaus, brieven en zo. De Ouwe heeft een heleboel vrienden in het noorden. Kapitein Avis lijkt daar helemaal geen problemen mee te hebben.'

'Dus ik kan mee?' vroeg ik.

'Lame erover nadenken. Misschien kaart ik het aan bij kapitein Avis.'

Drie dagen later, in de vroege uurtjes van de tweede december 1859, kwamen Clarence en Caldwell naar de kelder van de kapperszaak en maakten me wakker.

'Het wordt vanavond,' zei Clarence. 'De Ouwe wordt morgen gehangen. Zijn vrouw is uit New York gekomen en net bij hem vertrokken. Avis zal de andere kant op kijken. Hij is erg aangedaan door de hele toestand.'

Caldwell zei: 'Allemaal goed en wel, maar je moet hier nou wel vandaan, jongen. Het wordt te gevaarlijk voor mij als je wordt ontdekt en hier terugkomt.' Hij gaf me een paar dollar als een beginnetje in Philadelphia, een treinkaartje van Ferry naar Philadelphia, een paar ouwe kleren en wat te eten. Ik bedankte hem en was weg.

Het was bijna licht aan het worden, maar nog niet helemaal. Ik en Clarence reden met een ouwe kar en een muilezel naar de gevangenis. Clarence gaf me een emmer, een dweil en borstels, en we groetten de militie voor de deur en liepen zo soepel als palingen langs hen de gevangenis binnen. De andere gevangenen waren diep in slaap. Kapitein John Avis was er, zat aan een bureau voorin, dingen te schrijven, en hij keek naar mij en zei geen woord. Knikte alleen naar Clarence en keek weer naar zijn papieren. We liepen naar het achterste deel van de gevangenis, waar de gevangenen zaten, naar het eind van de gang, en aan de rechterkant, op een bed in de laatste cel, aantekeningen schrijvend bij het licht van een kleine stenen open haard, zat de Ouwe.

Hij stopte met schrijven en tuurde in het duister terwijl ik in de gang buiten zijn cel stond, met die emmer in mijn hand, want hij kon me niet duidelijk zien. Eindelijk sprak hij luid: 'Wie is daar?'

'Ik ben het. Sjalot.'

Ik stapte uit de schaduw met een broek en een overhemd aan mijn lijf, en met een emmer.

De Ouwe keek een hele tijd naar me. Zei geen woord over wat hij zag. Staarde alleen maar. Toen zei hij: 'Kom binnen, Sjalot. De kapitein heeft de deur niet op slot gedaan.'

Ik liep naar binnen en ging op het bed zitten. Hij zag er afgetaaid uit. Had een soort brandwond in zijn hals en op zijn gezicht, en hij hinkte toen hij een stuk hout op het vuur ging leggen. Toen hij weer op zijn brits ging zitten liep hij kreupel. 'Hoe voel je je, Sjalot?'

'Het gaat me prima, kapitein.'
'Het doet me goed je te zien,' zei hij.
'Alles goed met u, kapitein?'
'Alles prima, Sjalot.'

Ik wist niet goed wat ik op dat moment tegen hem moest zeggen, dus ik knikte naar de open celdeur. 'U zou toch makkelijk kunnen ontsnappen, kapitein? Er wordt een hoop gepraat, om overal nieuwe mensen te ronselen en u er weer uit te halen. Zou u niet kunnen losbreken en dan konden we een nieuw leger uit de grond stampen en net zo doen als vroeger, zoals in Kansas?'

De Ouwe, ernstig als altijd, schudde zijn hoofd. 'Waarom zou ik dat doen? Ik ben de gelukkigste man ter wereld.'

'Dat lijkt niet zo.'

'Er ligt een eeuwigheid achter ons en een eeuwigheid voor ons, Sjalot. Dat stipje in het midden, hoe lang ook, is het leven. En dat is in verhouding maar een momentje,' zei hij. 'Ik heb gedaan wat de Heer me heeft gevraagd te doen in de korte tijd die ik had. Dat was mijn doel. De negers inkorven.'

Ik hield het niet meer. Hij was een mislukkeling. Hij had niemand ingekorfd. Hij bevrijdde niemand, en er kwam een soort knoop in mijn darmen toen ik hem in die toestand zag, want ik hield van de Ouwe, maar hij stierf scheel en dat wou ik niet. Dus ik zei: 'De slaven zijn nooit naar de korf gekomen, kapitein. En dat was mijn schuld.'

Ik begon hem te vertellen over de spoorman, maar hij stak zijn hand op.

'Inkorven duurt een poosje. Soms gaan bijen jaren niet naar een korf.'

'U bedoelt dat het nog gaat gebeuren?'

'Ik zeg dat Gods genade Zijn licht zal verspreiden over de wereld. Net zoals Hij Zijn genade over jou verspreidt. Het heeft me goed gedaan te zien dat je God accepteerde in de kazerne, Sjalot. Dat alleen al, dat ene leven dat werd bevrijd voor onze Vredekoning is duizend kogels en alle pijn ter wereld waard. De verandering die God wil zal ik niet meer meemaken. Maar ik hoop jij wel. Een deel ervan in elk geval. Bij god, ik voel een gebed broeien, Sjalot.' En hij stond op, pakte mijn handen en bad ruim een half uur, met mijn handen in zijn gerimpelde poten, zijn hoofd omlaag, palaverend met zijn Schepper over dit en over dat, dankte Hem omdat hij me waarachtig had gemaakt tegenover mezelf, en nog een heleboel meer, bad voor zijn cipier en hoopte dat die zijn salaris zou krijgen en niet werd beroofd en dat er tijdens zijn dienst niemand uit de gevangenis zou losbreken, en deed ook nog een goed woordje voor degenen die hem gevangen hadden gezet en zijn zoons gedood. Ik liet hem begaan.

Na pakweg een half uur was hij klaar en ging weer op bed zitten, vermoeid. Het werd licht buiten. Ik kon door het raam net een glimpje van de dageraad zien. Tijd voor mij om te gaan.

'Maar kapitein, u heb me nooit gevraagd waarom ik... zo rondliep als ik deed.'

Het ouwe, gerimpelde, gedeukte gezicht, met grachten alle kanten op, duwde en schudde een poosje tegen zichzelf aan, totdat er een grote, brede glimlach tevoorschijn barstte van onder dat alles, en zijn grijze ogen zowat gingen gloeien. Het was voor het eerst dat ik hem vrijuit zag glimlachen. Een echte glimlach. Het was alsof ik in het gezicht van God keek. Ik wist toen voor het eerst dat hij als de persoon die de negers naar de vrijheid leidde geen gestoorde was. Het was iets waarvan hij wist dat het echt in hem zat. Dat zag ik voor het eerst duidelijk. Ik wist toen ook dat hij vanaf het allereerste moment had geweten wat ik was.

'Wat je ook bent, Sjalot,' zei hij, 'wees het volledig. God maakt geen onderscheid tussen mensen. Ik hou van je, Sjalot. Ga af en toe eens langs bij mijn gezin.'

Hij stak zijn hand in zijn borstzak en haalde er een veer van de lieveheersvogel uit. 'De lieveheersvogel leeft niet in een zwerm. Hij vliegt alleen. Weet je waarom? Hij is op zoek. Zoekt de goeie boom. En als hij die boom ziet, die dooie boom, die alle voeding en goeie dingen uit de bodem van het bos opneemt. Dan gaat hij erheen en begint eraan te knagen, hij knaagt eraan tot die boom moe wordt en omvalt. En het afval ervan bezorgt de andere bomen voedsel. Geeft ze goeie dingen te eten. Maakt ze sterk. Geeft ze leven. En zo is de cirkel rond.'

Hij gaf me die veer, ging weer op bed zitten en begon weer te schrijven, weer een brief, denk ik.

Ik deed de celdeur open, daarna zachtjes dicht en liep de gevangenis uit. Ik heb hem nooit meer gezien.

Toen ik de gevangenis verliet en in de kar van de ouwe Clarence klom kwam de zon op. De lucht was helder. Er woei een frisse wind. Het was december, maar voor een verhanging een warme dag. Charles Town werd net wakker. Op weg naar de Ferry voor de trein naar Philadelphia zagen we een lange rij militairen te paard naderen. Ze reden twee aan twee, droegen vlaggen en kleurrijke uniformen, de rij strekte zich uit zover het oog kon zien. Ze reden langs ons de andere kant op, naar het veld voorbij de gevangenis waar het schavot al was opgebouwd en wachtte op de Ouwe. Ik was blij dat ik niet terugging naar het huis van Caldwell. Hij had me mijn ontslagpapieren gegeven. Me geld gegeven, eten, een treinkaartje naar Philadelphia, en daarna zou ik op eigen benen staan. Ik bleef niet om de verhanging te zien. Er waren genoeg militairen om een heel veld en het gebied eromheen te vullen. Ik hoorde dat er geen niet-blankers werden toegelaten in een straal van drie mijl rond de verhanging. Ze zeggen dat de Ouwe door een kar werd gebracht, werd gedwongen op zijn eigen doodskist te zitten, en werd gereden door kapitein Avis, zijn cipier van de gevangenis. Hij zei tegen de kapitein: 'Dit is prachtig land, kapitein Avis. Ik heb nooit geweten hoe prachtig het hier was, tot vandaag.' En toen hij het schavot opstapte, zei hij tegen de beul op te schieten met het verhangen. Maar zoals altijd had hij pech, ze lieten hem vijftien hele minuten wachten, met de kap over zijn gezicht en zijn handen vastgebonden, terwijl de hele militaire formatie van duizenden blankers zich opstelde, militie van overal in de Verenigde Staten, en cavalerie van de vs uit Washington, D.C., en andere belangrijke mensen overal vandaan die kwamen om hem te zien hangen: Robert E. Lee, Jeb Stuart, Stonewall Jackson. Die laatste twee zouwen worden doodgeschoten door de yanks in de jaren nadien, tijdens de oorlog waarvoor de Ouwe een aanzet had gegeven, en Lee zou worden verslagen. En ook een hele stoet anderen die kwamen om hem te zien hangen, zouwen worden doodgeschoten. Als ze naar de hemel gingen, zullen ze erg verbaasd hebben opgekeken toen ze zagen dat de Ouwe ze stond op te wachten, bijbel in de hand, en een lezing hield over het kwaad van de slavernij. Tegen de tijd dat hij met ze klaar was, zouwen ze waarschijnlijk wensen dat ze de andere kant op waren gegaan.

Maar het was grappig. Ik denk niet dat ze zo lang zouwen hoeven wachten. Want op de weg uit Charles Town reden we langs een negerkerk en binnen in die kerk hoorde je de negers zingen, zingen over de bazuin van Gabriël. Dat was het favoriete lied van de Ouwe, 'Blow Ye Trumpet'. Die negers stonden ver af van al het gedoe op de open vlakte waar de Ouwe zou worden opgehangen, een eind verderop. Maar ze zongen het luid en duidelijk...

Blow ye trumpet blow
Blow ye trumpet blow...

Je kon hun stemmen nog een heel stuk horen, alsof ze opstegen, ver de hemel in reikten en nog lang daarna in de lucht bleven hangen. En boven de kerk, hoog erboven, cirkelde een vreemde, zwart-witte vogel op zoek naar een boom om op neer te strijken, een slechte boom, verwacht ik, zodat hij erop kon landen en aan de gang kon gaan, zodat die boom ooit zou omvallen en de andere voedsel geven.

DANKWOORD

Al diegenen die in de loop der jaren de herinnering aan John Brown levend hebben gehouden, ben ik zeer dankbaar.

James McBride
Solebury Township, PA